UTB 1974

Eine Arbeitsgemeinschaft der Verlage

Beltz Verlag Weinheim · Basel
Böhlau Verlag Köln · Weimar · Wien
Verlag Barbara Budrich Opladen · Farmington Hills
facultas.wuv Wien
Wilhelm Fink München
A. Francke Verlag Tübingen und Basel
Haupt Verlag Bern · Stuttgart · Wien
Julius Klinkhardt Verlagsbuchhandlung Bad Heilbrunn
Lucius & Lucius Verlagsgesellschaft Stuttgart
Mohr Siebeck Tübingen
C. F. Müller Verlag Heidelberg
Orell Füssli Verlag Zürich
Verlag Recht und Wirtschaft Frankfurt am Main
Ernst Reinhardt Verlag München · Basel
Ferdinand Schöningh Paderborn · München · Wien · Zürich
Eugen Ulmer Verlag Stuttgart
UVK Verlagsgesellschaft Konstanz
Vandenhoeck & Ruprecht Göttingen
vdf Hochschulverlag AG an der ETH Zürich

Grundwissen der Ökonomik
Betriebswirtschaftslehre

Herausgegeben von

F. X. Bea, Tübingen

B. Friedl, Kiel

M. Schweitzer, Tübingen

Michael Heinhold

Kosten- und Erfolgsrechnung in Fallbeispielen

4., überarbeitete Auflage

mit 85 Abbildungen und 83 Tabellen

Lucius & Lucius · Stuttgart

Anschrift des Autors:

Prof. Dr. Michael Heinhold
Lehrstuhl für Betriebswirtschaftliche Steuerlehre
an der Universität Augsburg
86135 Augsburg

Bibliografische Information der Deutschen Nationalbibliothek

Die Deutsche Nationalbibliothek verzeichnet diese Publikation in der Deutschen Nationalbibliografie; detaillierte bibliografische Daten sind im Internet über http://dnb.d-nb.de abrufbar.

ISBN 978-3-8282-0394-5 (Lucius & Lucius)
© Lucius & Lucius Verlagsgesellschaft mbH Stuttgart 2007
    Gerokstr. 51, D-70184 Stuttgart
    www.luciusverlag.com

Druck und Einband: F. Pustet, Regensburg

Printed in Germany

UTB-Bestellnummer: 978- 3-8252-1974-1

Vorwort der Herausgeber

Für die Studierenden im Anfänger- wie im Fortgeschrittenenstadium ist es erfahrungsgemäß eine große Hilfe, wenn ihnen ein Teilgebiet eines Faches in einer knappen, systematisch aufbereiteten und leicht fasslichen Form dargeboten wird. Gleichzeitig müssen sie die Gewissheit haben, dass die wichtigsten Inhalte in einer Weise abgedeckt sind, die den jeweiligen Prüfungserfordernissen Rechnung trägt.

Diesem Ziel dienen die Uni-Taschenbücher (UTB), die wir in der Reihe „Grundwissen der Ökonomik: Betriebswirtschaftslehre" bei der „Lucius & Lucius" Verlagsgesellschaft mbH, Stuttgart herausgeben. Die Themen der einzelnen Bände sind so gewählt, dass davon der gesamte Wissensbereich der modernen Betriebswirtschaftslehre erfasst wird.

Als Autoren konnten Hochschullehrer gewonnen werden, die dank der Verschiedenheit von Alter, Herkunft und Wissenschaftsauffassung die Gewähr dafür bieten, dass der Charakter der Reihe von keiner bestimmten Schulrichtung geprägt, sondern ein getreues Abbild der Wissenschaftsvielfalt in der Betriebswirtschaftslehre geboten wird.

Eine Besonderheit der Reihe besteht im Übrigen darin, dass Bände, bei denen es sich vom Gegenstand her anbietet, durch Arbeitsbücher ergänzt werden. Diese Studienhilfen dienen vor allem der Vertiefung theoretischer Erörterungen, der Einübung von Wissen und der Anwendung des Erlernten auf praktische Fälle. Außerdem sind sie ein nützliches Instrument für eine wirksame Lernkontrolle. Mit diesem Konzept ist zugleich die Chance verbunden, die Tätigkeit von Dozenten didaktisch zu unterstützen und sie von Arbeiten zu befreien, deren Erledigung zwangsläufig zu Lasten vordringlicher Aufgaben ginge.

Abschließend sei noch darauf hingewiesen, dass Teil der Reihe eine „Allgemeine Betriebswirtschaftslehre" in drei Bänden ist, die, von einem Expertenteam verfasst, die Klammer um die einzelnen Titel bildet. Die positive Aufnahme, die diese am Markt gefunden hat, führte bereits nach kurzer Zeit zu zahlreichen Neuauflagen. Gelegenheiten, die von Autoren und Herausgebern immer wieder für Erweiterungen und Verbesserungen genutzt werden.

Tübingen und Kiel

Februar 2007

F. X. Bea
B. Friedl
M. Schweitzer

Vorwort zur 1. Auflage

Ich habe das vorliegende Buch als Begleitbuch für meine Vorlesung zur Kosten-, Erlös- und Erfolgsrechnung im wirtschaftswissenschaftlichen Grundstudium geschrieben. An meiner Universität wird -wie sicher auch an vielen anderen Universitäten - die Kostenrechnung als zweistündige Vorlesung angeboten. Für begleitende und vertiefende Übungen ist im stofflich dicht gedrängten Studienplan kein Platz vorgesehen. Für die Lehre heißt dies, dass die Besprechung von praxisnahen und die Theorie sinnvoll untermauernden Fallbeispielen in die Vorlesung integriert werden muss. Hierbei war es mir ein Anliegen, die Fallbeispiele so komplex und realitätsnah zu gestalten, dass alle wichtigen Problembereiche der Unternehmenspraxis erfasst werden. Andererseits durften sie nicht mit unwesentlichen Details überfrachtet werden; dagegen sprachen nicht nur das kleine Buchformat, das es nicht erlaubt, z.B. einen größeren Betriebsabrechnungsbogen abzudrucken, sondern vor allem auch didaktische Gründe. Ich hoffe, es ist mir gelungen, Fallbeispiele zu entwickeln, die beiden Bedingungen hinreichend genügen.

Materiell war es mir ein wesentliches Anliegen, nicht nur die traditionellen Inhalte der klassischen Kosten- und Leistungsrechnung zu behandeln, sondern auch die neueren Ansätze, insbesondere im Bereich der Erlösrechnung. Selbstverständlich muss ein Lehrbuch - auch wenn es sich als einführendes Lehrbuch an Studienanfänger wendet, sich intensiv mit der Fixkostenproblematik auseinandersetzen, nicht nur im Bereich der Kostenrechnung, sondern auch in der Erfolgsrechnung. Deshalb werden neben dem klassischen Verfahren der kurzfristigen Erfolgsrechnung nach dem Gesamtkostenverfahren auf Vollkostenbasis auch das Umsatzkostenverfahren, insbesondere in der Form der einstufigen und mehrstufigen Deckungsbeitragsrechnung sowie die stufenweise Fixkostendeckungsrechnung ausführlich besprochen.

Um diese Stoffbreite auch im Buchtitel abzubilden, hatte ich ursprünglich als Titel „Kosten-, Erlös- und Erfolgsrechnung" ins Auge gefasst. Marketingargumente des Verlags haben mich letztlich aber überzeugt, dass der jetzt gewählte Titel griffiger und einprägsamer ist, auch wenn er das Stoffspektrum nicht voll zum Ausdruck bringt.

Das Buch behandelt neben einer kurzen Einführung in die Grundlagen (Lerneinheiten 1 bis 5) die fünf Hauptkomplexe des betrieblichen Rechnungswesens: Die Kostenartenrechnung (LE 6 -12), die Kostenstellenrechnung (LE 13 - 22), die Kostenträgerrechnung (LE 23 - 27), die Erlösrechnung (LE 28 - 30) und die Erfolgsrechnung (LE 31 - 34). Bei jedem dieser fünf Komplexe findet zunächst eine allgemeine Einführung statt. In den jeweils nachfolgenden Lerneinheiten werden vor allem die Rechenverfahren besprochen. Ich habe mich bemüht, die meines Erachtens wichtigsten Verfahrensalternativen jeweils ausführlich darzustellen, Prämissen, Anwendungsbereiche und organisatorische Voraussetzungen zu besprechen und sie sodann in ihrer praktischen Anwendung zu vergleichen - soweit sinnvoll anhand von einheitlichen Grunddaten. Auf diese Art sind 34 Lerneinheiten zustande gekommen, ein Umfang, den man nach meiner Erfahrung gut in einem Semester mit 14 bis 15 Doppelstunden unterbringen kann.

Augsburg, im September 1997

Michael Heinhold

Vorwort zur 2. Auflage

In der zweiten Auflage habe ich mich bemüht, Fehler zu berichtigen, die trotz sorgfältigsten Korrekturlesens bei der ersten Auflage übersehen worden sind. Wegen der Euro-Einführung zum 1. Januar 2002 sind in dieser Auflage alle Geldbeträge in Euro (€) angegeben. Das neue, größere Buchformat schließlich kommt der Lesbarkeit der vielen und meist sehr umfangreichen Tabellen und Abbildungen entgegen.

Mein Dank gilt meiner Tochter Nina, die mir das langwierige Korrekturlesen abgenommen hat und deshalb für alle Fehler verantwortlich ist.

Augsburg, im August 2001

Michael Heinhold

Vorwort zur 3. Auflage

Da ich das Buch in meiner Grundstudiumsvorlesung an der Universität Augsburg als Textbook verwende, unterliegt es einem kontinuierlichen Evaluierungs- und Testprozess durch die Studentinnen und Studenten. So sind in diese dritte Auflage zahlreiche Änderungen und Verbesserungen eingearbeitet worden, die von den Studierenden meiner Kostenrechnungsvorlesung angeregt wurden. Dadurch sind die Darstellung noch einprägsamer und der nicht ganz einfache Stoff noch leichter verständlich geworden.

Ich danke allen Studierenden der Universität Augsburg, die durch ihre konstruktive Kritik zur Verbesserung des Buches beigetragen haben.

Augsburg, im Januar 2004

Michael Heinhold

Vorwort zur 4. Auflage

Da das Buch als Begleitbuch zu Kostenrechnungslehrvorlesungen und –übungen des Grundstudiums im Ausmaß von zwei Semesterwochenstunden konzipiert ist, habe ich bewusst auf eine Erweiterung des Stoffes verzichtet. Natürlich gäbe es eine Menge zusätzlichen Stoff, z.B. flexible Plankostenrechnung, Prozesskostenrechnung, Target-Costing u.v.m. Dann würde sich das Buch jedoch in Richtung eines Kompendiums der Kostenrechnung entwickeln und das ursprüngliche Ziel verfehlen - nämlich das unverzichtbare Grundstudiumswissen in verständlicher und didaktisch gut aufbereeiter Form zu vermitteln.

In der hier vorliegenden vierten Auflage wurden wiederum zahlreiche Verbesserungsvorschläge und Anregungen der Teilnehmer meiner Vorlesung berücksichtigt. Die didaktische und formale Gestaltung des Lehrtextes und der Fallbeispiele wurden verbessert. Und natürlich wurden Fehler korrigiert, die bis zur dritten Auflage noch unentdeckt geblieben waren. Selbstverständlich wurde das Buch aktualisiert, indem die neuen rechtlichen Rahmenbedingungen Berücksichtigung finden, so z.B. der neue Mehrwertsteuersatz von 19 % ab 2007 oder die aktuellen Sozialversicherungsbeitragssätze und Beitragbemessungsgrundlagen.
Ich danke meinem Mitarbeiter Herrn Dr. Florian Gerstenberg für seine akribische Fehlersuche und seine zielführenden Verbesserungsvorschläge

Augsburg, im Februar 2007

Michael Heinhold

INHALTSVERZEICHNIS

Abschnitt 1: Grundlagen des Rechnungswesens

Lerneinheit 1: Teilgebiete und Aufgaben des Rechnungswesens

Lernziele:

- Das Unternehmen im System der Märkte
- Das Unternehmen als Transformations- und Kombinationsprozess
- Die Produktionsfaktoren
- Das Rechnungswesen als Abbildung des Unternehmensprozesses
- Adressaten des Rechnungswesens
- Aufgaben des Rechnungswesens
- Teilgebiete des Rechnungswesen
- Der Zeitbezug des Rechnungswesens

Einführung

Das Unternehmen im System der Märkte

Moderne Unternehmen stehen als Leistungsersteller in einem vielfältigen Beziehungsgeflecht mit ihrer Umwelt. Unabhängig vom Unternehmenszweck und von der Art der Unternehmenstätigkeit als Produktions-, Handels- oder Dienstleistungsunternehmen, fließen ständig Informationen, Güter, Dienstleistungen und Zahlungen zwischen dem Unternehmen und

- den Arbeitsmärkten, z.B.: Personalbeschaffung, Kündigung, Gehalts-/ Lohnzahlungen, Gehalts-/Lohnerhöhungen, Teilzeitarbeitskräfte, Aushilfsarbeitskräfte, Krankengelder, Urlaubsgelder, Weihnachtsgelder, Prämienzahlungen, Jubiläumsgelder, Gratifikationen u. v. m.;

- den Beschaffungsmärkten, z.B. Kauf oder Miete/Leasing von Anlagegütern, Bezug von Roh-, Hilfs- und Betriebsstoffen, von Handelswaren, von Rechten, z. B. Lizenzen, Patenten;

- den Absatzmärkten, z. B. Direktvertrieb, Großhandel, Einzelhandel, Kommissionäre, Vertreter, Reisende, Vertriebsketten und - verbünde;

- den Kapitalmärkten, z. B. Darlehensaufnahme, -rückzahlungen, Eigenkapitalerhöhungen bzw. Zins- und Dividendenzahlungen, Gebühren, Provisionen, Finanzanlagen, Zins- und Beteiligungserträge.

Hinzu treten die Beziehungen zum Staat, der in den Unternehmensprozess sowohl negativ, durch Ge- und Verbote, sowie durch Steuern, Abgaben und Gebühren, als auch positiv durch Genehmigungen, durch Subventionen und Zuschüsse eingreift.

Im Unternehmen selbst findet ein umfassender Verarbeitungs- und Transformationsprozess statt, in dem die Informations-, Geld-, Güter- und Dienstleistungsströme koordiniert, kombiniert und entsprechend dem Unternehmenszweck in marktfähige Produkte (Güter und Dienstleistungen) transformiert werden. Abbildung 1 gibt einen Überblick über die zentrale Stellung des Unternehmens im System der Märkte.

Wie aus Abbildung 1 deutlich wird, nimmt das Unternehmen eine Vielzahl von Gütern, Dienstleistungen, Zahlungen, Informationen usw. als Input auf. Im Unternehmen werden diese Inputs dem Unternehmenszweck entsprechend kombiniert und transformiert, um als Output wieder an die Umwelt abgegeben zu werden. Es gibt verschiedene theoretische Unternehmensmodellansätze. Alle enthalten in ihrem Kern das Input/ Output-Modell. Ein vielschichtiges Gefüge von externen Einflussgrößen wird im Unternehmen kombiniert, transformiert, be- und verarbeitet zu den unternehmenszielkonformen Outputgrößen. Die Art, wie dieser Transformationsprozess im Einzelnen funktioniert, wird allerdings unterschiedlich gesehen.

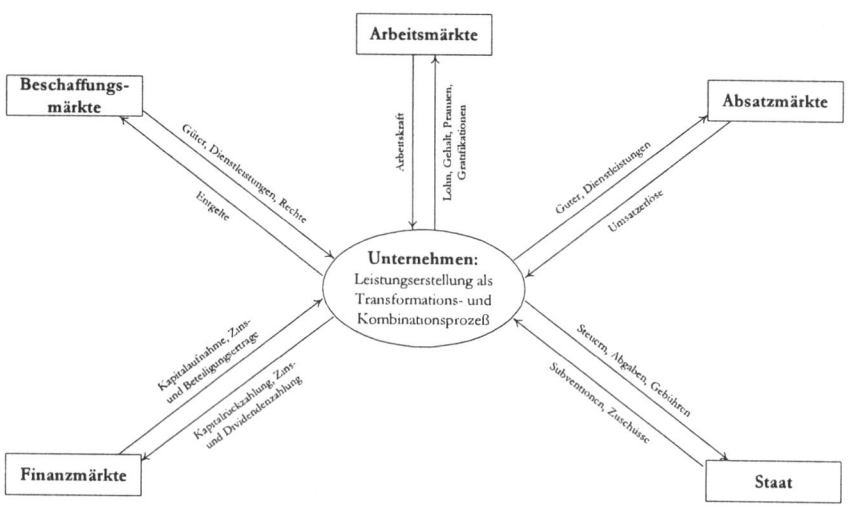

Abb. 1: Das Unternehmen im System der Märkte

Die Produktionsfaktoren

Gutenberg (Grundlagen der Betriebswirtschaftslehre, Band 1: Die Produktion, Berlin 1951) bezeichnet die Leistungserstellung und Leistungsverwertung als Prozess der Kombination von Produktionsfaktoren. Er kennt zwei Gruppen von Produktionsfaktoren:

1. Die sogenannten Elementarfaktoren

- menschliche Arbeitskraft (nur ausführende Tätigkeiten)
- Betriebsmittel (insbesondere das Anlagevermögen des Unternehmens)
- Werkstoffe, das sind Stoffe, die in das zu erstellende Produkt eingehen (Roh- und Hilfsstoffe) oder im Produktionsprozess verbraucht werden (Betriebsstoffe). Zu letzteren gehören auch bezogene Dienstleistungen.

2. Den sogenannten dispositiven Faktor

Hierzu zählt Gutenberg die Unternehmensleitung (Geschäftsleitung) als originären Faktor sowie die Planung und Organisation als derivative dispositive Faktoren.

Durch geeignete Kombination dieser Produktionsfaktoren vollzieht sich der Input-/Output-Transformationsprozess. Der auf das kybernetische Konzept von Norbert Wiener zurückgehende Systemansatz sieht das Unternehmen als offenes, äußerst komplexes, soziotechnisches System, das unterschiedlichsten Input nach den Regeln der Kybernetik transformiert und als Output (z.B. Produkte, Dienstleistungen, Informationen, Gewinnausschüttungen u.v.m.) wieder abgibt. Bei diesem Input-, Transformations- und Outputprozess fallen eine Vielzahl von Einzelprozessen (Tätigkeiten) in den verschiedensten Bereichen des Unternehmens an, die einen vielfachen Niederschlag im Mengen- und Wertgefüge des Unternehmens finden.

Das Rechnungswesen als Abbildung des Unternehmensprozesses

Um den Unternehmensprozess planen und steuern zu können, benötigen die Entscheidungsträger (z.B. der Vorstand einer AG, die Geschäftsführer einer GmbH, die geschäftsführenden Gesellschafter einer Personengesellschaft) umfassende Informationen über das Unternehmen. Nun gibt es eine Unmenge von Dimensionen, in denen solche entscheidungsrelevanten Informationen auftreten (in Mengeneinheiten, Gewichtseinheiten, Zeiteinheiten, Längeneinheiten, Prozentanteilen, Geldeinheiten u.v.m.). Da die meisten betrieblichen Entscheidungen und Sachverhalte Geldzahlungen zur Folge haben, ist es sinnvoll, Unternehmensprozesse in monetären (Geld-) Größen abzubilden. Das Rechenwerk, in dem das Unternehmen in seiner Struktur, seinem Aufbau und seinen Prozessen in Geldgrößen abgebildet wird, bezeichnet man als betriebliches Rechnungswesen (häufig auch als Unternehmensrechnung). Die das Unternehmen widerspiegelnden Wertbestände und Wertbewegungen des Rechnungswesens müssen in ihrer Vielfalt erfasst, festgehalten und derart aufbereitet werden, dass sie für die betroffenen Interessenten als Handlungs- und Entscheidungsgrundlage brauchbar sind.

Interessenten an Informationen des Rechnungswesens

Zu den Interessenten des Rechnungswesens zählt nicht nur die Unternehmensleitung. Vielmehr haben die Zahlen des Rechnungswesens für nahezu alle Personen der Unternehmenshierarchie, für nahezu alle Hauptabteilungen, Abteilungen und Unterabteilungen mehr oder weniger große Bedeutung. Darüber hinaus liefert das Rechnungswesen auch Informationen für Unternehmensexterne, z.B. für potentielle Darlehensgeber, für potentielle Anteilseigner, insbesondere aber auch für die Steuerbehörden (Finanzverwaltung, Fiskus).

Aufgaben des Rechnungswesens

Dem Rechnungswesen obliegt ganz allgemein die Aufgabe, die Unternehmensstruktur und das Unternehmensgeschehen in Geldgrößen (Wertbeständen und Wertbewegungen) abzubilden. Die Hauptaufgabe des Rechnungswesens ist, geeignete Informationen für die Unternehmensinteressenten (sogenannte Stakeholders) zur Verfügung zu stellen (umfassende Informationsaufgabe). Im einzelnen lassen sich hierunter die folgenden *Teilaufgaben* subsumieren:

1. Die Erfassungs-, Ermittlungs- und Dokumentationsaufgabe

Die Unternehmenszustände und -bewegungen müssen erfasst und in geeigneter Form aufgezeichnet und gespeichert werden, damit jederzeit bei Bedarf auf diese Informationen zurückgegriffen werden kann.

2. Die Aufgabe der Rechenschaftslegung

Das Rechnungswesen ist das wichtigste Instrument, mit dem die Unternehmensleitung gegenüber den Anteilseignern und der Öffentlichkeit Rechenschaft legen kann. Insbesondere das Zahlenwerk des Jahresabschlusses, der bei bestimmten Unternehmensformen auch veröffentlicht werden muss, dient dem Zweck der Rechnungslegung.

3. Die Kontrollaufgabe

Die Zahlen des Rechnungswesens dienen der Kontrolle der Betriebsabläufe, z.B. zur Feststellung von Abweichungen zwischen Planwerten und Istwerten.

4. Die Dispositionsaufgabe (Steuerungsaufgabe)

Hier hat das Rechnungswesen die Aufgabe, Daten für betriebswirtschaftliche Entscheidungen zu liefern und aufzubereiten und Rechenverfahren zur Verfügung zu stellen, um aus der Vielzahl der Unternehmensdaten und der Handlungsmöglichkeiten zielkonforme Entscheidungsempfehlungen ableiten zu können.

Die im Rechnungswesen erfassten und aufbereiteten Zahlen sind die zentrale Informationsbasis für alle am Unternehmensgeschehen interessierten internen und externen Personen, Personengruppen und Institutionen.

Teilgebiete des Rechnungswesens

Man untergliedert das betriebliche Rechnungswesen üblicherweise in die folgenden Teilbereiche

1. Die Jahresabschlussrechnung

Hierzu gehören:

- die kaufmännische doppelte Buchführung (sogenannte Finanzbuchführung),
- das Inventar,
- die Bilanz,
- die Gewinn- und Verlustrechnung (GuV),
- der Anhang,
- der Lagebericht,

sowohl für einzelne Unternehmen (sogenannter Einzelabschluss) als auch für beteiligungsmäßig verflochtene Unternehmen innerhalb eines Konzerns (sogenannter Konzernabschluss). Bilanz, Gewinn- und Verlustrechnung und Anhang bezeichnet man als Jahresabschluss.

2. Die Kosten-, Erlös- und Ergebnisrechnung (sog. Betriebsbuchhaltung)

Hierzu gehören

- die Kostenartenrechnung,
- die Kostenstellenrechnung,
- die Kostenträgerrechnung,
- die Erlösrechnung,
- die kurzfristige Erfolgsrechnung (Betriebsergebnisrechnung),
- die verschiedenen Formen der Deckungsbeitragsrechnung.

3. Die Planungsrechnung

Hierzu gehören u.a.

- die Investitionsplanung,
- die Finanzplanung,
- die Produktions- und Produktionsprogrammplanung,
- die Absatzplanung.

4. Die betriebswirtschaftliche Statistik und Vergleichsrechnung.

Hier werden die Zahlen aus den verschiedenen Teilbereichen des Rechnungswesens sowie aus anderen Unternehmensbereichen gesammelt und statistisch aufbereitet. Ziel ist die Gewinnung von Kennzahlen, mit deren Hilfe innerbetriebliche Vergleiche z.b. zwischen verschiedenen Abrechnungsperioden und zwischenbetriebliche Vergleiche zwischen verschiedenen Unternehmen derselben Branche (sog. Betriebsvergleiche) ermöglicht werden.

Der Zeitbezug des Rechnungswesens

Die Aufgaben ebenso wie die Teilgebiete des Rechnungswesens sind sowohl zeitpunktbezogen, als auch zeitraumbezogen.

Zeitpunktbezogen sind z.b. die Bilanz (Ermittlung von Stichtagswerten der Vermögensgegenstände, Rechnungsabgrenzungsposten und Schulden), und der Liquiditätsstatus (Ermittlung der liquiden Mittel und der sofort fälligen Schulden zum Stichtag).

Zeitraumbezogen sind z.b. die Gewinn- und Verlustrechnung zur handels- und steuerrechtlichen Periodenergebnisermittlung, die Kostenrechnung, die die Höhe und die innerbetriebliche Verteilung der Kosten eines Abrechnungszeitraumes ermittelt, oder die kurzfristige Erfolgsrechnung, in der der Betriebserfolg einer Abrechnungsperiode ermittelt wird.

Des Weiteren können die Zahlen des Rechnungswesens *vergangenheitsbezogen oder zukunftsbezogen* sein. Während die Rechenschafts- und Kontrollaufgabe sich auf vergangene Sachverhalte beziehen, sind die Lenkungs- und Dispositionsaufgabe eindeutig zukunftsbezogen. Am deutlichsten wird die Zukunftsbezogenheit beim Teilgebiet der Planungsrechnung. Hier werden laufende und künftige Entscheidungen auf ihre betriebswirtschaftlichen Zukunftswirkungen hin untersucht. Die anderen Teilgebiete des Rechnungswesens können sowohl vergangenheits- als auch zukunftsorientiert sein. Als Istkostenrechnung befasst sich die Kostenrechnung mit den tatsächlich entstandenen Kosten der letzten Abrechnungsperiode. In der Plankostenrechnung sind künftige Abrechnungsperioden der Untersuchungsgegenstand. Meist werden Jahresabschlüsse mit dem Ziel der Rechenschaftslegung über ein vergangenes Geschäftsjahr erstellt. Insoweit sind sie rein vergangenheitsbezogen. Werden hingegen die Auswirkungen gegenwärtiger und künftiger Entscheidungen auf die Bilanzen und Gewinn- und

Verlustrechnungen der kommenden Jahre in sogenannten Planbilanzen und Plangewinn- und Verlustrechnungen dargestellt, ist auch die Jahresabschlussrechnung zukunftsbezogen. Die betriebswirtschaftliche Statistik und Vergleichsrechnung sind in der Regel vergangenheitsorientiert. Einen Überblick über die Stellung des Rechnungswesens im Unternehmensprozess, über die Aufgaben, die Adressaten, die Teilgebiete und den Zeitbezug, kurz die zentrale Bedeutung des Rechnungswesens als Informationsinstrument, gibt Abbildung 2.

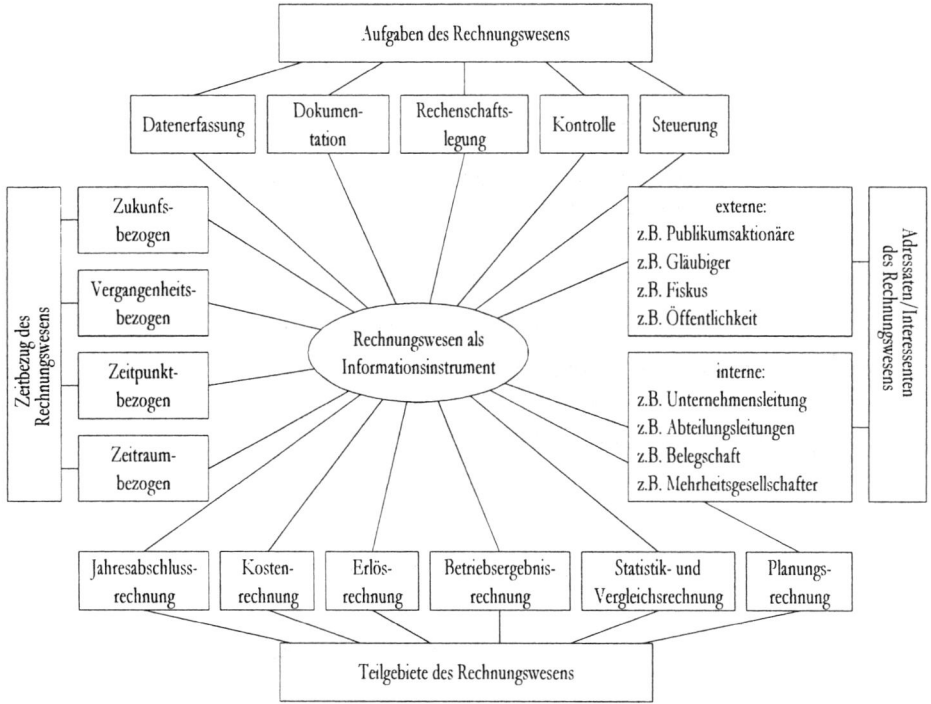

Abb. 2: Die zentrale Bedeutung des Rechnungswesens als Informationsinstrument

Fallbeispiel zur Lerneinheit 1

Beispiel:

Die Unternehmensleitung führt aufgrund einer Betriebsvereinbarung mit Betriebsrat und Gewerkschaften eine Arbeitszeitverkürzung im Verwaltungsbereich bei vollem Lohn- und Gehaltsausgleich durch. Hiernach müssen die Verwaltungsangestellten und die im Verwaltungsbereich beschäftigten Lohnempfänger (z.B. Reinigungspersonal) eine Stunde pro Woche weniger arbeiten, erhalten aber ihr bisheriges Gehalt bzw. ihren bisherigen Lohn ungekürzt weiter. Es soll unterstellt werden, dass sich die Absatzlage aufgrund der Konkurrenz von Billiganbietern aus dem Ausland etwas verschlechtert, so dass das Unternehmen mit einem Produktions- und Absatzrückgang rechnen muss.

Erläutern Sie, welche Auswirkungen die Arbeitszeitverkürzung auf das Unternehmen hat. Welche Teilbereiche des Rechnungswesens werden hiervon betroffen? Welche unternehmensinternen und -externen Personen und Organisationen sind im Fall des obigen Beispiels an den Informationen der einzelnen Teile des Rechnungswesens interessiert?

Lösung:

1. Wegen des vollen Lohnausgleichs steigen Lohn bzw. Gehalt pro Zeiteinheit (z.B. Stundenlohn). In der Folge werden die dem Produkt zuzurechnenden Verwaltungskosten größer. Bei einem Produktions- und Absatzrückgang nehmen die Selbstkosten je Stück überproportional zu, da die gestiegenen beschäftigungsunabhängigen Verwaltungskosten auf eine geringere Anzahl von Produkten zu verteilen sind. Wenn der Markt solche Preissteigerungen nicht akzeptiert, entstehen Verluste.

2. Die Arbeitszeitverkürzung führt aus der Sicht des Unternehmens zur Erhöhung der Gehaltszahlungen, wenn zur Aufrechterhaltung der Verwaltungsfunktion entweder zusätzliche Voll- oder Teilzeitarbeitskräfte eingestellt werden müssen, oder - was in der Wirkung ähnlich ist - wenn Überstunden bezahlt werden müssen. Zunächst hat die durchgeführte Entscheidung Einfluss auf die Personalplanung. Im Fall von Neueinstellungen muss die Personalbedarfsplanung angepasst werden, gegebenenfalls müssen Stellenpläne geändert bzw. neu erstellt werden. Im Falle von Überstunden müssen die Arbeitszeitpläne angepasst werden. Diese Planänderungen betreffen nicht das betriebliche Rechnungswesen, weil Geldgrößen nicht betroffen sind.

3. Der Einfluss der Gehaltserhöhungen auf die zukünftige Finanzlage des Unternehmens muss ermittelt werden. Dies erfolgt in der Finanzplanungsabtei-

lung des Unternehmens. Rechnungsinstrumente sind der Liquiditätsstatus und der Finanzplan.

4. Durch die Erhöhung der Stückkosten können sich Auswirkungen auf den Absatz (mengenmäßig), den Umsatz (wertmäßig) und den Marktanteil (in Prozent) ergeben. Interessiert ist die Abteilung Absatz/ Marketing. Instrumente sind der Absatzplan bzw. die Absatzteilpläne.

5. Die Vorteilhaftigkeit der Substitution von Arbeitskraft durch Maschinen muss geprüft werden. Interessenten sind die verschiedenen Planungsabteilungen des Unternehmens, insbesondere die Investitionsplanung. Instrument ist der Investitionsplan (vgl. hierzu Heinhold, M., Investitionsrechnung, 8. Auflage, München 1999).

6. Der Einfluss der Gehaltserhöhung auf den Gewinn bzw. den Verlust des Unternehmens muss ermittelt werden. Dies erfolgt in der kaufmännischen Buchhaltung. Instrumente sind Bilanz und Gewinn- und Verlustrechnung. Interessenten sind neben dem Management insbesondere noch die aktuellen und potenziellen Anteilseigner (Gewinnausschüttungserwartungen), die Gläubiger (Ertragskraft des Unternehmens als Darlehenssicherheit) sowie vor allem der Fiskus (Gewinnsteuern).

7. Die Gehaltserhöhung beeinflusst den Lohnsteuerabzug. Hiervon ist die Lohnbuchhaltung als Nebenbuchhaltung im System der kaufmännischen Buchführung betroffen. Interessenten sind neben den unternehmensinternen Stellen vor allem der Fiskus.

8. Der Einfluss der Gehaltserhöhung auf die Kostensituation in den einzelnen Unternehmensbereichen muss ermittelt werden, um Entscheidungsgrundlagen für Rationalisierungsmaßnahmen zu erhalten. Interessenten sind neben der Controllingabteilung die verschiedenen Kostenstellenleiter. Instrument ist die Kostenstellenrechnung, hier insbesondere der Betriebsabrechnungsbogen (BAB).

9. Der Einfluss auf die Höhe der Stückkosten muss ermittelt werden. Dies erfolgt in der sogenannten Kostenträgerstückrechnung (Kalkulation). Rechnungsinstrument sind die verschiedenen Kalkulationsschemata. Interessenten sind vor allem unternehmensinterne Personen bzw. Abteilungen (z.B. Absatz, Controlling, Bilanzbuchhaltung). Als externer Interessent kommt insbesondere der Fiskus in Betracht, da sich bei steigenden Herstellungskosten je Stück die Bewertung der Lagerbestände ändert und damit Gewinn und Vermögen des Unternehmens beeinflusst werden (zur Buchung von Bestandsveränderungen vgl. Heinhold, M., Buchführung in Fallbeispielen, 10. Auflage, 2006, Lerneinheit 14).

Lerneinheit 2: Rechengrößen

Lernziele:

- Einzahlungen und Auszahlungen
- Einnahmen und Ausgaben
- Ertrag und Aufwand
- Kosten und Leistungen, Erlöse
- Verschiedene Kostenbegriffe

Einführung

Im betrieblichen Rechnungswesen finden unterschiedlichste Rechengrößen Verwendung. Diese sollen zunächst definiert und an Hand von Beispielen erklärt werden.

Einzahlungen – Auszahlungen

Sie sind durch den Zu- bzw. Abfluss von liquiden Mittel (Geld) gekennzeichnet und verändern unmittelbar den Zahlungsmittelbestand. Zum Zahlungsmittelbestand gehören das Bargeld und das Buchgeld. Bargeld sind die gesetzlichen Zahlungsmittel (z.B. Münzen, Geldscheine) und Schecks. Buchgeld sind die sogenannten Sichtguthaben bei Banken.

Beispiele für Einzahlungen sind:
Barzahlung durch einen Kunden, Bezahlung durch einen Kunden per Scheck, Überweisung eines Geldbetrags durch einen Schuldner, Barverkauf von Produkten, Bareinlagen eines Gesellschafters, Kundenanzahlungen bar, per Scheck oder durch Banküberweisung.

Beispiele für Auszahlungen sind:
Lohnzahlungen bar oder per Banküberweisung, Bareinkauf von Rohstoffen, Bezahlung von Eingangsrechnungen bar oder per Banküberweisung oder per Scheckversand.

Einzahlung = Zufluss von Bar- oder Buchgeld

Auszahlung = Abfluss von Bar- oder Buchgeld

Einnahmen – Ausgaben

Hierzu zählen alle Vorgänge, die zu Veränderungen des Geldvermögens führen. Zum Geldvermögen gehören sowohl der Zahlungsmittelbereich (die liquiden Mittel) als auch der Kreditbereich (Forderungen und Verbindlichkeiten). Einnahmen führen zu einer Erhöhung des Geldvermögens, Ausgaben zu einer Verminderung.

Einnahmen = Zufluss von Bar- oder Buchgeld
+Erhöhung von Forderungen
+Verminderung von Schulden

Ausgaben = Abfluss von Bar- oder Buchgeld
+Verminderung von Forderungen
+Erhöhung von Schulden

Meistens sind Einzahlungen zugleich auch Einnahmen bzw. Auszahlungen zugleich auch Ausgaben, nämlich immer dann, wenn der Zahlungszufluss (bzw. Abfluss) nicht durch eine gegenläufige Veränderung des Forderungs- bzw. Schuldenbestandes kompensiert wird. Ein Barverkauf führt zu einer Einzahlung (Geldzufluss) und zu einer Einnahme (Erhöhung des Geldvermögens). Zahlt hingegen ein Schuldner seine Schulden bar zurück, dann liegt zwar eine Einzahlung vor, da sich der Zahlungsmittelbestand erhöht hat. Es liegt aber keine Einnahme vor, da sich das Geldvermögen nicht geändert hat (dem Zahlungszugang steht ein betragsgleicher Forderungsabgang gegenüber).

Analoges gilt für die Auszahlungen bzw. Ausgaben. Bezahlt ein Unternehmen eine Eingangsrechnung sofort bar, dann liegt eine Auszahlung (Abfluss von Zahlungsmitteln) und gleichzeitig eine Ausgabe vor, da die Zahlungsmittel zum Geldvermögen gehören. Wird die Eingangsrechnung hingegen nicht sofort bezahlt, sondern bleibt sie geschuldet, dann entsteht eine Ausgabe (Erhöhung der Schulden). Wenn die Schuld in einer späteren Periode bar oder per Banküberweisung zurückbezahlt wird, liegt eine Auszahlung vor, jedoch keine nochmalige Ausgabe, da sich das Geldvermögen hierdurch nicht verändert hat (Zahlungsmittelabfluss und Schuldenabgang in gleicher Höhe).

Erträge – Aufwendungen

Erträge bzw. Aufwendungen verändern das Reinvermögen (Eigenkapital) des Unternehmens.

Reinvermögen = Summe der Vermögensgegenstände
– Summe der Schulden

Was alles zum Reinvermögen gehört und wie dessen einzelne Bestandteile zu bewerten sind, richtet sich nach den für die handelsrechtliche Finanzbuchhaltung geltenden Vorschriften (vgl. hierzu Heinhold, M., Buchführung in Fallbeispielen, 10. Auflage Stuttgart 2006). Erträge erhöhen das Reinvermögen, Aufwendungen vermindern das Reinvermögen.

Ertrag   = Wert der erbrachten Leistung einer Abrechnungsperiode
            = Erhöhung des Reinvermögens.

Aufwand   = Wert von verbrauchten Gütern und Dienstleistungen einer
              Abrechnungsperiode
            = Verminderung des Reinvermögens

Beispiele für Erträge:
Umsatzerlöse, Zinsgutschriften, Mieteingänge, Zuschüsse, Geschenke.

Beispiele für Aufwendungen:
Lohn- und Gehaltszahlungen, Mietzahlungen, Porti, Telefongebühren, Schäden
durch Diebstahl, Brandschäden.

Erträge können zugleich Einnahme und Einzahlung sein (z.B. Umsatzerlöse bei
Barverkauf). Ein Ertrag und zugleich eine Einnahme, aber keine Einzahlung liegt
z.B. bei einem sogenannten Zielverkauf vor, d.h. wenn der Kunde den Kaufpreis
schuldig bleibt. Der Fall eines Ertrags und einer Einzahlung, aber keiner Einnahme ist nicht möglich. Selbstverständlich sind auch Erträge möglich, die
zugleich weder Einnahme noch Einzahlung sind (z.B. bei Produktion von Erzeugnissen, die innerhalb der Abrechnungsperiode noch nicht verkauft werden
konnten und den Lagerbestand erhöhen). Ein Beispiel für einen Aufwand, der
zugleich Ausgabe und Auszahlung ist, ist die Barzahlung oder Banküberweisung
von Löhnen. Die Rückzahlung von Schulden ist eine Auszahlung, aber weder eine Ausgabe (das Geldvermögen ändert sich nicht), noch ein Aufwand (das Reinvermögen ändert sich nicht). Der Barkauf einer Maschine ist eine Auszahlung,
weil sich der Zahlungsmittelbestand verringert, zugleich eine Ausgabe, weil sich
das Geldvermögen verringert, aber kein Aufwand. Es findet nämlich kein Verbrauch und damit keine Reinvermögensminderung statt. Da als Gegenwert für
die Zahlung eine betragsgleiche Zunahme des Maschinenvermögens stattfindet,
bleibt das Reinvermögen unverändert. Sobald die Maschine in Betrieb genommen wird und durch Gebrauch an Wert verliert, entsteht ein Aufwand (die
sogenannte Abschreibung), der weder Ausgabe noch Auszahlung ist.

Aufwendungen und Erträge untergliedert man noch weiter und zwar in:

Betriebsfremde Aufwendungen und Erträge:
Sie stehen nicht mit dem Unternehmenszweck in Zusammenhang (z.B. Spekulationsgewinne und -verluste, Aufwendungen und Erträge aus Spenden).

Die verbleibenden betrieblichen Erträge bzw. Aufwendungen können sein:

Normale, betriebliche Aufwendungen (i.d.R. = Kosten) und Erträge (= Erlöse):
Sie sind gegeben, wenn sie bei der Erfüllung des Betriebs- bzw. Unternehmenszwecks üblicherweise im Abrechnungsjahr anfallen (z.b. auf der Aufwandsseite Löhne, Gehälter, Abschreibungen, Versicherungsprämien und dergleichen, auf der Ertragsseite Umsatzerlöse).

Periodenfremde betriebliche Aufwendungen und Erträge:
Sie stehen zwar in direktem Zusammenhang mit dem Betriebszweck, werden aber nicht in der Periode ausgewiesen, in der der Reinvermögenszuwachs bzw. -verzehr stattgefunden hat. Ein Beispiel auf der Aufwandseite: Eine Maschine wird tatsächlich stärker beansprucht und abgenutzt, als dies den vorgenommenen Abschreibungen entspricht. Wird die Maschine nach einigen Jahren verkauft, und stellt sich dabei heraus, dass der erzielte Verkaufspreis weit unter dem Buchwert liegt, dann weiß man, dass man während der Nutzungsdauer zu wenig Abschreibung als Aufwand verrechnet hat. Diese unterlassene Abschreibung wird im Verkaufsjahr nachgeholt. Der Veräußerungsverlust ist deshalb periodenfremder Abschreibungsaufwand. Analoges gilt für periodenfremde Erträge, z.B. wenn sich beim Verkauf der Maschine herausstellte, dass man während der Nutzungsjahre zu viel abgeschrieben hat.

Periodenrichtige, aber außergewöhnliche Aufwendungen und Erträge:
Aufgabe bestimmter Teilbereiche des Rechnungswesens ist es, den Unternehmenserfolg und das Unternehmensreinvermögen zu ermitteln, das sich auf Grund einer normalen, üblichen Geschäftstätigkeit ergibt. Außergewöhnliche Ereignisse, wie z.B. auf der Aufwandseite größere Brandschäden, Forderungsausfälle auf Grund der Insolvenz von Hauptabnehmern, auf der Ertragsseite z.B. der Erlass betrieblicher Schulden, etwa im Sanierungsfall, müssen hier eliminiert werden.

Diese Unterteilung von Ertrag bzw. Aufwand wird in Abbildung 3 nochmals übersichtlich dargestellt.

Erlöse – Kosten

Erträge, die in direktem Zusammenhang mit der typischen Betriebstätigkeit stehen und weder periodenfremd noch außergewöhnlich sind, nennt man *Erlöse*. Aufwendungen, die direkt zur Erfüllung des Betriebszwecks dienen, also im Zusammenhang mit der typischen Betriebstätigkeit entstehen und weder periodenfremd, noch außergewöhnlich sind, nennt man *Kosten*.

Der Erlösbegriff

Im älteren Schrifttum wurde hier meistens der Begriff Leistung verwandt. Folgt man der neueren Auffassung, dann ist unter Leistung die mengenmäßige Ausbringung des Unternehmens zu verstehen. Erlöse kennzeichnen dagegen die in Geldeinheiten bewertete Ausbringung.

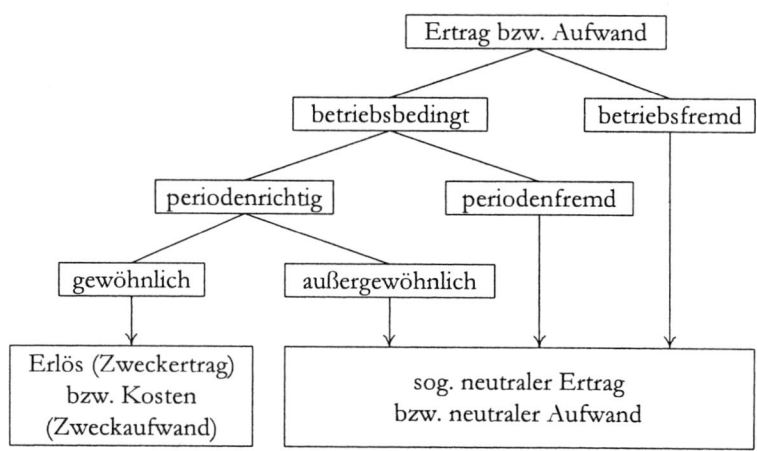

Abb. 3: Die Untergliederung von Aufwendungen und Erträgen

Erlöse können auf zwei verschiedene Arten entstehen:

• Durch Verkauf von Produkten (Erzeugnissen oder Dienstleistungen). Die Höhe des Erlöses ist durch den Verkaufspreis bestimmt

• Durch Produktion auf Lager. Die Höhe des Erlöses ist hier durch den Wertzuwachs des Unternehmensvermögens bestimmt. In der Regel sind dies die Herstellkosten, die bei der Produktion der Mehrbestände angefallen sind.

Kostenbegriffe

Die Kosten werden weiter unterteilt in Grundkosten und Zusatzkosten. *Grundkosten* sind diejenigen Kosten, die als Zweckaufwand auch in der handelsrechtlichen Buchführung erfasst werden. Grundkosten sind ihrer Art nach auch in der handelsrechtlichen Buchführung als Aufwand enthalten. Es können sich allerdings wertmäßige Unterschiede ergeben, z.B. wenn handelsrechtlich die Abschreibung von den konstanten Anschaffungs- oder Herstellungskosten bemessen wird, für die Kostenrechnung aber von den steigenden Wiederbeschaffungskosten. Solche artgleichen aber wertverschiedenen Kosten in Buchführung und Kostenrechnung nennt man auch *Anderskosten*. Zu den Anderskosten treten noch die sogenannten *Zusatzkosten* hinzu. Es sind dies Kosten, die in der handelsrechtlichen Buchführung nicht als Aufwand behandelt werden dürfen. Dazu zählen insbesondere die kalkulatorischen Eigenkapitalzinsen, der kalkulatorische Unternehmerlohn sowie kalkulatorische Wagniskosten (näheres vgl. z.B. bei

Heinhold, M., Buchführung in Fallbeispielen, 10. Auflage, Stuttgart 2007, Lerneinheit 7 und Lerneinheit 15). Die Zusammenhänge werden in Abbildung 4 übersichtlich dargestellt.

handelsrechtlicher Aufwand			
neutraler Aufwand	Zweckaufwand (=pagatorische Kosten, in der Finanzbuchhaltung als Aufwand behandelt)		
	Grund-kosten	Anders-kosten	Zusatz-kosten
	sog. wertmäßige Kosten		

Abb. 4: Der Zusammenhang zwischen Aufwand, pagatorischen und wertmäßigen Kosten

Die *pagatorischen Kosten* sind vor allem für die Jahresabschlussrechnung (Finanzbuchhaltung, insbesondere Bilanz, Gewinn- und Verlustrechnung und Anhang) von Bedeutung. Die Bewertung der pagatorischen Kosten orientiert sich an den Ausgaben (italienisch: pagare), die bei der Anschaffung oder Herstellung einzelner Produktionsfaktoren entstanden sind. Es handelt sich um vergangenheitsorientierte Kostenwerte.

Ein für betriebswirtschaftliche Fragestellung zweckmäßiger Kostenbegriff muss weiter definiert sein (sog. *wertmäßiger Kostenbegriff*). Allgemein definiert man hier *Kosten als leistungsbedingten, bewerteten Güterverzehr*. Hierunter fallen einmal diejenigen Kostenbestandteile, die auch im handelsrechtlichen Zweckaufwand enthalten sind, jedoch in der Regel anders bewertet werden (z.B. auf der Basis von Wiederbeschaffungskosten, von Durchschnittspreisen, von Planpreisen, von Lenkungspreisen). Dies führt zu den sogenannten Anderskosten. Die strenge, an Vergangenheitswerten orientierte Pagatorik wird hierbei überwunden. Durch die Zusatzkosten wird dazu noch leistungsbedingter Güterverzehr in der Kostenrechnung berücksichtigt, der in der handelsrechtlichen Buchführung grundsätzlich nicht enthalten ist, für betriebswirtschaftliche Fragestellungen und Entscheidungsprobleme aber unverzichtbar ist. Die Verzinsung des eingesetzten Eigenkapitals darf aus gesetzlichen Gründen in der handelsrechtlichen Buchführung nicht als Aufwand gebucht werden. Wenn ein Unternehmer aber vor der Entscheidung steht, ob er seinem Unternehmen weiteres Eigenkapital zur Verfügung stellen soll, dann ist es für ihn entscheidungserheblich, ob er eine angemessene Verzinsung hierfür erhält. Durch die Kapitaleinlage wird eine anderweitige Anlage des Geldes verhindert. Er verzichtet deshalb auf entsprechende Erträge. Wenigstens in Höhe der entgangenen Kapitalerträge sollte er Eigenkapitalzinsen als Kosten kalkulieren, d.h. er wird die Verkaufspreise für seine Produkte so hoch ansetzen, dass alle Kosten, auch die kalkulatorischen Eigenkapitalzinsen, dadurch verdient werden (näheres vgl. Lerneinheit 23 ff. Kostenträgerrechnung).

Fallbeispiele zur Lerneinheit 2

Beispiel 1:

In der nachstehenden Tabelle 2.1. (siehe nächste Seite) sind die 14 möglichen Kombinationen der Kategorien

* Auszahlung
* Ausgabe
* Aufwand
* Kosten

aufgeführt.

Geben Sie jeweils Beispiele an!

Lösung zu Beispiel 1:

Nr. 1: Auszahlung, nicht Ausgabe, nicht Aufwand, nicht Kosten
Beispiel: Barrückzahlung einer Verbindlichkeit
Es liegt keine Ausgabe vor, weil sich das Geldvermögen nicht verändert hat (Kassenbestand nimmt ab, im selben Umfang nehmen auch die Schulden ab).

Nr. 2: Auszahlung und Ausgabe, nicht Aufwand, nicht Kosten
Beispiel: Bareinkauf von Büromaterial
Eine Auszahlung ist wegen der Kassenbestandsverminderung gegeben. Dies führt gleichzeitig zu einer Ausgabe, da eine Kompensation durch Schuldenverminderung oder Forderungszunahme nicht vorliegt. Solange das Büromaterial nicht verbraucht wird, findet keine Reinvermögensminderung statt und damit auch kein Aufwand und deshalb auch keine Kosten.

Nr. 3: Auszahlung, Ausgabe und Aufwand, nicht Kosten
Beispiel: Spende an die Caritas (betriebsfremder Aufwand), Nachzahlung (Bar oder durch Überweisung) von Versicherungsprämien, von Kostensteuern (z.B. Gewerbesteuer) für eine vergangene Abrechnungsperiode (periodenfremder Aufwand).
Überweisung des Rechnungsbetrages für eine Maschinenreparatur, die wegen eines Brandes (oder einer Explosion, eines Blitzeinschlags u.dgl.) nötig war (außerordentlicher Aufwand).

Nr.	Auszahlung	Ausgabe	Aufwand	Kosten
1	+	-	-	-
2	+	+	-	-
3	+	+	+	-
4	+	+	+	+
5	+	-	+	-
6	+	-	+	+
7	+	-	-	+
8	-	+	-	-
9	-	+	+	-
10	-	+	+	+
11	-	+	-	+
12	-	-	+	-
13	-	-	+	+
14	-	-	-	+

Die Zeilen der Tabelle sind folgendermaßen zu lesen:
+ bedeutet: trifft zu, - bedeutet: trifft nicht zu,
z.B. Nr.5: Auszahlung und Aufwand, nicht Ausgabe, nicht Kosten

Tab. 2.1: Angaben zu Beispiel 1

Nr. 4: Auszahlung = Ausgabe = Aufwand = Kosten
Beispiele: Bezahlung oder Überweisung von Löhnen, Gehältern, Mieten, Versicherungsprämien für den laufenden Abrechnungszeitraum.

Nr. 5: Auszahlung und Aufwand, nicht Ausgabe, nicht Kosten
Beispiele: Sind logisch nicht möglich. Nichtausgabe heißt, dass die Kassenbestandsminderung durch eine Geldvermögenserhöhung (Forderungszunahme oder Schuldenabnahme) um denselben Betrag kompensiert wird. Dann bleibt aber kein Geld mehr übrig, das zu einer Reinvermögensminderung führen kann (z.B. für Löhne oder Gehälter).

Nr. 6: Auszahlung = Aufwand = Kosten, nicht Ausgabe
Beispiele: Wie bei Nr. 5, logisch nicht möglich!

Nr. 7: Auszahlung = Kosten, nicht Ausgabe, nicht Aufwand
Beispiele: Wie bei Nr. 5 und Nr. 6, logisch nicht möglich!

Nr. 8: Ausgabe, nicht Auszahlung, nicht Aufwand, nicht Kosten
Beispiele: Kauf eines Vermögensgegenstandes auf Kredit (sog. Zielkauf). Die Schulden nehmen zu. Dieser Verminderung des Geldvermögens steht eine betragsgleiche Erhöhung des Sachvermögens gegenüber, so dass sich das Reinvermögen nicht ändert. Deshalb liegen weder Aufwand noch Kosten vor. Eine Auszahlung ist nicht gegeben, da keine Liquiditätsveränderung stattgefunden hat (kein Zahlungsmittelabgang).

Nr. 9: Ausgabe = Aufwand, nicht Auszahlung, nicht Kosten
Beispiele: Die Reparaturrechnung aufgrund eines betriebsfremden, periodenfremden oder außerordentlichen Vorfalls (s.o., Nr. 3) geht ein, wird aber nicht bezahlt. Der Rechnungsbetrag bleibt als Schuld (Verbindlichkeit) bestehen.

Nr. 10: Ausgabe = Aufwand = Kosten, nicht Auszahlung
Beispiele: Löhne, Gehälter, betriebstypische Reparaturrechnungen u.dgl., die nicht sofort bezahlt werden, sondern als Schuld stehenbleiben (die Verbindlichkeiten des Unternehmens erhöhen sich).

Nr. 11: Ausgabe = Kosten, nicht Auszahlung, nicht Aufwand
Beispiele: Praktisch relevante Beispiele sind kaum möglich, wenn, dann nur mittels ungewöhnlicher Konstruktionen im Bereich der kalkulatorischen Kosten: Einem Gesellschafter einer KG steht laut Gesellschaftsvertrag eine angemessene Verzinsung seines Eigenkapitals zu. Dieser kalkulatorische Eigenkapitalzins wird vom Gesellschafter nicht entnommen, sondern als Verbindlichkeit gebucht.

Nr. 12: Aufwand, nicht Auszahlung, nicht Ausgabe, nicht Kosten
Beispiele: Der Teil der Abschreibung einer Maschine, der den betriebsbedingten, typischen Abschreibungsbetrag (=Kosten) übersteigt. Hier gibt es zahlreiche Anwendungsfälle bei steuerlichen Sonderabschreibungen. Aus steuerlichen Gründen dürfen z.B. 20% der Anschaffungs- oder Herstellungskosten sofort im ersten Nutzungsjahr abgeschrieben werden (z.B. zur Investitionsförderung von kleinen und mittleren Betrieben, § 7g EStG), betriebstypisch ist aber eine 10-prozentige lineare Abschreibung. Die betriebstypische 10%-Abschreibung stellt Aufwand und Kosten dar. Die darüber hinausgehende 10%-Abschreibung ist Aufwand, aber nicht Kosten. Eine Ausgabe oder Auszahlung liegt nicht vor, weil weder der Zahlungsmittelbestand noch das Geldvermögen betroffen sind. Näheres zur Abschreibung vgl. LE 10; vgl. auch Heinhold, Buchführung in Fallbeispielen, 10. Auflage, Stuttgart 2006, LE 10, vgl. auch Heinhold, Der Jahresabschluss, 1996, S. 251 ff.
Weitere Beispiele für „Nur-Aufwendungen" lassen sich im Bereich von Rückstellungen für ungewisse Verbindlichkeiten finden, sofern es sich nicht um normale

betriebliche Vorgänge, sondern um außerordentliche Vorgänge handelt (z.B. in Schadensersatzfällen). Näheres zu Rückstellungen vgl. bei Heinhold, M. Buchführung in Fallbeispielen, 10. Auflage, Stuttgart 2006, LE 17; vgl. auch Heinhold, Der Jahresabschluss 1996, S. 146 ff und S. 107 ff.

Nr. 13: Aufwand = Kosten, nicht Auszahlung, nicht Ausgabe

Beispiele: Klassische Fälle sind Abschreibungen (sofern nicht die Sonderfälle von Nr. 12 und Nr. 14 vorliegen), insbesondere also Abschreibungen auf Gegenstände des Betriebsvermögens, das betriebstypisch verwendet wird. Sind die kalkulatorischen Abschreibungen größer als die pagatorischen, dann gehört nur der Teil der Abschreibungen hierher, der Grundkosten darstellt (vgl. LE 6). Zusatz- und Anderskosten gehören nicht hierher, sondern zu Nr. 14.

Nr. 14: Nur Kosten, nicht Auszahlung, nicht Ausgabe, nicht Aufwand

Beispiele: Alle kalkulatorischen Kosten (Zusatz- und Anderskosten), sofern sie nicht zu einer Verminderung des Zahlungsmittelbestandes und des Geldvermögens führen. Insbesondere: Kalkulatorische Abschreibungen (Anderskosten), kalkulatorische Eigenkapitalzinsen (sofern sie nicht ausbezahlt/entnommen werden), kalkulatorische Wagniskosten usw. Zu den kalkulatorischen Kosten vgl. LE 10-12.

Beispiel 2:

In der nächsten Tabelle 2.2. (siehe nächste Seite) finden sie die 14 möglichen Kombinationen der Kategorien:

- Einzahlung
- Ertrag
- Einnahme
- Erlös

(+ bedeutet: trifft zu,   - bedeutet: trifft nicht zu)

Geben Sie auch hier jeweils Beispiele an!

Lösung zu Beispiel 2:

Nr. 1: Nur Einzahlung, nicht Einnahme, nicht Ertrag, nicht Erlös

Beispiele: Aufnehmen eines Kredits. Weil sich der Zahlungsmittelbestand erhöht, liegt eine Einzahlung vor. Eine Einnahme liegt nicht vor, da das Geldvermögen wegen der gestiegenen Schulden unverändert bleibt.

Nr. 2: Einzahlung = Einnahme, nicht Ertrag, nicht Erlös

Beispiele: Es muss eine Erhöhung des Geldvermögens stattfinden, ohne gleichzeitige Zunahme des Reinvermögens. Es muss sich also um einen Verkauf eines

Vermögensgegenstandes vom Lager in Höhe des eigenen Einkaufspreises handeln. Per Saldo liegt kein Ertrag vor, weil sich das Sachvermögen um denselben Betrag vermindert, um den das Geldvermögen steigt.

Nr.	Einzahlung	Einnahme	Ertrag	Erlös
1	+	-	-	-
2	+	+	-	-
3	+	+	+	-
4	+	+	+	+
5	+	-	+	-
6	+	-	+	+
7	+	-	-	+
8	-	+	-	-
9	-	+	+	-
10	-	+	+	+
11	-	+	-	+
12	-	-	+	-
13	-	-	+	+
14	-	-	-	+

Tab. 2.2: Angaben zu Beispiel 2

Nr. 3: Einzahlung = Einnahme = Ertrag, nicht Erlös
Beispiele: Außergewöhnliche betriebliche Zahlungsmittelzunahmen (z.B. Schadensersatzzahlungen, Zuschüsse, Subventionen), periodenfremde betriebliche Zahlungsmittelzunahmen (z.B. Rückerstattung von zu viel bezahlten Versicherungsprämien oder Gewerbesteuern in einem späteren Abrechnungszeitraum), betriebsfremde Zahlungsmittelzunahmen (z.B. Spekulationsgewinne). Geldvermögen und Reinvermögen nehmen zu, es handelt sich aber nicht um einen betriebstypischen Vorgang.

Nr. 4: Einzahlung = Einnahme = Ertrag = Erlös
Beispiele: Erlöse aus dem Verkauf von Erzeugnissen oder Dienstleistungen, Bezahlung in Bar oder per Banküberweisung.

Nr. 5: Einzahlung = Ertrag, nicht Einnahme, nicht Erlös
Beispiele: Sind logisch nicht möglich!
Einzahlung, nicht Einnahme heißt, dass die Liquiditätserhöhung durch eine
Geldvermögensminderung (d.h. Schuldenzunahme oder Forderungsabnahme) in
voller Höhe kompensiert werden muss. Dann bleibt aber kein Geld zur Rein-
vermögenserhöhung übrig (analog Nr. 5 in Beispiel 1).

Nr. 6: Einzahlung = Ertrag = Erlös, nicht Einnahme
Beispiele: wie bei Nr. 5: logisch nicht möglich!

Nr. 7: Einzahlung = Erlös, nicht Einnahme, nicht Ertrag
Beispiele: wie bei Nr. 5 und Nr. 6: logisch nicht möglich!

Nr. 8: Nur Einnahme, nicht Einzahlung, nicht Ertrag, nicht Erlös
Beispiele: Verkauf eines Vermögensgegenstandes auf Ziel (d.h. keine Bezahlung,
es entsteht eine Forderung). Verkaufspreis = Einkaufspreis bzw. Buchwert. Die
Forderungen nehmen zu. Dem steht eine Vermögensminderung des Sachvermögens in gleicher Höhe gegenüber (d.h. kein Ertrag und auch kein Erlös bzw. Erlös und gleichzeitig Kosten).

Nr. 9: Einnahme = Ertrag, nicht Einzahlung, nicht Erlös
Beispiele: Ein außergewöhnlich hoher Schadensersatzanspruch wird uns durch
Gerichtsurteil zugesprochen. Es entsteht eine Forderung und damit eine Zunahme unseres Geld- und Reinvermögens. Wegen der außergewöhnlichen Höhe
zählt sie zu den neutralen Erträgen, deshalb liegt kein Erlös vor.

Nr. 10: Einnahme = Ertrag = Erlös, nicht Einzahlung
Beispiele: Jede betriebstypische Geld- und Reinvermögenszunahme, sofern noch
keine Bezahlung erfolgt, z.B. Zielverkäufe von Waren und Dienstleistungen über
dem Einkaufs- bzw. Selbstkostenpreis.

Nr. 11: Einnahme = Erlös, nicht Einzahlung, nicht Ertrag
Beispiele: Sind logisch nicht möglich, da im Normalfall jeder Erlös, der zu einer
Einnahme führt, gleichzeitig auch Ertrag ist.

Nr. 12: Ertrag, nicht Einzahlung, nicht Einnahme, nicht Erlös
Beispiele: Nur schwer vorstellbar. Es muss sich um eine Reinvermögensmehrung
handeln, die nicht betriebstypisch ist und weder den Zahlungsmittelbestand noch
das Geldvermögen erhöht. Ein denkbares Beispiel: Aufwertung (Wertzuschrei-
bung) von nicht dem Betriebszweck dienendem Vermögensgegenständen (Akti-
en, die zu Spekulationszwecken gehalten werden, bei steigenden Kursen).

Nr. 13: Ertrag = Erlös, nicht Einzahlung, nicht Einnahme
Beispiele: Erhöhung des Bestands an fertigen oder unfertigen Erzeugnissen im
Gesamtkostenverfahren (vgl. unten, Lerneinheit 32). Die Bestandserhöhung ist

Erlös und, wenn sie auch handelsrechtlich zulässig ist – z.B. bei Bewertung mit den pagatorischen Herstellungskosten – stellt sie auch einen Ertrag dar. Eine Einnahme oder Einzahlung liegt in keinem Fall vor.

Nr. 14: Nur Erlös, nicht Einzahlung, nicht Einnahme, nicht Ertrag
Beispiele: Sog. kalkulatorische Erlöse, d.h. Wert der selbsthergestellten Produkte und Anlagen, soweit dieser Wert die bilanziellen Anschaffungs- oder Herstellungskosten übersteigt (näheres vgl. LE 28).

Beispiel 3:

Geben Sie eine Zuordnung der folgenden Sachverhalte zu den Kategorien:

- Auszahlung bzw. Einzahlung
- Ausgabe bzw. Einnahme
- Aufwand bzw. Ertrag
- Kosten bzw. Erlös

Gegebenenfalls sollen Sie auch angeben, um welche Art von Aufwand, Ertrag oder Kosten es sich dabei handelt.

1) Eingang einer Reparaturrechnung.

2) Überweisung des Rechnungsbetrags von 1).

3) Abschreibung auf Maschinen:
   a) bilanziell 100.000,-- €,
   b) kalkulatorisch 120.000,-- €.

4) Warenverkauf auf Ziel 250.000,-- €;
   Einkaufspreis der verkauften Waren 200.000,-- €.

5) Der Kunde bezahlt den Rechnungsbetrag von 4) unter Abzug von 2% Skonto.

6) Wir bilden eine Gewerbesteuerrückstellung für das laufende Jahr.

7) Durch Blitzschlag wird eine Maschine im Wert von 200.000,-- € völlig zerstört.

8) Da es sich um eine Neuwertversicherung handelt, überweist die Versicherungsgesellschaft zur Regulierung des Schadens aus 7) den Betrag von 300.000,-- €.

9) Wir kaufen eine neue Maschine für 300.000,-- €.

10) Wir schicken einem Kunden eine Rechnung für Kundendienstleistungen über 10.000,-- €.

11) Da der Kunde aus 10) nach 8 Wochen immer noch nicht bezahlt hat, stellen wir ihm Verzugszinsen in Rechnung (300,-- €).

12) Über das Vermögen des Kunden von 10) wird das Insolvenzverfahren eröffnet unsere Forderung ist als uneinbringlich abzuschreiben.

13) Wenn der Unternehmer sein Kapital nicht ins Unternehmen gesteckt hätte, sondern es auf dem Kapitalmarkt angelegt hätte, dann hätte er im Abrechnungszeitraum 70.000,-- € an Zinsen dafür bekommen.

14) Der Unternehmer entnimmt zu privaten Zwecken 50.000,-- €.

15) Ein Gebäude wird verkauft zum Preis von 1.500.000,-- € (Buchwert 2.000.000,-- €).

16) Während der Abrechnungsperiode hat sich der Lagerbestand an fertigen Erzeugnissen um 500.000,-- € erhöht.

17) Bei den unfertigen Erzeugnissen hat er sich um 4.000,-- € vermindert.

Lösung zu Beispiel 3:

1) Ausgabe, Aufwand, Kosten, nicht Auszahlung.

2) Nur Auszahlung.

3) 100.000,-- €: Aufwand und Kosten, nicht Auszahlung, nicht Ausgabe, 20.000,-- €: Nur Kosten.

4) Einnahme, Ertrag und Erlös 250.000,-- €, Kosten 200.000,-- €.

5) Einzahlung 245.000,-- €, Erlösschmälerung (negativer Erlös) 5.000,-- €.

6) Ausgabe Aufwand und Kosten.

7) Außergewöhnlicher Aufwand, nicht Kosten.

8) Einzahlung, Einnahme, Ertrag, nicht Erlös.

9) Auszahlung, Ausgabe, nicht Aufwand, nicht Kosten.

10) Einnahme, Ertrag, Erlös 10.000,-- €.

11) Einnahme, Ertrag, nicht Erlös 300,-- €.

12) Ausgabe, Aufwand, Kosten 10.000,-- €.
    Ausgabe, Aufwand, nicht Kosten 300,-- €.

13) Kalkulatorische Kosten, kein Aufwand, keine Ausgabe, keine Auszahlung.

14) Auszahlung, Ausgabe, kein Aufwand, keine Kosten.

15) Einzahlung und Einnahme 1.500.000,-- €;
    periodenfremder Aufwand 500.000,-- € (in den Vorperioden ist zu wenig abgeschrieben worden).

16) Ertrag und Erlös, keine Einzahlung, keine Einnahme.

17) Aufwand und Kosten,
    (besser: Erlös- und Ertragsminderung, d.h. negative Erlöse und Erträge).

Lerneinheit 3: Bestandteile und Aufgaben der Kosten-, Erlös- und Erfolgsrechnung

Lernziele

- Bestandteile der Kosten-, Erlös- und Erfolgsrechnung
- Rechnungsziele
- Aufgaben der Kostenartenrechnung
- Aufgaben der Kostenstellenrechnung
- Aufgaben der Kostenträgerrechnung
- Aufgaben der Erlösrechnung
- Aufgaben der kurzfristigen Erfolgsrechnung
- Aufgaben der Deckungsbeitragsrechnung

Einführung

Bestandteile der Kosten-, Erlös- und Erfolgsrechnung

Dieses Teilgebiet des betrieblichen Rechnungswesens gehört zum sogenannten internen Rechnungswesen und untergliedert sich in die drei Teilbereiche der Kostenrechnung, der Erlösrechnung und der Betriebserfolgsrechnung.

Während in der *Kostenrechnung* die Ermittlung und Zurechnung der Kosten im Vordergrund stehen, erfolgt in der *Erlösrechnung* eine Erweiterung der Rechnung um Verkaufserlöse und Lagerbestandsveränderungen. Aus systematischer Sicht ist sie das logische Gegenstück zur Kostenrechnung. Entsprechend lässt sie sich auch untergliedern (Erlösarten-, Erlösstellen- und Erlösträgerrechnung). Durch Zusammenführung der Erlöse und der Kosten erhält man den Betriebserfolg (das Betriebsergebnis). Die *Betriebserfolgsrechnung* als dritter Bestandteil dieses Rechnungskomplexes stellt sozusagen die Synthese aus Kosten- und Erlösrechnung dar.

Die wichtigsten, im Rahmen eines einführenden Lehrbuches meines Erachtens unverzichtbaren Bestandteile und Teilgebiete der Kosten-, Erlös- und Betriebserfolgsrechnung sind in Abbildung 5 angegeben. Selbstverständlich gibt es noch eine Vielzahl weiterer Spezialrechnungen, die aber den Rahmen einer Einführung sprengen würden (z.B. die verschiedenen Varianten der Plankostenrechnung).

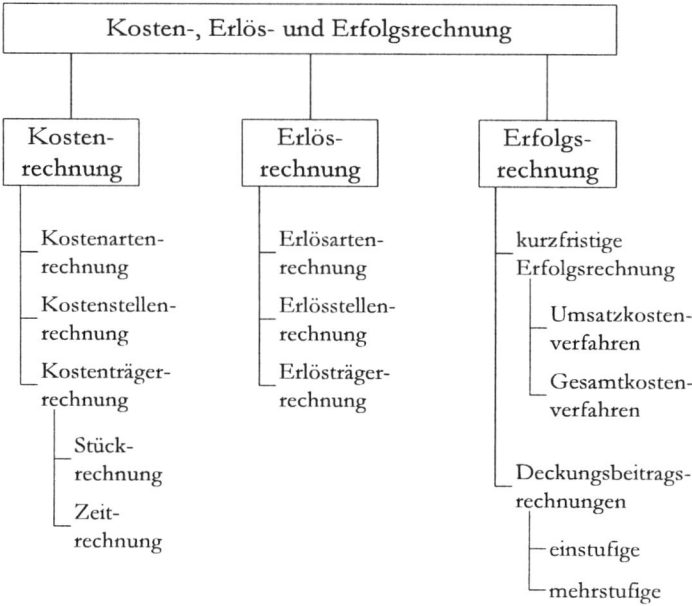

Abb. 5: Die wichtigsten Teilgebiete der Kosten-, Erlös- und Erfolgsrechnung

Rechnungsziele

Ziel der Kostenrechnung ist es, die Kosten in ihrer Struktur, ihrer Höhe und ihrer Zurechnung zu Unternehmensbereichen und Produkten zu erfassen. Dadurch sollen die Daten des Leistungserstellungsprozesses wertmäßig erfasst und so aufbereitet werden, dass die Informationsvoraussetzungen für Dokumentations-, Kontroll- und dispositive Zwecke im Leistungsbereich des Unternehmens geschaffen werden.

Ziele der Erlösrechnung sind neben der Dokumentation der erzielten Isterlöse vor allem die Planung und Kontrolle des Vertriebsbereiches.

Ziel der Erfolgsrechnung ist es, das Betriebsergebnis als Differenz von Erlösen und Kosten in seiner Höhe zu erfassen und den Beitrag einzelner Produkte und Unternehmensbereiche zum Betriebsergebnis darzustellen.

Aufgaben der Kostenartenrechnung

Die zentrale Fragestellung der Kostenartenrechnung lautet:

„Welche Kosten sind in welcher Höhe entstanden?"

Ohne genaue Kenntnis der Kostenarten nach Art und Höhe ist eine Kosten- und Ergebnisrechnung nicht durchführbar. Die Erfassung und Systematisierung der Kostenarten ist deshalb die Voraussetzung schlechthin, dass die Kosten- und Erfolgsrechnung ihre Zwecke erfüllen kann (Dokumentation, Rechenschaftslegung, Kontrolle, Disposition, vgl. LE 1). In der Kostenartenrechnung müssen die Kosten erfasst werden (Kostenerfassung) und nach verschiedenen Kriterien in Untergruppen eingeteilt werden (Kostenartengruppierung).

Die Kostenerfassung vollzieht sich in drei Schritten

1. Zunächst werden die entsprechenden Aufwendungen aus der Finanzbuchhaltung übernommen und die neutralen Aufwendungen ausgesondert.

2. Erforderlichenfalls müssen die Kosten neu bewertet werden, wenn nämlich der handelsrechtliche Aufwand wertmäßig nicht mit dem betriebswirtschaftlich zweckmäßigen Kostenwert übereinstimmt (Anderskosten, vgl. oben, LE 2).

3. Zusätzlich müssen die Zusatzkosten erfasst werden (vgl. LE 2).

Grundsätzlich ist es durch geeignete *Buchungstechniken* möglich, alle Kosten (auch die Anders- und Zusatzkosten) in der Finanzbuchhaltung auf gesonderten Konten mit den betriebswirtschaftlich richtigen Beträgen zu erfassen, ohne dass dadurch das handelsrechtliche Ergebnis (Gewinn oder Verlust) beeinflusst wird (zur Buchungstechnik vgl. Heinhold, Buchführung in Fallbeispielen, 10. Auflage Stuttgart 2006, LE 15). Sofern diese Kosten jedoch nicht auf Sonderkonten der Finanzbuchhaltung erfasst wurden, müssen sie außerhalb des Systems der doppelten Buchführung ermittelt, erfasst und in die Kostenartenrechnung eingebracht werden.

Kostenartengruppierung

Für die verschiedenen betriebswirtschaftlichen Anwendungen ist es erforderlich, die erfassten Kostenarten nach verschiedenen Kriterien zu untergliedern (näheres vgl. LE 6):

1. *Nach der Art der verbrauchten Produktionsfaktoren*,
   (z.B. in Personalkosten, Materialkosten, Energiekosten, Abschreibungen usw.). Diese Untergliederung ist Voraussetzung für die Planung von Rationalisierungsmaßnahmen, wenn man kostenintensive Produktionsfaktoren durch kostengünstigere ersetzen will.

2. *Nach der Zurechenbarkeit der Kosten*
   auf Unternehmensbereiche (sogenannte Kostenstellen) und Produkte (sogenannte Kostenträger). Hiernach unterscheidet man:

Einzelkosten: Sie sind direkt zurechenbar, z.B.: Fertigungslöhne,
                  Materialverbrauch.

Gemeinkosten: Sie sind nicht direkt zurechenbar, sondern müssen indirekt
                  unter Verwendung von Schlüsselgrößen zugerechnet werden
                  (z.b. Geschäftsführergehälter, Gebäudeabschreibung).

Diese Untergliederung ist erforderlich, wenn man Kosten verursachungsgetreu den Kostenverursachern zurechnen will, z.b. wenn man bei der Kostenkontrolle die Wirtschaftlichkeit einzelner Unternehmensbereiche (Abteilungen, sogenannte Kostenstellen) kontrollieren will, sowie für die Bestimmung
der Selbstkosten eines Produkts (Erzeugnis, Dienstleistung).

3. Nach der Veränderung der Kosten bei Beschäftigungsänderungen
Hiernach unterscheidet man zwischen beschäftigungsunabhängigen (fixen)
und beschäftigungsabhängigen (variablen) Kosten. Diese Unterscheidung ist
insbesondere für die Betriebserfolgsrechnung und für die Verfahren der Planungsrechnung von Bedeutung.

Aufgaben der Kostenstellenrechnung

Die zentrale Frage der Kostenstellenrechnung lautet:

„Wo im Unternehmen sind die Kosten entstanden?"

Aufgabe der Kostenstellenrechnung ist es, die Kosten nach Art und Höhe denjenigen Kostenstellen zuzurechnen, die diese Kostenbeträge verursacht haben.
Kostenstelleneinzelkosten können definitionsgemäß ihrer Kostenstelle direkt zugerechnet werden (z.b. Abschreibungen von Maschinen, die zu einer Kostenstelle gehören). Bei Kostenstellengemeinkosten ist dies definitionsgemäß nicht möglich (z.b. Abschreibung auf ein Gebäude, in dem sich mehrere Kostenstellen befinden). Hier muss indirekt unter Verwendung von Schlüsselgrößen (z.b. m²-
Zahl) gearbeitet werden (z.b. Flächenanteil der einzelnen Kostenstellen).

Die Kostenstellenrechnung ist aus *zwei Gründen* erforderlich:

1. Zur Kostenkontrolle der einzelnen Stellen
Die Kostenwirtschaftlichkeit der verschiedenen Kostenstellen kann nur dann
sinnvoll überwacht werden, wenn den Kostenstellen nur diejenigen Kosten
angelastet werden, die sie tatsächlich verursacht haben. Die Kostenstellenrechnung ist deshalb Voraussetzung, wenn man die Unternehmensbereiche,
Abteilungen und Kostenstellenleiter ausfindig machen möchte, die für besonders hohe oder auch für besonders niedrige Kosten verantwortlich sind.

2. Als Voraussetzung für die Kostenträgerrechnung:
Immer dann, wenn die Produkte bei ihrer Herstellung die einzelnen Kostenstellen unterschiedlich stark beanspruchen (z.b. Maschinenlaufzeiten) muss

der Kostenbeitrag jeder Kostenstelle für jedes Produkt ermittelt werden. Dies ist aber nur möglich, wenn die Kosten je Kostenstelle bekannt sind. Im Einzelnen dient die Kostenstellenrechnung der Erfüllung der folgenden *Einzelaufgaben*:

- Verteilung der Kostenarten auf die Kostenstellen (Kostenstelleneinzelkosten und sogenannte Kostenstellengemeinkosten).
- Innerbetriebliche Leistungsverrechnung, d.h. Umlage von Kosten einer Kostenstelle auf andere Kostenstellen (z.B. Kosten der Reparaturwerkstatt auf die Kostenstellen, in denen Reparaturen durchgeführt wurden). Hier spricht man von sekundären Gemeinkosten.
- Ermittlung von Zuschlagsätzen oder Maschinenstundensätzen für die Kostenträgerrechnung.
- Ermittlung von Soll – Ist – Abweichungen je Kostenstelle zur Wirtschaftlichkeitskontrolle.

Aufgaben der Kostenträgerrechnung

Die zentrale Frage lautet hier:

„Wofür, d.h. für welche Produkte sind die Kosten entstanden?"

Die Kostenträgerrechnung besteht aus zwei Teilgebieten, der Kostenträgerstückrechnung und der Kostenträgerzeitrechnung. In der Kostenträgerstückrechnung (auch Kalkulation) werden die Kosten ermittelt, die eine Einheit eines bestimmten Produktes verursacht. Produkte können körperliche Erzeugnisse sein (z.B. ein bestimmter Schranktyp in einer Möbelfabrik) oder Dienstleistungen (z.B. die Durchführung einer Werbekampagne bei einem Unternehmen der Werbebranche, oder die Abwicklung eines Leasingvorgangs für ein Leasingunternehmen). Während die Kostenträgereinzelkosten einem Produkt direkt zugerechnet werden können (z.B. Materialverbrauch), müssen Kostenträgergemeinkosten indirekt über Schlüsselgrößen zugerechnet werden (z.B. Kosten der Wareneingangsprüfung, Kosten des Fuhrparks).

Der *Kostenträgerstückrechnung (Kalkulation)* obliegen die folgenden *Einzelaufgaben*:

- Die Herstell- und Selbstkosten je Produkteinheit zu ermitteln,
- Daten für die Angebotspreisermittlung zu liefern,
- Werte für die Bewertung von Beständen in der Handels- und Steuerbilanz zu liefern (insbesondere bei unfertigen Erzeugnissen und fertigen Erzeugnissen),
- Zahlen für die Planungsrechnung zu liefern.

In der *Kostenträgerzeitrechnung* werden die Kosten, die jeder Kostenträger während einer Abrechnungsperiode (z.B. Quartal, Halbjahr oder Jahr) verursacht hat, ermittelt. Die Hauptaufgabe der Kostenträgerzeitrechnung ist es, Kostendaten für die sogenannte kurzfristige Erfolgsrechnung (Erzeugniserfolgsrechnung) zu liefern.

Aufgaben der Erlösrechnung

Analog zur Kostenrechnung lässt sich die Erlösrechnung untergliedern in die

- Erlösartenrechnung

- Erlösstellenrechnung

- Erlösträgerrechnung

Aufgabe der Erlösrechnung ist generell, die Höhe der Erlöse nach Arten, Zuordnung zu Unternehmensbereichen (Erlösstellen) und Produkten (Erlösträgern) zu erfassen. Erlösarten- und Erlösträgerrechnung hängen eng zusammen. Erlösträger ist die Leistungseinheit (das verkaufte oder auf Lager genommene Produkt). Aufgabe der Erlösträger- und der Erlösartenrechnung ist es, die Erlöselemente darzustellen, aus denen sich der Gesamterlös eines Erlösträgers (Produkteinheit) zusammensetzt.

In der Erlösstellenrechnung werden die Erlöse einer Abrechnungsperiode nach Erlösstellen gegliedert, z.B. nach Kundengruppen, nach Vertriebswegen (Direktversand, Reisende, Vertreter, Großhandel, Sortimentshandel, Einzelhandel), nach regionalen Märkten. Ziel ist es zum einen, die erlösmäßige Ergiebigkeit der einzelnen Marktsegmente zu ermitteln. Zum anderen ist es das Ziel, den Erlös so zu erfassen und aufzuteilen, dass er bei der Zusammenfassung mit den entsprechenden Kosten auch die Ermittlung eines marktsegmentbezogenen Betriebserfolgs ermöglicht.

Aufgaben der kurzfristigen Erfolgsrechnung

Die zentrale Frage der kurzfristigen Erfolgsrechnung (Betriebsergebnisrechnung) lautet:

„Wie groß ist das Betriebsergebnis?"

Das Betriebsergebnis (der Betriebserfolg) berechnet sich als Differenz von Erlösen und Kosten. Als Periodenrechnung hat die kurzfristige Erfolgsrechnung die Aufgabe, das Betriebsergebnis einer Abrechnungsperiode zu ermitteln. Als Stückrechnung hat sie die Aufgabe, das Betriebsergebnis je Erzeugniseinheit zu errechnen. Bei der Stückrechnung (stückbezogene kurzfristige Erfolgsrechnung) ergeben sich große Schwierigkeiten. Die rechnerisch auf ein Stück entfallenden Fixkosten ändern sich nämlich, je nach dem wieviel Stück produziert werden.

Stückergebnisse (= Stückerlöse - Stückkosten) sind deshalb nur dann eine aussagefähige Größe, wenn die Produktionsmenge im Zeitablauf konstant bleibt. Das ist in der Praxis so gut wie nie der Fall. Man versucht dieses Problem mit den Verfahren der Deckungsbeitragsrechnung zu lösen (siehe LE 34).

Aufgaben der Deckungsbeitragsrechnung

Hier wird nicht gefragt, wie groß der Stückerfolg als Differenz zwischen Stückerlös und Stückkosten ist. Aufgabe dieser Rechnung ist vielmehr, den Beitrag zu verdeutlichen, den ein Produkt zur Deckung der fixen Kosten leistet. Unter dem Stückdeckungsbeitrag d versteht man den *variablen Stückerfolg:*

Stückdeckungsbeitrag = Stückpreis – variable Stückkosten

$$d = p - k_{var}$$

Je nach Struktur des Produktionsprozesses unterscheidet man einstufige und mehrstufige Deckungsbeitragsrechnungen.

Fallbeispiel zu Lerneinheit 3

Beispiel

Versuchen Sie, die Einzelaufgaben und die Bestandteile der Kosten-, Erlös- und Erfolgsrechnung übersichtlich in einem Schaubild darzustellen.

Lösung

Siehe nächste Seite.

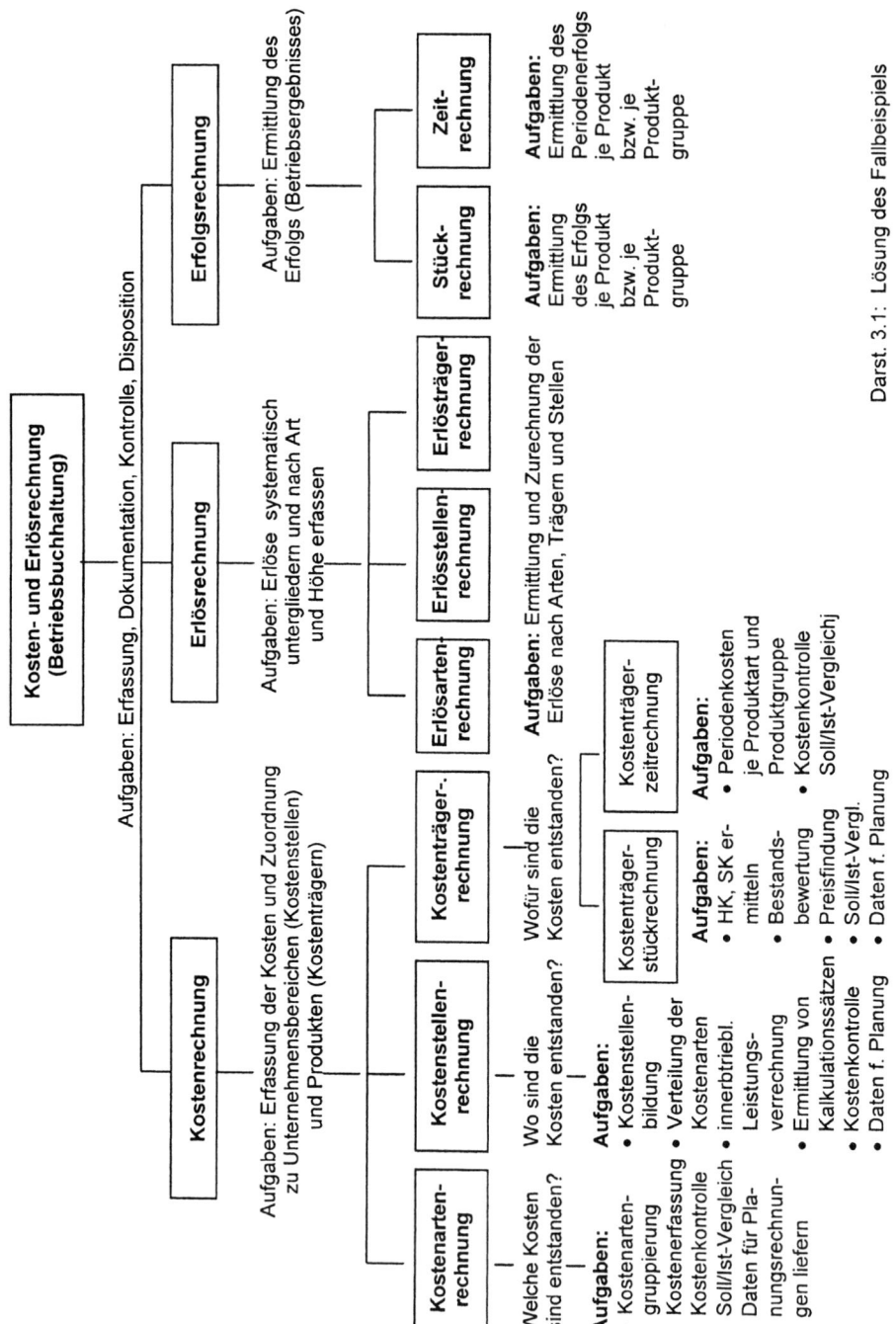

Darst. 3.1: Lösung des Fallbeispiels

Lerneinheit 4: Kostenrechnungssysteme und -prinzipien

Lernziele:

- Notwendigkeit verschiedener Kostenrechnungssysteme
- Die Istkostenrechnung
- Die Normalkostenrechnung
- Die Plankostenrechnung
- Die Vollkostenrechnung
- Die Teilkostenrechnung
- Prinzipien der Kostenverrechnung

Einführung

Zur Notwendigkeit verschiedener Kostenrechnungssysteme

Je nachdem, welchen Zweck die Kostenrechnung erfüllen soll, müssen unterschiedliche Rechnungssysteme Anwendung finden. Soll die Kostenrechnung der Kostenkontrolle dienen, dann müssen die tatsächlich entstandenen Kosten mit normalerweise anfallenden oder mit geplanten Kosten verglichen werden (Istkosten im Vergleich mit Normal- bzw. Plankosten). Für die Kostenkontrolle ist es außerdem erforderlich, dass alle Kosten, sowohl die variablen, als auch die fixen Kosten in die Rechnung einbezogen werden (sogenannte Vollkostenrechnung). Für bestimmte Entscheidungen ist es ebenfalls erforderlich mit Vollkosten zu arbeiten, z.B. wenn ein langfristiger Verkaufspreis für die Erzeugnisse gefunden werden soll. Bei diesem Entscheidungsproblem wird man nicht auf Istkosten der letzten Abrechnungsperiode zurückgreifen, sondern die durchschnittlich entstehenden Kosten aus mehreren Perioden berücksichtigen (Normalkosten), möglicherweise auch künftig zu erwartende Kosten (Prognosekosten). Andere Planungs- und Entscheidungsbereiche machen es erforderlich, nur mit variablen Kosten zu arbeiten (sogenannte Teilkosten), z.B. bei der Frage, ob kurzfristig ein Zusatzauftrag angenommen werden kann.

Die verschiedenen *Kostenrechnungssysteme* unterscheiden sich

- *Nach dem Zeitbezug der Rechnung:*

Vergangenheitsorientierte Rechnungsziele erfordern die Verwendung von Istkosten oder von Normalkosten. Zukunftsorientierte Rechnungsziele erfordern die Verwendung von Prognosekosten.

• *Nach der Lenkungsabsicht der Rechnung:*

Soll durch Kostenvorgaben das Verhalten der betroffenen Personen und Kostenstellen gezielt beeinflusst werden, dann ist es sinnvoll, mit sogenannten Standardkosten zu arbeiten (sogenannte verhaltensorientierte Kostenrechnung). Soll die Rechnung hingegen nur die tatsächlich entstehenden Kosten der Vergangenheit oder Zukunft berücksichtigen, wird sie mit Ist-, Normal- oder Prognosekosten auskommen (sogenannte ermittlungsorientierte Kostenrechnung).

• *Nach dem Sachumfang der Rechnung:*

Bei den Planungs- und Entscheidungsfragen, von denen die Fixkosten nicht berührt werden, ist es sinnvoll, nur die variablen Kosten in der Rechnung zu berücksichtigen (sogenannte Teilkostenrechnung). Sind daneben auch die fixen Kosten für die Entscheidung von Interesse, z.B. in bestimmten Fällen der Bestandsbewertung, dann müssen sogenannte Vollkosten verwendet werden (Vollkostenrechnung).

Grundsätzlich ist ein lenkungsorientiertes Kostenrechnungssystem nur als Standardkostenrechnung unter Verwendung von Teilkosten sinnvoll. Ein ermittlungsorientiertes Kostenrechnungssystem kann als Ist-, Normal- oder Prognosekostenrechnung ausgestaltet sein, wobei je nach Fragestellung sowohl Teilkosten, als auch Vollkosten in Betracht kommen.

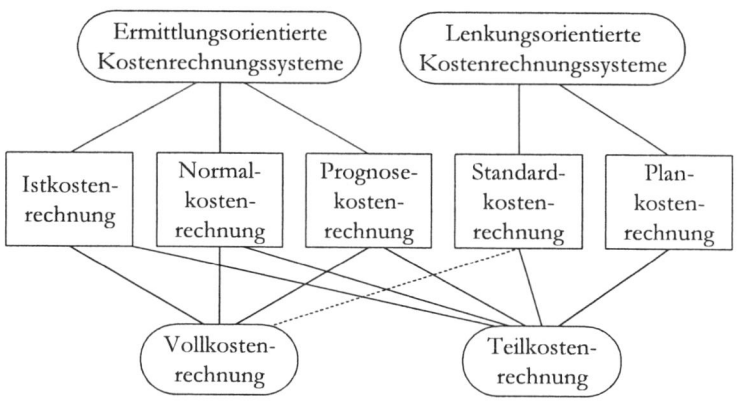

Abb. 6: Kostenrechnungssysteme

Die Istkostenrechnung

In der Istkostenrechnung werden die tatsächlich angefallenen Kosten erfasst und auf die Kostenstellen und Kostenträger verrechnet. Da Kosten stets das Produkt von Menge (verbrauchte Menge eines Produktionsfaktors) und Preis (je Mengeneinheit des verbrauchten Produktionsfaktors) sind, werden Istkosten definiert als:

$$Istkosten = Istmenge \cdot Istpreis$$

Es handelt sich stets um vergangenheitsorientierte Kosten, in die reale Verbrauchsmengen und -preise eingehen.

Die Istkostenrechnung weist *drei wesentliche Schwachstellen* auf:

1. Die Istkosten werden von *einmaligen Vorgängen und von zufälligen Schwankungen* sowohl bei den Preisen als auch bei den Verbrauchsmengen beeinflusst.

   Verbrauchsmengenschwankungen können z.b. auftreten durch Unterschiede

   - in der Kapazitätsauslastung (z.b. Auftragslage),
   - bei der Arbeitsgenauigkeit (z.b. Ausschussquote),
   - in der Arbeitsgeschwindigkeit der Maschinen,
   - in der Fertigkeit der Arbeiter.

   Preisschwankungen könne z.b. auftreten

   - bei den Rohstoffpreisen,
   - bei den Energiepreisen,
   - bei den Lohnsätzen.

2. Istkosten alleine lassen *keine Möglichkeit der Kostenkontrolle* zu. Kostenvergleiche ausschließlich an Hand der Istkosten erlauben keine Aussagen über die Wirtschaftlichkeit der Leistungserstellung. Schon Schmalenbach hat diesen Nachteil mit dem inzwischen geflügelten Wort, dass hier „Schlendrian mit Schlendrian" verglichen werde, gebrandmarkt. Für eine aussagefähige Kostenkontrolle müssen die Istkosten mit einer geeigneten Maßgröße verglichen werden (z.b. Normalkosten, Sollkosten, Standardkosten).

3. Die Istkostenrechnung ist *in der Handhabung sehr schwerfällig.* Bei jeder Änderung einer Kosteneinflussgröße muss die gesamte Kostenrechnung (insbesondere die Zuschlagssätze in der Kostenstellenrechnung und in der Kalkulation, vgl. LE 26) neu durchgerechnet werden.

Diesen gravierenden Nachteilen steht die betriebswirtschaftliche Notwendigkeit gegenüber, dass Nachkalkulationen ausschließlich mit Istkosten sinnvoll sind.

Wenn man wissen will, wieviel die erstellten Leistungen tatsächlich gekostet haben, muss man mit Istkosten arbeiten. Hervorzuheben ist allerdings, dass es eine reine Istkostenrechnung nicht geben kann. Auch in Istkosten gehen zahlreiche fiktive oder geschätzte Größen ein.

Beispiele:

Die Abschreibung einer Maschine hängt neben den prognostizierten Wiederbeschaffungskosten auch noch von der geschätzten Nutzungsdauer ab; die Pauschalwertberichtigung von Forderungen wird nicht vom tatsächlichen, sondern vom durchschnittlich erwarteten Forderungsausfall bestimmt.

Die Normalkostenrechnung

Normalkosten sind definiert als durchschnittliche Istkosten mehrerer vergangener Perioden. Vom Grundsatz her sind Normalkosten deshalb auch vergangenheitsorientiert. Allerdings werden die Normalkosten in der Praxis nicht ganz ohne Beachtung der absehbaren Zukunft ermittelt. Sich abzeichnende Lohnerhöhungen werden in der Regel ebenso berücksichtigt, wie z.b. Verbrauchsteuererhöhungen, Zinsentwicklungen und dergleichen.

Durch die Normalkostenrechnung werden die Nachteile der Istkostenrechnung mehr oder weniger beseitigt:

- Die Auswirkungen von einmaligen Ereignissen oder von Zufallsschwankungen werden reduziert.

- Die Kalkulationssätze sind bei der Normalkostenrechnung zeitlich stabiler, da sie nicht bei jeder Änderung der Istkosten neu berechnet werden müssen.

- Im Ansatz bietet die Normalkostenrechnung auch die Möglichkeit für Kostenkontrollen. Es lassen sich die Abweichungen der Istkosten von den Normalkosten in Form von Über- oder Unterdeckungen ermitteln.

Die Plankostenrechnung

Plankosten sind zukunftsorientiert. Als *Prognosekosten* berücksichtigen sie die künftig zu erwartenden Kostenwerte (zu erwartender Verbrauch von Produktionsfaktoren mal zu erwartender Preis je Mengeneinheit). Als *Standardkosten* enthalten die Kostenwerte Kostenvorgaben, die sich an den von der Geschäftsleitung angestrebten Zielgrößen (z.B. Wirtschaftlichkeit) orientieren (Budget-, Norm- und Vorgabecharakter der Plankostenrechnung). Bei der Plankostenrechnung werden die Istkosten in geplante bzw. als Standard vorgegebene Kosten und in Abweichungen aufgeteilt. Deshalb ist die Plankostenrechnung zur Kontrolle und Lenkung des Betriebsgeschehens besonders gut geeignet. Wenn ein

Unternehmen ein System der Plankostenrechnung anwendet, dann kann es dies allenfalls zusätzlich zur Ist- oder Normalkostenrechnung tun. In keinem Fall kann eine Plankostenrechnung die Ist- oder Normalkostenrechnung ersetzen. In einem modern organisierten Rechnungswesen werden vielmehr alle drei Kostenrechnungssysteme nebeneinander gebraucht:

- Die Istkostenrechnung zur Nachkalkulation.

- Die Normalkostenrechnung zur Ermittlung der Kalkulationssätze sowohl für die Wirtschaftlichkeitskontrolle der Kostenstellen (Abweichung von Ist- und Normalkosten), als auch für die Ermittlung der Selbstkosten in der Kostenträgerrechnung.

- Die Plankostenrechnung, um Kostenabweichungen (Mengen- und Preisabweichungen) von Istkosten und Plankosten, d.h. prognostizierten Kosten oder Vorgabekosten, differenziert darstellen zu können.

Während die Ist- und die Normalkostenrechnung zumindest in allen halbwegs gut organisierten Unternehmen zu finden sind, hat sich die Plankostenrechnung in der Praxis noch nicht überall durchgesetzt.

Vollkostenrechnung und Teilkostenrechnung

Diese beiden Rechnungssysteme unterscheiden sich in der Behandlung der Fixkosten. Fixkosten entstehen in konstanter Höhe, unabhängig von der Produktionsmenge (sogenannte beschäftigungsunabhängige Kosten). Variable Kosten nehmen zu oder ab, wenn die Produktionsmenge steigt bzw. sinkt (beschäftigungsabhängige Kosten).

Vollkostenrechnung

In der *Vollkostenrechnung* werden die Fixkosten auf die produzierten Stückzahlen umgerechnet. Ein einfaches Beispiel soll zur Verdeutlichung der Problematik dienen:

Beispiel:
Die Herstellung eines Produkts verursacht variable Kosten von 10,- € je Stück. An Fixkosten fallen in der Abrechnungsperiode insgesamt 2 Mio. € an. Werden in der Periode z.B. 100.000 Stück hergestellt, dann ergeben sich in der Vollkostenrechnung Herstellkosten von

10,-€	variable Kosten je Stück
20,-€	anteilige Fixkosten je Stück (2.000.000 : 100.000)
30,-€	Herstellkosten je Stück

Steigt die Produktion z.B. auf 125.000 Stück, dann ergeben sich Stückherstellkosten von 10,-- + 16,-- = 26,-- €. Sinkt die Produktion z.B. auf 75.000 Stück, dann betragen die Stückherstellkosten 10,-- + 26,67 = 36,67 €.

Ein Vorteil der Vollkosten ist es, dass ex post genau angegeben werden kann, wie groß die Stückkosten für die gegebene Produktionsmenge der vergangenen Abrechnungsperiode waren. Sollen die Kostenrechnungsergebnisse allerdings Grundlage für zukunftsgerichtete Entscheidungen sein, dann ist die Vollkostenrechnung offensichtlich immer dann unbrauchbar, wenn die Produktionsmenge Schwankungen unterworfen ist. Planungsungenauigkeiten, z.B. bei der Prognose der künftigen Produktionsmenge, führen dann zu Fehlern in der Kostenrechnung.

Das Grundproblem der Vollkostenrechnung ist die hierbei stattfindende Proportionalisierung von Fixkosten. Immer dann, wenn die Beschäftigungsmenge (z.B. die produzierte Stückzahl) nicht als konstant angenommen werden kann, führt die Vollkostenrechnung zu falschen Ergebnissen.

Vor allem trifft dies dann zu, wenn Entscheidungen über die Produktionsmengen getroffen werden müssen. Bei solchen Entscheidungen dürfen nur entscheidungsabhängige Kosten (sogenannte relevante Kosten) berücksichtigt werden. Bei den meisten kurzfristigen Planungen und Entscheidungen sind nur die variablen Kosten relevant. Fixkosten werden davon nicht berührt. Planungsrechnungen mit Hilfe der Vollkostenrechnungen führen deshalb im Allgemeinen zu Fehlentscheidungen.

Die Teilkostenrechnung

Die Teilkostenrechnung versucht, dieser Tatsache gerecht zu werden. Hier werden nur die variablen Kosten auf die Leistungseinheit verrechnet (z.B. variable Kosten je Stück). Die Fixkosten werden nicht aufgeteilt. Sie gehen als Fixkostenblock insgesamt in die Erfolgsrechnung ein.

Genauso wie sich die Systeme der Ist-, Normal- und Plankostenrechnungen nicht gegenseitig ausschließen, sondern sich vielmehr ergänzen, schließen sich auch die Teilkostenrechnung und die Vollkostenrechnung nicht gegenseitig aus. Vielmehr sollten Vollkostenrechnungen und Teilkostenrechnungen ergänzend und nebeneinander angewandt werden, je nachdem, welche Ziele und Zwecke mit den jeweiligen Rechnungen verfolgt werden

Die *Teilkostenrechnung wird immer dort sinnvoll angewandt*, wo es um folgende Fragestellungen geht:

- Um Wirtschaftlichkeitskontrollen

- Um die Lenkungsfunktion der Kostenrechnung (Standard-kostenrechnung)

- Um die datenmäßige und rechnerische Unterstützung von unternehmenspolitischen Entscheidungen.

Die *Hauptanwendungsbereiche der Vollkostenrechnung* sind in der Praxis vor allem

- die Nachkalkulation mit Istkosten,

- die Kostenstellen- und Kostenträgerrechnung mit Normal-kosten, hier insbesondere zum Zwecke der Kostenkontrolle sowie zur Ermittlung kostendeckender Verkaufspreise,

- die Bestandsbewertung in der Handels- und in der Steuerbilanz.

Prinzipien der Kostenverrechnung

Zum besseren Verständnis der beiden zuletzt besprochenen Kostenrechnungs-systeme ist es sinnvoll, die Teilkostenrechnung und die Vollkostenrechnung den Prinzipien der Kostenrechnung gegenüberzustellen. Es gibt im wesentlichen *drei Grundprinzipien*, nach denen die Verrechnung der Kosten auf die Kostenstellen und Kostenträger erfolgen kann.

1. Das Verursacherprinzip
Es fordert, dass nur diejenigen Kosten einer Kostenstelle oder einem Kostenträ-ger zugerechnet werden dürfen, die auch tatsächlich von dieser Kostenstelle oder diesem Kostenträger verursacht worden sind. Das Verursacherprinzip führt bei der Kostenträgerrechnung direkt zur Teilkostenrechnung, da nur die variablen Kosten vom Kostenträger direkt verursacht werden.

2. Das Durchschnittsprinzip
Hier soll die Frage beantwortet werden, welcher Kostenbetrag im Durchschnitt auf den einzelnen Kostenträger (z.B. auf eine Erzeugnis- oder Leistungseinheit) entfällt. Das Durchschnittsprinzip führt direkt zur Vollkostenrechnung. Durch Proportionalisierung und Verteilung von Fixkosten auf Leistungseinheiten ermit-telt die Vollkostenrechnung durchschnittliche Kostenwerte je Kostenträger. Die Vollkostenrechnung hat deshalb mit dem Verursacherprinzip im Allgemeinen nichts zu tun. Das Durchschnittsprinzip kommt vor allem bei der Bestimmung kostendeckender Angebotspreise zum tragen. Nur mit der am Durchschnitts-prinzip orientierten Vollkostenrechnung werden alle Kosten (fixe und variable)

in den Selbstkosten und in den Verkaufspreisen berücksichtigt. Preisgestaltungen rein nach dem Verursacherprinzip, d.h. mit Teilkosten, führen dazu, dass die Verkaufspreise nicht ausreichen, um die Fixkosten zu decken. Dies ist allenfalls im kurzfristigen Bereich, z.B. für Zusatzaufträge vertretbar. Langfristig ist Preispolitik nur auf Grund des Durchschnittsprinzips und mit der Vollkostenrechnung sinnvoll.

3. Das Tragfähigkeitsprinzip (Belastbarkeitsprinzip)
Nach diesem Prinzip werden die Kosten nicht auf die sie verursachenden Stellen oder Träger zugerechnet. Sie werden auch nicht mengenanteilig wie beim Durchschnittprinzip verteilt. Vielmehr werden die Kosten denjenigen Kostenstellen und Kostenträgern angelastet, die diese Belastung am leichtesten verkraften können. Kostenträger bzw. Kostenstellen, bei denen hohe Stückerlöse erzielt werden können, erhalten verstärkt Kosten zugewiesen. Die Anwendung dieses Prinzips ist höchst problematisch. Es führt in der Regel zu völlig verunglückten Kostenzuordnungen. Die Motivation einzelner Abteilungen besonders hohe Erlöse zu erzielen wird hierdurch gebremst. Die Bestimmung optimaler Produktionsprogramme und Produktionsmengen wird unmöglich gemacht. Ebenso ist eine sinnvolle Kostenkontrolle nicht möglich. Anwendbar ist dieses Prinzip allenfalls in ganz engen Grenzen, etwa bei der Ausgleichs- oder Mischkalkulation, wenn auf die Produktion bestimmter, sehr kostenintensiver Erzeugnisse nicht verzichtet werden soll. Nach dem Tragfähigkeitsprinzip lässt sich dann ermitteln, wie umfangreich die Produktion dieser Erzeugnisse maximal sein darf, damit insgesamt z.B. noch ein gewünschter Mindestgewinn erzielt wird.

Das Tragfähigkeitsprinzip (Zurechnung der Kosten im Verhältnis der Verkaufspreise) sollte in der Kostenrechnung möglichst keine Verwendung finden. In der Praxis wird es gelegentlich - höchst fragwürdig - bei der Kalkulation von Kuppelprodukten angewandt (vgl. LE 27).

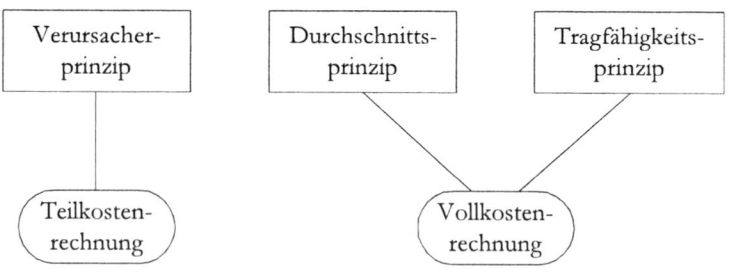

Abb. 7: Prinzipien der Kostenverrechnung

Fallbeispiele zur Lerneinheit 4

Beispiel 1:

Ein Unternehmen stellt 2 Produkte A und B her.

Produkt	A	B
Verkaufspreis (p)	300,--	300,--
variable Stückkosten (k_{var})	170,--	110,--
maximale Produktionsmenge (in Stück)	2.400	2.400

Tab: 4.1: Angaben zu Beispiel 1

Die Fixkosten (K_{Fix}) belaufen sich in der Abrechnungsperiode auf 120.000,-- €.

a) Welches Produkt ist herzustellen, wenn das Durchschnittsprinzip zum Tragen kommt (Vollkostenrechnung)?

b) Welches Produkt ist herzustellen, wenn das Verursacherprinzip zum Tragen kommt (Teilkostenrechnung)?

c) Wie groß ist jeweils der erzielbare Gesamtgewinn?

Lösung zu Beispiel 1:

a) Entscheidungskriterium bei Anwendung des **Durchschnittsprinzips** wäre der durchschnittliche Stückgewinn g, bzw. da die Preise in beiden Fällen gleich sind, die durchschnittlichen Kosten je Stück:

$$g = p - k_{var} - \frac{K_{fix}}{x}$$

Hierbei sind:

g   = durchschnittlicher Stückgewinn

p   = Verkaufspreis je Stück

k_{var} = variable Kosten je Stück

k_{fix} = Fixkosten der Periode

x   = Produktions– = Absatzmenge

Bei Produktion von Produkt A ergibt sich:

$$g_A = 300 - 170 - \frac{120.000}{2.400} = 80$$

Bei Produktion von Produkt B ergibt sich:

$$g_B = 300 - 110 - \frac{120.000}{2.400} = 140$$

Nach dem Durchschnittsprinzip (d.h. bei Anwendung der Vollkostenrechnung) entsteht bei Produkt B der größere Stückgewinn.

b) Das Entscheidungskriterium darf bei Anwendung des **Verursacherprinzips** keine Fixkosten enthalten, da diese nicht entscheidungsrelevant sind. Entscheidungskriterium ist deshalb der sogenannte Deckungsbeitrag je Stück (d). Dieser ist wie folgt definiert:

$d = p - k_{var}$

Bei Produktion von Produkt A ergibt sich:

$d_A = 300 - 170 = 130$

Bei Produktion von Produkt B ergibt sich:

$d_B = 300 - 110 = 190$

Auch nach dem Verursacherprinzip (d.h. bei Anwendung der Teilkostenrechnung) ist ebenfalls Produkt B günstiger.

Achtung!
Stückdeckungsbeitrag oder - bei identischen Preisen - variable Stückkosten dürfen dann nicht als verursachungsgerechtes Entscheidungskriterium Verwendung finden, wenn entweder die Stückzahlen oder die Kapazitätsbelastung der Maschine durch die Produkte nicht gleich groß sind. Dieser Fall wird in Beispiel 2 behandelt.

c) Berechnung des Gesamtgewinns G der Periode:

$G = (p - k_{var}) \cdot x - K_{fix}$

Bei Produktion von Produkt A ergibt sich:

$G_A = (300 - 170)\, 2.400 - 120.000 = 192.000$

Bei Produktion von Produkt B ergibt sich:

$G_B = (300 - 110)\, 2.400 - 120.000 = 336.000$

Die Entscheidung, das Produkt B herzustellen, ergibt sich sowohl nach dem Durchschnitts- als auch nach dem Verursacherprinzip. Da der Gesamtgewinn bei Produktion von B größer ist, als bei Produktion von A, wurde die optimale Entscheidung getroffen.

Beispiel 2:

Anders ist das Entscheidungsproblem aus Aufgabe 1 zu sehen, wenn die produzierten Stückzahlen nicht identisch sind.

Die Zahlen aus Aufgabe 1 werden folgendermaßen ergänzt:

Produkt	A	B
Verkaufspreis (p) wie bei Beispiel 1	300,--	300,--
variable Stückkosten (k_{var}) wie bei Beispiel 1	170,--	110,--
Maschinenbeanspruchung (m) in Minuten je Stück	10 Min	20 Min

Tab. 4.2: Angaben zu Beispiel 2

Die maximale Maschinenlaufzeit je Periode beträgt 400 Stunden (= 24.000 Min.). Die Fixkosten betragen wieder wie oben 120.000,-- € je Periode.

a) Welches Produkt würde das Unternehmen herstellen, wenn es seine Entscheidung nach dem Durchschnittsprinzip (d.h. nach dem durchschnittlichen Stückgewinn) träfe?

b) Welches Produkt würde bei Berücksichtigung des Verursacherprinzips hergestellt werden?

c) Wie groß ist jeweils der erzielbare Gesamtgewinn?

Lösung zu Beispiel 2:

a) Entscheidungskriterium bei **Anwendung des Durchschnittsprinzips** ist wiederum der durchschnittliche Stückgewinn bzw. bei identischen Verkaufspreisen die durchschnittlichen Stückkosten. Um diese ermitteln zu können, benötigt man zuerst die benötigten Stückzahlen x_A bzw. x_B. Man erhält sie, indem man die gesamte Maschinenkapazität (Produktionsminuten je Periode) durch die produktspezifische Maschinenbelegung (Minuten je produziertes Stück) dividiert.

Hiernach ergibt sich:

$$x_A = \frac{24.000 \text{ Min}}{10 \text{ Min.} / \text{Stück}} = 2.400 \quad \text{Stück}$$

$$x_B = \frac{24.000 \text{ Min}}{20 \text{ Min} / \text{Stück}} = 1.200 \quad \text{Stück}$$

Jetzt können wir den durchschnittlichen Stückgewinn (Vollkostenrechnung) ermitteln:

$$g = p - k_{var} - \frac{K_{fix}}{x}$$

Es ergibt sich

$$g_A = 300 - 170 - \frac{120.000}{2.400} = 80$$

$$g_B = 300 - 110 - \frac{120.000}{1.200} = 90$$

Nach dem Durchschnittsprinzip müsste Produkt B hergestellt werden.

b) Nach dem **Verursacherprinzip** sind die Fixkosten nicht entscheidungsrelevant. Auch der Deckungsbeitrag bzw. die variablen Kosten können nicht unmodifiziert als Entscheidungskriterium verwendet werden, da zur Erzielung des Stückdeckungsbeitrages unterschiedliche Maschinenbelastungen benötigt werden.

Als Entscheidungskriterium muss deshalb der Stückdeckungsbeitrag je Maschinenminute verwendet werden. Man nennt ihn auch relativen Deckungsbeitrag (d_{rel}).

$$d_{rel} = \frac{(p - k_{var})}{m}$$

Bei Produktion von Produkt A ergibt sich:

$$d_{rel, A} = \frac{300 - 170}{10} = 13 \ \text{€} \ / \ \text{Min}$$

Bei Produktion von Produkt B ergibt sich:

$$d_{rel, B} = \frac{300 - 110}{20} = 9,5 \ \text{€} \ / \ \text{Min}$$

Nach dem Verursacherprinzip ist nicht mehr die Herstellung von B (wie beim Durchschnittsprinzip), sondern die Herstellung von A optimal.

c) Dass die Entscheidung für A besser ist, lässt sich problemlos nachweisen, wenn man den **Gesamtgewinn G der Periode** berechnet.

Bei Produktion von Produkt A ergibt sich:

G_A = (300 - 170)·2.400 - 120.000 = 192.000

Bei Produktion von Produkt B ergibt sich:

G_B = (300 - 110)·1.200 - 120.000 = 108.000

Beispiel 3:

Anhand welcher Kosten würden Sie das Problem aus Beispiel 1 bzw. Beispiel 2 lösen:

- Istkosten,
- Normalkosten oder
- Plankosten?

Begründen Sie Ihre Ansicht.

Lösung zu Beispiel 3:

Da es sich um eine zukunftsorientierte Entscheidung handelt, scheiden die Istkosten aus. Die Verwendung von Normalkosten für k_{var} und k_{fix} ist dann sinnvoll, wenn in der nächsten Zukunft keine grundsätzlichen Veränderungen in der Kostenstruktur und -höhe zu erwarten sind.

Uneingeschränkt zweckmäßig ist nur die Verwendung von Plankosten in der Form von Prognosekosten. Nur so ist gewährleistet, dass die errechneten künftigen Gewinne auch tatsächlich erzielt werden. Das setzt allerdings eine ausreichend genaue Prognose sowohl der Kosten, als auch der Preise und der Absatzmengen voraus.

Standardkosten, also Kosten mit Vorgabecharakter zur Verhaltensbeeinflussung der am Produktionsprozess Beteiligten sind für dieses Entscheidungsproblem nicht brauchbar. Da nicht sichergestellt werden kann, dass die - wahrscheinlich knapp bemessenen - Kostenvorgaben auch tatsächlich realisiert werden, besteht die Gefahr, dass die tatsächliche Gewinnentwicklung von der als Ziel vorgegebenen so stark abweicht, dass die Produktionsentscheidung nicht mehr optimal ist.

Beispiel 4:

Gehen Sie nun davon aus, dass es sich bei den Kostenwerten in Aufgabe 2 um Standardkosten handelt, die ganz bewusst niedrig angesetzt worden sind. Wie weit dürfen die künftigen Kosten tatsächlich steigen, damit die Produktionsentscheidung für Produkt A dennoch optimal bleibt?

Lösung zu Beispiel 4:

Die Produktionsentscheidung für A bleibt optimal, solange der Gesamtgewinn G_A größer ist als der Gesamtgewinn G_B.

$$G_A > G_B$$

In Abhängigkeit von den gesuchten Prognosekosten $k_{var,A}$, $k_{var,B}$ und k_{fix} ergibt sich

$$(300 - k_{var,A}) \cdot 2.400 - K_{fix} > (300 - k_{var,B}) \cdot 1.200 - K_{fix}$$

Nach einigen Umformungen erhält man für die Vorteilhaftigkeit der Produktionsentscheidung für A die folgende Bedingung:

$$k_{var,A} < \frac{k_{var,B} + 300}{2}$$

Solange die künftigen Istkosten diese Bedingung einhalten, führt die Produktion von A zu höheren Gewinnen als die Produktion von B.

Lerneinheit 5: Kostenverläufe

Lernziele:

- Die Kostenfunktion
- Mögliche Verläufe von Kostenfunktionen
- Die typische industrielle Kostenfunktion
- Die Durchschnittskosten (Stückkosten)
- Die Grenzkosten
- Die Kostenauflösung

Einführung

Die Kostenfunktion

Grundsätzlich soll eine Kostenfunktion die Abhängigkeit der Kosten von den Kosteneinflussgrößen angeben. Nun gibt es eine Vielzahl unterschiedlichster Kosteneinflussgrößen, z.B. die Art der verbrauchten Produktionsfaktoren, die Qualität der verbrauchten Produktionsfaktoren, der Preis der verbrauchten Produktionsfaktoren, die Zusammensetzung des Fertigungsprogramms, die Betriebsgröße, die Organisation der Fertigung und vieles mehr. Die Berücksichtigung einer solchen Vielzahl von Kosteneinflussgrößen in einer Kostenfunktion ist nicht bzw. nur unter Inkaufnahme höchst komplexer und komplizierter funktionaler Zusammenhänge möglich. Allgemein hätte eine solche Kostenfunktion folgendes Aussehen:

$$K = K (v_1, v_2, v_3, ..., v_n).$$

Hierbei sind:

$K (........) =$ Kosten als Funktion der Kosteneinflussgrößen,
$v_i =$ quantitative Ausprägung der i-ten Kosteneinflussgröße.

Beispiel:
Die Kosten pro gefahrenem Kilometer bei einem Gütertransport mittels LKW hängen u.a. ab vom Gewicht der Ladung, dem Hubraum des Motors, von der jeweils gefahrenen Drehzahl in den einzelnen Gängen u.v.m.

Wegen der Komplexität und der Inpraktikabilität solcher komplexer Kostenfunktionen hat man sich darauf geeinigt, nur eine einzige Kosteneinflussgröße zu verwenden, die stellvertretend für die Vielzahl der Einzelbestimmungsfaktoren steht. Diese Kosteneinflussgröße ist die Ausbringungsmenge (der Output). Man nennt sie auch Beschäftigung. Die Ausbringung (Beschäftigung) kann unterschiedliche Dimensionen haben. Bei Herstellung von Produkten, die in Stück gezählt werden, ist es die Stückzahl. Es kommen aber auch andere physikalische Einheiten in Frage, z.B. Hektoliter oder Barrel bei Produktion von Flüssigkeiten, Kubikmeter bei Gasen, Kilogramm oder Tonnen z.B. bei der Sand-, Zement-, Mehl-, Zuckerproduktion, z.B. Entfernungseinheiten (gefahrene km) bei Transportleistungen. Die Kostenfunktion wird damit eine einfache Funktion mit der Ausbringungsmenge (Beschäftigungsmenge) x als unabhängiger Variable und dem zugehörigen Kostenwert K als abhängiger Variable.

$$K = K(x)$$

Mögliche Verläufe von Kostenfunktionen

Die funktionale Abhängigkeit der Kosten K von der Kosteneinflussgröße x kann zumindest theoretisch folgende Formen annehmen (vgl. Abb. 8)

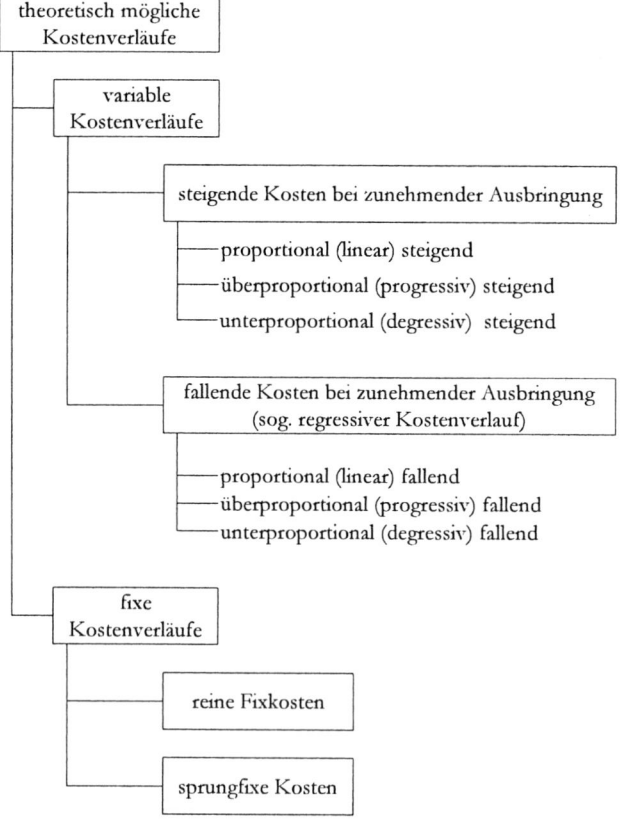

Abb. 8: Überblick über mögliche Kostenverläufe

Grafisch lassen sich die Kostenverläufe aus Abb. 8 folgendermaßen darstellen (vgl. Abb. 9).

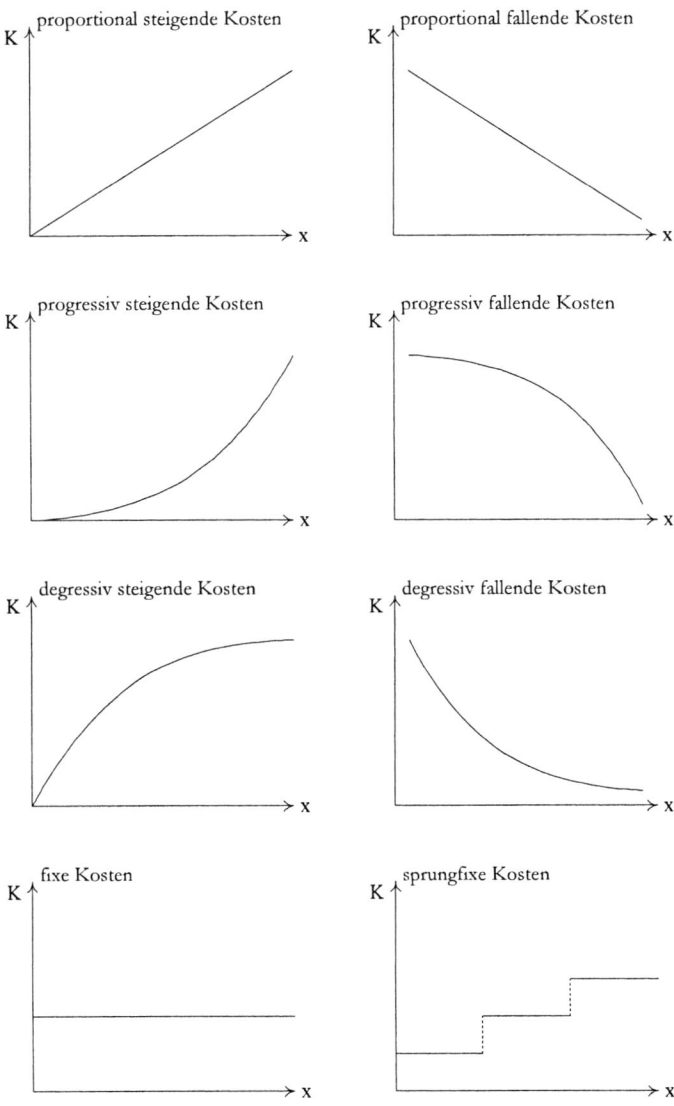

Abb. 9: Grafische Darstellung der Kostenkurven

Regressive Kosten sind in der Praxis so gut wie nicht vorzufinden. Eine erhöhte Ausbringungsmenge erfordert i.d.R. einen höheren mengenmäßigen Faktoreinsatz. Selbst wenn bei den Verbrauchspreisen Mengenrabatte gewährt werden, führt dies meist nicht zu rückläufigen Gesamtkosten.

Die typische industrielle Kostenfunktion

In der Betriebswirtschaftslehre wurde lange Zeit diskutiert, ob die Kosten in der Praxis proportional oder über- bzw. unterproportional zunehmen. Nachdem zunächst ein S-förmiger Kostenverlauf für besonders realitätsnah befunden wurde, hat sich seit Gutenbergs grundlegenden Untersuchungen (Gutenberg, E., Grundlagen der Betriebswirtschaftslehre, Band 1: Die Produktion, 1. Auflage 1951, 24. Auflage 1979) die Ansicht durchgesetzt, dass der typische Kostenverlauf eines Industriebetriebs sich aus Fixkosten und Proportionalkosten zusammensetzt.

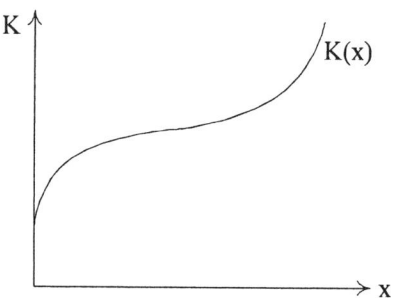

Abb. 10:   Die ältere Ansicht vom Kostenverlauf eines Industriebetriebs

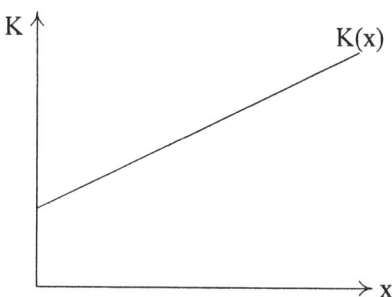

Abb. 11:   Die herrschende Ansicht vom Kostenverlauf eines Industriebetriebs

Mathematisch handelt es sich bei der jetzt bevorzugten Kostenfunktion um eine Gerade mit der Steigung k_{var} (= variable Stückkosten), die die Ordinate in Höhe der Fixkosten K_{fix} schneidet.

$$K(x) = k_{var} \cdot x + K_{fix}$$

Die Durchschnittskosten (Stückkosten)

Durchschnittskosten sind definiert als Kosten je Ausbringungseinheit (Mengeneinheit):

$$k_{Stück} = \frac{K(x)}{x} = k_{var} + \frac{K_{fix}}{x}$$

Mit steigender Ausbringungsmenge x sinken die Durchschnittskosten und nähern sich den variablen Stückkosten (k_{var}) von oben an.

Die Grenzkosten K'(x)

Grenzkosten sind definiert als diejenige Kostenänderung, die sich bei einer Änderung der Ausbringungsmenge um eine Einheit ergibt. Mathematisch handelt es sich um die erste Ableitung, d.h. um die Steigung der Kostenkurve K(x).

$$K'(x) = \frac{dK(x)}{dx} = k_{var}$$

Bei linearem Kostenverlauf mit Fixkostenblock entsprechen die Grenzkosten den variablen Stückkosten. Eine grafische Darstellung findet sich in Abb. 12.

Kostenfunktionen lassen sich für die verschiedensten Teilbereiche des Unternehmens erstellen. Man erhält Kostenfunktionen für einzelne Abteilungen, für einzelne Maschinen, für einzelne Arbeitsplätze.

Beispiel 1: Ein Gruppenarbeitsplatz, bei dem die Arbeiter neben einem festen Grundlohn einen leistungsabhängigen Stückakkordlohn erhalten. Die Fixkosten sind relativ niedrig (fester Grundlohn), die variablen Kosten sind relativ hoch und hängen vom Akkordsatz (€ je gefertigtem Stück) ab.

Beispiel 2: Eine Fertigungskostenstelle, in der verschiedene Produktionsmaschinen in einer Maschinenhalle laufen, wird von einem Meister und einer weiteren Person, beide mit festem Monatsgehalt, überwacht. Die Fixkosten sind relativ hoch (z.B. Maschinenabschreibung, Gebäudeabschreibung, Versicherungen, Gehälter). Die variablen Kosten sind relativ gering und hängen im Wesentlichen vom Wert des verbrauchten Materials ab. Als variable Kosten treten noch die Betriebskosten (Stromverbrauch, Schmiermittelverbrauch u. dgl.) hinzu.

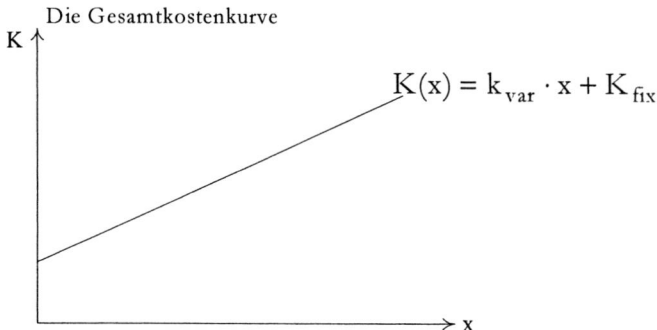

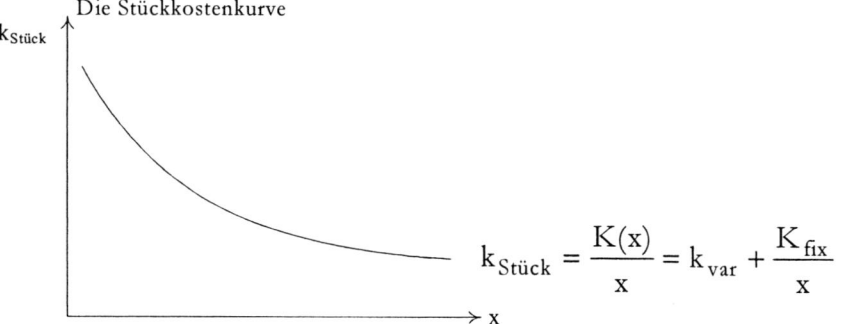

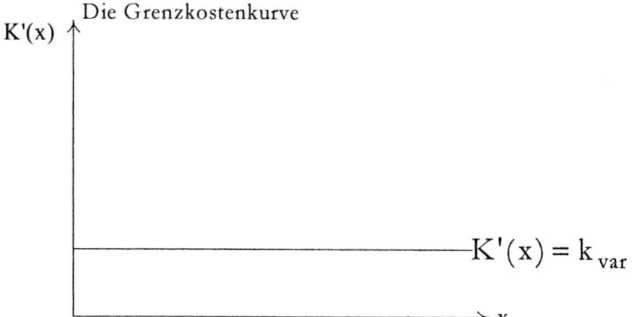

Abb. 12: Gesamtkosten, Stückkosten, Grenzkosten

Die Kostenauflösung

Ein wichtiges Problem ist in der Kostenrechnungspraxis die Frage, wie man aus den Gesamtkosten und der Ausbringungsmenge einer Periode die variablen und die fixen Kosten ableiten kann. Im Regelfall ist die Kostenkurve K(x) nicht von vornherein bekannt. Man kennt zwar die Kosten und die Ausbringungsmenge einer oder mehrerer Abrechnungsperioden, aber nicht den genauen Verlauf der Kurve. Das Zerlegen eines Gesamtkostenbetrags in einen fixen und einen variablen Kostenteil nennt man Kostenauflösung (auch Kostenzerlegung oder Kostenspaltung).

I.d.R. sind die folgenden Größen mehrerer Perioden t = 1 ... n bekannt:

K_t = Gesamtkosten der Periode t
x_t = Ausbringungsmenge der Periode t

Grafische Kostenauflösung

Am anschaulichsten ist es, wenn man die Kosten und Ausbringungsmengen in ein Koordinatensystem einträgt. Es entsteht eine Menge von Punkten (x_t, K_t). Nun kann man eine Kostengerade so durch diese Punkteschar legen, dass der Abstand der Punkte von der Kostenkurve möglichst klein wird. Der Schnittpunkt mit der Ordinate gibt die Fixkosten an. Die variablen Stückkosten lassen sich aus der Steigung der Geraden ersehen.

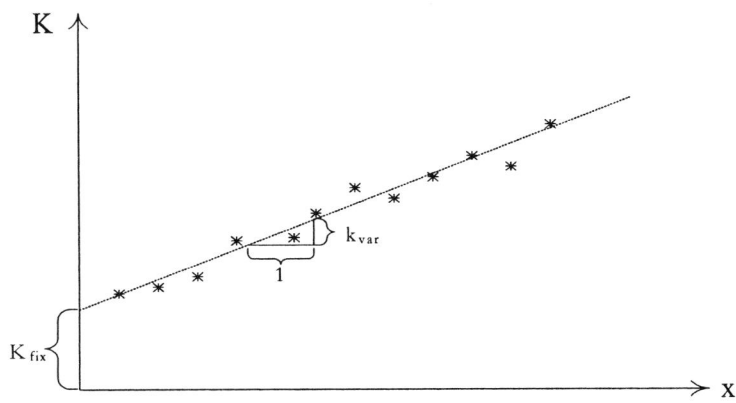

Abb. 13: Grafische Kostenauflösung

Diese Steigung erhält man, indem man für zwei beliebige Ausbringungsmengen x_1 und x_2 die zugehörigen Kostenwerte K_1 und K_2 auf der Ordinate abliest. Die variablen Stückkosten k_{var} erhält man, indem man die Steigung in diesem rechtwinkligen Dreieck berechnet:

$$k_{var} = \frac{K_2 - K_1}{x_2 - x_1}$$

Kostenauflösung durch Regressionsanalyse

Man kann dieses Verfahren des Legens einer sogenannten Regressionsgeraden durch eine Punkteschar natürlich mathematisch wesentlich exakter durchführen. Die Kostenkurve hat das grundsätzliche Aussehen

$$K(x) = k_{var} \cdot x + K_{fix}$$

Gesucht sind die Lageparameter k_{var} und K_{fix} der Geraden.

Man bestimmt diese Lageparameter mit Hilfe der *Methode der kleinsten Quadrate* in folgenden Arbeitsschritten:

1. Schritt: Man berechnet den Abstand jedes Punktes (x_t, K_t) von der gesuchten Kostenkurve:

$$K_t - (K_{fix} + k_{var} \cdot x_t)$$

2. Schritt: Man quadriert diese Abstände und bildet die Summe über alle Punkte $(t = 1 \ldots n)$:

$$Z = \sum_{t=1}^{n} (K_t - (K_{fix} + k_{var} \cdot x_t))^2$$

3. Schritt: Man minimiert diese Summe der Abstandsquadrate bezüglich der Lageparameter K_{fix} und k_{var}:

$$Min \left\{ Z = \sum (K_t - K_{fix} - k_{var} \cdot x_t)^2 \right\}$$

Das Minimum erhält man, indem man die partiellen Ableitungen der Quadratsumme nach k_{fix} und k_{var} gleich Null setzt:

$$\frac{\partial Z}{\partial k_{fix}} = -2 \cdot \sum (K_t - K_{fix} - k_{var} \cdot x_t) = 0$$

$$\frac{\partial Z}{\partial k_{var}} = -2 \cdot \sum (K_t - K_{fix} - k_{var} \cdot x_t) \cdot x_t = 0$$

4. Schritt: Die Auflösung dieser beiden Gleichungen nach den gesuchten Lageparametern k_{var} und K_{fix} ergibt:

$$k_{var} = \frac{n \cdot \sum x_t \cdot K_t - \left(\sum x_t\right) \cdot \left(\sum K_t\right)}{n \cdot \sum x_t^2 - \left(\sum x_t\right)^2}$$

$$K_{fix} = \frac{\left(\sum K_t\right) \cdot \left(\sum x_t^2\right) - \left(\sum x_t\right) \cdot \left(\sum x_t \cdot K_t\right)}{n \cdot \sum x_t^2 - \left(\sum x_t\right)^2}$$

Da auf der rechten Seite der beiden obigen Gleichungen nur bekannte Größen stehen (nämlich die $t = 1$ ... n verschiedenen Kostenbeträge K_t und Ausbringungsmengen x_t), lassen sich k_{var} und K_{fix} problemlos berechnen.

Kostenauflösung mit der Zwei-Punkte-Methode

Sehr häufig ist in der Praxis der Fall gegeben, dass man nur die Kosten zweier zeitlich näher beieinanderliegender Abrechnungsperioden berücksichtigen kann oder möchte. Man kennt also die Kosten K_1 und K_2 sowie die zugehörigen Ausbringungsmengen x_1 und x_2. Man erhält die gesuchte Kostenfunktion, indem man durch diese beiden Punkte $(x_1; K_1)$ und $(x_2; K_2)$ eine Gerade legt. Man kann dies grafisch tun und die Parameter K_{fix} und k_{var} wie oben beschrieben aus der Grafik ablesen. Genauer ist das Ergebnis, wenn man analytisch vorgeht.

Die Gleichung einer Geraden durch zwei Punkte $(x_1; K_1)$ und $(x_2; K_2)$ lautet bekanntlich:

$$K(x) = K_1 + \frac{K_2 - K_1}{x_2 - x_1} \cdot (x - x_1)$$

Nach Umformen erhält man:

$$K(x) = \underbrace{K_1 - \frac{x_1 \cdot (K_2 - K_1)}{x_2 - x_1}}_{K_{fix}} + \underbrace{\frac{K_2 - K_1}{x_2 - x_1}}_{k_{var}} \cdot x$$

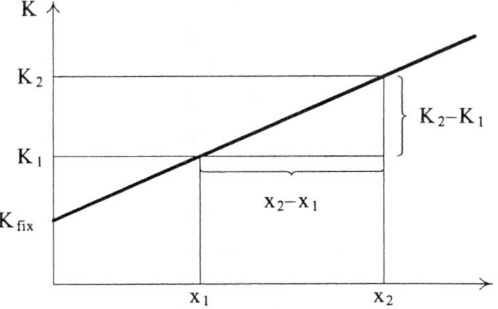

Abb. 14: Kostenauflösung nach der Zwei - Punkte – Methode

Die buchhalterische Methode

Bei dieser Methode werden keine mathematischen Verfahren auf Kostenpunkte (x_t; K_t) angewandt. Vielmehr werden hier die einzelnen Kostenarten nach der (hoffentlich) gegebenen Erfahrung der Buchhalter den variablen oder den fixen Kosten zugeordnet. Kostenarten, die sowohl variable als auch fixe Teile enthalten, werden entweder (je nach Überwiegen) der Gruppe der fixen, oder der der variablen Kosten zugeteilt, oder sie werden im Wege der Schätzung auf die beiden Gruppen verteilt. Als Ergebnis erhält man zwei Kostenbeträge, den Gesamtbetrag der fixen Kosten (K_{fix}) und den Gesamtbetrag der variablen Kosten. Dividiert man den letzteren durch die zugrunde liegende Ausbringungsmenge, dann erhält man die variablen Stückkosten k_{var}.

Beurteilung der Verfahren zur Kostenauflösung

Die *Buchhaltermethode* ist keine exakte quantitative Methode. Sie beruht auf subjektiven Einschätzungen und ist nicht frei von Willkür.

Die beiden *mathematischen Verfahren* liefern hier wesentlich objektivere und zumindest formal richtige Parameter. Die hierbei ermittelten Parameter k_{var} und k_{fix} sind allerdings nur dann sachlich richtig, wenn die Kostenunterschiede zwischen den verschiedenen Beobachtungspunkten (x_t; K_t) ausschließlich auf Beschäftigungsänderungen zurückzuführen sind, und nicht auch noch von anderen Kosteneinflussgrößen beeinflusst werden. Liegen etwa die beobachteten Kostenpunkte zeitlich sehr weit auseinander, dann besteht die Gefahr, dass die Kosten nicht unwesentlich von zwischenzeitlichen Lohn- und Preissteigerungen beeinflusst wurden. Insbesondere wenn n sehr groß ist, also sehr viel Kostenpunkte in die Rechnung eingehen, ist die Gefahr groß, dass auch andere Kosteneinflussgrößen für die Kostenunterschiede verantwortlich sind (z.B. allgemeine Preissteigerungen, Preissteigerungen auf Grund geänderter Materialqualität, Kostensenkungen durch zwischenzeitliche Rationalisierungserfolge u.dgl.). Nur wenn solche nichtbeschäftigungsbedingten Einflüsse vernachlässigbar gering sind oder vor Durchführung der Regressionsanalyse zuverlässig eliminiert werden können, liefert dieses Verfahren brauchbare Ergebnisse.

Die *Zwei-Punkte-Methode* hat nicht nur den Vorteil der mathematischen Einfachheit. Sie ist vor allem in weit geringerem Maße von der oben beschriebenen Gefahr betroffen, nämlich dass zwischenzeitliche Preissteigerungen und dergleichen den Kostenvergleich verzerren. Dies gilt allerdings nur dann, wenn die beiden Beobachtungspunkte zeitlich nicht weit auseinander liegen.

Fallbeispiele zu Lerneinheit 5

Beispiel 1:

In einer Fertigungskostenstelle eines Industriebetriebs sind in den letzten 12 Monaten folgende Kostenträgergemeinkosten angefallen:

Monat	Gemeinkosten	Beschäftigung (Stück)
1	780.000	1.000
2	750.000	850
3	700.000	700
4	700.000	650
5	725.000	800
6	810.000	1.150
7	840.000	1.300
8	805.000	1.550
9	820.000	1.700
10	850.000	1.800
11	830.000	1.850
12	780.000	1.400

Tab. 5.1: Daten zur Kostenauflösung

Ermitteln Sie die Fixkosten und die variablen Kosten je Stück durch grafische Kostenauflösung!

Lösung zu Beispiel 1:

Durch Ablesen aus der Grafik (siehe nächste Seite) ergeben sich näherungsweise folgenden Kostenwerte:

$K_{fix} \approx 650.000,-- €$

$k_{var} \approx 125,-- €$

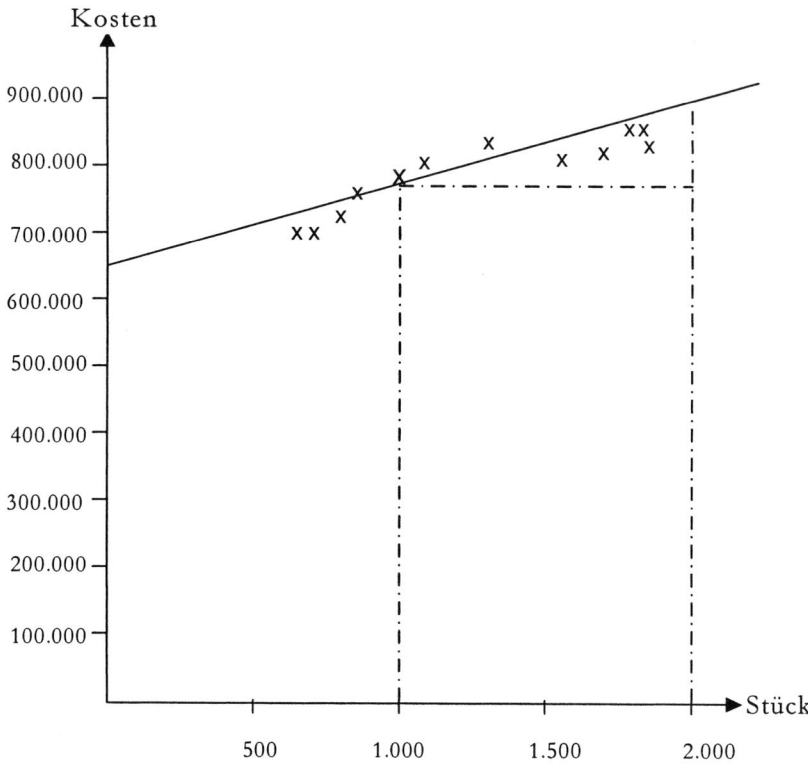

Beispiel 2:

Wenden sie nun auf die Daten von Beispiel 1 die 2-Punkte Methode an und berechnen Sie hiernach die fixen und die variablen Kosten für die folgenden Punktepaare:

1) Juli und Oktober

2) Januar und März

3) März und November

4) Januar und Dezember

Was fällt Ihnen auf ?

Lösung zur Beispiel 2

Teilaufgabe 2.1: Juli-Oktober

Nr.	Monat	K_i	x_i
1	Juli	840.000	1.300
2	Oktober	850.000	1.800

$$K_{fix} = K_1 - \frac{x_1 \cdot (K_2 - K_1)}{x_2 - x_1} = 840.000 - \frac{850.000 - 840.000}{1.800 - 1.300}$$

$K_{fix} = 814.000,-- €$

$$k_{var} = \frac{K_2 - K_1}{x_2 - x_1} = \frac{10.000}{500} = 20,-- €/Stück$$

Teilaufgabe 2.2: Januar-März

Nr.	Monat	K_i	x_i
1	Januar	780.000	1.000
2	März	700.000	700

$$K_{fix} = 780.000 - \frac{1.000 \cdot (-80.000)}{-300}$$

$K_{fix} = 513.333,-$

$$k_{var} = \frac{-80.000}{-300} = 267,-- €/Stück$$

Teilaufgabe 2.3: März-November

Nr.	Monat	K_i	x_i
1	März	700.000	700
2	November	830.000	1.850

$$K_{fix} = 700.000 - \frac{700 \cdot 130.000}{1.150}$$

$K_{fix} = 620.870,-- €$

$$k_{var} = \frac{130.000}{1.150} = 113,-- €/Stück$$

Teilaufgabe 2.4: Januar-Dezember

Nr.	Monat	K_i	x_i
1	Januar	780.000	1.000
2	Dezember	780.000	1.400

$k_{var} = 0$

$K_{fix} = 780.000 - 0 \cdot 1.000 = 780.000,-- €$

Durch willkürliches Herausgreifen zweier Punkte (K_i; x_i) ergeben sich variable und fixe Kosten in einer für Planungs- und Entscheidungszwecke unbrauchbar hohen Spannweite. Die Höhe der Kosten hängt nicht nur von der Beschäftigung als einziger Einflussgröße ab, sondern sie wird auch noch von anderen, irregulären, oft nur zufallsbedingten Faktoren beeinflusst. Wenn willkürlich nur zwei Kosten/Beschäftigungspunkte herausgegriffen werden, dann kann die zufallsbedingte Irregularität stärker ins Gewicht fallen, als die Beschäftigung, selbst wenn die Beschäftigungsmenge (der Output) die Haupteinflussgröße auf den Kostenverlauf ist. In solchen Fällen müssen möglichst viele Kostenpunkte bei der Kostenauflösung berücksichtigt werden. Dies führt zur grafischen Methode bzw. zur Regressionsmethode.

Beispiel 3:

Führen sie mit den Daten von Beispiel 1 eine Kostenauflösung mittels Regressionsanalyse durch!

Lösung zur Aufgabe 3:

Die Regressionsanalyse erfolgt - wenn man sie manuell durchführen muss – am besten mittels der auf der nächsten Seite stehenden Tabelle 5.3.

Hieraus ergeben sich:

$$k_{var} = \frac{12 \cdot 11.765,35 \cdot 10^6 - 14.750 \cdot 9.390.000}{12 \cdot 20,0025 \cdot 10^6 - 217,5625 \cdot 10^6} = 108,- €/Stück$$

$$K_{fix} = \frac{9,39 \cdot 20,0025 \cdot 10^6 - 14.750 \cdot 11.765,35}{12 \cdot 20,0025 - 217,5625} = 649.947,- €$$

Das Ergebnis der Regressionsanalyse zeigt, dass die grafische Kostenauflösung relativ genau vorgenommen worden ist.

t	x_t	K_t	$x_t K_t$ (10^6)	x_t^2 (10^6)
1	1.000	780.000	780,--	1,0
2	850	750.000	637,5	0,7225
3	700	700.000	490,--	0,49
4	650	700.000	455,--	0,4225
5	800	725.000	580,--	0,64
6	1.150	810.000	931,5	1,3225
7	1.300	840.000	1.092,--	1,69
8	1.550	805.000	1.247,7	2,4025
9	1.700	820.000	1.394,--	2,89
10	1.800	850.000	1.530,--	3,24
11	1.850	830.000	1.535,60	3,4225
12	1.400	780.000	1.092,--	1,96
Σ	14.750	9.390.000	$11.765,35 \cdot 10^6$	$20,2025 \cdot 10^6$
$(\Sigma)^2$	$217,5625 \cdot 10^6$			

Tab. 5.3: Rechentabelle zur Regressionsanalyse

Abschnitt 2: Die Kostenartenrechnung

Lerneinheit 6: Die Gliederung der Kostenarten

Lernziele:

- Kostendefinitionen
- Möglichkeiten der Kostenartengliederung
- Nach der Kostenherkunft
- Nach der Beschäftigungsabhängigkeit
- Nach der Zurechenbarkeit
- Der Zusammenhang zwischen Beschäftigungsabhängigkeit und Zurechenbarkeit
- Weitere Kriterien zur Untergliederung der Kosten
- Der Kostenartenplan
- Prinzipien der Kostenartengliederung

Einführung

Kostendefinitionen

Mögliche Begriffsinhalte eines betriebswirtschaftlichen Kostenbegriffs wurden bereits oben in Lerneinheit 2 diskutiert. Aus dem Handels- und Steuerrecht kennen wir die sogenannten pagatorischen Kosten. Sie ergeben sich nach Art und Höhe aus den Aufwendungen der Finanzbuchhaltung.

Pagatorische Kosten sind handelsrechtliche Aufwendungen, die

- zweckgerichtet, d.h. kein betriebsfremder Aufwand sind,
- periodenrichtig, d.h. kein periodenfremder Aufwand sind,
- ordentlich, d.h. kein außerordentlicher Aufwand sind.

Ihre Bewertung richtet sich ausschließlich nach dem Nominalwertprinzip, d.h. die bei der Anschaffung oder Herstellung entstandenen Auszahlungen bzw. Ausgaben sind für die Kostenhöhe maßgeblich (z.B. Abschreibung nur von den sogenannten historischen Anschaffungs- oder Herstellungskosten, nicht von den künftigen Wiederbeschaffungskosten).

Der für Planungs- und Entscheidungsrechnungen erforderliche Kostenbegriff ist allgemeiner definiert (sog. *wertmäßige Kosten*):

Kosten sind hiernach jeder bewertete Verzehr von Produktionsfaktoren (Güter und Dienstleistungen) zur Erzielung und zur Verwertung der betrieblichen Produkte sowie zur Aufrechterhaltung der erforderlichen Betriebsbereitschaft. Wesentliche *Begriffsmerkmale der wertmäßigen Kosten* sind hier also:

- Güter- und Leistungsverzehr (mengenmäßig),
- Beziehung zur Leistungserstellung und Leistungsverwertung,
- Bewertung der Verzehrsmengen.

Die *Bewertung* dient nicht nur dazu, verschiedene Güterarten und Gütermengen vergleichbar zu machen. Ihr fällt auch die zusätzliche Funktion der ökonomischen Gewichtung zu. Damit ist die Kostenbewertung vom Zweck der einzelnen Rechnung abhängig.

Beispiel 1:
Ist es der Zweck der Rechnung, die sog. nominelle Kapitalerhaltung zu überprüfen, dann genügt es, die Abschreibung von den historischen Anschaffungs- oder Herstellungskosten zu berechnen und in die Verkaufspreise einzukalkulieren. Denn Kapital gilt bereits dann als erhalten, wenn diese Anschaffungs- oder Herstellungskosten durch die Verkaufspreise wieder verdient worden sind. Darüber hinausgehende Überschüsse stellen Gewinn dar. Entsprechend sind die Verkaufspreise zu kalkulieren. Dieser Abschreibungsbewertung liegt der pagatorische Kostenbegriff der handels- und steuerrechtlichen kaufmännischen Buchführung zu Grunde.

Beispiel 2:
Ist es Zweck der Rechnung, die Substanzerhaltung des Betriebs zu überprüfen, dann müssen die Abschreibungen von den künftig zu erwartenden Wiederbeschaffungskosten berechnet werden, d.h. unter Berücksichtigung von Preissteigerungsraten, gegebenenfalls auch unter Berücksichtigung von absehbaren Qualitätssteigerungen, von technischen oder funktionalen Neuerungen u.dgl. In den Verkaufspreisen müssen alle diese zweckabhängigen Bewertungskomponenten berücksichtigt werden.

Beispiel 3:
Soll die Rechnung z.B. der Entscheidung dienen, ob Kapital für eine bestimmte betriebliche Verwendung eingesetzt werden soll oder nicht, dann kann es sinnvoll sein, für die Eigenkapitalkosten den Zinssatz anzusetzen, den man erhalten würde, wenn man das Geld bestmöglich anderweitig anlegen würde (sogenannte Opportunitätskosten, d.h. entgangener Gewinn als Kosten). Je nach Entscheidungssituation kann es aber auch sinnvoll sein, rein subjektive Zinswünsche als kalkulatorische Eigenkapitalzinsen anzusetzen („Wir machen das nur, wenn wir damit mindestens X % Kapitalverzinsung erwirtschaften"). In der Kalkulation

kann man die Herstellkosten, die Selbstkosten und die sich daraus ergebenden Verkaufspreise entsprechend dieser gewünschten Mindestverzinsung ermitteln.

Der pagatorische Kostenbegriff ist deshalb lediglich ein Spezialfall des wertmäßigen Kostenbegriffes.

Möglichkeiten der Kostenartengliederung

Für die verschiedenen betriebswirtschaftlichen Rechnungszwecke kann es sinnvoll sein, die Kosten nach verschiedenen Kriterien zu untergliedern. Diese Untergliederung kann z.b. erfolgen

- nach der Herkunft der Kosten in primäre und sekundäre Kosten,

- nach der Beschäftigungsabhängigkeit in fixe und variable Kosten,

- nach der Zurechenbarkeit in Einzelkosten und Gemeinkosten,

- nach der Art der Kostenerfassung in aufwandsgleiche und kalkulatorische Kosten,

- nach der Zahlungswirksamkeit in zahlungswirksame und zahlungsunwirksame Kosten,

- nach den betrieblichen Funktionen in Kosten der Beschaffung, der Fertigung, des Vertriebs usw.,

- nach der Art der verbrauchten Produktionsfaktoren in Materialkosten, Arbeitskosten (Personalkosten), Kapitalkosten, Betriebsmittelkosten,

- nach Kostenträgern in Kosten des Erzeugnisses 1, des Erzeugnisses 2, des Erzeugnisses 3 usw.,

- nach Kostenstellen in Kosten der Stelle 1, der Stelle 2 usw.

Primäre und sekundäre Kosten (Kriterium: Kostenherkunft)

Primäre Kosten liegen vor, wenn die verbrauchten Kostengüter von außen beschafft wurden und nicht im Unternehmen selbst geschaffen wurden. Beispiele für primäre Kosten: Lohn- und Gehaltszahlungen, Abschreibung auf Maschinen, Materialverbrauch, Fremdleistungskosten.

Sekundäre Kosten liegen vor, wenn die Kostengüter aus innerbetrieblich erstellten Leistungen bestehen. Beispiele für sekundäre Kosten: Kosten für die Eigenerzeugung von Energie, die im Unternehmen verbraucht wird, Kosten für Eigenreparaturen.

Sekundäre Kostenarten (z.B.: Kosten der eigenen Reparaturabteilung) können sich aus primären (z.B. Löhne, Gehälter, Materialverbrauch) und/oder aus sekundären Kosten (z.B. Stromverbrauch aus der unternehmenseigenen Stromerzeugung, Heizkosten aus der unternehmenseigenen Heizabteilung) zusammensetzen. Die sekundären Kosten sind Gegenstand der Kostenstellenrechnung. Die Kostenartenrechnung befasst sich ausschließlich mit primären Kosten.

Fixe und variable Kosten
(Kriterium: Beschäftigungsabhängigkeit)

Wie oben (LE 5) bereits deutlich gemacht wurde, ist die Abhängigkeit der Kosten von der Ausbringungsmenge (Beschäftigung) eines der wichtigsten Untergliederungskriterien der Kosten. Die Gebiete der Teilkostenrechnung, der ein- und mehrstufigen Deckungsbeitragsrechnung, wesentliche Teile der Plankostenrechnung sowie nahezu alle Planungs- und Entscheidungsmodelle arbeiten mit der Trennung der beiden Kostentypen fixe und variable Kosten. Insbesondere bei kurzfristigen Entscheidungen sind nur die variablen Kosten beeinflussbar. Die fixen Kosten bleiben von solchen Entscheidungen unberührt. Man spricht dann von entscheidungsunabhängigen Kosten (nicht relevanten Kosten oder auch sunk costs). Bei sehr langfristiger Betrachtung gibt es keine fixen Kosten, da alle Kosten beeinflussbar sind.

Sehr häufig gelten Fixkosten nur in bestimmten Beschäftigungsintervallen. Wenn etwa zum Überschreiten einer Kapazitätsgrenze neue Maschinen angeschafft werden müssen, oder wenn vom Einschichtbetrieb auf Mehrschichtbetrieb übergegangen wird u.dgl., entsteht jeweils ein neuer Fixkostenbetrag (z.B. zusätzliche Maschinenabschreibungen, zusätzliche Raumkosten, zusätzlicher fester Grundlohn). In solchen Fällen spricht man von intervallfixen (auch sprungfixen) Kostenverläufen. Die oben in Lerneinheit 5 angestellten Überlegungen zu den Grenz- und den Stückkosten sowie zur Kostenauflösung gelten für jedes einzelne Intervall der sprungfixen Kosten (vgl. Abb. 15).

Die oben näher erläuterten primären bzw. sekundären Kosten können jeweils sowohl variable als auch fixe Kostenanteile enthalten. Variable sekundäre Kosten sind z.B. der beschäftigungsabhängige Stromverbrauch zum Antrieb der Produktionsmaschinen, wenn der Strom im Unternehmen selbst erzeugt wird, z.B. der Dampfverbrauch zum Dampfbügeln von Textilprodukten, wenn der Dampf in einer Dampferzeugungskostenstelle selbst erzeugt wird. Fixe sekundäre Kosten sind z.B. die zeitanteilige Abschreibung von Maschinen in Kostenstellen, die innerbetriebliche Leistungen erstellen.

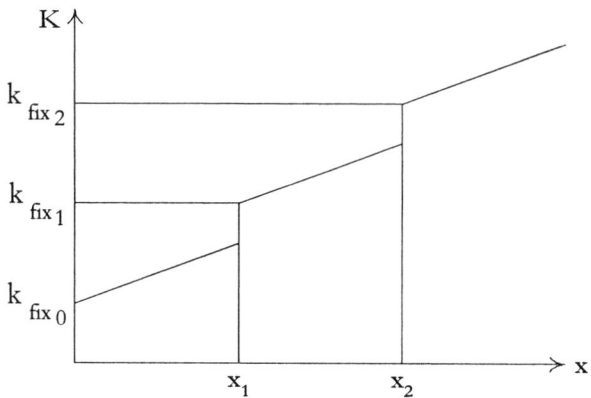

Abb. 15: Intervallfixe (sprungfixe) Kosten

Einzel- und Gemeinkosten (Kriterium: Zurechenbarkeit)

Einzelkosten sind den Kostenverursachern direkt zurechenbar. Man spricht deshalb auch von direkten Kosten. *Gemeinkosten* sind den Kostenverursachern nur indirekt zurechenbar (indirekte Kosten). Kostenverursacher können sowohl Kostenstellen (z.B. Fertigungsabteilungen, Maschinen bzw. Maschinengruppen, einzelne Arbeitsplätze) als auch Kostenträger (z.B. einzelne Produkte) sein. Bei direkter Zurechenbarkeit zu Kostenstellen liegen *Kostenstelleneinzelkosten* vor (z.B. Abschreibungen auf Maschinen, die zu einer Kostenstelle gehören). Bei direkter Zurechenbarkeit zum Kostenträger liegen *Kostenträgereinzelkosten* vor (z.B. der für die Herstellung eines Erzeugnisses erfolgte Rohstoffverbrauch). Entsprechend sind auch *Kostenstellengemeinkosten* der Kostenstelle und *Kostenträgergemeinkosten* dem Kostenträger nicht direkt zurechenbar.

Direkte Zurechenbarkeit ist gegeben, wenn die Kosten eindeutig und ohne Umwege über Kostenverteilungsschlüssel zugeordnet werden können.

Beispiele für eine direkte Zurechnung:

- Materialverbrauch laut Materialentnahmescheinen,
- Fertigungslöhne laut Lohnscheinen bzw. Akkordscheinen,
- Stromverbrauch nach Zählerstand (sofern der Kostenverursacher einen eigenen Zähler hat).

Beispiele für eine indirekte Zurechnung:

- Freiwillige Sozialkosten (z.B. Kosten der Kantine): Zurechnung nach der Beschäftigtenzahl,

- Kosten der Gebäudeversicherung: Zurechnung nach m^2- oder nach m^3- Anteil der einzelnen Kostenstellen,

- Kalkulatorische Zinsen: Zurechnung nach den Werten des zu den einzelnen Kostenstellen gehörenden Anlagevermögens,

- Kosten des Betriebsrats: Zurechnung nach der Zahl der Arbeitnehmer je Kostenstelle.

Von *unechten Gemeinkosten* spricht man, wenn an sich eine direkte Zuordnung auf den Kostenverursacher möglich wäre, der Betrieb aus organisatorischen oder abrechnungstechnischen Gründen hierauf jedoch verzichtet.

Beispiel:
Der Stromverbrauch ist an sich jeder Kostenstelle direkt zurechenbar. Voraussetzung ist, dass jeweils gesonderte Stromzähler je Kostenstelle installiert sind. Wird der Stromverbrauch nicht nach dem tatsächlich gemessenen Zählerstand als Kostenstelleneinzelkosten verrechnet, sondern indirekt z.B. über den Verteilungsschlüssel „maximale Leistungsaufnahme der jeweiligen elektrischen Geräte einer Kostenstelle in KW", dann handelt es sich um unechte Gemeinkosten. Analoges gilt bei der Behandlung bestimmter Stoffverbrauche als Gemeinkosten, z.B. Betriebsstoffverbrauch, Hilfsstoffverbrauch.

Wenn Kosten schon einer Kostenstelle nicht direkt zugerechnet werden können, dann können sie i.d.R. auch dem Kostenträger nicht direkt zugerechnet werden. Kostenstellengemeinkosten sind deshalb stets auch Kostenträgergemeinkosten. Kostenstelleneinzelkosten können sowohl Kostenträgergemeinkosten als auch Kostenträgereinzelkosten sein. Diese Abhängigkeiten gibt Abb. 16 wieder.

Diese Kostenhierarchie in Abb. 16 gilt allerdings nur dann, wenn eine sinnvolle Kostenstellengliederung im Unternehmen vorliegt. Ist z.B. eine Materialkostenstelle nicht vorgesehen, dann stellt der Materialverbrauch je Erzeugniseinheit zwar Kostenträgereinzelkosten dar, ist jedoch keiner Kostenstelle direkt zurechenbar (d.h. es handelt sich um Kostenstellengemeinkosten), zumal wenn das Produkt mehrere Fertigungskostenstellen durchläuft.

Der Zusammenhang zwischen Beschäftigungsabhängigkeit und Zurechenbarkeit

Definiert man Kostenträgereinzelkosten als Kosten, die einer Mengeneinheit (z.B. einem Stück) des Kostenträgers direkt zurechenbar sind, dann wären zwangsläufig alle Einzelkosten gleichzeitig variable Kosten (so z.B. bei Haberstock, Kostenrechnung, Band 1, Hamburg 1995 S. 76). Definiert man Kostenträgereinzelkosten hingegen als Kosten, die einem Erzeugnistyp direkt zurechenbar

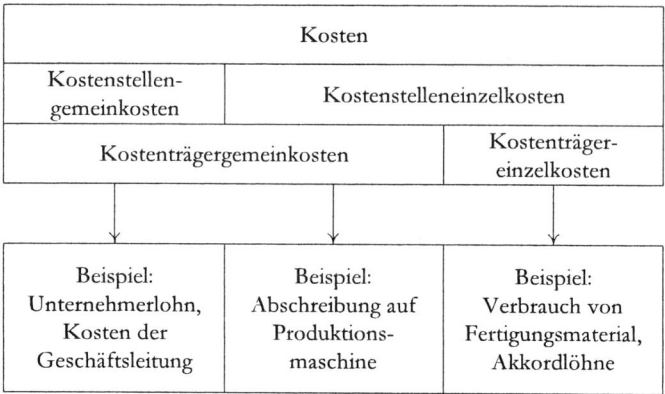

Abb. 16:   Der Zusammenhang zwischen Kostenstellen- und
Kostenträgereinzel- und -gemeinkosten

sind (und nicht einem Stück dieses Erzeugnistyps), dann gibt es auch *fixe Einzelkosten*. Hierzu zählen i.d.R. die sogenannten Sondereinzelkosten der Fertigung und des Vertriebs. Sondereinzelkosten der Fertigung sind etwa Kosten für Modelle, für Spezialwerkzeuge, für Lizenzen. Sondereinzelkosten des Vertriebs sind z.B. Kosten einer Werbekampagne für ein bestimmtes Produkt. Diese Sondereinzelkosten sind unabhängig von der produzierten Stückzahl und deshalb Fixkosten.

Wenn schon Kostenträgereinzelkosten aus fixen und variablen Kosten bestehen können, gilt dies erst recht für Kostenstelleneinzelkosten. Es gibt deshalb auch bei der Zurechenbarkeit zu Kostenstellen variable und fixe Kostenstelleneinzel- und -gemeinkosten. Abbildung 17 gibt einen Überblick über die Zusammenhänge zwischen Beschäftigungsabhängigkeit und Zurechenbarkeit der Kosten.

Die Praxis zeigt allerdings, dass

- Kostenträgereinzelkosten im Wesentlichen variable Kosten sind.
- Kostenträgergemeinkosten teils variabel, teils fix sind
- Kostenstelleneinzelkosten teils variabel, teils fix sind.
- Kostenstellengemeinkosten meist fix sind:

Weitere Kriterien zur Untergliederung der Kosten

Nach der *Art der Kostenerfassung* kennt man *aufwandsgleiche Kosten und kalkulatorische Kosten*. Die aufwandsgleichen Kosten können direkt aus den Zahlen der Finanzbuchhaltung (aus Klasse 4 des Gemeinschaftskontenrahmens der Industrie) entnommen werden. Die kalkulatorischen Kosten müssen zusätzlich zu den aufwandsgleichen Kosten erfasst werden. Bei Anderskosten sind Wertdifferenzen zu erfassen, bei Zusatzkosten sind sowohl die Kostenart als auch der Kostenwert außerhalb der Finanzbuchhaltung zu ermitteln (vgl. Lerneinheit 2).

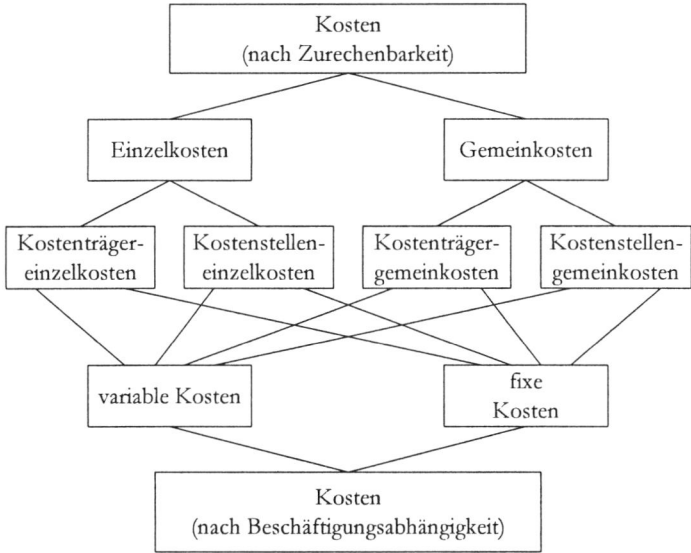

Abb. 17: Der Zusammenhang zwischen Beschäftigungsabhängigkeit und Zurechenbarkeit

Nach der *Zahlungswirksamkeit* unterscheidet man zahlungswirksame und zahlungsunwirksame Kosten. Diese Untergliederung ist vor allem in Unternehmenskrisen von besonderer Bedeutung. Da Zahlungsunfähigkeit zur Eröffnung des Insolvenzverfahrens führt, kann es für das Überleben eines Unternehmens ausschlaggebend sein, die Verkaufspreise wenigstens so hoch anzusetzen, dass alle Kosten, die kurzfristig zu Auszahlungen führen, auch gedeckt sind. Nur bei solchen Preisen kann die Illiquidität des Unternehmens vermieden werden. Für eine langfristige Preisuntergrenze ist diese Untergliederung allerdings ungeeignet, da langfristig alle Kosten irgendwann einmal zu Ausgaben führen und deshalb verdient werden müssen, wenn ein Unternehmen auf Dauer Bestand haben soll.

Zwei in der Praxis sehr wichtige Kriterien für die Kosteneinteilung sind die Untergliederung *nach der Art der verbrauchten Produktionsfaktoren*. Beispiele sind etwa Materialkosten (z.B. Rohstoffverbrauch, Hilfsstoffverbrauch, Betriebsstoffverbrauch), Personalkosten (z.B. Gehälter, Fertigungslöhne, Hilfslöhne, gesetzliche Sozialkosten, Prämien, Gratifikationen), Betriebsmittelkosten (z.B. Maschinenabschreibung, Gebäudeabschreibung), Kapitalkosten (z.B. Eigenkapitalzin-

sen, Fremdkapitalzinsen), Fremdleistungskosten (z.B. Fremdfertigung, Fremdre-
paraturen, Fremdtransporte u. dgl.) sowie die Gliederung *nach betrieblichen
Funktionen* (z.B. Beschaffungskosten, Fertigungskosten, Lagerhaltungskosten,
Vertriebskosten, Verwaltungskosten). Im Allgemeinen sind für die einzelnen
Funktionen jeweils gesonderte Organisationseinheiten vorgesehen (Hauptabtei-
lungen, Abteilungen, Unterabteilungen usw., kurz: Kostenstellen). In solchen
Fällen überschneiden sich die Untergliederungen nach Funktionen und nach
Kostenstellen).

Der Kostenartenplan - Prinzipien der Kostenartengliederung

Auf welche Art und nach welchen Kriterien die Kostenarten eines Unternehmens untergliedert werden sollen, hängt vom konkreten Einzelfall ab. Das Ergebnis der Untergliederung in Kostenarten wird im *Kostenartenplan* festgehalten.
Der Kostenartenplan ist eine Aufstellung sämtlicher Kostenarten, die im betroffenen Unternehmen auftreten können. Bei seiner Aufstellung sind *zwei Grundprinzipien* zu beachten, nämlich

• das Prinzip der Eindeutigkeit und Überschneidungsfreiheit,
• das Prinzip der Vollständigkeit.

Der *Grundsatz der Eindeutigkeit* fordert, dass die Zuordnung von Kostenbeträgen zu Kostenarten eindeutig und überschneidungsfrei sein muss. Liegt z.B. ein
Gehaltsbeleg vor, dann müssen die daraus resultierenden Kosten eindeutig einer
einzigen Kostenart des Kostenartenplanes zurechenbar sein. Eine Kostenartengliederung, die unter anderem die Kostenarten Gehaltskosten und allgemeine
Verwaltungskosten vorsieht, verstößt gegen das Eindeutigkeitspostulat. Welcher
Kostenart sollen in diesem Fall etwa die Gehälter von Verwaltungspersonal zugeordnet werden? Solche mehrdeutigen Mischkostenarten ergeben sich meist
dann, wenn man die Kostenarten des Planes nach mehreren Kriterien untergue-
dert. Im obigen Beispiel wurden die Kriterien „Art des verbrauchten Produktionsfaktors" und „betriebliche Funktion" verwendet. Das erste Kriterium führt
zur Kostenart „Gehaltskosten", das zweite zur Kostenart „allgemeine Verwaltungskosten". Ziel des Grundsatzes der Eindeutigkeit und Überschneidungsfreiheit ist es, jeden kostenwirksamen Geschäftsvorfall, d.h. jeden Kostenbetrag ausschließlich einer einzigen Kostenart zuzuordnen, sogenannte saubere Kostenarten zu schaffen.

Der *Grundsatz der Vollständigkeit* fordert, dass alle möglicherweise im Betrieb
auftretenden Kosten im Kostenartenplan erfasst werden. In der Praxis wird dem
Vollständigkeitspostulat meist dadurch Rechnung getragen, dass als letzte Position des Kostenartenplanes die Position „sonstige Kosten" vorgesehen ist. Als
Sammelbecken für alle nicht anderswo erfassten Kosten sind diese sonstigen

Kosten besonders von der Gefahr der Mehrdeutigkeit betroffen. Der Grundsatz der Überschneidungsfreiheit ist bei dieser Position oft nicht sauber einzuhalten. Die Praxis der Kostenartenpläne ist durch eine hierarchische Verwendung verschiedener Kostenzuordnungskriterien gekennzeichnet. Die oberste Hierarchiestufe ist i.d.R. nach den verbrauchten Produktionsfaktoren untergliedert (z.B. Materialkosten, Personalkosten, Betriebsmittelkosten usw.). Auf der zweiten Hierarchieebene erfolgt sehr häufig eine weitere Untergliederung der Produktionsfaktoren, z.B. in Lohnkosten und Gehaltskosten. Auf der dritten Hierarchieebene findet häufig eine Gliederung nach Funktionalbereichen statt, z.B. Löhne der Fertigungskostenstelle 1, Löhne der Fertigungskostenstelle 2 usw. Auf der vierten Hierarchiestufe kann dann die Gliederung nach der Zurechenbarkeit der Kosten erfolgen, z.B. Einzelkostenlöhne, Gemeinkostenlöhne.

Beispiel:
Für den Bereich Löhne könnte sich damit z.b. der folgende Kostenteilplan ergeben:

43 Personalkosten
   431 Löhne
      4311 Fertigungslöhne
         43111 der Fertigungskostenstelle I
            431111 Einzelkostenlöhne(Akkordlöhne)
            431112 Gemeinkostenlöhne (Zeitlöhne)
         43112 der Fertigungskostenstelle II
            431121 Einzelkostenlöhne
            431122 Gemeinkostenlöhne
         usw.
      4312 Hilfslöhne
         43121 Allgemein
         43122 der Kostenstelle 1
         43123 der Kostenstelle 2
         usw.
      4313 Lohnzulagen
      4314 gesetzliche und tarifliche Sozialkosten
      4315 andere Lohn- und Lohnnebenkosten
   432 Gehälter
   usw.

Fallbeispiele zu Lerneinheit 6

Beispiel 1:

Geben Sie Beispiele für die folgenden Kostenarten:
1. Variable Kostenträgereinzelkosten
2. Fixe Kostenträgereinzelkosten
3. Variable primäre Kostenstelleneinzelkosten
4. Variable sekundäre Kostenstelleneinzelkosten
5. Fixe primäre Kostenstelleneinzelkosten
6. Fixe sekundäre Kostenstelleneinzelkosten
7. Variable Kostenträgergemeinkosten
8. Fixe Kostenträgergemeinkosten
9. Variable primäre Kostenstellengemeinkosten
10. Variable sekundäre Kostenstellengemeinkosten
11. Fixe primäre Kostenstellengemeinkosten
12. Fixe sekundäre Kostenstellengemeinkosten.

Geben Sie jeweils auch an, welchen weiteren Kostenkategorien (nach den Eintei-lungskriterien: Aufwandsgleichheit, Zahlungswirksamkeit, Produktionsfaktorart, betriebliche Funktion) Ihre Beispiele zugehören.

Lösung zu Beispiel 1:

1. Variable Kostenträgereinzelkosten:
- Rohstoffverbrauch,
- Hilfsstoffverbrauch,
- Verbrauch von Verpackungsmaterial,
- Fertigungslöhne, soweit mengenabhängig (z.B. Akkordlohn).

2. Fixe Kostenträgereinzelkosten:
- Kosten für Modelle,
- Kosten für Spezialwerkzeuge,
- Lizenzgebühren, die zur Herstellung eines Erzeugnistyps erforderlich sind,
- Kosten von erzeugnistypbezogenen Werbekampagnen.

3. Variable primäre Kostenstelleneinzelkosten
- Akkordlohn eines Arbeiters, der nur in einer Kostenstelle eingesetzt wird (ist gleichzeitig Kostenträgereinzelkosten),
- Leistungsabschreibungen für Maschinen, die in einer Kostenstelle stehen,

- Verbrauch von Roh-, Hilfs- und Betriebsstoffen (soweit nicht unechte Gemeinkosten vorliegen), gleichzeitig sind dies auch Kostenträgereinzelkosten,

- Stromverbrauch von Produktionsanlagen, sofern die Anlage mit einem eigenen Zähler versehen ist und der Strom fremdbezogen wird (ansonsten liegen Gemeinkosten bzw. sekundäre Kosten vor),

4. **Variable sekundäre Kostenstelleneinzelkosten**

- -Stromverbrauch einer Produktionsanlage, die einen eigenen Stromzähler hat. Der Strom muss vom Unternehmen selbst erzeugt werden (in einer allgemeinen oder einer Hilfskostenstelle).

5. **Fixe primäre Kostenstelleneinzelkosten**

- Kosten der Reinigung der Kostenstelle, sofern mit den Putzarbeiten ein fremdes Unternehmen beauftragt wurde (sonst sekundäre Kosten). Außerdem darf der Reinigungsauftrag sich nicht auf mehrere Kostenstellen erstrecken, sondern nur für diese bestimmte Kostenstelle vergeben und abgerechnet werden (sonst Kostenstellengemeinkosten).

- Kosten der Reparatur im Fremdauftrag an einer Maschine, die in der Kostenstelle steht,

- Zeitabschreibung für eine Maschine dieser Kostenstelle,

- Kosten einer Werbekampagne für das gesamte Produktionsprogramm durch ein unternehmensfremdes Werbeunternehmen (Vertriebskostenstelle),

- Kosten einer empirischen Markterhebung durch ein Fremdunternehmen (Vertriebskostenstelle).

6. **Fixe sekundäre Kostenstelleneinzelkosten**

- Kosten der Reparatur einer Maschine der Kostenstelle durch die betriebseigene Reparaturabteilung,

- Kosten des Drucks von Werbeplakaten durch die betriebseigene Druckerei.

7. **Variable Kostenträgergemeinkosten**

- Betriebsstoffverbrauch der Produktionsmaschinen,

- Hilfsstoffverbrauch, sofern unechte Gemeinkosten,

- Leistungsabschreibung von Produktionsanlagen.

8. **Fixe Kostenträgergemeinkosten**

- Zeitabschreibung von Anlagen,

- Zeitlöhne,

- Gehälter,

- gesetzliche und freiwillige Sozialkosten,
- Versicherungsprämien,
- Gewerbesteuer,
- Verwaltungskosten, z.B. Porti, Telefon, Kosten der EDV, Kosten des Fuhrparks (sofern kein Speditionsunternehmen),
- Gebäudemieten,
- Anlagenleasinggebühren,
- kalkulatorische Zinsen,
- u.v.m.

9. Variable primäre Kostenstellengemeinkosten

- Leistungsabschreibung (nach Betriebsstunden) eines Gabelstaplers, der in mehreren Fertigungskostenstellen zum Beschicken von Produktionsanlagen mit unfertigen Erzeugnissen eingesetzt wird,
- Akkordlohn des Fahrers dieses Gabelstaplers.

10. Variable sekundäre Kostenstellengemeinkosten

Wie in Bsp. 9: Leistungsabschreibung des Gabelstaplers und Akkordlohn seines Fahrers, jedoch mit dem Unterschied, dass der Gabelstapler selbst eine eigene Kostenstelle bildet (vgl. Platzkostenrechnung, LE 26). Für die Kostenstelle Gabelstapler wären die beiden Kostenarten variable Kostenstelleneinzelkosten. Seine Dienstleistungen an andere Kostenstellen sind im Rahmen der innerbetrieblichen Leistungsverrechnung (vgl. LE 16 ff.) der empfangenden Kostenstelle als variable sekundäre Stellengemeinkosten zu verrechnen.

11. Fixe primäre Kostenstellengemeinkosten

- Gebäudemiete,
- Gebäudeabschreibung, sofern im Gebäude mehrere Kostenstellen untergebracht sind, sonst Kostenstelleneinzelkosten,
- Gehälter der Geschäftsleitung,
- Kosten der Versorgung des Betriebs mit Fernwärme zu Heizzwecken.

12. Fixe sekundäre Kostenstellengemeinkosten

- Kosten der Gebäudeheizung durch die betriebseigene Heizabteilung (allg. Kostenstelle),
- Kosten von Gebäudereparaturen durch die betriebseigene Bauabteilung. Falls die Reparatur in Gebäudeteilen stattfindet, die ausschließlich von einer Kostenstelle genutzt werden, liegen Kostenstelleneinzelkosten vor.

Beispiel 2:

Ein Kleinunternehmen stellt Briefcouverts verschiedener Ausführung her. Es erfasst seine Kosten nach dem folgenden Kostenartenplan:

1. Materialverbrauch
   1.1. Rohstoffverbrauch
      1.1.1. Papiertyp A
      1.1.2. Papiertyp B
      1.1.3. Papiertyp C
      1.1.4. Fensterfolie
   1.2 Betriebsstoffverbrauch
   1.3. Klebstoffverbrauch
   1.4. Verbrauch von Verwaltungsmaterial
   1.5. Verbrauch von Verpackungsmaterial

2. Fertigungskosten
   2.1. Fertigungsstelle Zuschneiden
      2.1.1. Einzelkosten
      2.1.2. Gemeinkosten
         2.1.2.1. Fixe Gemeinkosten
         2.1.2.2. Variable Gemeinkosten
   2.2. Fertigungsstelle Kleben
      2.2.1. Einzelkosten
      2.2.2. Gemeinkosten
         2.2.2.1. Fixe Gemeinkosten
         2.2.2.2. Variable Gemeinkosten

3. Personalkosten
   3.1. Akkordlöhne
   3.2. Zeitlöhne und Gehälter
   3.3. Gesetzliche Sozialleistungen
   3.4. Freiwillige Sozialleistungen

4. Betriebsmittelkosten
   4.1. Variable
   4.2. Fixe

5. Sonstige Kosten

Was ist gegen diesen Kostenartenplan einzuwenden? Welchen Kostenartenplan würden Sie dem Unternehmen empfehlen?

Lösung zu Beispiel 2:

I. Einwände gegen den Kostenartenplan

Ein brauchbarer Kostenartenplan muss mehrere Bedingungen erfüllen: Zum einen muss er den beiden Grundprinzipien Eindeutigkeit und Überschneidungsfreiheit einerseits sowie Vollständigkeit andererseits entsprechen. Außerdem muss er geeignet sein, die Erfüllung der allgemeinen Aufgaben der Kostenrechnung wirkungsvoll zu unterstützen (Dokumentations-, Kontroll- und dispositive Aufgaben, vgl. LE 3).

Zu 1. Eindeutigkeit und Überschneidungsfreiheit

Eine überschneidungsfreie und eindeutige Kostenerfassung erfordert, dass jeder Kostenbetrag bzw. -teilbetrag eindeutig genau einer Position im Kostenartenplan zugeordnet werden kann. Umgekehrt muss der Kostenplan so aufgebaut sein, dass jede Position des Kostenplanes so trennscharf definiert ist, dass eine Erfassung des dort aufgeführten Betrages unter einer anderen Position nicht möglich ist. Diese Forderungen sind nur erfüllbar, wenn die einzelnen hierarchischen Ebenen des Planes nach jeweils demselben Kriterium gebildet werden.

Beim vorliegenden Kostenplan tritt dieser Fehler bereits in der ersten Hierarchieebene auf. Nach dem Kriterium „Art des verbrauchten Produktionsfaktors" werden die Kategorien

     1. Materialverbrauch

     3. Personalkosten

     4. Betriebsmittelkosten

gebildet.

Nach dem Kriterium „betriebliche Funktion" wird die Kategorie

     2. Fertigungskosten

gebildet.

Hierdurch besteht die Gefahr der Doppel- bzw. Mehrfacherfassung von Kosten (unsaubere Kostenarten). Aber selbst dann, wenn in diesem Betrieb die Kosten sauber erfasst und eindeutig getrennt werden sollten (keine Doppelerfassungen), ist der obige Kostenartenplan abzulehnen, weil dadurch ein Großteil der Kosten nicht in den Kategorien erfasst werden, in denen sie sachlich erscheinen müssten, z.B. dürfen Fertigungsakkordlöhne nicht in 3.1. ausgewiesen werden, wenn sie in 2.1.1. bzw. in 2.2.1. erfasst sind - und umgekehrt. Sachlich gehören sie aber zweifelsfrei zu beiden Kategorien. Analoges gilt für die Zeitlöhne im Fertigungsbereich (2.1.2.1. bzw. 2.2.2.1. und 3.2.).

Dasselbe gilt für die beiden Kostenartenhauptgruppen „2. Fertigungskosten" und „4. Betriebsmittelkosten" (z.b. bei Abschreibungen auf Fertigungsanlagen). Der Fehler sich überschneidender Kostenerfassungen setzt sich bei den niedrigeren Hierarchieebenen des Kostenplans fort. Variable Betriebsmittelkosten dürften überwiegend auch variable Fertigungsgemeinkosten sein (z.b. Leistungsabschreibung bei Produktionsanlagen). Fixe Betriebsmittelkosten sind überwiegend auch fixe Fertigungsgemeinkosten (z.b. Zeitabschreibung, Maschinenleasing im Fertigungsbereich).

Besonders problematisch ist der Betriebsstoffverbrauch (z.b. Schmiermittel, Treibstoffverbrauch, Stromverbrauch der Fertigungsmaschinen), der sowohl unter 1.2., als auch unter 2.1.2., 2.2.2. oder 4. ausgewiesen werden kann.

Zu 2. Vollständigkeit
Das Postulat der Vollständigkeit der Erfassung wird vom obigen Kostenartenplan erfüllt. Wegen der Sammelposition „5. Sonstige Kosten" werden alle Kosten erfasst. Fraglich ist aber, ob diese Erfassung zweckmäßig ist im Sinne der allg. Aufgaben der Kostenrechnung.

Zu 3. Zweckmäßigkeit im Sinne der allg. Aufgaben der Kostenrechnung
Aus der Sicht der Dokumentationsaufgabe, insbesondere aber der Kontroll- und Lenkungsaufgabe der Kostenrechnung ist der obige Kostenartenplan in mehrfacher Hinsicht unzweckmäßig:

a) *Die Untergliederung der Fertigungskosten* lässt nicht erkennen, welche Produktionsfaktoren in den beiden Fertigungsabteilungen jeweils verbraucht wurden, d.h. wie sich die ausgewiesenen Einzel- und Gemeinkosten jeweils zusammensetzen (z.B. Materialverbrauch, Löhne, Abschreibungen, sonst.). Ein Aufdecken von kostenartenspezifischen Unwirtschaftlichkeiten in den Fertigungskostenstellen wird damit ebenso unmöglich (Kontrollfunktion), wie die Vorgabe von sinnvollen Kostenstandards.

b) *Verwaltungs- und Vertriebskosten*: Da selbst ein kleiner Industriebetrieb wie unser Couverthersteller nicht ohne eine Verwaltungs- und eine Vertriebsabteilung auskommt, wäre es zweckmäßig, dies bereits bei der Kostenerfassung zu berücksichtigen. Im vorliegenden Kostenartenplan sind die Verwaltungs- und Vertriebskosten in sämtlichen Positionen mit Ausnahme von Position „2. Fertigungskosten" zum Teil versteckt enthalten. Explizit erfasst wird in Position 1.4. der Verbrauch von Verwaltungsmaterial und in 1.5. der Verbrauch von Verpackungsmaterial (= Vertrieb). Die Personalkosten sowie der Großteil der Vertriebskosten werden jedoch nicht gesondert erfasst und entziehen sich so einer detaillierten Kontrolle. Dasselbe gilt für Abschreibungen und andere Betriebsmittelkosten im Verwaltungs- und Vertriebsbereich. Wesentliche Teile der Vertriebskosten (z.B. Werbung) gehen in die Sammelposition „5. Sonstige Kosten" nebst einer Vielzahl weiterer nicht gesondert erfasster Kosten ein (z.B. kalkulatorische Eigenkapitalzinsen, Abschreibungen auf Forderungen, Steuern, Gebühren u.v.m.).

II. Entwicklung eines besseren Kostenartenplans

Aufgrund der oben durchgeführten Schwachstellenanalyse müssen vor allem die folgenden Fehler vermieden werden:

1. Innerhalb einer Hierarchieebene des Kostenartenplanes muss nach demselben Kriterium untergliedert werden. Hierdurch werden Überschneidungen und Mehrdeutigkeiten vermieden.

2. Die Hauptfunktionen des Betriebes sollten bei der Kostenartengliederung berücksichtigt werden.

3. Die Art des Produktionsfaktorverbrauchs sollte detaillierter erfasst werden.

4. Die Position „Sonstige Kosten" soll möglichst klein gehalten werden.

Hiernach bietet sich z.B. ein Kostenartenplan als zweckmäßig an, bei dem folgende Kriterien zur Anwendung gelangen:

*   Auf der obersten Hierarchieebene:
    Untergliederungen nach Funktionen bzw. nach Funktionsabteilungen

*   Auf der nächsten Hierarchieebene:
    Untergliederung nach der Art der verbrauchten Produktionsfaktoren

*   Auf der nächsten Hierarchieebene: Untergliederung nach der Zurechenbarkeit und der Beschäftigungsabhängigkeit der Kosten

Beispiel für einen verbesserten Kostenartenplan

1. Fertigungskosten

1.1. Materiallager

1.1.1. Materialverbrauch (Einzelkosten)
1.1.1.1. Papiertyp A
1.1.1.2. Papiertyp B
1.1.1.3. Papiertyp C
1.1.1.4. Fensterfolie

1.1.2. Betriebsmittelkosten (Gemeinkosten)
1.1.2.1. Variable Kosten
1.1.2.2. Fixe Kosten

1.1.3. Personalkosten
    1.1.3.1. Löhne
        1.1.3.1.1. Akkordlöhne
        1.1.3.1.2. Zeitlöhne
    1.1.3.2. Sozialkosten
1.1.4. Sonstige Kosten des Materialbereichs

1.2. Bereich: Zuschneiden

1.2.1. Personalkosten
    1.2.1.1. Fertigungslöhne
        1.2.1.1.1. Zeitlöhne
        1.2.1.1.2. Akkordlöhne
    1.2.1.2. Hilfslöhne
        1.2.1.2.1. Zeitlöhne
        1.2.1.2.2. Akkordlöhne
    1.2.1.3. Sozialkosten
        1.2.1.3.1. Gesetzliche
        1.2.1.3.2. Freiwillige

1.2.2. Betriebsmittelkosten (Gemeinkosten)
    1.2.2.1. Variabel
    1.2.2.2. Fix

1.2.3. Betriebsstoffverbrauch (Gemeinkosten)
    1.2.3.1. Variabel
    1.2.3.2. Fix

1.2.4. Sonstige Kosten des Zuschneidebereichs

1.3. Bereich: Kleben

Gliederung wie im Bereich Zuschneiden, jedoch zusätzlich:

1.3.4. Hilfsstoffverbrauch

1.3.5. Sonstige Kosten des Klebebereichs

2. Verwaltungskosten

2.1. Personalkosten

2.1.1. Gehälter

2.1.2. Hilfslöhne

2.1.3. Sozialkosten

2.2. Materialverbrauch

2.3. Betriebsmittelkosten

2.4. Sonstige Kosten des Verwaltungsbereichs

3. Vertriebskosten

3.1. Personalkosten

3.1.1. Hilfslöhne
3.1.1.1. Zeitlöhne
3.1.1.2. Akkordlöhne

3.1.2. Gehälter

3.1.3. Sozialkosten

3.2. Betriebsmittelkosten

3.3. Verpackungsmaterialverbrauch

3.4. Werbekosten

3.5. Sonstige Vertriebskosten

Lerneinheit 7: Die Materialkosten (Werkstoffkosten)

Lernziele:

- Materialarten
- Überblick über die Methoden der Verbrauchsmengenerfassung
- Die Festwertmethode
- Die Inventurmethode
- Die retrograde Methode
- Die Skontrationsmethode (Fortschreibungsmethode)
- Die Bewertung des Materialverbrauchs

Einführung

Materialarten

Materialkosten werden durch den Verbrauch von Material verursacht. Nach der von Gutenberg eingeführten Untergliederung der Produktionsfaktoren spricht man auch von Werkstoffverbrauch und Werkstoffkosten.

Es gibt vier Arten von Material,

- die Rohstoffe,
- die Hilfsstoffe,
- die Betriebsstoffe,
- die fertig bezogenen Einzelteile.

Materialkosten sind die mit Preisen bewerteten Verbrauchsmengen dieser vier Materialarten. Häufig wird auch noch die Materialbearbeitung in Fremdbetrieben (sog. Lohnarbeiten, Fremdleistungen bzw. Fremdlöhne) zu den Materialkosten gerechnet.

Rohstoffe werden im Produktionsprozess des Unternehmens bearbeitet und gehen als Hauptbestandteile in die jeweiligen Endprodukte ein. Beispiel für Rohstoffe sind z.B. in Unternehmen der Möbelindustrie: Spanplatten, Bezugsstoffe, verchromte Stahlrohre; z.B. in Unternehmen der Maschinenbauindustrie: Stahl, Bleche; z.B. in Unternehmen der Wirkerei- und Strickereiindustrie: Garne aus verschiedenen Materialien, Baumwolle, Kunstfaser, Wolle; z.B. in Sektkellereien: Weine verschiedener Jahrgänge und Provenienzen.

Fertigteile werden fremdbezogen und gehen im Unterschied zu den Rohstoffen weitestgehend unbearbeitet in die Endprodukte ein. Beispiele hierfür sind in der Autoherstellung: Batterien, Reifen, elektronische Bauteile.

Hilfsstoffe gehen ebenso wie Rohstoffe und Fertigteile in das Endprodukt ein. Sie sind mengen- und wertmäßig von untergeordneter Bedeutung und stellen deshalb keine Hauptbestandteile des Produkts dar. Beispiele: Nägel, Schrauben, Leim in der Möbelindustrie, Knöpfe, Nähfäden in der Konfektionsindustrie.

Betriebsstoffe gehen nicht in das Endprodukt ein. Sie werden bei der Produktion verbraucht. Sie sind zur Durchführung des Produktions- und Vertriebsprozesses erforderlich. Im Gegensatz zu den Roh- und Hilfsstoffen und den Fertigteilen, die, weil sie in das Endprodukt eingehen, ausschließlich im Fertigungsbereich verbraucht werden, kann der Betriebsstoffverbrauch auch im Verwaltungs- und Vertriebsbereich stattfinden.

Beispiele für Betriebsstoffe:

- Im Fertigungsbereich: Schmiermittel, Brennstoffe, Treibstoffe, Reinigungsmittel, Kühlmittel.

- Im Verwaltungsbereich: Büromaterial, z.B. Papier, Heftklammern u. dgl.

- Im Vertriebsbereich: Allgemeines Verpackungsmaterial, z.B. Klebebänder, Schrumpffolien, Klebeetiketten, Werbematerial.

Häufig findet keine klare Trennung zwischen Betriebsstoffen und bestimmten Vermögensgegenständen des Anlagevermögens statt. Während Werkstoffe (d.h. also auch Roh-, Hilfs- und Betriebsstoffe) unmittelbar in der Produktion verbraucht werden, ist das Anlagevermögen dazu bestimmt, dem Betrieb längerfristig zu dienen. Neben den klassischen längerlebigen Gegenständen des Anlagevermögens, wie Maschinen, technische Anlagen usw., gehören dazu auch nicht langlebige Vermögensgegenstände, wie etwa Glühlampen, Einspritzdüsen, Treibriemen, Dichtungen u.dgl. Der Verbrauch der letzteren Vermögensgegenstände wird in der Kostenrechnungspraxis wie der Verbrauch von Betriebsstoffen behandelt.

Überblick über die Methoden der Verbrauchsmengenerfassung

Es finden vier verschiedene Methoden der Verbrauchserfassung Anwendung. Sie unterscheiden sich nach dem Zeitpunkt sowie nach der Differenziertheit und Genauigkeit der Verbrauchserfassung.

Nach dem *Zeitpunkt* unterscheidet man (vgl. Abb. 18):

1. Erfassung beim Zugang zum Materiallager (undifferenzierte Verbrauchsmengenerfassung mittels der sog. Festwertmethode)

2. Erfassung beim Abgang vom Materiallager
   Die hier gängigen Verfahren sind :

- die Inventurmethode (Bestandsvergleichsmethode)
- die retrograde Methode (Rückrechnungsmethode)
- die Skontrationsmethode (Fortschreibungsmethode)

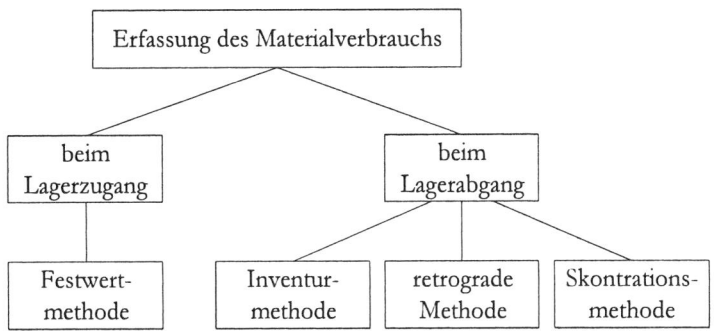

Abb. 18: Methoden der Materialverbrauchserfassung

Die undifferenzierte Verbrauchserfassung mittels Festwertmethode

Hier wird unterstellt, dass die in einer Abrechnungsperiode angeschafften Materialmengen in dieser Periode auch tatsächlich verbraucht worden sind.

Materialverbrauch = Materialzugang

Die Anschaffungsausgaben werden sofort und in voller Höhe als Materialkosten verrechnet. Die Prämissen dieses Verfahrens stimmen nur in wenigen Fällen mit der Realität überein. Das Verfahren ist insbesondere dann anwendbar, wenn es sich um nicht lagerfähige Werkstoffe handelt (z.B. elektrischer Strom). Das Verfahren ist auch dann mit hinreichender Genauigkeit anwendbar, wenn der Materialvorrat stets auf gleichbleibender Höhe gehalten wird (Festmenge und Festwert) und Materialentnahmen sofort durch Zukauf wieder aufgefüllt werden. Größere Bedeutung kommt der Festwertmethode weniger in der Kostenrechnung, als vielmehr in der bilanziellen Bestandsbewertung zu (vgl. hierzu Heinhold, M., Der Jahresabschluss, 1996, S. 170f., 277f. und 288ff.).

Die Inventurmethode (Bestandsvergleichsrechnung, Befundrechnung)

Bei dieser Methode wird der Materialverbrauch durch Bestandsvergleich nach folgender Gleichung ermittelt:

Materialverbrauch = *Anfangsbestand (zu Beginn der Abrechnungsperiode)*

+ *Zugang (während der Abrechnungsperiode)*

− *Endbestand (am Ende der Abrechnungsperiode).*

Diese Methode führt im Gegensatz zur Festwertmethode auch dann zur korrekten Verbrauchsermittlung, wenn die Lagerbestände zeitlich schwanken und Lagerabgänge nicht jeweils sofort wieder aufgefüllt werden. Allerdings weist die Inventurmethode folgende gravierende *Nachteile* auf:

1. Um den Verbrauch berechnen zu können, ist eine *körperliche Bestandsaufnahme (Inventur)* am Ende jeder Abrechnungsperiode erforderlich. Die Abrechnungsperiode in der Kostenrechnung ist meist ein Monat, so dass zwölf mal im Jahr eine Inventur durchgeführt werden müsste. Da Inventuren sehr zeitaufwendig und personalintensiv sind, ist diese Methode für die Kostenrechnung meist *nicht wirtschaftlich.* Unabhängig hiervon ist einmal jährlich eine Inventur für die bilanzielle Bestandsermittlung und -bewertung erforderlich (§ 240 HGB, vgl. Heinhold, M., Der Jahresabschluss 1996, S. 181).

2. Weil der Verbrauch undifferenziert als Bestandsdifferenz ermittelt wird, ist eine *Aufteilung auf ordentlichen (produktionsbedingten) und außerordentlichen Verbrauch (z.B. durch Diebstahl, Schwund, Verderb) nicht möglich.* Das Verfahren ist deshalb zur Planung und Vorgabe der produktionsbedingten ordentlichen Kosten ungeeignet (Standardkosten, vgl. oben, LE 3).

3. Da der Verbrauch nur insgesamt und nicht detailliert nach einzelnen Lagerabgängen festgestellt wird, kann die Verbrauchsmenge *nicht den Kostenverursachern* (Kostenstellen und Kostenträgern) *zugeordnet* werden. Eine differenzierte Kostenkontrolle ist damit nicht möglich.

Die Inventurmethode ist im Allgemeinen ungeeignet, da sie weder die Kontrollfunktion noch die Lenkungsfunktion erfüllen kann. (Zu den Aufgaben der Kostenrechnung vgl. oben, LE 3.)

Die Rückrechnungsmethode (retrograde Methode)

Hier wird der Werkstoffverbrauch aus den hergestellten Erzeugnismengen (fertige Erzeugnisse und unfertige Erzeugnisse) abgeleitet. Man multipliziert die hergestellte Produktmenge (z.B. Stückzahlen) mit dem Norm- oder Sollverbrauch des einzelnen Werkstoffs je Produkteinheit.

Materialverbrauch = hergestellte Erzeugnismenge × Sollverbrauch je Mengeneinheit.

Vorteil dieses Verfahrens ist, dass der Verbrauch nach Kostenträgern differenziert erfasst wird. Im Sollverbrauch je Erzeugniseinheit kann allerdings nur der ordentliche, produktionsbedingte Verbrauch, ggf. unter Berücksichtigung von Ausschuss- und Materialabfallquoten erfasst werden. Zur Erfassung des außerordentlichen Verbrauchs müssen andere Verfahren ergänzend angewandt werden, z.b. stellt die Verbrauchsdifferenz zwischen Inventurmethode und retrograder Methode den außerordentlichen Verbrauch dar. Grundsätzlich ist die Rückrechnungsmethode nur dann anwendbar, wenn ein eindeutiger mengenmäßiger Zusammenhang zwischen dem Kostenträger und der betroffenen Materialart gegeben ist (insbesondere bei Roh- und Hilfsstoffen). Zur Erfassung des Betriebsstoffverbrauchs ist die Rückrechnungsmethode i.d.R. nicht geeignet.

Die Skontrationsmethode (Fortschreibungsmethode)

Bei dieser Methode wird der Materialverbrauch bei jeder einzelnen Materialentnahme festgehalten. Früher erfolgte dies mittels sog. Materialentnahmescheine. Heutzutage wird der Verbrauch direkt über EDV festgehalten. Bei jeder Materialentnahme kann ein umfangreicher Datensatz eingegeben werden:

- Materialart, Materialnummer
- Materialmenge
- Istpreis je Mengeneinheit
- Festpreis je Mengeneinheit (z.B. Norm-, Standard- oder Prognosepreis)
- Entnehmende Kostenstelle
- Verursachender Kostenträger (Auftragsnummer, Artikelnummer)
- Materialempfänger (Name, ggf. Personalnummer)
- Materialausgeber (Name, ggf. Personalnummer)
- Datum.

Das EDV- System schreibt dann permanent die jeweiligen Materialbestände fort (sog. permanente Inventur):

$$Anfangsbestand + Zugänge - Abgänge = Endbestand$$

Der *wesentliche Vorteil der Skontrationsmethode* ist, dass der Materialverbrauch je Abrechnungsperiode und Materialart nach unterschiedlichen Kriterien sortiert angegeben werden kann. Insbesondere ist es problemlos möglich, den Entstehungsort (Kostenstelle) und den Verwendungszweck (Kostenträger) des Verbrauchs zu erfassen. Auswertungen z.B. der nachfolgenden Art sind bei diesem Verfahren problemlos, sozusagen auf Knopfdruck, möglich (vgl. Abb. 19).

Material: xyz Material-Nr.: 99999 Abrechnungsperiode: Monat 07	Menge	Istwerte		Festwerte	
		Einzel-preis	Wert	Einzel-preis	Wert
Verbrauch insgesamt	...	...	...	...	...
Verbrauch nach Kostenstellen Kostenstelle 1 Kostenstelle 2 ⋮	... ...	... ...	... ...	... ...	... ...
Verbrauch nach Erzeugnistypen Erzeugnis 1 Erzeugnis 2 ⋮	... ...	... ...	... ...	... ...	... ...

Abb. 19: Differenzierende Darstellung des Materialverbrauchs bei der Skontrationsmethode

Problemlos ist es auch möglich, Istverbrauchsmengen und Sollverbrauchsmengen zu erfassen und Verbrauchsmengenabweichungen zu ermitteln, wenn man die Skontrationsmethode (Istverbrauchsmengen) mit der retrograden Methode (Sollverbrauchsmengen) kombiniert. Durch Kombination der Skontrationsmethode mit der Inventurmethode lassen sich auch außerordentliche Vorgänge quantifizieren (Materialverluste durch Schwund, Verderb, Diebstahl). Der außerordentliche Materialverbrauch berechnet sich als Differenz zwischen dem Endbestand laut Fortschreibungsmethode (permanenter Inventur) und dem Endbestand laut Inventurmethode. I.d.R. führt man diesen Vergleich nur einmal im Jahr durch, da zum Jahresende aus handels- und steuerrechtlichen Gründen meist ohnehin eine Inventur durchgeführt werden muss (§ 240 Abs. 2 HGB).

Obwohl die Skontrationsmethode sehr hohe Anforderungen an die EDV-Organisation eines Unternehmens stellt, wird sie im zunehmenden Maße nicht nur für besonders wertvolle Materialarten angewandt, sondern auch für geringwertigere Roh-, Hilfs- und Betriebsstoffe.

Die Bewertung des Materialverbrauchs

Man erhält die Materialkosten, indem man den mengenmäßigen Materialverbrauch mit dem Kostenwert je Mengeneinheit multipliziert. Hierbei kommen verschiedene Wertansätze in Betracht. Einmal kann die Bewertung zu Istpreisen oder zu Festpreisen erfolgen. Istpreise sind die tatsächlich bezahlten Einstandspreise (abzüglich Umsatzsteuer). Als Festpreise können - je nach Rechnungszweck (vgl. LE 1) - Normpreise, Prognosepreise oder Standardpreise dienen.

Da es sich bei Werkstoffen i.d.R. um Massengüter handelt, ist eine Istbewertung mit individuellen Einzelpreisen i.d.R. nicht möglich. Die Bewertung kann hier entweder mit Periodendurchschnittspreisen erfolgen oder mit sog. gleitenden Durchschnittspreisen.

Periodendurchschnittspreise berechnet man, indem man die gesamten Anschaffungsausgaben einer Periode für eine Materialart durch die insgesamt in dieser Periode beschafften Mengen dividiert.

$$p = \frac{\sum m_i \cdot p_i}{\sum m_i}$$

p = Durchschnittspreis,

m_i = bei der i-ten Beschaffung eingekaufte Menge,

p_i = bei der i-ten Beschaffung bezahlter Preis pro Mengeneinheit.

Bei der Verwendung von *gleitenden Durchschnittspreisen* wird nach jedem Materialzugang ein neuer Durchschnittspreis berechnet, der für die Bewertung der nachfolgenden Abgänge solange maßgeblich ist, bis wieder ein neuer Zugang erfolgt und damit ein neuer Durchschnittspreis zu ermitteln ist. Vorteil dieses Verfahrens ist es, dass sich die Verbrauchspreise an der tatsächlichen Preisentwicklung orientieren und damit Preissteigerungs- oder Preissenkungstendenzen berücksichtigen. In der Betriebserfolgsrechnung (kurzfristige Erfolgsrechnung) führen die gleitenden Durchschnittspreise zu genaueren Betriebsergebnissen. Für die Kostenkontrolle hingegen sind gleitende Durchschnittspreise nicht geeignet. Hier sollen die Kostenverantwortlichen für die Verbrauchsmengen aufgezeigt werden, und diese müssen von Marktpreisschwankungen unbeeinflusst bleiben. Um die Verbrauchsmengenabweichungen identifizieren zu können, müssen Festpreise Verwendung finden.

$$
\begin{array}{l}
\text{Istmenge} \times \text{Festpreis} \\
\underline{-\text{Planmenge} \times \text{Festpreis}} \\
= \text{mengenabhängige Kostenabweichung}
\end{array}
$$

Fallbeispiele zu Lerneinheit 7

Beispiel 1:

Ordnen Sie die folgenden Materialbeispiele (1 – 17) den 5 Werkstoffkategorien zu:

- Rohstoffe
- Hilfsstoffe
- Betriebsstoffe
- Fertigteile
- Sachanlagevermögen

1. Ziegelsteine in einem Bauunternehmen
2. Schalbretter in einem Bauunternehmen
3. Nägel in einem Bauunternehmen
4. Dieselkraftstoff für LKW und Bagger in einem Bauunternehmen
5. Motoröl im Lager eines Bauunternehmens
6. Motoröl im Lager eines LKW-Herstellers
7. LKW-Reifen im Werkstattlager eines Speditionsunternehmens
8. LKW-Reifen im Lager eines LKW-Herstellers
9. Baumwollgarn in einer Trikotagenfabrik
10. Stoffballen bei einem Anzughersteller
11. Nähfaden bei einem Anzughersteller
12. Knöpfe und Reißverschlüsse bei einem Anzughersteller
13. Tonerkassetten für Drucker bei einem Büroartikelhersteller
14. Tonerkassetten für Drucker in der Verwaltungsabteilung eines Bauunternehmens
15. Kopierpapier in der Verwaltung eines Industrieunternehmens
16. Kopierpapier, das bei der Erzeugnisendkontrolle eines Kopiergeräteherstellers verwendet wird
17. Disketten für PC in der Vertriebsabteilung

Lösung zu Beispiel 1:

		Roh- stoff	Hilfs- stoff	Betriebs- stoff	Fertig- teil	Anlage- vermög.
1.	Ziegelsteine	x	-	-	-	-
2.	Schalbretter	-	-	-	-	x
3.	Nägel	-	x	x	-	-
4.	Diesel	-	-	x	-	-
5.	Motoröl	-	-	x	-	-
6.	Motoröl	-	x	-	-	-
7.	Reifen	-	-	-	-	x
8.	Reifen	-	-	-	x	-
9.	Garn	x	-	-	-	-
10.	Stoffballen	x	-	-	-	-
11.	Nähfaden	-	x	-	-	-
12.	Knöpfe	x	(x)	-	-	-
13.	Tonerkassette	-	-	-	x	-
14.	Tonerkassette	-	-	x	-	(x)
15.	Kopierpapier	-	-	x	-	-
16.	Kopierpapier	-	-	x	-	-
17.	Disketten	-	-	x	-	(x)

x = richtige Zuordnung
(x) in Zeilen 12, 14 und 17: Diese Zuordnung ist möglich, aber unüblich.

Tab. 7.1: Zuordnung der Materialbeispiele von Beispiel 1

Beispiel 2

Im Fertigteilelager waren in den beiden ersten Wochen des Monats März die folgenden Lagerbewegungen eines bestimmten Fertigteils zu verzeichnen:

Anfangsbestand am 1.3.	2.000 Stück	Einkaufspreis	100,- €/Stück
Beleg 1: Zugang am 2.3.	1.000 Stück	Einkaufspreis	120,- €/Stück
Beleg 2: Abgang am 3.3.	1.200 Stück		
Beleg 3: Zugang am 6.3.	1.000 Stück	Einkaufspreis	140,- €/Stück
Beleg 4: Abgang am 8.3.	1.500 Stück		
Beleg 5: Abgang am 12.3.	1.250 Stück		
Beleg 6: Zugang am 13.3.	2.000 Stück	Einkaufspreis	160,- €/Stück
Beleg 7: Abgang am 14.3.	1.100 Stück		

Ermitteln Sie jeweils den mengenmäßigen Verbrauch, der sich bei Anwendung der vier Verbrauchsermittlungsmethoden ergibt. Diskutieren Sie die Abweichungen!

Zusatzangaben:

Zur Inventurmethode:
Endbestand laut Inventur am 15.3.:   700 Stück

Zur retrograden Methode:
In der Zeit vom 1. bis 15. März wurden folgende Erzeugnisse hergestellt:

Erzeugnis	Anzahl x (Stück)	benötigte Stückzahl (l_i) des Fertigteils je Erzeugnisstück
A	600	3
B	800	2
C	400	4

Diskutieren Sie die Abweichungen!

Lösung zu Beispiel 2:

Methode 1: Undifferenzierte Verbrauchserfassung:

Nach der Gleichung: Verbrauch = Zugang
würde sich ein Materialverbrauch von 4.000 Stück ergeben.

Methode 2: Inventurmethode:

Anfangsbestand	+	2.000
+ Zugänge	+	1.000
	+	1.000
	+	2.000
- Endbestand	–	700
= Verbrauch	=	5.300

Methode 3: Retrograde Methode:

$$\text{Verbrauch} = \sum_{i=1}^{3} l_i \cdot x_i$$

$$= \text{Erzeugnis A (Stückzahl)} \times \text{Fertigteile je Stück A}$$
$$+ \text{Erzeugnis B (Stückzahl)} \times \text{Fertigteile je Stück B}$$
$$+ \text{Erzeugnis C (Stückzahl)} \times \text{Fertigteile je Stück C}$$

$$\text{Verbrauch} = 600 \times 3 + 800 \times 2 + 400 \times 4 = 5.000 \text{ Stück}$$

Methode 4: Skontrationsmethode:

Abgang 3.3.:	1.200
Abgang 8.3.:	1.500
Abgang 12.3.:	1.250
Abgang 14.3.:	1.100
=Verbrauch	5.050

Vergleich: Skontrationsmethode - retrograde Methode:

Für die Produktion benötigt wurden 5.000 Stück des Fertigteils. Dies zeigt die retrograde Rechnung an. Laut Materialentnahmebelegen wurden aber 5.050 Stück dem Lager entnommen. Die Mehrentnahme von 50 Stück kann folgende Ursachen haben:

1. Falls bei den Sollverbrauchswerten (retrograde Rechnung) noch nicht berücksichtigt ist, dass auch fehlerhafte Fertigteile auf Lager liegen können, kann der Mehrverbrauch in den fehlerhaften Fertigteilen begründet sein, die für den Einbau ins Endprodukt unbrauchbar sind. Das Ausmaß kann man aus den Zahlen der Kreditorenbuchhaltung (hier: Rücksendungen und Gutschriften) erkennen.

2. Bei der Montage zum Enderzeugnis wurden Fertigteile beschädigt und sind deshalb unbrauchbar geworden. Diese werden häufig nicht buchhalterisch erfasst, so dass eine Abstimmung mit den Zahlen der Buchhaltung oder der Kostenrechnung nicht möglich ist.

3. Die Fertigteile wurden noch nicht in das Endprodukt eingebaut und liegen in einem Zwischenlager der Fertigungsabteilung. Dies kann zahlenmäßig nachvollzogen werden, wenn auch dort eine Lagerbuchführung existiert. Andernfalls wird dies erst bei der Inventur entdeckt.

4. Die Fertigteile wurden auf dem Weg vom Materiallager zur Fertigungsstelle gestohlen, beschädigt, zerstört oder sind auf andere Weise abhanden gekommen.

Vergleich: Skontrationsmethode - Inventurmethode:

Die Inventurmethode gibt an, wie viele von den gekauften Fertigteilen am Inventurstichtag noch auf Lager liegen.

Verbrauch laut Inventurmethode	5.300	Stück
Verbrauch laut Skontrationsmethode	5.050	Stück
Differenz	250	Stück

Diese 250 Stück sind nicht ordnungsgemäß aus dem Materiallager entnommen worden, da keine Materialentnahmebelege vorliegen. Die Teile müssen also im Materiallager selbst verloren gegangen sein, z.B. durch Diebstahl, wenn bei der Bestandsaufnahme (Inventur) keine Fehler unterlaufen sind.

Die **Methode 1 (undifferenzierte Verbrauchserfassung)** ist für den vorliegenden Produktionsprozess unzweckmäßig, da die Voraussetzung für diese Methode nicht gegeben ist, nämlich dass Entnahmen sofort wieder zu einer Auffüllung des Lagerbestands im Ausmaß der Entnahme führen.

Beispiel 3:

Ermitteln Sie mit den Daten aus Beispiel 2 den wertmäßigen Verbrauch

*   nach der Methode der gewogenen Durchschnittspreise (für die Inventurmethode, die retrograde Methode und die Skontrationsmethode);

*   nach der Methode der gleitenden Durchschnittspreise (für die Skontrationsmethode).

Lösung zu Beispiel 3:

Gewogene durchschnittliche Stückkosten (berechnet aus Einstandsmengen m_i und Einstandspreisen p_i):

i	m_i		p_i	$m_i \times p_i$
1	AB	2.000	100,--	200.000,--
2	Zugang	1.000	120.--	120.000,--
3	Zugang	1.000	140,--	140.000,--
4	Zugang	2.000	160,--	320.000,--
Summe		6.000		780.000,--

Gewogene Durchschnittskosten $k_\varnothing = \dfrac{780.000}{6.000} = 130,-- €/\text{Stück}$

Bewertung des Verbrauchs:

Bei der Inventurmethode:	$5.300 \cdot 130$	$= 689.000,--$
Bei der retrograden Methode:	$5.000 \cdot 130$	$= 650.000,--$
Bei der Skontrationsmethode:	$5.050 \cdot 130$	$= 656.000,--$

Gleitende durchschnittliche Stückkosten (Skontrationsmethode):

Anfangsbestand	2.000 Stück à	100,-	+ 200.000,--
1. Zugang am 2.3.	1.000 Stück à	120,-	+ 120.000,--
Bestand am 2.3.	3.000 Stück		= 320.000,--

Durchschnittspreis: $\dfrac{320000}{3000} = 106,67 €/\text{Stück}$

Abgang am 3.3.	1.200 Stück à	106,67	− 128.000,-
Bestand	1.800 Stück à	106,67	= 192.000,-
Zugang am 6.3.	1.000 Stück à	140,-	+ 140.000,-
Bestand am 6.3.	2.800 Stück		= 332.000,-

Durchschnittspreis: $\dfrac{332.000}{2.800} = 118{,}57 \ \text{€/Stück}$

-	Abgang am 8.3.	1.500 Stück à	118,57	–	177.855,--
-	Abgang am 12.3.	1.250 Stück à	118,57	–	148.213,--
=	Bestand am 12.3.	50 Stück		=	5.932,--
+	Zugang am 13.3.	2.000 Stück à	160,--	+	320.000,--
=	Bestand am 13.3.	2.050 Stück		=	325.932,--

Durchschnittspreis: $= \dfrac{325.932}{2.050} = 159 \ \text{€/Stück}$

-	Abgang am 14.3.	1.100 Stück à	159,--	–	174.900,--
=	Endbestand am 14.3.	950 Stück à	159,--	=	151.032,--

Verbrauch im Abrechnungszeitraum

am 3.3.	128.000,--
am 8.3.	177.855,--
am 12.3.	148.213,--
am 14.3.	174.900,--
Verbrauch	628.968,--

Der **Wert des rechnerischen Endbestandes** hängt vom verwendeten Verfahren ab:

Endbestand laut Inventur = 700 Stück, siehe S. 90):

• Bei gewogenen Durchschnittspreisen: $700 \times 130 \ = \ 91.000{,}\text{--}$
• Bei gleitenden Durchschnittspreisen: $700 \times 159 \ = 111.300{,}\text{--}$

In unserem Beispiel sind die jeweiligen Durchschnittspreise auf 2 Nachkommastellen gerundet. Dadurch ergibt sich bei der Kontrollrechnung für den Endbestand am 15.3. ein Bestand von 151.050,-- € und somit eine Abweichung von 18 € gegenüber der gleitenden Bestandsfortschreibung.

Auch bei der gleitenden Durchschnittsmethode muss die Bestandsgleichung erfüllt sein:

+	Anfangsbestand	+	200.000,--
+	Zugänge	+	580.000,--
–	Abgänge (laut gleitenden Durchschnitten)	–	628.968,--
=	Endbestand laut Skontrationsmethode	=	151.032,--
–	Endbestand laut Inventur	–	111.300,--
=	außerplanmäßiger Verbrauch (z.B. Diebstahl)	=	39.732,--

Das sind 250 Stück à 158,928 €

Bei gegebenem planmäßigen Verbrauch und bei Bewertung der Endbestände mit dem letzten Durchschnittspreis von 159,-- € ergibt sich aufgrund der Rundungsdifferenzen (18 €) für den Kostensatz des außerplanmäßigen Verbrauchs ein geringfügig abweichender Preis (158,928 € anstatt 159,-- €). Da die Bestands- und Verbrauchswerte in die Kosten der Finanzbuchhaltung übernommen werden, und das System der Doppik keine Soll- Haben- Differenzen zulässt, ist dieser geringfügige Fehler bei der Schwundberechnung hinzunehmen.

Lerneinheit 8: Die Personalkosten

Lernziele:

* Begriff und Bestandteile
* Fertigungslöhne und Hilfslöhne
* Fertigungslohnarten
* Gehälter
* Personalnebenkosten
* A-periodische Lohn- und Gehaltskosten
* Die Personalkosten nach Zurechenbarkeit und Beschäftigungsabhängigkeit
* Erfassung der Personalkosten in der Praxis

Einführung

Begriff und Bestandteile

Die Personalkosten umfassen all diejenigen Kosten, die durch den Einsatz des Produktionsfaktors menschliche Arbeitskraft entstehen. Dazu zählen sowohl die Arbeitsentgelte, die direkt an den Arbeitnehmer bezahlt werden, als auch die indirekt mit dem Personaleinsatz in Zusammenhang stehenden Kosten, sog. Personalnebenkosten (z.B. Sozialaufwand). Auch Kosten in Zusammenhang mit dem Personalleasing gehören zu den Personalkosten. Meistens handelt es sich bei den Personalkosten um Geldleistungen, d.h. um Auszahlungen des Unternehmens. Grundsätzlich zählen aber auch Naturalleistungen (z.B. Firmenauto zur privaten Nutzung des Arbeitnehmers) und Dienstleistungen (z.B. Reparaturen am Privatauto des Arbeitnehmers) zu den Personalkosten.

Als *Lohn* bezeichnet man das Arbeitsentgelt für Arbeiter (Meister, Vorarbeiter, Arbeiter, Hilfsarbeiter), als *Gehalt* das Arbeitsentgelt für Angestellte.

Fertigungslöhne und Hilfslöhne

Fertigungslöhne stehen im direkten Zusammenhang mit der Leistungserstellung, z.B. der Herstellung eines Produktes. Es handelt sich um Einzelkosten, d.h. sie können direkt dem Kostenträger zugerechnet werden. Da sich die Tätigkeit von Meistern und Vorarbeitern i.d.R. auf mehrere Erzeugnisgruppen erstreckt, sind Meister- und Vorarbeiterlöhne im Allgemeinen keine Fertigungslöhne, sondern *Hilfslöhne*. Zu den Hilfslöhnen zählen weiterhin z.B. Löhne für Arbeiter im Lagerbereich, im Transportbereich, in der Wartung, bei Reparaturarbeiten, bei Reinigungsarbeiten u.dgl. Bei den Hilfslöhnen handelt es sich um Gemeinkosten.

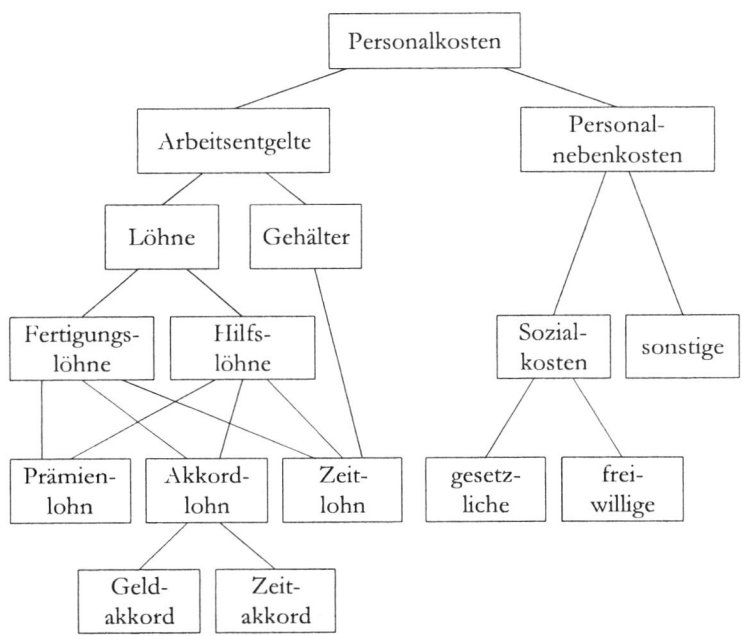

Abb. 20: Bestandteile der Personalkosten

Fertigungslohnarten

Der *Zeitlohn* ist nicht direkt leistungsbezogen. Die Entlohnung erfolgt nach der Anwesenheitszeit im Betrieb (z.B. Stundenlohn, Wochenlohn, Monatslohn). Zeitlöhne sind stets fixe Kosten. Ob es sich um Einzel- oder Gemeinkosten handelt, hängt vom konkreten Fall ab.

Der *Akkordlohn* ist direkt leistungsbezogen. Es wird ausschließlich die erbrachte Leistung entlohnt. Die Praxis kennt zwei Methoden der Akkordentlohnung. Beim *Geldakkord* wird für jede erbrachte Leistungseinheit ein bestimmter Geldbetrag bezahlt (sog. Geldfaktor).

Geldakkordlohn   = Zahl der erbrachten Leistungseinheiten mal Geldfaktor je Leistungseinheit (€ / Stück)

In einfach strukturierten Produktionsprozessen kann Leistungseinheit z.B. die Erstellung eines Stücks von einem bestimmten Erzeugnis sein. In komplexeren Produktionsprozessen bestehen die Leistungseinheiten, die ein Arbeiter erbringt, i.d.R. nicht aus ganzen Produkten (Stückzahlen), sondern in der Durchführung bestimmter Arbeitsgänge. In diesem Fall berechnet sich der Geldakkord durch Multiplikation der Anzahl der durchgeführten Arbeitsgänge mit dem Geldfaktor je Arbeitsgang.

Beim *Zeitakkord* - der zweiten Akkordform - wird die erbrachte Leistungseinheit nicht direkt durch einen Geldfaktor entlohnt. Der Arbeiter erhält hierfür eine Vorgabezeit gutgeschrieben. Durch Multiplikation der angesammelten Vorgabezeiten mit einem Geldbetrag pro Zeiteinheit (sog. Minutenfaktor) ergibt sich der zu zahlende Zeitakkordlohn.

> *Zeitakkordlohn* = *Zahl der erbrachten Leistungseinheiten*
> *mal Vorgabezeit je Leistungseinheit (in Min.)*
> *mal Minutenfaktor (€ / Minute)*

Die Praxis verwendet überwiegend den *Zeitakkord*, weil er *zwei wesentliche Vorteile* aufweist:

1. Die Vorgabezeit orientiert sich an der Normalleistung eines durchschnittlichen Arbeitnehmers. Für die Kostenkontrolle (Istleistungszeit - Vorgabezeit) ist diese Größe unabdingbar. Beim Geldakkord ist eine derartige Kontrolle nicht möglich.

2. Bei Lohnerhöhungen bleibt die Vorgabezeit unverändert, es ist lediglich der Minutenfaktor einheitlich für alle Akkordarbeitsgänge anzupassen. Beim Geldakkord müssen dagegen alle Geldfaktoren in unterschiedlichem Ausmaß geändert werden.

Aus der Sicht der Kostenrechnung ist wichtig, dass es sich bei beiden Formen des Akkordlohns stets um *variable Kosten* handelt. Ob es sich um Einzelkosten oder um Gemeinkosten handelt, hängt wiederum vom konkreten Fall ab. So ist eine Akkordentlohnung bei Reinigungsarbeiten im Lager- oder Verwaltungsbereich (Hilfslöhne) eindeutig den Gemeinkosten zuzurechnen. Werden hingegen Fertigungslöhne im Akkordverfahren ermittelt, dann handelt es sich meistens um Einzelkosten.

Meist wird der Akkordlohn zusätzlich zu einem tarifvertraglich vereinbarten Mindestlohn bezahlt.

Prämienlohn liegt vor, wenn der Arbeitnehmer zu einem als Zeitlohn vereinbarten Grundlohn eine zusätzliche Prämie erhält. I.d.R. wird hierdurch nicht die Leistungsmenge, sondern die Leistungsqualität des Arbeitnehmers entlohnt.

Gehälter:

Für Gehälter kommt ausschließlich die Entlohnungsform des Zeitlohns (Monatsgehalt) zum Tragen. Das Gehalt eines Angestellten setzt sich i.d.r. aus dem meist tarifvertraglich festgelegten Grundgehalt und tarifvertraglichen sowie außertarifvertraglichen Zulagen und Zuschlägen zusammen.

Personalnebenkosten:

Hierzu gehören zunächst die *Sozialkosten*.

Gesetzliche Sozialkosten sind die Beträge, die der Arbeitgeber zu zahlen hat

* an die Krankenversicherungen:
  Je nach Krankenkasse beträgt der Beitragssatz ca. 14 %, der Arbeitgeberanteil ca. 7% des Bruttolohns oder -gehalts, maximal der sog. Beitragsbemessungsgrenze (2007: 3.600,-- €/Monat).

* Arbeitslosenversicherung:
  Der Beitragssatz beträgt 4,5%, der Arbeitgeberanteil folglich 2,25% des Bruttolohns oder -gehalts, maximal der Beitragsbemessungsgrenze (2007: 5.300,-- €/Monat).

* Rentenversicherung:
  Der Beitragssatz beträgt 19,9 %, der Arbeitgeberanteil folglich 9,95% des Bruttolohns oder -gehalts, maximal der Beitragsbemessungsgrenze (2007: 5.300,-- €/Monat).

* Pflegeversicherung:
  Der Beitragssatz beträgt 1,7 %, der Arbeitgeberanteil folglich 0,85 % des Bruttolohns oder –gehalts, maximal der Beitragsbemessungsgrenze (2007: 3.600,-- €/Monat)

* Unfallversicherung:
  Die Arbeitgeberanteile sind unterschiedlich je nach Beschäftigungsart.

Zu den *freiwilligen Sozialkosten* gehören z.B. Kosten auf Grund von Pensionszusagen, Zahlungen an Pensionskassen, an Lebensversicherungsgesellschaften auf Grund von Direktversicherungen, Urlaubsgeld, Weihnachtsgeld, 13. und 14. Monatsgehalt, Jubiläumsgratifikationen, aber auch Kosten der Kantine, des Betriebskindergartens, des Betriebsarztes usw. *Sonstige Personalnebenkosten* entstehen insbesondere bei Stellenneu- bzw. Umbesetzungen. Im einzelnen kann es sich handeln um Kosten für Zeitungsinserate, Reisekostenerstattungen bei Vorstellungsgesprächen, Umzugskostenerstattungen u. dgl. sowie Abfindungszahlungen an ausscheidende Arbeitnehmer, insbesondere an Vorstandsmitglieder.

Die Personalkosten nach Zurechenbarkeit und Beschäftigungsabhängigkeit

Es gibt nur wenige eindeutige Zuordnungen. Fertigungslöhne sind stets Einzelkosten, es kann sich hierbei aber um variable (beim Akkordlohn) oder um fixe Kosten (beim Zeitlohn bzw. bei Kombinationen von Zeitlohn und Prämienlohn) handeln. Hilfslöhne sind stets Gemeinkosten, bei Zeitlohn fixe, bei Akkordlohn variable Gemeinkosten. Gehälter sind stets fixe Gemeinkosten. Personalnebenkosten sind i.d.R. fixe Gemeinkosten. Wenn allerdings Fertigungslöhne im Akkordsystem entlohnt werden und das Arbeitsentgelt die Beitragsbemessungsgrundlage nicht übersteigt, dann sind die gesetzlichen Sozialkosten (=fester Prozentsatz der Fertigungslöhne) sowohl variable als auch Einzelkosten. Analoges gilt für die gesetzlichen Sozialkosten bei Hilfslohnempfängern, die im Akkord entlohnt werden. In diesem Fall liegen variable Gemeinkosten vor. Bei Überschreiten der Beitragsbemessungsgrenze sind die gesamten Sozialkosten Fixkosten. Sie können jedoch Einzelkosten sein (z.B. bei Fertigungslohnempfängern).

Einmalig bzw. aperiodisch anfallende Personalkosten

Die Abrechnungsperioden der Kostenrechnung sind relativ kurz (meist Monat oder Quartal). Es gibt nun eine Reihe von Personalkosten, die zwar regelmäßig, aber nur einmal im Jahr anfallen (z.B. Urlaubsgeld, 13. Monatsgehalt, Weihnachtsgeld). Außerdem gibt es Personalkosten, die unregelmäßig über das Jahr verteilt anfallen (z.B. Lohnfortzahlung im Krankheitsfall, Feiertagslöhne, unter Umständen auch Überstundenlöhne). Würde man diese Kosten nur in den Perioden als Kosten erfassen, in denen die jeweilige Zahlung stattgefunden hat, dann würde das sie Aussagefähigkeit der Kostenrechnung erheblich beeinträchtigen. Die Selbstkosten wären etwa im Dezember (aufgrund des Weihnachtsgeldes) oder etwa im August (auf Grund des Urlaubsgeldes) deutlich höher als in den übrigen Monaten des Jahres. Dies bedeutet eine Verletzung des Verursacherprinzips (vgl. LE 4), da auch diese Kosten durch den sich kontinuierlich über das ganze Jahr erstreckenden Leistungserstellungsprozess verursacht worden sind. Außerdem würde der Grundsatz der Vergleichbarkeit (Normalkosten) verletzt. Deshalb ist es erforderlich, solche einmalig oder a-periodisch anfallenden Kosten verursachungsgerecht auf das Jahr zu verteilen. Die Verteilung kann auf zwei verschiedene Arten erfolgen:

Erfolgt die Verteilung *proportional zu den Fertigungslöhnen*, dann wird dem Verursacherprinzip höchstmöglich Rechnung getragen. Die a-periodischen Personalkosten q je € Fertigungslohn berechnen sich hiernach zu:

$$q = \frac{\text{Summe der aperiodischen und einmaligen Personalkosten eines Jahres}}{\text{Summe der Fertigungslöhne eines Jahres}}$$

Die auf die Abrechnungsperiode (z.b. Monat) periodisierten a-periodischen Personalkosten berechnen sich zu:

A-periodische Personalkosten je Monat = q × Fertiglöhne des Monats

Neben dem Vorteil, dass mit diesem Vorgehen dem Verursacherprinzip am besten entsprochen wird, hat es auch den Vorteil, dass die gefertigten Einheiten bzw. die erbrachten Leistungseinheiten gleichmäßig mit a-periodisch anfallenden Kosten belastet werden.

Die zweite Vorgehensmöglichkeit ist *die zeitanteilig gleichmäßige Aufteilung auf die Abrechnungsperiode* (z.b. Zwölftelung). Dem Vorteil der rechnerischen Einfachheit steht als Nachteil gegenüber, dass bei schwankender Kapazitätsauslastung des Betriebs die verrechneten a-periodischen Personalkosten je Leistungseinheit in jeder Abrechnungsperiode (z.b. Monat) verschieden groß sind.

Die Erfassung der Personalkosten in der Kostenrechnungspraxis

In der Finanzbuchhaltung ist i.d.R. eine gesonderte Abteilung „Lohnbuchhaltung" eingerichtet. Dort werden alle für die Lohn-/Gehaltszahlung, für den Lohnsteuerabzug und den Abzug der Sozialversicherungsbeiträge erforderlichen Daten erfasst und entsprechend den gesetzlichen und tarifvertraglichen Vorschriften auf Lohn- und Gehaltslisten, im Lohn- und Gehaltsjournal und auf den Lohnkonten der einzelnen Arbeitnehmer gebucht. Dort ist auch festgehalten, in welcher Kostenstelle der jeweilige Arbeitnehmer beschäftigt ist. Damit ist die periodische Lohn- bzw. Gehaltssumme je Arbeitnehmer und Kostenstelle aus der Lohnbuchhaltung unmittelbar erhältlich. Für Zwecke der Kostenrechnung sind jedoch noch weitergehende Aufschlüsselungen und Ergänzungen erforderlich. Die Löhne und Gehälter werden deshalb in der Betriebsbuchhaltung differenzierter erfasst. Auf *Lohn- und Akkordscheinen* (manuell oder elektronisch zu erstellende Datenträger, z.B. Magnetkarten) werden alle relevanten Kosteninformationen erfasst:

- Name des Arbeitnehmers
- Personalnummer des Arbeitnehmers
- Kostenstelle und Kostenstellennummer
- Auftragsnummer
- Arbeitsgang
- Istbearbeitungszeiten
- Angaben zu Zeit- oder Akkordlohn, insbesondere Stundenlöhne, Zuschläge und Akkordfaktoren (Vorgabezeiten, Minutenfaktor)
- Lohnbetrag.

I.d.R. wird schon bei der Erfassung zwischen Einzelkosten- und Gemeinkosten-löhnen unterschieden (unterschiedliche Lohnscheine). Zusammen mit ergänzen-den Daten z.b. von elektronischen Zeiterfassungsgeräten (Stechuhren), Prämien-aufzeichnungen, Gehaltslisten usw. stehen der Betriebsbuchhaltung nach Arbeit-nehmer, Kostenstelle, Kostenträger, Entlohnungsart, usw. differenzierte Daten zur Verfügung.

Fallbeispiele zu Lerneinheit 8

Beispiel 1:

Ordnen sie unten stehenden Beispiele 1 – 11 für Personalkosten den folgenden Kategorien zu:

- Kostenträgereinzelkosten,
- Kostenträgergemeinkosten
- variable Kosten
- fixe Kosten

Personalkostenbeispiele:

1. Gehälter

2. Fertigungslöhne als Zeitlohn

3. Fertigungslöhne als Akkordlohn

4. Fertigungslöhne als Zeitlohn mit zusätzlicher Prämie bei Erfüllung bestimm-ter Qualitätsanforderungen

5. Hilfslöhne als Zeitlohn

6. Hilfslöhne als Akkordlohn

7. Gesetzliche Sozialkosten, sofern Lohn bzw. Gehalt unter der Beitragsbemes-sungsgrenze liegen:

   a)   bei Akkordlohn von Fertigungslohnempfängern

   b)   bei Akkordlohn von Hilfslohnempfängern

   c)   bei Zeitlohn von Fertigungslohnempfängern

   d)   bei Zeitlohn von Hilfslohnempfängern

   e)   bei Gehältern

8. Gesetzliche Sozialkosten, sofern Lohn bzw. Gehalt über der Beitragsbemessungsgrenze liegen:

    a) bei Akkordlohn von Fertigungslohnempfängern

    b) bei Akkordlohn von Hilfslohnempfängern

    c) bei Zeitlohn von Fertigungslohnempfängern

    d) bei Zeitlohn von Hilfslohnempfängern

    e) bei Gehältern

9. Urlaubsgeld

10. Kosten des Betriebskindergartens

11. Lohn- bzw. Gehaltsfortzahlung im Krankheitsfall

Lösung zu Beispiel 1:

	Kostenträger-einzelkosten	Kostenträger-gemeinkosten	variable Kosten	fixe Kosten
1.	-	x	-	x
2.	x	-	-	x
3.	x	-	x	-
4.	x	-	-	x
5.	(x)	x	-	x
6.	(x)	x	-	x
7a)	x	-	x	-
7b)	-	x	-	x
7c)	x	-	-	x
7d)	-	x	-	x
7e)	-	x	-	x
8a)	x	-	-	x
8b)	-	x	-	x
8c)	x	-	-	x
8d)	-	x	-	x
8e)	-	x	-	x
9.	-	x	-	x
10.	-	x	-	x
11.	-	x	-	x

Tab. 8.1: Lösungszuordnung zu Beispiel 1

zu 5. und 6.:

- Auch als Kostenträgereinzelkosten denkbar, z.B. bei Eigenreparaturen in Einproduktbetrieben.

- Auch bei Akkordentlohnung sind Hilfslöhne meist Fixkosten, da sie in der Regel unabhängig von der hergestellten Produktmenge des Betriebes sind, sondern nur die Leistung der Hilfslohnempfänger proportional entlohnen (z.B. Putzkolonnen, Wartungsarbeiter).

Beispiel 2:

Anton Meier ist in der Fertigungskostenstelle III eines Maschinenbaubetriebes als Arbeiter beschäftigt. Er erhält einen tarifvertraglichen Stundenlohn von 15 €. Im Monat März (20 Arbeitstage) hat er an 16 Werktagen jeweils 8 Std. gearbeitet und dabei 480 Werkstücke bearbeitet. An 4 Tagen war er krank.
Berechnen Sie folgende Größen:

1. Den Betrag der Personalkosten des Herrn Meier, der für das Unternehmen Fertigungslohn darstellt,

2. den Betrag seiner Personalkosten, der Fertigungsgemeinkosten darstellt,

3. den Brutto- und Nettolohn (vor Lohnsteuerabzug) von Herrn Meier im Monat März.

Lösung zu Beispiel 2:

1. Fertigungslohn ist nur der produktive Lohn:
   16 Tage × 8 Stunden × 15 € = 1.920,-- €   1.920,-- €

2. Zu den FGK zählen:
   a) Lohnfortzahlung im Krankheitsfall:
      4 × 8 × 15 = 480,-- €   480,-- €
   b) Gesetzliche Sozialversicherung (Arbeitgeberanteil)
      7,0 % Krankenversicherung
      9,95 % Rentenversicherung
      2,25 % Arbeitslosenversicherung
      0,85 % Pflegeversicherung
      20,05 % des Monatsbruttolohns (1.920,-- + 480,-- = 2.400,-) 481,20 €
      FGK   961,20 €

   Lohnkosten gesamt   2.881,20 €

3. Bruttolohn von Herrn Meier im März: 1.920,-- + 480,-- =   2.400,-- €
   - Sozialversicherungsbeiträge (AN-Anteil)   481,20 €
   = Nettolohn vor Lohnsteuer   1.918,80 €

Beispiel 3:

Das Unternehmen aus Ausgabe 2 plant die Umstellung des Fertigungsbereiches auf Akkordentlohnung.

In der Fertigungsabteilung, in der Herr Meier beschäftigt ist, werden 2 Arbeitsgänge durchgeführt. Zu Beginn jeder Schicht muss die Maschine für den Arbeitsgang 1 umgerüstet werden. Für die Durchführung des Arbeitsgangs 2 ist eine nochmalige Umrüstung erforderlich. In jeder Schicht soll für jeden Arbeitsgang einmal umgerüstet werden.

Für die Arbeitsgänge gelten die folgenden Zeiten:

Rüstzeit Arbeitsgang 1:	60 Min.
Ausführungszeit Arbeitsgang 1:	6 Min./Stück
Rüstzeit Arbeitsgang 2:	90 Min.
Ausführungszeit Arbeitsgang 2:	4 Min./Stück

Die Normalleistung je 8-stündigem Arbeitstag beträgt 30 Werkstücke.

a) Wie groß ist der Minutenfaktor beim Zeitakkord?
   Sie sollen davon ausgehen, dass der Grundlohn der Akkordlohnung bei Normalleistung genauso groß ist, wie die Fertigungslohnkosten bei Zeitlohn im 8-Stunden Tag.

b) Ermitteln Sie den Fertigungslohn für folgende in dieser Kostenstelle beschäftigten Arbeiter bei Anwendung des Zeitakkords:

Arbeiter 1: 28 Werkstücke/Tag
Arbeiter 2: 30 Werkstücke/Tag
Arbeiter 3: 35 Werkstücke/Tag.

Lösung zu Beispiel 3:

3a) Berechnung des Minutenfaktors (Zeitakkord):

Die Berechnung erfolgt nach der Gleichung:

Zeitlohn (Bei 8-Stunden-Tag) =

= (Rüstzeiten + Normalleistung × Vorgabezeit) × Minutenfaktor

15 × 8 = [(60 + 90) + 30 × (6 + 4)] × Minutenfaktor

Die Auflösung dieser Gleichung ergibt: Minutenfaktor = 0,2667 € je Minute

3b) Berechnung der Fertigungslöhne:

Arbeiter 1:   Er enthält den Grundlohn: 15 × 8 = 120,-- € / Tag.

Arbeiter 2:   Er erhält ebenfalls den Grundlohn:

Bei Zeitlohn:

$15 \times 8 = 120,-- \text{ € / Tag}$

Bei Zeitakkord:

(Rüstzeit + Istleistung $\times$ Vorgabezeit) $\times$ Minutenfaktor

$= [(60 + 90) + 30 \times (6 + 4)] \times 0,2667 = 120,-- \text{ € / Tag}$

Arbeiter 3:   Bei Zeitakkord:

$(150 + 35 \times 10) \times 0,2667 = 133,35 \text{ € / Tag}$.

Beispiel 4:

In einer Fertigungsabteilung eines Industriebetriebes werden die Arbeiter nach dem Zeitakkordsystem entlohnt. Im Berichtsjahr sind die folgenden Fertigungslöhne und periodischen und a-periodischen Lohnnebenkosten bezahlt worden (siehe Tab. 8.2.):

Monat	Vergütete Vorgabezeiten (Min)	Fertigungslohn (Zeitakkord)	a-periodische Personalkosten	Sozial-versicherung (AG-Anteil)
Jan.	48.000	60.000	---	11.200
Febr.	52.000	65.000	9.000	11.200
März	56.600	70.750	---.	11.200
April	57.600	72.000	8.000	11.200
Mai	65.000	81.250	---	11.200
Juni	62.000	77.500	---	11.200
Juli	60.000	75.000	---	11.200
Aug.	45.000	56.250	16.000	11.200
Sept.	46.000	57.500	17.000	11.200
Okt.	49.800	62.250	---	11.200
Nov.	63.000	78.750	---	11.200
Dez.	65.000	81.250	52.000	11.200
Summen	670.000	837.500	102.000	134.400

Tab. 8.2: Angaben zu Beispiel 4

1. Verteilen Sie die a-periodischen Personalnebenkosten

    a) zeitanteilig gleichmäßig auf die Abrechnungsperioden (sog. Zwölftelungsmethode)

    b) proportional zur erbrachten Leistung dieser Kostenstelle (sog. Proportionalmethode).

2. Wie groß sind in beiden Fällen die Personalkosten (Vollkosten) je Leistungs-minute, d.h. je Minute der Vorgabezeit?

3. Wie groß sind die variablen Kosten je Leistungsminute

   a) bei der Zwölftelungsmethode?

   b) bei der Proportionalmethode?

4. Stellen Sie für beide Fälle (Zwölftelungs- und Proportionalmethode) die Personalkostenfunktion als Funktion der Leistungsminuten grafisch dar.

Lösung zu Beispiel 4:

Der Minutenfaktor berechnet sich als Quotient aus Fertigungslohn und Vorga-beminuten. Er ist in jedem Monat gleich und beträgt 1,25 € je Fertigungsminute (837.500 € / 670.000 Min). Wegen der zeitlichen Konstanz des Minutenfaktors sind die Fertigungslöhne der Beschäftigung (in Minuten) direkt proportional.

Lösung zu 4.1a): Zwölftelungsmethode

$$\frac{\text{Jahressumme der aperiodischen Personalkosten}}{12} = \frac{102.000}{12} = 8.500,- \text{ €}$$

Lösung zu 4.1b): Leistungsproportionale Aufteilung

Die Aufteilung der a-periodischen Fertigungskosten kann im Verhältnis der Fertigungslöhne erfolgen. Diese sind direkt den geleisteten Mengeneinheiten (Vorgabeminuten) proportional, da der Minutenfaktor über alle Monate konstant ist.

$$\text{aperiodische Kosten eines Monats} =$$

$$= \frac{\text{Summe der aperiodischen Kosten}}{\text{Summe der Fertigungslöhne}} \cdot \text{Fertigungslohn des Monats}$$

$$= \frac{102.000}{837.500} \cdot FL_t = 0,12179 \cdot FL_t$$

Lösung zu 4.2): Kosten je Fertigungsminute

Die Personalkosten je Leistungsminute streuen bei proportionaler Aufteilung erwartungsgemäß nicht so stark wie bei zeitanteiliger Aufteilung.

Die Lösungstabelle (Tab. 8.3.) zu dieser Aufgabe 4.2) befindet sich auf der folgenden Seite.

Monat	FL_t	Zwölftelungsmethode				Leistungsproportionale Verteilung			
		a-periodische Personalkost. (Zwölftelung)	Sozialkosten AG-Ant.	Personalkosten des Monats	Kosten je Fertigungsminute	a-period. Personal-Kosten	Sozialkosten AG-Ant.	Personalkosten des Monats	Kosten je Fertigungs-Minute
Jan.	60.000	8.500	11.200	79.700	1,66	7.307	11.200	78.507	1,64
Feb.	65.000	8.500	11.200	84.700	1,63	7.916	11.200	84.116	1,62
März	70.750	8.500	11.200	90.450	1,59	8.617	11.200	90.567	1,60
April	72.000	8.500	11.200	91.700	1,59	8.769	11.200	91.969	1,60
Mai	81.250	8.500	11.200	100.950	1,55	9.896	11.200	102.346	1,57
Juni	77.500	8.500	11.200	97.200	1,57	9.439	11.200	98.139	1,58
Juli	75.000	8.500	11.200	94.700	1,58	9.134	11.200	95.334	1,59
August	56.250	8.500	11.200	75.950	1,69	6.851	11.200	74.301	1,65
Sept.	57.500	8.500	11.200	77.200	1,68	7.003	11.200	75.703	1,65
Okt.	62.250	8.500	11.200	81.950	1,65	7.581	11.200	81.031	1,63
Nov.	78.750	8.500	11.200	98.450	1,56	9.591	11.200	99.541	1,58
Dez.	81.250	8.500	11.200	100.950	1,55	9.896	11.200	102.346	1,57

Tab. 8.3.   Aufteilung der a-periodischen Personalkosten und Berechnung der Personalkosten je Fertigungsminute

Lösung zu 4.3 a)

Bei der Zwölftelungsmethode werden die a-periodischen Personalkosten wie Fixkosten behandelt. Die variablen Kosten je Leistungsminute entsprechen deshalb genau dem Minutenfaktor ($k_{var} = 1,25 €$).

Lösung zu 4.3 b)

Bei der Proportionalmethode werden die a-periodischen Kosten wie variable Kosten behandelt. Die variablen Kosten je Leistungsminute setzen sich aus zwei Bestandteilen zusammen

+ Fertigungslöhne je Minute (= Minutenfaktor)

+ a-periodische Personalkosten je Leistungsminute
_____
= variable Kosten je Leistungsminute

Bei der Ermittlung der a-periodischen Kosten je Leistungsminute ist es egal, welchen Monat man zu deren Berechnung heranzieht:

$$z.B. \quad \frac{\text{Jahressumme der aperiodischen Kosten}}{\text{Fertigungsminuten des Jahres}} = \frac{102.000}{670.000} = 0,1522 \ € \ / \ Min.$$

$$z.B. \ Januar: \quad \frac{7.307}{48.000} = 0,1522 \ € \ / \ Min.$$

Die variablen Kosten je Leistungsminute ergeben sich damit zu:

$$k_{var} = 1,2500 + 0,1522 = 1,4022 \ €/Min$$

Die Fixkosten betragen bei

der Zwölftelungsmethode: 8.500 + 11.200 = 19.700,-- €/Monat

der Proportionalisierungsmethode: 11.200,-- €/Monat

Die grafische Lösung zu dieser Aufgabe findet sich auf der folgenden Seite.

Lösung zu 4.4)

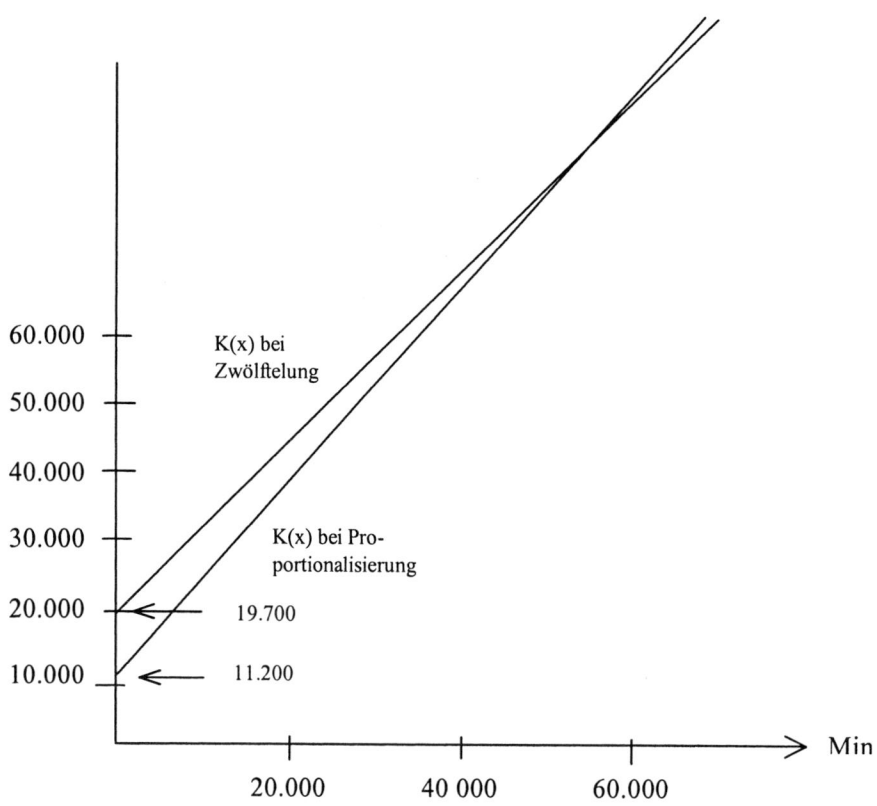

Darstellung 8.4:   Die Personalkostenfunktion bei Zwölftelung und bei
Proportionalisierung der a-periodischen Kosten

Lerneinheit 9: Dienstleistungskosten und Steuern

Lernziele:

- Bestandteile der Dienstleistungskosten
- Gebühren und Beiträge
- Steuern
- Zuordnung nach Beschäftigungsabhängigkeit und Zurechenbarkeit
- Periodisierungsproblematik

Einführung

Bestandteile der Dienstleistungskosten

Unter Dienstleistungen werden in der Kostenrechnung alle Fremdleistungen zusammengefasst, die der Betrieb im Zusammenhang mit der Leistungserstellung in Anspruch genommen hat. Hierzu zählen insbesondere

- Transporte,
- Reparaturen,
- Werbung,
- Beratung,
- Versicherungen,
- Forschung,
- Entwicklung,
- Prüfung,
- Miete,
- Pacht,
- Gebühren und Beiträge,

soweit die zugrunde liegenden Leistungen durch betriebsfremde Dritte erbracht werden. Da es sich um Fremdleistungen handelt, ist die Höhe der Kosten unmittelbar aus der jeweiligen Eingangsrechnung (Rechnungsbetrag ohne Umsatzsteuer) ersichtlich. Die Zuordnung des Betrags bzw. von Teilbeträgen zu Kostenstellen und Kostenträgern muss - sofern sie aus der Rechnung nicht ersichtlich ist - für kostenrechnerische Zwecke zusätzlich auf dem Rechnungsbeleg vermerkt werden.

Gebühren und Beiträge

Sie sind dadurch gekennzeichnet, dass sie ein Entgelt für eine konkrete Gegen-
leistung der öffentlichen Hand darstellen (z.B. Wassergebühren,
Kanalbenutzungsgebühren, Abwasserabgabe, Netzbenutzungsgebühren u.dgl.).
Es handelt sich um das Entgelt für Fremdleistungen der öffentlichen Hand.
Deshalb zählen sie zu den Dienstleistungen.

Steuern

Die Frage, welche Steuern als Kosten zu behandeln sind, ist nicht unumstritten.
Steuern sind auf alle Fälle dann Kosten, wenn es sich um betriebsbedingte laufende Verbrauch- und Substanzsteuern handelt (z.B. Mineralölsteuer, Kraftfahrzeugsteuer, Grundsteuer), die für die Aufrechterhaltung der Betriebsbereitschaft
und für die Durchführung des Betriebsprozesses nötig sind. Schwieriger ist die
Kosteneigenschaft gewinnabhängiger Steuern zu beurteilen. Zu den gewinnab-
hängigen Steuern zählen die Einkommensteuer (ESt) bei Einzelunternehmern
und Gesellschaftern von Personengesellschaften sowie die Körperschaftsteuer
(KSt) bei Kapitalgesellschaften. Des Weiteren ist die Gewerbeertragsteuer
(GewSt) gewinnabhängig. Die Gewerbeertragsteuer gilt seit eh und je als Kostensteuer. Sie ist sowohl im Gemeinschaftskontenrahmen der Industrie (GKR)
unter der Kostenkontennummer 4601 als auch im DATEV-Kontenrahmen
SKR03 unter der Kontonummer 4330 als Kosten vorgesehen. Das neuere
Schrifttum sieht auch die Einkommensteuer (ESt), soweit sie auf Einkünfte aus
Gewerbebetrieb entfällt, und die Körperschaftsteuer (KSt) als Kosten an. Der
wertmäßige Kostenbegriff „leistungsbedingter Verzehr von Gütern und Dienstleistungen" (vgl. LE 2) umfasst auch den Geldentzug durch Gewinnsteuern. Soweit die steuerpflichtigen Gewinne durch die betriebliche Leistungserstellung
verursacht wurden, sind die dadurch ausgelösten Gewinnsteuern leistungsbezogen, sie stellen Kosten dar. Sofern allerdings Gewinne auf Grund von nicht betriebstypischen Vorgängen entstanden sind, entfällt auch der Kostencharakter
der dadurch ausgelösten Steuern (z.B. Steuern auf außerordentliche Spekulationsgewinne, auf Gewinne aus Teilbetriebsveräußerungen u. dgl.).

Beschäftigungsabhängigkeit und Zurechenbarkeit

Es lässt sich keine allgemeine Aussage über die Zuordnung dieser Kostenarten
nach dem Kriterium der Zurechenbarkeit (Einzel- und Gemeinkosten) und nach
dem Kriterium der Beschäftigungsabhängigkeit (fixe und variable Kosten) treffen. Überwiegend wird es sich bei Dienstleistungen zwar um fixe Gemeinkosten
handeln (z.B. Versicherung, Porti, Telefon, Miete, Beratung etc.), jedoch lassen
sich auch zahlreiche Gegenbeispiele finden. So sind z.B. Kosten für Werbemaßnahmen, die sich auf ein bestimmtes Produkt beziehen, fixe Einzelkosten. Kos-

ten für laufende Wartungs- und Instandhaltungsarbeiten an einer Maschine sind dann variable Gemeinkosten, wenn die Wartungsintervalle leistungsabhängig sind, z.B. jeweils nach 1.000 Betriebsstunden, nach 10.000 Kopien, nach 15.000 Fahrtkilometern). Fixe Gemeinkosten sind es, wenn die Wartungsintervalle kalenderzeitabhängig sind, d.h. unabhängig von der Leistungsabgabe (z.B. Heizungswartung nach jeder Heizperiode). Kostensteuern sind meist fixe Gemeinkosten (z.B. Kraftfahrzeugsteuer, Gewerbeertragsteuer). Die Mineralölsteuer allerdings ist für Mineralölhersteller eine variable Einzelkostenart.

Periodisierungsproblematik

Dienstleistungskosten und Kostensteuern fallen nicht gleichmäßig in allen kostenrechnerischen Abrechnungsperioden (z.B. Monat) an. Fremdleistungskosten entstehen fallbezogen i.d.R. bei Inanspruchnahme der Leistung bzw. bei Rechnungseingang. Auf Steuern und Gebühren werden meist vierteljährliche Vorauszahlungen oder Abschlagszahlungen fällig. Mit Zustellung des Steuer- oder Abgabenbescheids (i.d.R. zum Jahresende) muss eine etwaige Restschuld durch eine Abschlusszahlung beglichen werden. Ein Guthaben wird vorgetragen oder erstattet. Unabhängig von den gesetzlichen Zahlungsterminen bilden die Unternehmen für die Gewerbesteuer (GewSt) und die Körperschaftsteuer (KSt) zu Lasten des Aufwands Steuerrückstellungen in Höhe der geschätzten voraussichtlichen Steuerschuld, soweit diese noch nicht durch Vorauszahlungen beglichen ist. Wegen der nicht mit den kostenrechnerischen Abrechnungsperioden übereinstimmenden Zahlungszeitpunkte für Fremddienstleistungen und Steuern muss genauso wie bei den a-periodischen Personalnebenkosten eine Aufteilung der Kosten auf die Abrechnungsperioden erfolgen.

Fallbeispiele zu Lerneinheit 9

Beispiel 1:

Die Rechnung einer Werbeagentur, die einen TV-Werbespot für eines unserer Produkte produziert hat lautet:

Honorar laut Vereinbarung	80.000,--
abzgl. 5 % Rabatt	- 4.000,--
Nettorechnungsbetrag	76.000,--
zuzgl. 19 % USt	14.440,--
Endbetrag	90.440,--

Der Werbespot soll im nächsten Vierteljahr regelmäßig in mehreren Privatsendern ausgestrahlt werden.
Welcher Kostenbetrag ist in der monatlich durchgeführten Kostenartenrechnung anzusetzen?

Lösung zu Beispiel 1:

Die einem Unternehmen in Rechnung gestellte Umsatzsteuer (sog. Vorsteuer) zählt im Normalfall nicht zu den Kostensteuern, da sie auf die eigene USt-Schuld angerechnet wird (bzw. vom Finanzamt erstattet wird, falls keine Umsätze stattgefunden haben). Als Kosten kommt nur der Nettorechnungsbetrag in Betracht, da der Rabatt als sofortige Kürzung des Rechnungsbetrags grundsätzlich nicht, nicht einmal zwischenzeitlich, zu einer Belastung und damit zu einem Verzehr von Produktionsfaktoren führt. Da der Werbespot nur in den kommenden drei Monaten gesendet wird, sind als monatliche Werbekosten aufgrund der obigen Rechnung jeweils der Betrag von 76.000 : 3 = 25.333,-- € anzusetzen (1 Vierteljahr = 3 Monate). Es handelt sich um fixe Kostenträgereinzelkosten.

Beispiel 2:

Die Versicherungsgesellschaft hat die folgende Beitragsrechnung für die KFZ-Haftpflichtversicherung der Fahrzeuge unseres Fuhrparks geschickt:

Versicherungsprämie	120.000,--
zuzgl. 15 % Versicherungssteuer	18.000,--
Rechnungsbetrag	138.000,--
Zahlungsweise:	jährlich
Fälligkeit:	1. Mai

Welcher Kostenbetrag ist in der monatlich durchgeführten Kostenartenrechnung ab dem Monat Mai anzusetzen?

Lösung zu Beispiel 2:

Die Versicherungssteuer ist eine typische Kostensteuer, da sie vom Versicherungsnehmer getragen werden muss. Es findet keine Verrechnung mit anderen Steuern oder Erstattung durch das Finanzamt statt. Als Kosten müssen deshalb die gesamten 138.000,-- € berücksichtigt werden. Da es sich bei dem Versicherungsbeitrag um eine jährlich zu zahlende Prämie handelt und die Abrechnungsperiode der Kostenrechnung nur 1 Monat beträgt, muss der Jahresbetrag periodisiert werden.

Je Monat sind als Kosten anzusetzen: 138.000,-- : 12 = 11.500,-- €. Es handelt sich um fixe Kostenträgergemeinkosten.

Beispiel 3:

Laut Steuerbescheid des Betriebsfinanzamtes sind für die Fahrzeuge des Fuhrparks für den Zeitraum 1.6. des Jahres bis 31.5.des Folgejahres 90.000,-- € an KFZ-Steuer zu bezahlen.

Welcher Kostenbetrag ist in der monatlich durchgeführten Kostenartenrechnung ab dem Monat Juni anzusetzen?

Lösung zu Beispiel 3:

Auch hier muss eine Periodisierung auf Monatsbeträge stattfinden. Als monatliche Kosten sind anzusetzen: 90.000,-- : 12 = 7.500,-- €. Es handelt sich um fixe Kostenträgergemeinkosten. Sofern der Fuhrpark als eigene Kostenstelle definiert ist, handelt es sich um Kostenstelleneinzelkosten.

Beispiel 4:

Für die Gewerbesteuer des laufenden Jahres wurden im letzten Gewerbesteuerbescheid die folgenden Vorauszahlungen festgesetzt und vom Unternehmen pünktlich bezahlt:

Am 15.2.	30.000,--
Am 15.5.	30.000,--
Am 15.8.	30.000,--
Am 15.11.	30.000,--

Die Abrechnungsperiode der Kostenrechnung ist ein Monat.

Welcher Kostenbetrag ist in der Kostenartenrechnung des Monats April zu berücksichtigen?

a) Wenn davon auszugehen ist, dass die Vorauszahlungen der voraussichtlichen tatsächlichen Gewerbesteuer des Jahres annähernd entsprechen.

b) Wenn keine Informationen und Anhaltspunkte über die voraussichtliche tatsächliche Höhe der GewSt des Jahres vorliegen.

c) Was ist zu tun, wenn im neuen GewSt-Bescheid für das laufende Jahr (den man allerdings erst irgendwann im Folgejahr erhält) eine GewSt von 180.000,-- € festgesetzt wird?

d) Was ist zu tun, wenn sich bereits gegen Ende des Jahres (Anfang November) erkennen lässt, dass die tatsächliche Gewerbesteuer 180.000,-- € betragen wird und damit deutlich höher sein wird als der Gesamtbetrag der festgesetzten Vorauszahlungen?

e) Welcher Kostenbetrag ist anzusetzen, wenn aufgrund der Auftragseingänge bereits zum Ende des ersten Quartal des Jahres feststeht, dass Umsatz und Ertrag im laufenden Jahr um etwa die Hälfte (50 %) steigen?

Lösung zu Beispiel 4:

zu a)

Die Steuervorauszahlungen beziehen sich immer auf einen Zeitraum von einem Vierteljahr (3 Monate). Es muss periodisiert werden. Der monatliche Kostenbetrag ist deshalb 10.000,-- €.

zu b)

Mangels genauerer Informationen ist davon auszugehen, dass die vom Finanzamt festgesetzten Vorauszahlungen den Kosten entsprechen. Monatlicher Kostenbetrag wie bei Aufgabe a: 10.000,--€.

zu c)

Da der Steuerbescheid erst im Folgejahr ergeht, sind die tatsächlich entstandenen Kosten erst im Folgejahr bekannt. Für die Kostenrechnung kommt diese Information zu spät. Die Verkaufspreise sind z.B. bereits kalkuliert und die zugehörigen Aufträge abgewickelt. Für die Nachkalkulation mit Istkosten ist es allerdings sinnvoll, den neuen, höheren Kostenbetrag von 180.000,-- : 12 = 15.000,-- € zu verwenden. Wenn allerdings der Zeitraum zwischen Berichtsjahr und Zustellung des Steuerbescheides ein Jahr oder sogar mehrere Jahre beträgt (wie dies in der Praxis der Normalfall ist), dann sind die tatsächlichen Steuerbeträge auch für die Nachkalkulation ziemlich uninteressant.

zu d)

Ab dem Zeitpunkt, an dem sich die Höhe der GewSt hinreichend genau schätzen lässt, muss man die monatlichen Gewerbesteuerkosten höher ansetzen. Für die Monate November und Dezember ist deshalb in der Kostenrechnung nicht mehr der Betrag von 10.000,-- € , sondern der neue Wert von 15.000,-- € anzusetzen.

zu e)

Wie bei Teilaufgabe d: Ab dem Zeitpunkt, an dem sich die tatsächliche Höhe der Kosten mit hinreichender Genauigkeit schätzen lässt, sind die neuen Kostenbeträge anzusetzen, hier ab dem zweiten Quartal (ab Monat April) € 15.000,-- anstelle von € 10.000,--.

Beispiel 5:

Der ESt-Bescheid vom 23.5.20...für Herrn Maier weist für das vergangene Jahr die folgenden Beträge aus:

Einkünfte aus selbständiger Arbeit	40.000,--
Einkünfte aus Gewerbebetrieb	240.000,--
Einkünfte aus Vermietung und Verpachtung	80.000,--
Sonstige Einkünfte	140.000,--

Bei den Einkünften aus selbständiger Arbeit handelt es sich um die Vergütung, die Herr Maier als Testamentsvollstrecker aufgrund des Testaments seines verstorbenen Freundes jährlich erhält. Bei den Einkünften aus Gewerbebetrieb handelt es sich um den Gewinn, den er aus dem Betrieb seines Kunststoffverarbeitungsunternehmens erzielt hat. Dieser Gewinn ist ausschließlich aufgrund betriebstypischer Geschäftätigkeit entstanden. Die Einkünfte aus Vermietung und Verpachtung stammen aus der Vermietung von vier Eigentumswohnungen, die sich im Privatvermögen von Herr Maier befinden. Die sonstigen Einkünfte sind Spekulationsgewinne, die Herr Maier bei privaten Aktienspekulationen an der Börse erzielt hat.

Aufgrund der obigen Einkünfte ergibt sich laut ESt-Bescheid eine ESt-Schuld von 240.000,-- € für das vergangene Jahr.

Hierauf sind bereits Vorauszahlungen in Höhe von 220.000,-- geleistet worden. Die Abschlußzahlung von 20.000,-- € leistet Herr Maier noch im Mai. Im ESt-Bescheid ist festgesetzt, dass Herr Maier die folgenden vierteljährlichen Vorauszahlungen auf die ESt zu leisten hat:

Am 10. Juni des Jahres	60.000,--
Am 10. Sept. des Jahres	60.000,--
Am 10. Dez. des Jahres	60.000,--
Am 10. März des nächsten Jahres	60.000,--

Welcher Betrag ist im zweiten Halbjahr als Kosten in der Kostenartenrechnung des Kunststoffverarbeitungsunternehmens anzusetzen, wenn man unterstellt, daß die Einkommenssituation von Herrn Maier auch im laufenden Jahr in etwa wie im Vorjahr ist? Die Kostenrechnung wird monatlich durchgeführt.

Lösung zu Beispiel 5:

Da die betrieblichen Einkünfte von Herrn Maier nur 240.000/500.000 = 48% seiner Gesamteinkünfte betragen, können in der Kostenrechnung auch nur 48% seiner ESt als Kosten angesetzt werden. Die ESt-Vorauszahlungen und Abschlusszahlungen des vergangenen Jahres sind für die Kostenrechnung des laufenden Jahres irrelevant. Relevant sind ausschließlich die Vorauszahlungen des laufenden Jahres. Die 3-monatlichen Vorauszahlungen von jeweils 60.000,-- € sind zu 48 % (= 28.800,-- €) betrieblich verursacht. Das ergibt einen monatlichen Kostenbetrag von 9.600,-- €.

Lerneinheit 10: Die kalkulatorische Abschreibung

Lernziele:

- Wesen der Abschreibung
- Gründe für die planmäßige Abschreibung
- Funktionen der Abschreibung
- Abschreibungsarten
- Verfahren der planmäßigen Abschreibung im Überblick
- Die lineare Abschreibung
- Die geometrisch degressive Abschreibung
- Die arithmetisch degressive Abschreibung
- Die progressive Abschreibung
- Die Leistungsabschreibung
- Beurteilung der Abschreibungsverfahren
- Korrektur falsch geschätzter Nutzungsdauern
- Korrektur falsch geschätzter Abschreibungsbasis

Einführung

Wesen der Abschreibung

Die Betriebsmittel sind - im Gegensatz zu den Werkstoffen - dazu bestimmt, dem Betrieb längerfristig zu dienen. Zu den Betriebsmitteln zählt man insbesondere das Sachanlagevermögen des Unternehmens, also z.B. Grundstücke, Gebäude, technische Anlagen, Maschinen, Büroeinrichtungsgegenstände. Des Weiteren gehören dazu auch immaterielle Vermögensgegenstände, z.B. Rechte, Patente, Lizenzen u.dgl. *Die Wertminderung der Betriebsmittel wird durch die Abschreibungen erfasst.* Solch eine Wertminderung kann auf zwei Arten stattfinden. Bei abnutzbaren Gegenständen ist die Nutzungsdauer zeitlich begrenzt (z.B. Maschinen, Gebäude, aber auch Patente, Lizenzen). Je länger der Gegenstand im Betrieb genutzt wurde, desto geringer wird sein Wert sein, da der Nutzungsvorrat (das Leistungspotential) mit fortschreitender Nutzungszeit immer geringer wird. Der technische, abnutzungsbedingte Wertverzehr wird in der *planmäßigen Abschreibung* berücksichtigt. Bei nicht abnutzbaren Betriebsmitteln (z.B. Grundstücke ohne Gebäude) ist eine durch Zeitablauf verursachte Wertminderung nicht möglich. Dennoch können Wertminderungen auftreten. Diese haben mehr oder weniger einmaligen Charakter und werden in der sog. *außerplanmäßigen Abschreibung* berücksichtigt (z.B. Wertminderungen durch Naturkatastrophen, Blitzschlag, Brand, Diebstahl, durch Umweltbelastungen, durch konjunk-

turelle Einflüsse u.dgl.). Da für die Kostenrechnung ausschließlich typische betriebliche Aufwendungen, die üblicherweise im Leistungserstellungsprozess anfallen, maßgeblich sind (vgl. LE 2), gehen außerplanmäßige Abschreibungen
nicht als kalkulatorische Abschreibungen in die Kostenrechnung ein. Sie finden
allenfalls als sog. kalkulatorische Wagniskosten (allg. Unternehmerwagnis, spezielle Einzelwagnisse) sehr pauschal Berücksichtigung (vgl. unten LE 12).

Als Abschreibung findet in die Kostenrechnung nur die planmäßige Abschreibung Eingang. Man kann sie allgemein definieren als

- die verursachungsgerechte Erfassung und
- zeitliche Verteilung
- des durch Zeitablauf bedingten,
- im Produktionsprozess normalerweise stattfindenden

Betriebsmittelverzehrs.

Gründe für die planmäßige Abschreibung

Gemäß der obigen Definition lassen sich drei Gruppen von Gründen für die
planmäßige Abschreibung angeben:

1. Mengenmäßiger Betriebsmittelverzehr :
Hierzu zählen insbesondere die technische Abnutzung (Verschleiß) sowie die
Abnutzung durch Abbau (Substanzverringerung, z.B. bei Kiesgruben, Marmor-
steinbrüchen, Salzstöcken u.dgl.). Hier spricht man von technisch bedingter
planmäßiger Abschreibung.

2. Wertmäßiger Betriebsmittelverzehr:
Hierzu zählen insbesondere die üblichen Wertminderungen, die Betriebsmittel
im Zeitablauf erleiden, z.B.

- auf Grund des technischen Fortschritts,
- auf Grund von Modewechseln und sonstiger Änderungen im Konsumen-
tenverhalten,
- auf Grund von sinkenden Absatzpreisen.

Man spricht von wirtschaftlich bedingter planmäßiger Abschreibung.

3. Rechtlich bedingter Betriebsmittelverzehr:
Wenn die Schutzwirkung von Rechten (z.B. Patentrechte, Urheberrechte, Li-
zenzrechte, Gebrauchsmusterrechte, Mietrechte, Pachtrechte u.dgl.) zeitlich begrenzt ist, z.B. bei Patenten 30 Jahre, dann verflüchtigt sich der Wert dieses
Rechtes mit fortschreitender Zeit. Es handelt sich um rechtlich bedingte planmäßige Abschreibungen.

I.d.R. bestimmen mehrere bzw. alle der drei obigen Einflussgrößen den Wertverzehr von Betriebsmitteln.

Funktionen der Abschreibung

Hauptfunktion ist die Verteilung des Betriebsmittelverzehrs auf die Nutzungsperioden (*Verteilungsfunktion*). Daneben kommt der Abschreibung noch eine *Finanzierungsfunktion* zu. Die kalkulatorische Abschreibung ist Bestandteil der Kosten und geht in der Kostenträgerrechnung in die Herstellkosten, in die Selbstkosten und letztendlich in die Verkaufspreise ein. Der Abschreibungsbetrag wird also - entsprechende Umsätze vorausgesetzt - während der Nutzungsdauer des abzuschreibenden Gegenstandes laufend verdient und fließt dem Unternehmen als Einnahmen zu. Bis zum Ende der Nutzungsdauer werden die Abschreibungsgegenwerte angespart und stehen zur Finanzierung anderweitig zur Verfügung. Verfügbar muss das Geld erst im Zeitpunkt der Ersatzbeschaffung sein.

Abschreibungsarten

Wie oben bereits dargestellt, unterscheidet man zwischen *planmäßigen und außerplanmäßigen Abschreibungen*. Des Weiteren unterscheidet man nach dem Teilgebiet des Rechnungswesens zwischen bilanziellen und kalkulatorischen Abschreibungen.

Die *bilanzielle Abschreibung* orientiert sich an den Bilanzierungs- und Bewertungsregeln des Handels- und Steuerrechts. Ihr liegt der pagatorische Kostenbegriff zugrunde (vgl. LE 2). Hier werden die tatsächlichen historischen Anschaffungs- oder Herstellungskosten nach den handels- und steuerrechtlich anerkannten Abschreibungsverfahren auf die Nutzungsdauer verteilt (näheres hierzu vgl. Heinhold, M., Buchführung in Fallbeispielen, 10. Aufl., Stuttgart 2006, LE10, detaillierter vgl. auch bei Heinhold, M., Der Jahresabschluss, München 1996, S. 256 ff.).

Für die *kalkulatorische Abschreibung* sind nicht die historischen Anschaffungs- oder Herstellungskosten maßgeblich, sondern die Wiederbeschaffungskosten zum Zeitpunkt der Ersatzinvestition. Falls die Wiederbeschaffungskosten zum künftigen Ersatzzeitpunkt nicht bekannt sind und sich auch nicht prognostizieren lassen, dann verwendet man als Ersatzlösung die Wiederbeschaffungskosten zum jeweiligen Abrechnungszeitpunkt (z.B. bei 20-jähriger Nutzungsdauer wird als Basis für die Abschreibung des Jahres 5 der Wiederbeschaffungspreis des Jahres 5 verwendet).

Eine der Hauptaufgaben der Kostenrechnung ist es ja, die Verkaufspreise so zu ermitteln, dass alle Kosten, d.h. der normale, übliche Produktionsfaktorverzehr mit diesen Preisen wiederverdient werden können und der Betrieb langfristig in seiner Substanz erhalten bleibt. Würden in Zeiten steigender Preise die Abschreibungen nicht von den Wiederbeschaffungswerten berechnet, sondern von den niedrigeren historischen Anschaffungs- bzw. Herstellungskosten, dann würden die über die Verkaufspreise wiederverdienten Abschreibungen nicht ausreichen, um das verbrauchte Betriebsmittel durch ein neues zu ersetzen. Die Substanz des Betriebes würde aufgezehrt, die Fortführung der Produktion in der Zukunft wäre nicht gewährleistet.

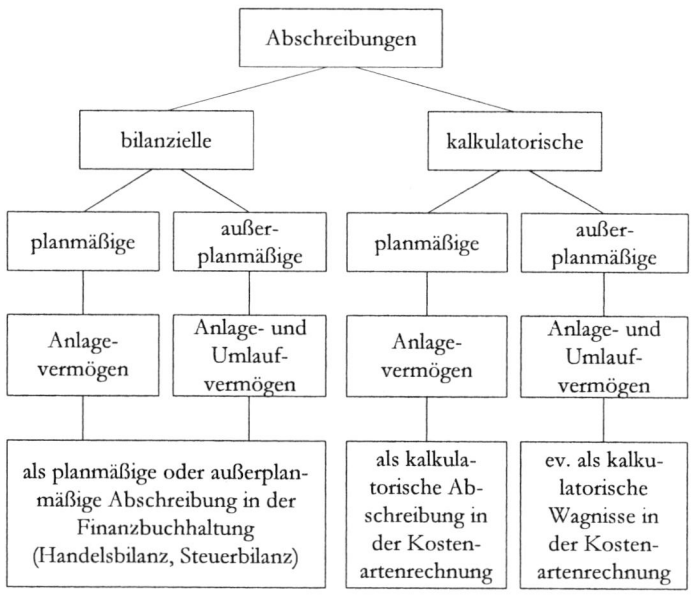

Abb. 21: Die Abschreibungsarten und ihre Berücksichtigung im Rechnungswesen

Die Verfahren der planmäßigen Abschreibung im Überblick

Nach der Art, wie die Abschreibungssumme auf die Nutzungsperioden verteilt wird, unterscheidet man verschiedene Abschreibungsverfahren. Man kennt leistungsabhängige und zeitabhängige Abschreibungsverfahren. Bei den leistungsabhängigen Verfahren ergibt sich der Abschreibungsbetrag je Periode nach der tatsächlichen mengenmäßigen Leistungsabgabe in dieser Periode. Bei den zeitabhängigen Verfahren erfolgt die Verteilung der Abschreibungssumme nach einem Abschreibungsplan. Sie kann grundsätzlich auf drei Arten erfolgen,

- linear,
- degressiv,
- progressiv.

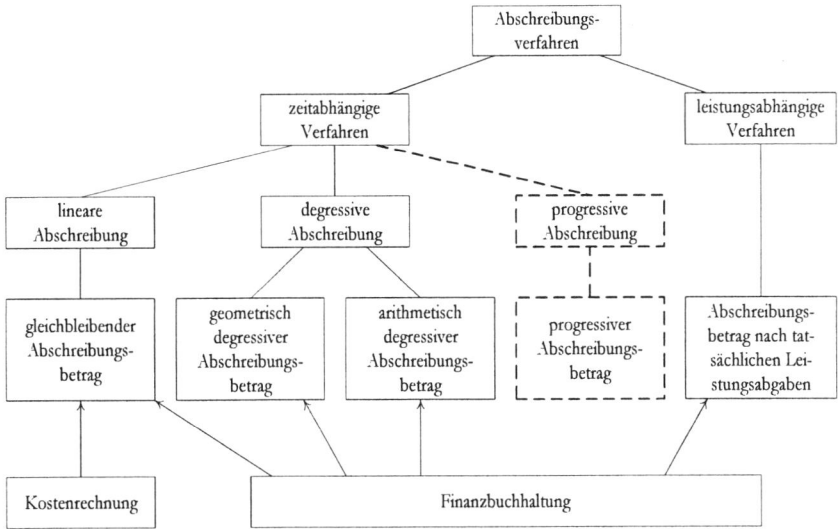

Abb. 22: Die Abschreibungsverfahren im betrieblichen Rechnungswesen

Die lineare Abschreibung

Hier wird die Abschreibungssumme A gleichmäßig auf die Nutzungsdauer n verteilt.

$$a = \frac{A}{n}$$

wobei:

a = Abschreibungsbetrag pro Periode,

n = Nutzungsdauer (Anzahl der Nutzungsperioden),

A = Abschreibungssumme. In der Finanzbuchhaltung sind dies
die historischen Anschaffungs- oder Herstellungskosten,
in der Kostenrechnung sind es die Wiederbeschaffungskosten.

Falls der Gegenstand nach Ablauf der Nutzungsdauer einen Verkaufserlös (Liquidationserlös) erzielen wird, muss nicht der ganze Betrag A durch die Abschreibung verdient werden, sondern nur der um den Liquidationserlös verminderte Betrag A - L. Entsprechend ergibt sich als Abschreibungsbetrag je Periode

$$a = \frac{A - L}{n}.$$

In den meisten Fällen vernachlässigt man die Liquidationserlöse in der Praxis (d.h. L = 0). Man sollte einen Liquidationserlös nur dann abschreibungsmindernd berücksichtigen, wenn er mit sehr großer Wahrscheinlichkeit auch tatsächlich erzielt werden wird, wenn sein Betrag nicht vernachlässigbar gering ist und wenn er nicht durch Abbruchkosten u.dgl. wieder aufgezehrt wird.

Den Verlauf des Abschreibungsbetrags a und des Restbuchwerts R bei linearer Abschreibung geben die folgenden beiden Graphiken in Abb. 23 wieder.

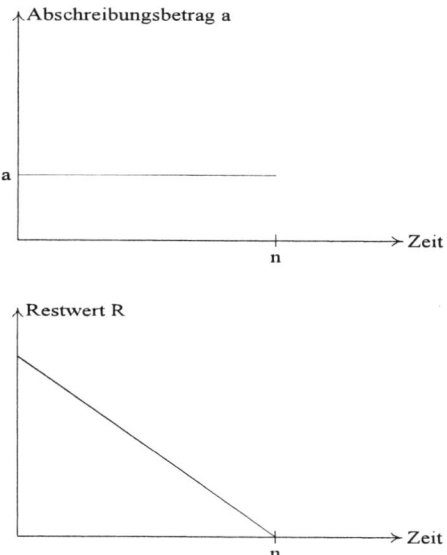

Abb. 23: Abschreibungsbeträge und Restwerte bei der linearen Abschreibung

Die geometrisch degressive Abschreibung (sog. Buchwertabschreibung)

Bei der degressiven Abschreibung ist der Abschreibungsbetrag degressiv, d.h. er sinkt von Periode zu Periode. Der Abschreibungsbetrag a_t eines Jahres t ergibt sich bei der Buchwertabschreibung durch Anwendung eines konstanten Abschreibungsprozentsatzes d auf den Restwert des Vorjahres t-1.

$$a_t = d \cdot R_{t-1}$$

Der Restwert R_t am Ende der Periode t ergibt sich zu:

Periode 1: $R_1 = A - A \cdot d = (1 - d) \cdot A$
Periode 2: $R_2 = R_1 - R_1 \cdot d = (1 - d) \cdot A - (1 - d) \cdot A \cdot d = (1 - d)^2 \cdot A$
usw.

Allgemein in Periode t: $R_t = (1 - d)^t \cdot A$

Den Abschreibungsprozentsatz d als Funktion eines positiven Restwertes R_t und von A erhält man durch Umformen dieser Formel zu:

$$d = 1 - \sqrt[t]{\frac{R_t}{A}}$$

Der Abschreibungsverlauf folgt einer geometrischen Folge, d.h. der Quotient der Abschreibungsbeträge zweier aufeinanderfolgender Perioden ist konstant und gleich 1 - d

$$\frac{a_t}{a_{t-1}} = 1 - d$$

Den Verlauf von Abschreibungsbetrag und Restwert geben die beiden folgenden Grafiken wieder (Abb. 24).
Bei diesem Verfahren ergibt sich für Abschreibungsprozentsätze von weniger als 100% (d < 1) nie ein Restwert von Null (sog. unendliche Abschreibung).

Die arithmetisch degressive Abschreibung (sog. digitale Abschreibung)

Bei diesem Verfahren nimmt der Abschreibungsbetrag von Periode zu Periode um einen konstanten Betrag D, den sog. Degressionsbetrag, ab. Diesen Degressionsbetrag berechnet man, indem man die Abschreibungssumme A durch die Summe der Nutzungsperioden dividiert.

$$D = \frac{A}{\sum\limits_{t=1}^{n} t} = A \cdot \frac{2}{n \cdot (n+1)}$$

Den Abschreibungsbetrag a_t einer Periode t erhält man, indem man den Degressionsbetrag D mit der Anzahl der Restnutzungsperioden multipliziert.

$$a_t = D \cdot (n - t + 1)$$

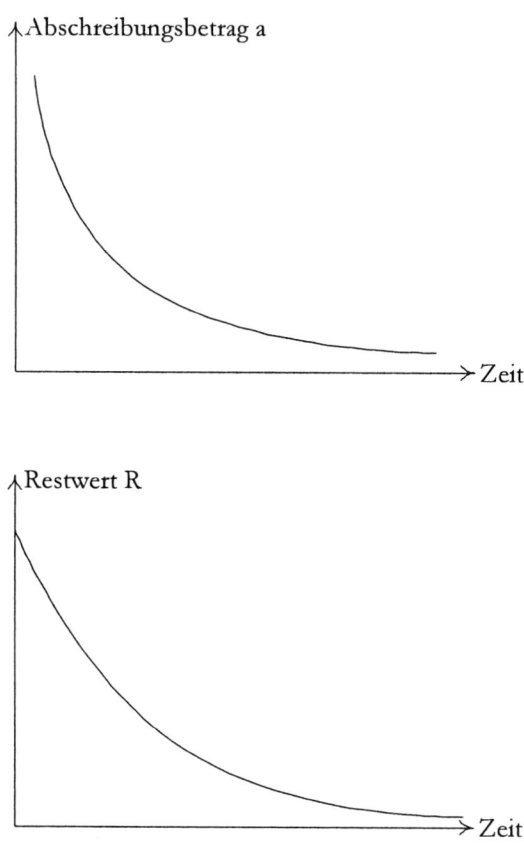

Abb. 24:   Abschreibungsbeträge und Restwerte bei der geometrisch degressiven
(Buchwert-)Abschreibung

Die Unterschiede zwischen dem Verlauf von Abschreibungsbeträgen und Rest-
werten bei der geometrisch und bei der arithmetisch degressiven Abschreibung
sind in den folgenden beiden Grafiken in Abb. 25 wiedergegeben.

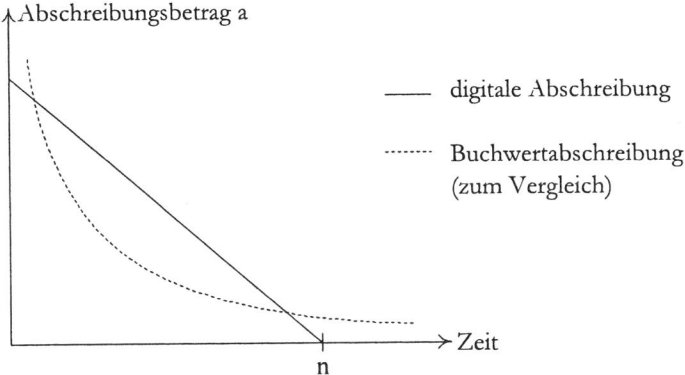

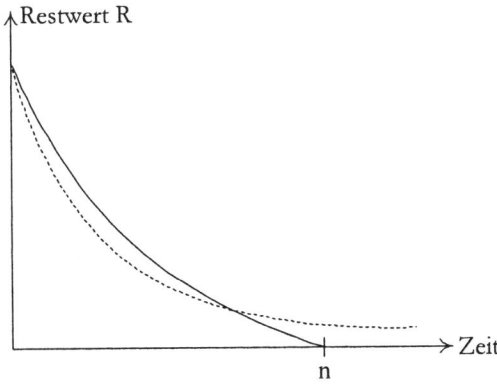

Abb. 25: Abschreibungsbeträge und Restwerte bei der digitalen und der Buchwertabschreibung

Vorteil der digitalen Abschreibung ist es, dass ein Restwert von Null erreicht wird. Allerdings spielt sie in der Praxis so gut wie keine Rolle.

Die progressive Abschreibung

Hier nehmen die Abschreibungsbeträge von Periode zu Periode zu. Analog zur degressiven Abschreibung sind eine arithmetische und eine geometrische Progression möglich. Bei der geometrischen Form ist der Quotient

$$\frac{a_t}{a_{t-1}} > 1.$$

Bei der arithmetischen Form ist die Differenz $a_t - a_{t-1} > 0$. Der Abschreibungsbetrag berechnet sich gegenläufig zur degressiven Abschreibung zu:

$$a_t = D \cdot t$$

In der Praxis ist die progressive Abschreibung bedeutungslos. Es gibt kaum Anlagegüter, bei denen der Wertverlust am Anfang der Nutzungsdauer am kleinsten ist. Dies kann höchstens dann sein, wenn das Gut am Anfang sehr wenig und erst in späteren Perioden zunehmend stärker genutzt wird. In solchen Fällen kommt jedoch besser ein leistungsabhängiges Abschreibungsverfahren und nicht das zeitabhängige Verfahren der progressiven Abschreibung zur Anwendung.

Die Leistungsabschreibung

Der Abschreibungsbetrag a_t je Periode hängt von der tatsächlichen Leistungsabgabe des Anlageguts ab.

$$a_t = \frac{A}{M} \cdot M_t$$

M = gesamte Leistungsmenge, die das Anlagegut über die gesamte Nutzungsdauer abgibt, sog. Leistungsvorrat oder Leistungspotenzial,

M_t = in der Periode t tatsächlich abgegebene Leistung.

Da die Abschreibung nach der mengenmäßigen Inanspruchnahme des Produktionsfaktors ermittelt wird, spricht man auch von Mengenabschreibung. Als Leistungsmengen kommen physikalische Größen wie z.B. Stückzahlen, gefahrene km, Betriebsstunden u.dgl. in Betracht.

Brauchbarkeit der Abschreibungsverfahren für die Kostenrechnung

In der Finanzbuchhaltung sind alle Abschreibungsverfahren zulässig, sofern sie nur den GoB entsprechen (Grundsätze ordnungsmäßiger Buchführung, Näheres vgl. bei Heinhold, Buchführung, 10. Aufl., Stuttgart 2006, LE 10, ausführlich hierzu siehe bei Heinhold, Der Jahresabschluss, 1996, S. 259 ff.).

Die Brauchbarkeit einzelner Abschreibungsverfahren für die Kostenrechnung hängt von den Zwecken ab, die man mit der Kostenrechnung verfolgt (Dokumentations-, Kontroll- und dispositive Zwecke, vgl. LE 1 und LE 3). Im Sinne der Dokumentationsaufgabe, also aus der Sicht der verursachungsgerechten Darstellung des Kosten-Istzustandes, wäre die Leistungsabschreibung das richtige Abschreibungsverfahren. Im Sinne der Kostenkontrolle und der Kostenvergleichbarkeit sollte die Abschreibung aber von zufälligen Beschäftigungsschwankungen unabhängig sein. Die Abschreibungssumme ist in diesem Fall gleichmäßig auf die Nutzungsdauer zu verteilen (lineare Abschreibung).

Im Schrifttum findet sich auch die Ansicht, dass die degressive Abschreibung für die Kostenrechnung vorzuziehen sei, da sie sowohl das Postulat der Vergleichbarkeit als auch das der Verursachungstreue in sich vereinbare. Verursachungstreu sei sie deshalb, weil sie den stärkeren Wertverzehr in den Anfangsperioden approximativ richtig abbilde, Zufallsschwankungen wie bei der Leistungsabschreibung jedoch unberücksichtigt lasse. Dem Vergleichbarkeitspostulat entspreche sie vor allem deshalb, weil zu den niedrigeren Abschreibungen späterer Jahre ein steigender Reparatur- und Wartungsaufwand hinzutrete, so dass die Betriebsmittelkosten (Abschreibung + Reparatur + Wartung) im Zeitablauf näherungsweise konstant blieben. Diese Ansicht hat jedoch den gravierenden Nachteil, dass Kostenunterschiede auf Grund der Altersstruktur des Anlagevermögens in der Kostenrechnung damit nicht mehr erkannt werden können. Sowohl zu Kontroll- als auch zu dispositiven Zecken ist es unabdingbar, die zusätzlichen Kostenbelastungen durch älteres bzw. veraltetes Anlagevermögen sichtbar zu machen. Dies ist nur möglich, wenn die Abschreibung linear über die Nutzungsdauer erfolgt.

Für die kalkulatorische Abschreibung wird deshalb von der Unternehmenspraxis nahezu ausschließlich die lineare Abschreibung verwendet.

Spätere Korrektur der Abschreibung

Die Höhe des jährlichen Abschreibungsbetrags a hängt bei der linearen Abschreibung ausschließlich von zwei Parametern ab, der insgesamt zu verteilenden Abschreibungssumme A und der Nutzungsdauer n. Beide Größen sind zukunftsorientiert und müssen deshalb prognostiziert bzw. geschätzt werden.

Die *Nutzungsdauer* für die Kostenrechnung ist unabhängig von der Nutzungsdauer für die Finanzbuchhaltung. Letztere orientiert sich an den handels- und steuerrechtlichen Vorschriften und wird durch die amtlichen AfA-Tabellen vorgegeben (Näheres hierzu vgl. bei Heinhold, Der Jahresabschluss, 1996, S.258). Für die Kostenrechnung muss die voraussichtliche tatsächliche Nutzungsdauer zugrunde gelegt werden. Bei ihrer Ermittlung können Prognose- bzw. Schätzfehler auftreten.

Auch die *Abschreibungssumme* unterscheidet sich in der Kostenrechnung erheblich von der in der Finanzbuchhaltung. Letztere ist mit den historischen Anschaffungs- bzw. Herstellungskosten identisch (pagatorische Kosten, vgl. LE 2). Für die Kostenrechnung verwendet man die Wiederbeschaffungskosten des Abschreibungsgegenstandes zum Zeitpunkt der künftigen Ersatzbeschaffung. Auch hier können erhebliche Prognosefehler auftreten.

Es stellt sich nun die Frage, wie die jährlichen Abschreibungsbeträge zu korrigieren sind, wenn während der Nutzungszeit bekannt wird, dass sich die Nutzungsdauer und/oder die Abschreibungssumme ändern.

Hier gibt es *drei grundsätzliche Vorgehensweisen*:

1. *Beibehaltung des bisherigen Abschreibungsplans.*
   Man schreibt den alten Abschreibungsbetrag bis zum Ende der neuen Nutzungsdauer ab.

2. *Berichtigung des Abschreibungsplans ab dem Zeitpunkt der Änderung*
   Man stellt auf den Zeitpunkt der Änderung ab und verteilt den eventuell geänderten Restwert auf die eventuell geänderte Restnutzungsdauer. Für die handels- und steuerrechtliche Abschreibung (bilanzielle Abschreibung) ist dies die einzig zulässige Vorgehensweise.

3. *Völlige Neuberechnung des Abschreibungsplans.*
   Die Abschreibungsbeträge werden von Beginn an neu berechnet. Ab dem Änderungszeitpunkt werden die neuen Abschreibungen als Kosten verrechnet.

Diese drei Möglichkeiten werden im Folgenden genauer analysiert, und zwar für die vier möglichen Fälle:

1) Die Nutzungsdauer wurde zu lang geschätzt
2) Die Nutzungsdauer wurde zu kurz geschätzt
3) Die Wiederbeschaffungskosten wurden zu niedrig geschätzt
4) Die Wiederbeschaffungskosten wurden zu hoch geschätzt.

Fall 1: Die Nutzungsdauer wurde zu lang geschätzt ($n_{alt} > n_{neu}$)

1. Bei Beibehaltung des ursprünglichen Abschreibungsplans wird jährlich der Abschreibungsbetrag

$$a = \frac{A}{n_{alt}}$$

als Kosten verrechnet. Insgesamt wird zu wenig abgeschrieben, da nach Ablauf der tatsächlichen Nutzungsdauer n_{neu}, d.h. nach Ausscheiden des Anlagegutes aus dem Betrieb, die Abschreibungsbeträge der Restjahre $n_{alt} - n_{neu}$ verfallen. Wenn die Tatsache, dass sich die Nutzungsdauer verkürzt, nicht erst am Ende der tatsächlichen Nutzungsdauer n_{neu} bekannt wird, sondern schon früher zu einem Zeitpunkt $t^* < n_{neu}$, dann ist dieses Vorgehen abzulehnen. Wegen des Verursachungsprinzips sollten ab dem Zeitpunkt des Bekanntwerdens t^* die neuen Verhältnisse in der Kostenrechnung berücksichtigt werden.

2. Bei Berichtigung des Abschreibungsplans erst ab dem Zeitpunkt t des Be-*kanntwerdens ist ab t* der Restbuchwerts

$$R_{t^*} = A - \frac{t^* \cdot A}{n_{alt}}$$

auf die neue Restnutzungsdauer n_{neu} - t* zu verteilen. Bis zum Zeitpunkt t* werden die alten Abschreibungsbeträge

$$a_{alt} = \frac{A}{n_{alt}}$$

als Kosten verrechnet. Ab t* beträgt die jährliche Abschreibung

$$a_{neu} = \frac{R_{t^*}}{n_{neu} - t^*}$$

Damit ist gewährleistet, dass insgesamt genau der Betrag A abgeschrieben wird.

Auch dieses Vorgehen ist abzulehnen. Es werden die unterlassenen Abschreibungen früherer Jahre (1...t*) in den späteren Jahren (t*+1...n_{neu}) nachgeholt, obwohl sie in diesen Jahren nicht ursächlich entstanden sind. Es liegt ein Verstoß gegen das Verursachungsprinzip vor.

3. Bei völliger Neuberechnung des Abschreibungsplans verwendet man ab dem Zeitpunkt t* die Abschreibungsbeträge a_{neu}, die sich ergeben, wenn man von vornherein richtig abgeschrieben hätte

$$a_{neu} = \frac{A}{n_{neu}}$$

Insgesamt wird hier zuwenig abgeschrieben. Die Abschreibungssumme A wird durch die Summe der einzelnen Abschreibungsjahre nicht erreicht.

Dieses Vorgehen wird dem Verursachungsprinzip am ehesten gerecht. Zwar wurde bis t* falsch abgeschrieben. Mit Bekanntwerden der Änderung wird der richtige Abschreibungsbetrag aber als Kosten verrechnet. Im Gegensatz zur obigen zweiten Vorgehensweise werden hier die Fehler der Vergangenheit nicht durch neue Fehler der Zukunft „geheilt".

Fall 2: Die Nutzungsdauer wurde zu kurz geschätzt(n_{alt} <n_{neu})

1. Bei Beibehaltung des ursprünglichen Abschreibungsplans ist der Abschreibungsbetrag

$$a = \frac{A}{n_{alt}}$$

Dieser wird allerdings bis zum Ende der längeren Nutzungsdauer n_{neu} als Kosten verrechnet, da andernfalls die Forderung nach Kostenvergleichbarkeit zwischen den einzelnen Jahren grob verletzt würde. Insgesamt wird zuviel abgeschrieben. Da ab dem Zeitpunkt t* ab Bekanntwerden der Änderung die richtigen Kosten-werte bekannt sind, führt dieses Vorgehen zu einer Verletzung des Verursacher-prinzips.

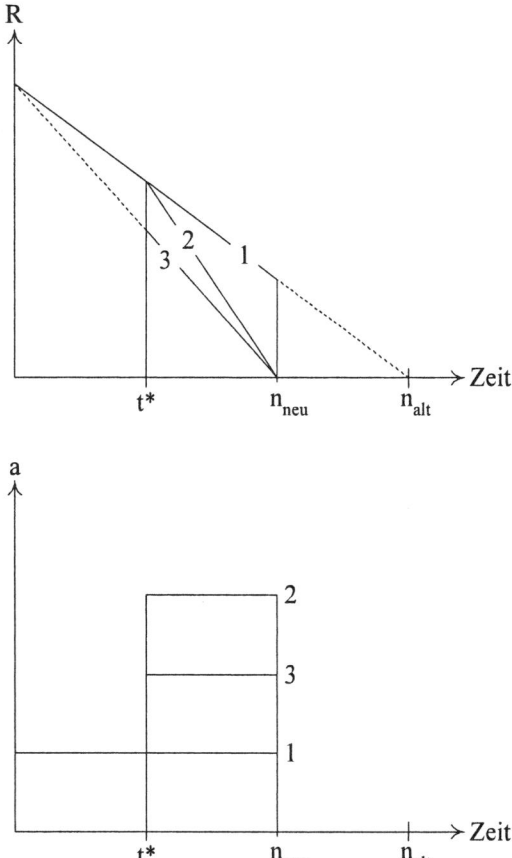

Abb. 26: Restwertverlauf und Abschreibungsbeträge bei zu lang geschätzter Nutzungsdauer

2. Bei Berichtigung des Plans ab dem Zeitpunkt t* gelten dieselben Überlegungen wie oben bei Fall 1. Zwar wird genau die Abschreibungssumme A vollständig auf die Nutzungsjahre n_{neu} verteilt. Allerdings werden zu hohe Abschreibungen der Jahre vor t* durch zu niedrige Abschreibungen der Jahre nach t* kompensiert, alte Fehler werden durch neue Fehler ausgeglichen.

3. Bei völliger Neuberechnung des Abschreibungsplans werden bis zum Zeitpunkt t* die alten, höheren Abschreibungsbeträge

$$a_{alt} = \frac{A}{n_{alt}},$$

ab t* jedoch die neuen, richtigen Abschreibungsbeträge

$$a_{neu} = \frac{A}{n_{neu}}$$

als Kosten verrechnet. Weil sich die alten Abschreibungsbeträge auf eine kürzere Nutzungsdauer beziehen, sind sie zu hoch. Insgesamt wird bei diesem Vorgehen zuviel abgeschrieben.

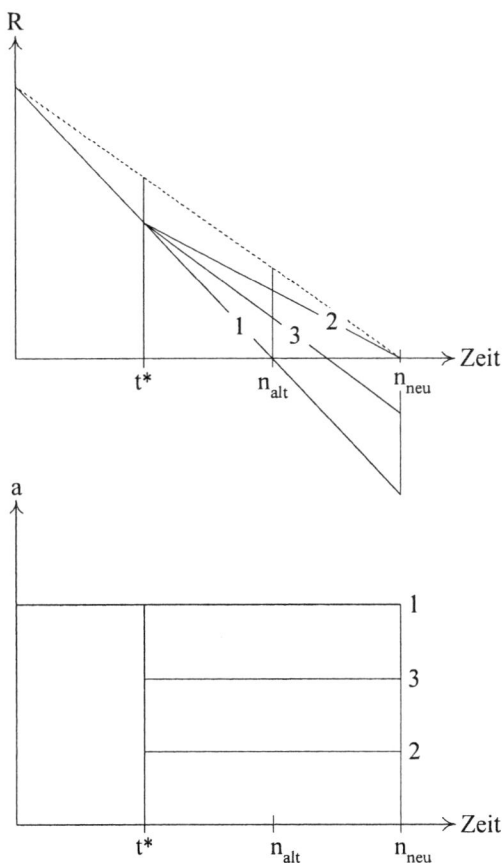

Abb. 27: Restwertverlauf und Abschreibungsbeträge bei zu kurz geschätzter Nutzungsdauer

Fall 3: Die Abschreibungssumme A (Wiederbeschaffungs-kosten) wurde zu niedrig geschätzt.

1. Die Beibehaltung des ursprünglichen Abschreibungsplanes ist abzulehnen, da sie den tatsächlichen Wertverzehr nicht widerspiegelt (Verstoß gegen das Verursachungsprinzip, analog Fall 1 und 2).

2. Die Korrektur des Abschreibungsplans erst ab dem Zeitpunkt t* des Bekanntwerdens der Änderung ist für diesen Fall nicht relevant.

3. Neuberechnung des Abschreibungsplans und Berücksichtigung der neuen, richtigen Abschreibung,

$$a_{neu} = \frac{A_{neu}}{n}$$

ab dem Zeitpunkt t* des Bekanntwerdens der Änderung. Dieses Vorgehen entspricht dem Verursachungsprinzip.

Fall 4: Die Wiederbeschaffungskosten wurden zu hoch geschätzt $(A_{alt} > A_{neu})$

Diese Konstellation entspricht in Zeiten steigender Preise nur in Ausnahmefällen der Realität. Solch eine Ausnahme ist z.B. die Preisentwicklung im EDV-Bereich. Es gelten die obigen Überlegungen in analoger, jedoch umgekehrter Weise.

Wie sich oben gezeigt hat, stehen bei Änderungen der Abschreibungsparameter zwei *Grundprinzipien der Kostenrechnung im Widerstreit*, das Verursachungsprinzip und das Vergleichbarkeitsprinzip. Das Verursachungsprinzip fordert, die Abschreibung so zu berechnen, dass sie dem tatsächlichen Wertverzehr möglichst entspricht. Die völlige Neuberechnung des Abschreibungsplans und die Berücksichtigung der neuen Kosten ab dem Zeitpunkt der Veränderung sind hier die angebrachte Vorgehensweise (obige Vorgehensweise Nr. 3). Allerdings wird dadurch die interperiodische Vergleichbarkeit der Kosten stark beeinträchtigt. Ein Vergleich der Kosten vor und nach dem Zeitpunkt t* des Bekanntwerdens der Änderung ist nicht möglich.

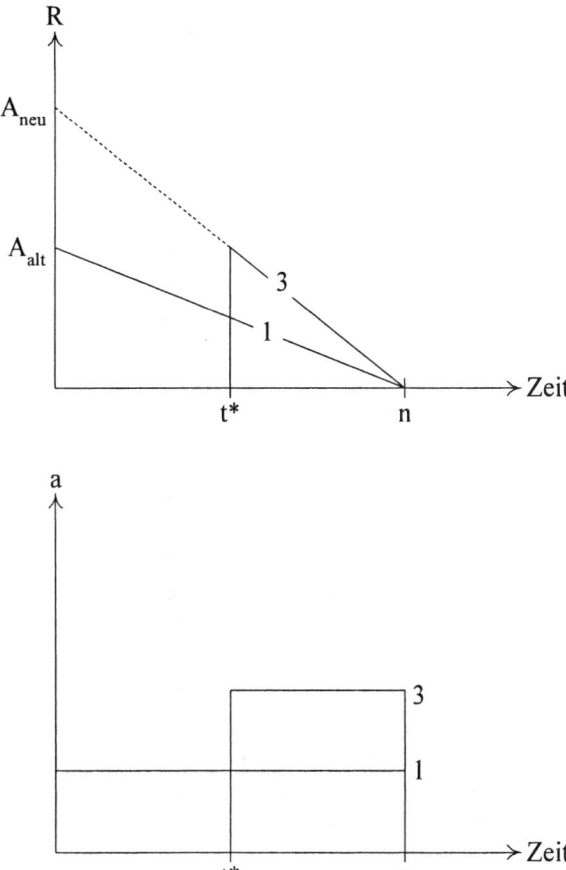

Abb. 28: Restwertverlauf und Abschreibungsbeträge bei zu niedrig
geschätzten Wiederbeschaffungskosten A

Fallbeispiele zu Lerneinheit 10

Beispiel 1:

Eine Maschine wird von der Industrieanlagenvertriebs-GmbH geliefert, montiert und in betriebsbereiten Zustand versetzt. Die Verkäuferin stellt folgende Beträge in Rechnung:

Listenpreis	210.000,-
Montage	15.000,-
Nettobetrag	225.000,-
zzgl. 19 % MwSt	42.750,-
Rechnungsbetrag	267.750,-

Die Nutzungsdauer der Maschine ist mit 5 Jahren anzusetzen. Die Maschine ist bilanziell abzuschreiben. Stellen Sie die Abschreibungspläne für folgende Fälle auf:

Fall I: Lineare Abschreibung
Fall II: Geometrisch degressive Abschreibung (sog. Buchwertabschreibung), Degressionssatz d = 20%[1]
Fall III: Arithmetisch degressive Abschreibung (sog. digitale Abschreibung)

Lösung zu Beispiel 1:

Da die Montagekosten zu den Anschaffungskosten zählen, nicht jedoch die USt (MwSt), darf nur der Betrag von 225.000,-- abgeschrieben werden.

Fall I: Lineare Abschreibung (siehe Tab. 10.1.)

$$\text{Jährlicher Abschreibungsbetrag} \quad a = \frac{A}{n} = \frac{225.000}{5} = 45.000$$

Fall II: Buchwertabschreibung mit d = 20% (siehe Tab. 10.2.)
Da sich bei der Buchwertabschreibung nie ein Restwert von 0 ergeben kann, muss am Ende des letzten Nutzungsjahres (Jahr 5) der gesamte verbliebene Restbuchwert abgeschrieben werden.

Fall III: digitale Abschreibung (siehe Tab. 10.3.)

$$D = \frac{A \cdot 2}{n \cdot (n + 1)} = \frac{225.000}{15} = 15.000$$

$$a_t = 15.000 \cdot (5 + 1 - t) \quad \text{für} \quad t = 1 .... 5$$

---

[1] Der Degressionssatz von d = 20 % gilt ab 2008. In 2007 gilt noch d = 30 %

Fall I: Lineare Abschreibung			
Jahr	Buchwert zu Jahresbeginn	Abschreibung des Jahres	Buchwert am Jahresende
1	225.000	45.000	180.000
2	180.000	45.000	135.000
3	135.000	45.000	90.000
4	90.000	45.000	45.000
5	45.000	45.000	0

Tab. 10.1: Abschreibungsplan bei linearer Abschreibung

Fall II: Geometrisch-degressive (Buchwert-) Abschreibung			
Jahr	Buchwert zu Jahresbeginn	Abschreibung des Jahres	Buchwert am Jahresende
1	225.000	45.000	180.000
2	180.000	36.000	144.000
3	144.000	28.800	115.200
4	115.200	23.040	92.160
5	92.160	92.160	0

Tab. 10.2: Abschreibungsplan bei Buchwertabschreibung (d = 20 %)

Fall III: Arithmetisch-degressive Abschreibung			
Jahr	Buchwert zu Jahresbeginn	Abschreibung des Jahres	Buchwert am Jahresende
1	225.000	75.000	150.000
2	150.000	60.000	90.000
3	90.000	45.000	45.000
4	45.000	30.000	15.000
5	15.0000	15.000	0

Tab. 10.3: Abschreibungsplan bei arithmetisch-degressiver Abschreibung

Beispiel 2:

Die Maschine aus Aufgabe 1 muss auch kalkulatorisch abgeschrieben werden. Das Unternehmen rechnet damit, dass die Beschaffungs- und Montagekosten für die Maschine jährlich um 3% steigen werden. Welche kalkulatorischen Abschreibungen sind jährlich in der Kostenrechnung anzusetzen?

Lösung zu Beispiel 2:

Kalkulatorisch wird i.d.R. linear von den geschätzten Wiederbeschaffungskosten abgeschrieben.
Berechnung der Wiederbeschaffungskosten nach 5 Jahren:

$$WBK_5 = 225.000 \cdot 1,03^5 = 260.837,-$$

Die jährliche kalkulatorische Abschreibung beträgt somit

$$a_t = \frac{260.837}{5} = 52.167,-$$

Beispiel 3:

Nach 2 Jahren stellt sich heraus, dass die Maschine nicht solange genutzt werden kann, wie ursprünglich geplant war. Die neue Nutzungsdauer beträgt 4 Jahre (statt bisher 5 Jahre).

  a) Erstellen Sie den Abschreibungsplan für die bilanzielle Abschreibung. Sie brauchen hier nur die lineare Abschreibung zu behandeln.

  b) Wie lauten die jährlichen Abschreibungsbeträge der kalkulatorischen Abschreibung?

Lösung zu Beispiel 3:

a) Verkürzung der Nutzungsdauer bei der bilanziellen Abschreibung

Die Abschreibungsbasis (A) ändert sich nicht, da nur die pagatorischen (d.h. historischen) Anschaffungskosten von 225.000,-- € abgeschrieben werden dürfen. Ab dem Zeitpunkt, an dem bekannt geworden ist, dass sich die Nutzungsdauer ändert (hier ab Ende von Jahr 2), muss der Restbuchwert dieses Jahres (BW_3 = 135.000,--) linear auf die verbliebene Restnutzungsdauer verteilt werden (2 Jahre). Dies ergibt folgenden Abschreibungsplan (Tab. 10.4.):

Jahr	Buchwert am Jahresanfang		Abschreibung des Jahres		Buchwert am Jahresende	
1	225.000		45.000		180.000	
2	180.000		45.000		135.000	
3	135.000		alt: 45.000	neu: 67.500	alt: 90.000	neu: 67.500
4	alt: 90.000	neu: 67.500	45.000	67.500	45.000	0
5	45.000	---	45.000	---	0	---

Tab. 10.4: Abschreibungsplan zum Beispiel 3

b) Verkürzung der Nutzungsdauer bei der kalkulatorischen Abschreibung

Hier ist so zu verfahren, dass ab dem Zeitpunkt des Bekanntwerdens der Änderung derjenige Abschreibungsbetrag als Kosten angesetzt wird, der sich ergibt, wenn man von Anfang an richtig abgeschrieben hätte.

Alter Abschreibungsbetrag (vor Bekanntwerden der Änderung):
$a_{alt} = 52.167,--$
Diese Kosten werden im Jahr 1 und 2 angesetzt.

Neuer Abschreibungsbetrag (ab Bekanntwerden der Änderung):
Es sind 2 geänderte Einflussgrößen zu berücksichtigen:

1) Die Wiederbeschaffungskosten werden kleiner, da die Preissteigerung des 5. Jahres nicht mehr berücksichtigt werden muss:

$$WBK_4 = 225.000 \cdot 1,03^4 = 253.240,-$$

2) Dieser Betrag ist auf die neue Nutzungsdauer von 4 Jahren linear zu verteilen. Dies ergibt den neuen Abschreibungsbetrag für die Jahre t = 3 und t = 4

$$a_{neu} = \frac{253.240}{4} = 63.310,-$$

Lerneinheit 11: Die kalkulatorischen Zinsen

Lernziele:

* Begründung für und Wesen der kalkulatorischen Zinsen
* Zinsen als Opportunitätskosten
* Der Zinssatz
* Betriebsnotwendiges Vermögen und betriebsnotwendiges Kapital
* Restwert- oder Durchschnittswertprinzip
* Zuordnung nach Beschäftigungsabhängigkeit und Zurechenbarkeit

Einführung

Wesen der und Begründung für den Ansatz kalkulatorischer Zinsen

In der Finanzbuchführung dürfen nur diejenigen Zinsen als Aufwand verrechnet werden, die tatsächlich für Fremdkapital bezahlt wurden. Zinsen auf das Eigenkapital stellen keinen Aufwand dar, selbst wenn sie in Form von Dividenden an die Eigenkapitalgeber ausgeschüttet werden. Der hier zugrundeliegende pagatorische Kostenbegriff verbietet die Behandlung von Eigenkapitalzinsen als Kosten. Der Kostenrechnung liegt jedoch ein anderer, der wertmäßige Kostenbegriff zugrunde. Hiernach sind Kosten jeder in Geld bewertete betriebsbedingte Verzehr von Produktionsfaktoren (Gütern und Dienstleistungen, vgl. LE 2 und LE 6). Wenn also Zinsen Kosten sein sollen, dann muss die Verzinsung Ausdruck des Verzehrs eines Produktionsfaktors sein. In der seit Gutenberg üblichen Einteilung gehören zu den Produktionsfaktoren die sog. Elementarfaktoren (Arbeit, Betriebsmittel und Werkstoffe) und der dispositive Faktor (Geschäftsleitung, Planung, Organisation). (Vgl. hierzu auch LE 1). Wenn das Kapital hier nicht als eigenständiger Produktionsfaktor aufgeführt wird, könnte man daraus die Schlussfolgerung ziehen, dass es nicht verzehrt werden könne und deshalb die Kapitalverzinsung nicht zu den Kosten gehöre. Kapital ist eine abstrakte Geldgröße, das für die Beschaffung von Produktionsfaktoren (z.B. Betriebsmitteln, Werkstoffen) unabdingbar ist. Man bezeichnet es deshalb auch als mittelbaren Produktionsfaktor (so z.B. Schmalenbach). Der Verbrauch von physischen Produktionsfaktoren, z.B. Maschinen führt damit zwangsläufig auch zum Kapitalverzehr. Mit Hilfe dieser Gedankenfolge hat man in der betriebswirtschaftlichen Kostentheorie erreicht, Zinsen auf das eingesetzte Kapital als Kosten behandeln zu können.

Zinsen als Opportunitätskosten

Praktisch einleuchtender kann die Kosteneigenschaft von Zinsen anhand der Opportunitätskosten verdeutlicht werden. Unter Opportunitätskosten versteht man den *Gewinn bei alternativer Verwendung eines Gutes (entgangener Gewinn)*. Würde man das Kapital alternativ, z.B. in festverzinslichen Wertpapieren anlegen, dann erhielte man dafür Zinserträge. Stellt man das Kapital statt dessen dem Betrieb zur Verfügung, dann entgehen einem Gewinne in Höhe dieser Zinserträge (sog. Opportunitätskosten). Da die Kosten die Höhe der Selbstkosten und damit der Verkaufspreise bestimmen, wird durch die Verrechnung von kalkulatorischen Zinsen erreicht, dass über den Umsatzprozess auch die Zinsen auf das Kapital verdient werden, die man bei anderweitiger Kapitalanlage erzielt hätte.

Nach dieser Argumentation wird auch deutlich, dass nicht nur *Zinsen auf das Eigenkapital* als kalkulatorische Kosten verrechnet werden müssen, sondern auch die Zinsen auf das Fremdkapital. Entspricht der *Fremdkapitalzins* dem entgangenen Zins bei alternativer Anlage des Geldbetrages, dann sind die tatsächlich bezahlten Fremdkapitalzinsen (pagatorische Zinsen) als Kosten zu verrechnen. Ist der Fremdkapitalzinssatz niedriger (z.B. bei öffentlich geförderten Darlehen), dann dürfen nicht die tatsächlich bezahlten niedrigeren Fremdkapitalzinsen als kalkulatorische Zinsen verrechnet werden, sondern Zinsen in Höhe der Opportunitätskosten. Analoges gilt, wenn die pagatorischen Zinsen höher sind als die Opportunitätskosten.

Der Zinssatz

Begründet man die Kosteneigenschaft der Zinsen auf Eigen- und Fremdkapital mit Hilfe der Opportunitätskosten, dann ist als Zinssatz der *Habenzinssatz* anzusetzen, der bei Kapitalanlage auf dem Kapitalmarkt langfristig erzielbar ist. Bei Fremdkapital kann dies zu Problemen führen. Schuldzinsen (Sollzinsen) sind i.d.R. höher als Habenzinsen. Werden als kalkulatorische Fremdkapitalzinsen nur die niedrigeren Habenzinsen verrechnet, führt dies dazu, dass in die Verkaufspreise zu wenig kalkulatorische Zinsen eingerechnet und deshalb über den Umsatzprozess die tatsächlichen Zinsaufwendungen (=Auszahlungen) nicht vollständig verdient werden. Aus der Sicht der Substanzerhaltung des Unternehmens ist es deshalb erforderlich, beim Fremdkapital die ggf. höheren *Sollzinsen* als kalkulatorische Zinsen zu verrechnen. In der Praxis findet allerdings überwiegend ein einheitlicher Zinssatz zur Bestimmung der kalkulatorischen Zinsen auf Eigen- und Fremdkapital Anwendung, nämlich der am Kapitalmarkt für langfristige Schulden geltende Zinssatz.

Betriebsnotwendiges Vermögen und betriebsnotwendiges Kapital

Die Höhe der kalkulatorischen Zinsen hängt nicht nur vom Zinssatz ab, sondern auch von der Höhe des zu verzinsenden Kapitals. Entsprechend dem wertmäßigen Kostenbegriff darf nur das Kapital zu Kosten führen, das für die Durchführung und Aufrechterhaltung des betrieblichen Leistungsprozesses erforderlich ist (sog. betriebsnotwendiges Kapital). Man erhält es, indem man die Werte aller Vermögensgegenstände, die betriebsnotwendig sind, addiert. Üblicherweise geht man hier von den *Bilanzansätzen* aus.

Diese Bilanzansätze sind allerdings in zwei Punkten zu korrigieren:

1. In der Bilanz sind alle Vermögensgegenstände erfasst, auch die nicht betriebsnotwendigen. Für den Leistungserstellungsprozess nicht erforderlich (*betriebsnotwendig*) sind z.b. Wertpapiere, die zu Spekulationszwecken gekauft wurden, z.b. Immobilien, die nicht dem Betrieb dienen, wie etwa vermietete Wohnhäuser, brachliegende Grundstücke, landwirtschaftliche Flächen. Solche nicht betriebsnotwendigen Vermögensgegenstände müssen ausgesondert werden.

2. Die Bilanzwerte richten sich nach handels- und steuerrechtlichen Vorschriften. Sie sind meist niedriger als die Zeitwerte, weil sie stille Reserven enthalten (vgl. hierzu Heinhold, Jahresabschluss, 1996, S. 424 ff.). Für die Kostenrechnung müssen sie *mit aktuellen Zeitwerten* bewertet werden.

Das *betriebsnotwendige Vermögen* berechnet sich also folgendermaßen:

+   Gesamtes Vermögen laut Bilanz
−   in der Bilanz enthaltenes betriebsfremdes Vermögen
+   aufgelöste stille Reserven im verbleibenden betriebsnotwendigen Vermögen
+   nicht in der Bilanz enthaltenes betriebsnotwendiges Vermögen (bewertet zu Zeitwerten)
=   betriebsnotwendiges Vermögen

Dieses betriebsnotwendige Vermögen ist mit dem betriebsnotwendigen Kapital identisch.

Für die Ermittlung der kalkulatorischen Zinsen gilt folgendes:
Werden die tatsächlich gezahlten und in der Finanzbuchhaltung als Aufwand gebuchten Fremdkapitalzinsen bereits als Kosten in der Kostenartenrechnung berücksichtigt, dann muss das zugehörige Fremdkapital vom betriebsnotwendigen Kapital abgezogen werden. Die verbleibende Differenz ist das betriebsnotwendige Eigenkapital. Von diesem sind die kalkulatorischen Eigenkapitalzinsen zu berechnen. Werden die pagatorischen Fremdkapitalzinsen aber nicht als Kosten

berücksichtigt (z.b. wegen der ungewöhnlich hoher oder niedriger Zinsen), dann müssen die kalkulatorischen Zinsen auch auf das Fremdkapital berechnet werden. Die Bezugsgröße für die kalkulatorischen Zinsen ist dann nicht das betriebsnotwendige Eigenkapital, sondern das gesamte betriebsnotwendige Kapital.

Restwert- oder Durchschnittswertverzinsung

Das betriebsnotwendige Vermögen ist keine konstante Größe. Es setzt sich aus abnutzbaren und nicht abnutzbaren Teilen zusammen. Durch Abschreibungen und andere Wertminderungen (vgl. LE 10) sinkt der Wert der abnutzbaren Teile des betriebsnotwendigen Vermögens im Zeitablauf. Dementsprechend ist der Gesamtwert des betriebsnotwendigen Vermögens und damit auch des betriebsnotwendigen Kapitals einer Abrechnungsperiode i.d.R. nicht konstant. Es geht nun um die Frage, welchen Wert man für das betriebsnotwendige Kapital bei der Berechnung der kalkulatorischen Zinsen zu Grunde legen soll. Hier gibt es zwei grundsätzliche Möglichkeiten, die Restwert- und die Durchschnittswertverzinsung.

Bei der *Restwertverzinsung* werden jeweils die am Ende der Abrechnungsperiode geltenden Restwerte der einzelnen Teile des betriebsnotwendigen Vermögens, nach Abzug der kalkulatorischen Abschreibungen, mit dem Zinssatz multipliziert. Dies hat zur Folge, dass die kalkulatorischen Zinsen je Vermögensgegenstand von Periode zu Periode sinken und damit die Stückkosten und Verkaufspreise bei Vollkostenrechnung von Periode zu Periode fallen, selbst dann, wenn im übrigen alles unverändert geblieben ist (Zinssatz, Stückzahlen, sämtliche anderen Kosten). Dies widerspricht dem Grundsatz der Vergleichbarkeit (Durchschnittsprinzip). Deswegen wird die Restwertverzinsung im Allgemeinen abgelehnt.

Bei der *Durchschnittswertverzinsung* werden die Durchschnittswerte des betriebsnotwendigen Vermögens zugrunde gelegt. Jedes abnutzbare Anlagegut wird mit der Hälfte seines Anschaffungs- bzw. Herstellungswertes (i.d.R. Wiederbeschaffungswerte) angesetzt. Dem liegt die Überlegung zugrunde, dass zu Beginn die vollen Anschaffungs- bzw. Herstellungswerte als Kapital gebunden sind. Am Ende der Nutzungsdauer ist der Wert des in diesem Vermögensgegenstand gebundenen Kapitals Null, da die kalkulatorischen Abschreibungen über den Markt wiederverdient worden sind. Nach der bekannten Formel:

$$DB = \frac{AB+EB}{2} \qquad \text{mit } DB = \text{Durchschnittsbestand sowie}$$

$$AB = \text{Anfangsbestand}$$
$$EB = \text{Endbestand}$$

wird jeder Gegenstand des abnutzbaren betriebsnotwendigen Anlagevermögens deshalb mit den halben Wiederbeschaffungskosten angesetzt. Bei Gegenständen des nicht abnutzbaren Anlagevermögens stellen sich diese Probleme nicht. Sie werden i.d.R. mit einem konstanten kalkulatorischen Wert, bei Wertschwankungen mit einem Durchschnittswert, angesetzt. Beim Umlaufvermögen wird der Durchschnittswert aus dem Anfangs- und Endbestand einer Abrechnungsperiode ermittelt und der Verzinsung zugrunde gelegt.

Zuordnung nach Zurechenbarkeit und Beschäftigungsabhängigkeit

Kalkulatorische Zinsen sind grundsätzlich *Fixkosten*. Von Spezialfällen einmal abgesehen, handelt es sich um *Kostenträgergemeinkosten*, d.h. sie können den einzelnen Leistungen (Produkt, Dienstleistung) nicht direkt zugerechnet werden. Vom Grundsatz her sind diejenigen kalkulatorischen Zinsen als *Kostenstelleneinzelkosten* zu bezeichnen, die auf betriebsnotwendiges Kapital entfallen, welches eindeutig in einer einzigen Kostenstelle gebunden ist (z.B. die kalkulatorischen Zinsen aufgrund der Kapitalbindung in einer Produktionsanlage, die in der Fertigungskostenstelle II steht). In der Kostenrechnungspraxis wird jedoch i.d.R. nicht so detailliert vorgegangen. Man behandelt kalkulatorische Zinsen als *Kostenstellengemeinkosten*, die den Kostenstellen indirekt über Schlüsselgrößen zugerechnet werden.

Fallbeispiele zu Lerneinheit 11

Beispiel 1

Vor ihnen liegt die entsprechend aufbereitete und ergänzte Bilanz der Holzmaschinen-GmbH (siehe Tab. 11.1.). Unternehmenszweck ist die Herstellung und der Vertrieb von motorisch betriebenen Holzbearbeitungsmaschinen. Ursprünglich hat es sich bei dem Unternehmen um einen Sägewerksbetrieb gehandelt. Vor 30 Jahren wurde der Betrieb umstrukturiert und das Sägewerk aufgegeben. Aus dieser Zeit stammen allerdings noch einige Forstflächen, die im Eigentum des Unternehmens stehen. Da sie betrieblich nicht genutzt werden können, sind sie sehr langfristig an einen Forstbetrieb verpachtet worden. Nachdem seit einigen Jahren der Absatz von manuellen Werkzeugen (Sägen, Hobeln, Stemmeisen, u.dgl.) immer schlechter wurde, hat die Unternehmensleitung diese Produktlinie stillgelegt und die Produktion ausschließlich auf motorisch betriebene Holzverarbeitungsmaschinen beschränkt. Das hierdurch freigewordene Werksgebäude ist an den „Verein für Betreuung und Pflege alter Menschen eV." langfristig vermietet worden.

Außer dem in der Bilanz ausgewiesenen Vermögen nutzt die Holzmaschinen-GmbH eine Reihe von Patenten, mit denen sie verschiedene Bauteile ihrer fertigen Produkte rechtlich schützt. Die Forschungs- und Entwicklungsarbeiten bis hin zur Serienreife und Patentanmeldung wurden von der Holzmaschinen-GmbH selbst geleistet. Da es sich um selbsterstellte immaterielle Vermögensgegenstände handelt, dürfen die Patentrechte wegen § 248 HGB nicht in der Bilanz ausgewiesen werden. Die Unternehmensleitung weiß aber, dass ein Konkurrenzunternehmen 5 Mio. € bezahlen würde, wenn es die patentrechtlich geschützten Bauteile auch herstellen dürfte.

Bilanz der Holzmaschinen-GmbH zum 31.12.

Aktiva	Buchwerte		Zeitwerte (geschätzt)	
	Berichtsjahr	Vorjahr	Berichtsjahr	Vorjahr
Grundstücke	6.000.000	6.000.000	18.000.000	18.000.000
davon verpacht. Forstfläche	(1.000.000)	(1.000.000)	(2.000.000)	(2.000.000)
Gebäude	10.000.000	10.500.000	10.000.000	10.500.000
davon verpachtet an Verein	(1.000.000)	1.050.000)	(1.000.000)	(1.050.000)
technische Anlagen	12.000.000	14.400.000	15.000.000	17.000.000
Vorräte	40.000.000	30.000.000	60.000.000	45.000.000
Forderungen	20.000.000	22.000.000	25.000.000	28.000.000
Bank/Kasse	1.000.000	1.500.000	1.000.000	1.500.000
	89.000.000	84.400.000		
Passiva				
langfr. Verbindlichkeiten	65.000.000	65.000.000	65.000.000	65.000.000
kurzfr. Verbindlichkeiten	17.000.000	11.000.000	17.000.000	11.000.000
Eigenkapital	7.000.000	8.400.000		
	89.000.000	84.400.000		

Tab. 11.1: Bilanz zu Beispiel 1

Berechnen Sie das betriebsnotwendige Vermögen und das für die Ermittlung der kalkulatorischen Eigenkapitalzinsen benötigte betriebsnotwendige Eigenkapital der Holzmaschinen-GmbH! Gehen dabei davon aus, dass die vom Unternehmen bezahlten Fremdkapitalzinsen bereits als Kosten berücksichtigt worden sind.

Lösung zu Beispiel 1:

	Zeitwerte Ende Berichtsjahr	Zeitwerte Ende Vorjahr
+ Grundstücke (ohne Forstflächen)	16.000.000	16.000.000
+ Gebäude (ohne Pflegeverein)	9.000.000	9.450.000
+ Technische Anlagen	15.000.000	17.000.000
+ Vorratsvermögen	60.000.000	45.000.000
+ Forderungen	25.000.000	28.000.000
+ Bank/Kasse	1.000.000	1.500.000
+ Patentrechte	5.000.000	5.000.000
= betriebsnotwendiges Vermögen	= 131.000.000	= 121.950.000
- Verbindlichkeiten, langfristig*)	– 65.000.000	– 65.000.000
- Verbindlichkeiten, kurzfristig*)	– 17.000.000	– 11.000.000
= Betriebsnotwendiges Eigenkapital	= 49.000.000	= 45.950.000
*) Das gesamte Fremdkapital wird hier abgezogen, da die Zinsen bereits als Kosten kalkuliert sind.		

Tab. 11.2: Lösungstabelle zu Beispiel 1

Ermittlung der Durchschnittsbestände:

$$\varnothing \text{ betriebsnotwendiges Vermögen} \quad = \frac{131.000.000 + 121.950.000}{2} = 126.425.000,-$$

$$\varnothing \text{ betriebsnotwendiges Eigenkapital} \quad = \frac{45.950.000 + 49.000.000}{2} = 47.475.000-$$

Bei dieser Art der Bestandsermittlung handelt es sich streng genommen um eine Mischung aus Restwert- und Durchschnittsmethode. Eine reine Durchschnittsmethode kann nicht angewandt werden, da hierzu die jeweiligen Anschaffungskosten der Vermögensgegenstände zum Beschaffungszeitpunkt ebenso bekannt sein müssten, wie die zugehörigen Restwerte bei ihrem Ausscheiden aus dem Betrieb. Zwischen diesen beiden Zeitpunkten können viele Jahre liegen. Außerdem ist dieser Zeitraum für jeden Vermögensgegenstand verschieden. Da diese Informationen nicht vorliegen, wird der Durchschnittsbestand der Restwerte jeweils zu Jahresbeginn und Jahresende berechnet. Es wird also praktisch eine modifizierte Art der Restwertrechnung angewandt.

Beispiel 2:

Die Unternehmensleitung verfolgt die Politik, so viele Schulden wie möglich zu tilgen, um die hohe Verschuldung des Unternehmens zurückzuführen. Sie würde deshalb jeden verfügbaren Euro zur Verminderung der teuren Kredite (Zinssatz 9%) verwenden. Bestimmen Sie die kalkulatorischen Eigenkapitalzinsen!

Lösung zu Beispiel 2:

Nach dem Opportunitätskostenprinzip beträgt der Kalkulationszinssatz 9%.

Kalkulatorische Eigenkapitalzinsen = $0,09 \times 47.475.000{-}{-} = 4.272.750{,}{-}{-}€$

Beispiel 3:

Eine Maschine für 500.000,- € wird zu Jahresbeginn angeschafft. Ihre Nutzungsdauer beträgt 5 Jahre. Die Wiederbeschaffungskosten entsprechen den Anschaffungskosten. Der Kalkulationszinssatz beträgt 8%.

Berechnen Sie die jährlichen kalkulatorischen Zinsen auf das durch diese Maschine gebundene betriebsnotwendige Kapital für die beiden Fälle:

Fall I: Durchschnittsmethode
Fall II: Restwertmethode

Lösung zu Beispiel 3:

Fall I: Durchschnittsmethode:

$$\text{Durchschnittsbestand} = \frac{500.000 + 0}{2} = 250.000{,-}\ €$$

jährl. kalk. Zinsen $= 0,08 \cdot 250.000{,-} = 20.000{,-}\ €$
$= 100.000$ in 5 Jahren

Fall II: Restwertmethode:

Jahr	Restwert zu Jahresbeginn	Abschreibung des Jahres	Restwert am Jahresende	mittlerer Restwert	kalk. Zinsen auf mittl. Restwert
1	500.000	100.000	400.000	450.000	36.000
2	400.000	100.000	300.000	350.000	28.000
3	300.000	100.000	200.000	250.000	20.000
4	200.000	100.000	100.000	150.000	12.000
5	100.000	100.000	0	50.000	4.000
					100.000

Tab. 11.3: Lösungstabelle zu Beispiel 3, Fall II

Lerneinheit 12: Weitere kalkulatorische Kostenarten

Lernziele:

- Kalkulatorischer Unternehmerlohn
- Kalkulatorische Miete
- Kalkulatorische Wagnisse
- Das allgemeine Unternehmerwagnis
- Spezielle Einzelwagnisse
- Die Buchung der kalkulatorischen Kosten

Einführung

Der kalkulatorische Unternehmerlohn

Geschäftsführerbezüge dürfen bei *Einzelunternehmen und Personengesellschaften* (KG, OHG) in der Finanzbuchhaltung und damit in der Handels- und Steuerbilanz nur dann als Aufwand behandelt werden, wenn der Geschäftsführer nicht gleichzeitig Unternehmer bzw. Mitunternehmer (Gesellschafter) ist. Wenn nun Einzelunternehmer oder Gesellschafter von Personengesellschaften Geschäftsführerfunktionen innehaben, dann dürfen Vergütungen, die sie daraus beziehen, nicht als Aufwand oder Kosten gebucht werden (vgl. hierzu auch Heinhold, Hüsing, Bachmann, Die Besteuerung der Gesellschaften Rechtsformen, Herne-Berlin 2004). Ihre Geschäftsführertätigkeit gilt als durch den Unternehmensgewinn abgegolten. Handels- und steuerrechtlich entsteht kein Aufwand, d.h. es wird in der Finanzbuchhaltung, in der Handels- und Steuerbilanz unterstellt, dass durch die Gesellschaftergeschäftsführertätigkeit kein Verbrauch von Gütern oder Dienstleistungen stattfindet (zur Aufwandsdefinition vgl. LE 2). Aus betriebswirtschaftlicher Sicht findet hingegen sehr wohl ein Produktionsfaktorverzehr statt. Die Geschäftsleitung zählt im Rahmen des sog. dispositiven Faktors unstreitig zu den Produktionsfaktoren (vgl. LE 1). Dem muss in der Kostenrechnung Rechnung getragen werden. Der Wert des verbrauchten Produktionsfaktors Geschäftsleitung, d.h. der Wert der Geschäftsführerleistung von Gesellschaftern (kurz: Unternehmerlohn) muss als Kosten berücksichtigt werden. Es handelt sich um kalkulatorische Kosten (genauer: Zusatzkosten, vgl. LE 2), da der Unternehmerlohn in der handelsrechtlichen Buchführung weder als Aufwand noch als Kosten erfasst wurde. Bei der Bewertung bedient man sich des Opportunitätskostengedankens. Als kalkulatorischer Unternehmerlohn ist der Betrag anzusetzen, den der Unternehmer als Geschäftsführerbezug erhalten würde, wenn er seine Tätigkeit in einem vergleichbaren, aber fremden Unternehmen ausüben würde (kalkulatorischer Unternehmerlohn = entgangenes Gehalt). Die in Deutschland gezahlten Geschäftsführergehälter werden laufend von Fachinstituten empirisch ermittelt und in der Fachpresse veröffentlicht.

Bei *Kapitalgesellschaften* (GmbH und AG) sind Geschäftsführerentgelte stets als Personalaufwand in der Finanzbuchhaltung zu buchen, auch wenn es sich bei den Geschäftsführern um die Eigentümer (Gesellschafter) des Unternehmens handelt. Sie können deshalb direkt als Kosten in die Kostenrechnung übernommen werden - allerdings nicht als kalkulatorische Kosten, sondern als Personalkosten (vgl. LE 8). Wenn allerdings die Geschäftsführerbezüge eines geschäftsführenden Gesellschafters außergewöhnlich niedrig oder außergewöhnlich hoch sind, dann ist es auch in der Kapitalgesellschaft sinnvoll, kalkulatorische Geschäftsführergehälter als Anderskosten in der Kostenrechnung zu berücksichtigen. In der Praxis finden sich atypisch niedrige Geschäftsführergehälter von Gesellschaftern z.B. in Unternehmenskrisen, wenn der Gesellschafter zur Rettung seines Unternehmens auf sein Gehalt ganz oder teilweise verzichtet. Überhöhte Geschäftsführerbezüge werden meist aus steuerlichen Gründen bezahlt (Näheres hierzu vgl. bei Heinhold, Hüsing, Bachmann, Die Besteuerung der Gesellschaften, Rechtsform, Herne-Berlin 2004, siehe insbesondere unter dem Stichwort „verdeckte Gewinnausschüttung").

Die kalkulatorische Miete

Die Gründe für den Ansatz kalkulatorischer Mieten sind dieselben wie beim kalkulatorischen Unternehmerlohn. Es wird dem Unternehmen von seinem Eigentümer (seinen Gesellschaftern) Nutzungspotential zur Verfügung gestellt, für das kein Entgelt bezahlt wird. Beim kalkulatorischen Unternehmerlohn handelt es sich um die Überlassung der Arbeitskraft des Unternehmers, bei der kalkulatorischen Miete um die Überlassung von Privatvermögen. Werden Gegenstände, die dem Unternehmer privat gehören, z.B. Grundstücke, Gebäude, Gebäudeteile, Maschinen, Rechte u. dgl., betrieblich genutzt, müssen hierfür Kosten angesetzt werden in Höhe der Miete, die der Betrieb bei Fremdanmietung hierfür bezahlen müsste bzw. in Höhe der entgangenen Mieteinnahmen, die der Unternehmer bei Vermietung an fremde Dritte erzielen würde (Opportunitätskosten). Dies ist allerdings nur in dem Ausmaß zulässig, in dem für diese Vermögensgegenstände keine kalkulatorischen Eigenkapitalzinsen angesetzt worden sind. Sonst würde man den Nutzenentgang zweifach erfassen - einmal als entgangene Miete, zum anderen als entgangene Zinsen auf das in diesen Vermögensgegenständen gebundene Kapital.

Kalkulatorische Wagnisse

Die betriebliche Tätigkeit ist mit einer Vielzahl von Risiken verbunden. Treten diese Risiken ein, dann führt dies zu einem Wertverzehr. In der handelsrechtlichen und steuerrechtlichen Finanzbuchhaltung führen solche Risiken dann zu Aufwand, wenn sie tatsächlich eingetreten sind (z.B. ein Hochwasserschaden). Die Kostenrechnung dagegen darf nicht von solchen außergewöhnlichen und unregelmäßig auftretenden Schadensfällen verzerrt werden, sonst wäre die Vergleichbarkeit der Kostenrechnungsergebnisse nicht mehr gewährleistet. Hier sind deshalb nicht die tatsächlichen Schadenshöhen und Schadenszeitpunkte maßgeblich, vielmehr sind betriebs- und branchentypische durchschnittliche Schadenshöhen zugrunde zu legen und gleichmäßig auf die Perioden zu verteilen.

Funktion von Wagniskosten

Aufgabe der kalkulatorischen Wagniskosten ist es, den durchschnittlichen betriebs- und branchentypischen Wertverzehr aufgrund solcher Risiken als Kosten zu erfassen und bei der Preisbestimmung zu berücksichtigen. So soll erreicht werden, dass die Verkaufspreise auch solche durchschnittlichen Schäden abdecken. Der Kalkulation von Wagniskosten kommt damit die Funktion einer Versicherung gegen Schadensfälle zu (sog. *Selbstversicherung*). Wenn für bestimmte Schadensfälle (z.B. Brand, Diebstahl, Forderungsausfall) Fremdversicherungen abgeschlossen wurden, dann sind die bezahlten Versicherungsprämien ohnehin Kosten (Dienstleistungskosten, vgl. LE 9). Fremdversicherte Wagnisse dürfen deshalb nicht nochmals als kalkulatorische Kosten berücksichtigt werden. Lediglich Wagnisse, für die kein oder kein ausreichender Fremdversicherungsschutz besteht, dürfen in den kalkulatorischen Wagniskosten berücksichtigt werden.

Die Frage, für welche Arten von Risiken in der Kostenrechnung Vorsorge getroffen werden kann, führt zur Unterscheidung zwischen dem allgemeinen Unternehmerwagnis und speziellen Einzelwagnissen.

Das allgemeine Unternehmerwagnis

Es entsteht mit der Teilnahme am Wirtschaftsgeschehen und betrifft das Unternehmen als Ganzes (z.B. Konjunkturflauten, Rezessionen, Inflation, Folgen von technischem Fortschritt, von allgemeinen wirtschaftspolitischen Weichenstellungen, Globalisierungsfolgen u.dgl.). Gegen dieses Risiko kann man sich nicht versichern, weder durch Fremdversicherung bei einer Versicherungsgesellschaft, noch durch Selbstversicherung mittels kalkulatorischer Kosten. Das allgemeine Unternehmerwagnis wird durch den Gewinn abgegolten.

Die speziellen Einzelwagnisse

Versicherungsfähig und in den kalkulatorischen Kosten erfassbar sind hingegen die sog. speziellen Einzelwagnisse. Hierzu zählen:

1. Das Beständewagnis
Es umfasst Wertminderungen im Vorratsvermögen (bei den Roh-, Hilfs- und Betriebsstoffen, bei den unfertigen und fertigen Erzeugnissen sowie bei den Handelswaren, vgl. LE 7). In den kalkulatorischen Beständewagniskosten sollen Wertminderungen durch Schwund, Veralten, Preisverfall u.dgl. erfasst werden.

2. Das Anlagenwagnis
Grundsätzlich wird der Wertverzehr des Anlagevermögens bereits durch die kalkulatorischen Abschreibungen berücksichtigt. Die kalkulatorischen Anlagewagniskosten sollen darüber hinausgehenden Wertverzehr berücksichtigen, z.B. durch Maschinenbruch, durch Blitzschlag, durch Hochwasser, aber auch durch Fehler bei der Berechnung der kalkulatorischen Abschreibungen.

3. Das Fertigungswagnis
Durch die kalkulatorischen Fertigungswagniskosten sollen Mehrkosten im Bereich der Fertigung berücksichtigt werden. Sie können z.B. entstehen durch Konstruktionsfehler, durch Arbeitsausfälle, durch Garantie- und Gewährleistungsverpflichtungen.

4. Das Entwicklungswagnis
In den kalkulatorischen Entwicklungswagniskosten werden Kosten für fehlgeschlagene Forschungs- und Entwicklungsarbeiten erfasst.

5. Das Vertriebswagnis
In den kalkulatorischen Vertriebswagniskosten werden Wertminderungen und Verluste im Vertriebsbereich des Unternehmens erfasst. Hierzu zählen vor allem Forderungsausfälle, Währungsverluste, Schäden im Verpackungs- und Transportbereich.

6. Sonstige Wagnisse
In den kalkulatorischen Kosten für sonstige Wagnisse werden all diejenigen Wertverluste erfasst, die weder zum allgemeinen Unternehmensrisiko, noch zu den obigen fünf Einzelwagnissen zählen. Hierzu zählen insbesondere Schäden im Umweltbereich sowie branchen- und betriebsspezifische Risiken, z.B. Bergschäden, Schäden aus Schiffsuntergängen, aus Flugzeugabstürzen u.dgl.

Die Buchung der kalkulatorischen Kosten

Es gibt viele Unternehmen, die in der Finanzbuchhaltung auch die für die Kostenrechnung relevanten Kosten erfassen möchten. Hierzu ist es erforderlich, die kalkulatorischen Kosten erfolgsneutral in die Finanzbuchhaltung einzubringen. Erfolgsneutral muss der Vorgang sein, da kalkulatorische Kosten handelsrechtlich keinen Aufwand darstellen (vgl. LE 2 und 6). Buchungstechnisch löst man dieses Problem sehr einfach. Man bucht die kalkulatorischen Kosten auf ein Kostenkonto der Kostenklasse 4 (des Gemeinschaftskontenrahmens der Industrie). Gleichzeitig bucht man einen neutralen Ertrag in derselben Höhe auf dem Ertragskonto der Klasse 2 („2 verrechnete kalkulatorische Kosten"). Auf diese Weise lassen sich sämtliche kalkulatorischen Kosten auf den Kostenkonten der Klasse 4 sammeln. Dennoch beeinflusst diese Buchung das handels- und steuerrechtliche Ergebnis wegen der neutralisierenden Ertragsgegenbuchung nicht (Näheres vgl. bei Heinhold, Buchführung in Fallbeispielen, 10. Aufl. Stuttgart 2006, LE 15).

Fallbeispiele zu Lerneinheit 12

Beispiel 1:

Ein Unternehmen, das mit gebrauchten Autoersatzteilen handelt, hat in seinem Gebrauchtteillager in den letzten 10 Jahren folgende Abweichungen zwischen Buchbestand (laut Skontrationsmethode) und Inventurbestand (vgl. LE 7) festgestellt:

Jahr	Bestand laut Buchhaltung zum 31.12.	Inventurbestand zum 31.12.
– 10	250.000	235.000
– 9	310.000	296.000
– 8	300.000	290.000
– 7	270.000	260.000
– 6	290.000	275.000
– 5	260.000	246.000
– 4	300.000	285.000
– 3	320.000	302.000
– 2	310.000	298.000
– 1	320.000	304.000
0	330.000	260.000

Abb. 12.1: Angaben zum Beispiel 1: Buch - und Inventurbestände

Wie groß ist das durchschnittliche kalkulatorische Beständewagnis in % der Buchwerte aus der Erfahrung der 10 Vorjahre anzusetzen?

Lösung zu Beispiel 1:

Es ist zweckmäßig, den Schwund der 10 Vorjahre in % des Buchwertes auszudrücken: Hierzu ist zunächst die obige Tabelle (Tab. 12.1.) um den Schwund je Jahr zu ergänzen (siehe Tab. 12. 2.).

Jahr	Buchwert	Schwund in €
– 10	250.000	15.000
– 9	310.000	14.000
– 8	300.000	10.000
– 7	270.000	10.000
– 6	290.000	15.000
– 5	260.000	14.000
– 4	300.000	15.000
– 3	320.000	18.000
– 2	310.000	12.000
– 1	320.000	16.000
Summe	2.930.000	139.000

Tab. 12.2: Buchwert und Schwund je Jahr

Als Ergebnis erhält man einen durchschnittlichen Schwund von
139.000 / 2.930.000 = 4,7 % des Buchwertes.

Beispiel 2:

Berechnen Sie die kalkulatorischen Beständewagniskosten und den tatsächlichen Bestandsschwund des Jahres 0.

Führen Sie die Buchungen in der Finanzbuchhaltung auf T-Kontern durch!

Lösung zu Beispiel 2:

Kalkulatorische Beständewagniskosten = 4,7 % von 330.000,-- € = 15.510,-- €
Tatsächlicher Schwund: 70.000,-- €

Buchungssätze:

1. Buchung des kalkulatorischen und des tatsächlichen Schwundes:

kalkulatorisch Kosten	an	verrechnete kalk. Kosten(15.510)
a.o. Aufwand	an	Vorräte (70.000)

2. Abschluss der Konten über neutrales Ergebnis- und Betriebsergebniskonto:

Betriebsergebniskonto	an	kalk. Kosten (15.510)
verrechnete kalk. Kosten	an	neutrales Ergebniskonto (15.510)
neutrales Ergebniskonto	an	außerordentlicher Aufwand (70.000)

3. Abschluss der Ergebniskonten über das GuV-Konto:

GuV-Konto	an	Betriebsergebniskonto (15.510)
GuV-Konto	an	neutrales Ergebniskonto (54.490)

In Kontendarstellung ergibt sich hierfür (auf Kontenklassen nach GKR):

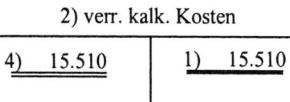

2) verr. kalk. Kosten		4) kalk. Kosten	
4) 15.510	1) 15.510	1) 15.510	3) 15.510

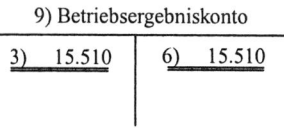

2) a.o. Aufwand	
2) 70.000	5) 70.000

9) Betriebsergebniskonto		9) neutrales Ergebniskonto	
3) 15.510	6) 15.510	5) 70.000	4) 14.500
			7) 54.490
		70.000	70.000

9) GuV-Konto	
6) 15.510	
7) 54.490	

Abschnitt 3: Die Kostenstellenrechnung

Lerneinheit 13: Die Gliederung des Betriebs in Kostenstellen

Lernziele:

- Der Kostenstellenbegriff
- Aufgaben der Kostenstellenrechnung
- Gliederungskriterien und Arten von Kostenstellen
- Prinzipien der Kostenstellengliederung
- Anzahl der Kostenstellen (Feinheit der Kostenstellengliederung)
- Der Kostenstellenplan

Einführung

Der Kostenstellenbegriff

Unter einer Kostenstelle versteht man einen Teilbereich des Betriebs, der in der Kostenrechnung selbständig abgerechnet wird. Je nach betriebsindividuellem Bedarf kann die Kostenstellengliederung bezüglich Anzahl und Größe der Kostenstellen unterschiedlich gestaltet werden.

Kostenstellen können z.B. sein

- im einfachsten Fall der gesamte Betrieb als eine einzige Kostenstelle (dieser Fall ist in der Praxis irrelevant),
- Organisationseinheiten (z.B. Abteilungen und Unterabteilungen),
- einzelne Arbeitsplätze (z.B. Maschinen).

Aufgaben der Kostenstellenrechnung

Ehe wir uns überlegen, wie die Kostenstellenrechnung konkret ausgestaltet sein soll, ist es sinnvoll, sich nochmals die Aufgaben vor Augen zu halten, die die Kostenstellenrechnung zu erfüllen hat (vgl. hierzu auch LE 3). Die Kostenstellenrechnung hat die Antwort auf die Frage zu liefern:

„Wo im Betrieb sind welche Kosten in welcher Höhe entstanden?"

Mit der Antwort auf diese Frage werden *drei Zwecke* erfüllt:

1. Kontrollfunktion der Kostenstellenrechnung
Erst wenn man weiß, welche Kosten von den einzelnen Kostensstellen verursacht worden sind, ist eine Kostenkontrolle sinnvoll. Sachliche Ursachen und

verantwortliche Personen für besonders hohe oder niedrige Kostenbelastungen einzelner Unternehmensteile lassen sich mit Hilfe der Kostenstellenrechnung herausfinden.

2. *Hilfsfunktion für die Kostenträgerrechnung*

In komplexer strukturierten Produktionsprozessen werden die Kostenstellen von den verschiedenen Produkten in unterschiedlichstem Maße betroffen. Eine verursachungsgerechte Ermittlung der Selbstkosten je Produkteinheit (z.B. je Stück) erfordert, dass jedem Produkt individuell der Anteil an den Kosten einer Kostenstelle zugerechnet wird, der der tatsächlichen Belastung dieser Stelle durch das Produkt entspricht. Das folgende Beispiel soll dies verdeutlichen (vgl. Abb. 29):

	Fertigungs-kosten-stelle 1	Fertigungs-kosten-stelle 2	Gesamt
Gemeinkosten	2.500.000	1.200.000	3.700.000
Kostenstellenbelastung (Maschinenminuten je Monat)			
Produkt A	2.000	5.000	7.000
Produkt B	6.000	1.000	7.000
	8.000	6.000	14.000
Gemeinkosten je Maschinenminute (Kalkulationssatz)	312,50	200,--	264,29

Abb. 29: Die Abhängigkeit der Kostenträgerrechnung von der Detailliertheit der Kostenstellenrechnung

Ohne Untergliederung in Kostenstellen würden sich die Gemeinkosten von 3.700.000,-- € wie folgt auf die beiden Produkte aufteilen:

auf Produkt A: $7.000 \cdot 264,29 = 1.850.000,-$
auf Produkt B: $7.000 \cdot 264,29 = 1.850.000,-$

Bei Untergliederung in zwei Fertigungskostenstellen entfallen von den gesamten Gemeinkosten

auf Produkt A: $2.000 \cdot 312,5 + 5.000 \cdot 200 = 1.625.000,-$
auf Produkt B: $6.000 \cdot 312,5 + 1.000 \cdot 200 = 2.075.000,-$

Wurden von jedem Produkt z.B. 10.000 Stück hergestellt, dann ergeben sich folgende Fertigungsgemeinkosten je Stück (vgl. Abb. 30):

Fertigungsgemeinkosten je Stück	mit Kostenstellen- untergliederung	ohne Kostenstellen- untergliederung
Produkt A	162,5	185,-
Produkt B	207,5	185,-

Abb. 30: Die Stückgemeinkosten in Abhängigkeit von der Kostenstellengliederung

Im Sinne einer verursachungsgerechten Kostenträgerrechnung ist eine geeignete Kostenstellenuntergliederung immer dann erforderlich, wenn die Kostenstellen von den verschiedenen Produkten unterschiedlich stark in Anspruch genommen werden. In diesen Fällen trägt die Kostenstellenrechnung dazu bei, die Genauigkeit der Kostenträgerrechnung (Kalkulationssätze) entsprechend dem Verursachungsprinzip zu erhöhen.

3. Informationsfunktion für die Unternehmensleitung
Hier besteht die Aufgabe der Kostenstellenrechnung darin, praxisrelevante Kostendaten für die Unternehmensplanung zu liefern (Hilfsfunktion für die Unternehmensplanung).

Gliederungskriterien und Arten von Kostenstellen

Kostenstellen können nach verschiedensten Kriterien gebildet werden. In der Praxis findet man insbesondere Untergliederungen

- nach räumlichen Gesichtspunkten,
- nach Verantwortungsbereichen,
- nach funktionalen Gesichtspunkten,
- nach abrechnungstechnischen Gesichtspunkten.

Bei der *Einteilung nach räumlichen Gesichtspunkten* werden räumlich abgegrenzte Betriebsteile in Kostenstellen zusammengefasst. Sinnvoll ist dies allerdings nur dann, wenn in diesen Kostenstellen nur eine Funktion (Verrichtung) unter einheitlicher Leitung (Verantwortung) ausgeführt wird. Wenn es Überschneidungen nach dem funktionalen oder Verantwortungskriterium ergibt, sollte die räumliche Einheit in weitere Kostenstellen aufgespalten werden. Sinnvoll ist die räumliche Untergliederung immer dann, wenn dieselbe Verrichtung an verschiedenen Orten unter verschiedener Leitung ausgeführt wird (z.B. verschiedene Auslieferungsstellen oder verschiedene Produktionsstätten).

Bei der *Einteilung nach Verantwortungsbereichen* steht die Kostenkontrolle im Vordergrund. Die Kostenstellengliederung hat so zu erfolgen, dass Kostenhöhe und Kostenabweichungen eindeutig einem als Entscheidungsträger verantwortlichen Kostenstellenleiter zugeordnet werden können (z.B. Hauptabteilungsleiter, Abteilungsleiter, Meister).

Bei der *Einteilung nach funktionalen Gesichtspunkten* werden jeweils gleiche oder ähnliche Tätigkeitsarten (z.B. Verwaltung, Reparatur, Fertigung, Vertrieb) in Kostenstellen zusammengefasst. Insbesondere in der Fertigung werden die Kostenstellen sehr detailliert nach einzelnen Verrichtungsarten untergliedert (z.B. Dreherei, Schleiferei, Stanzerei, Bohrerei, Fräserei u.dgl.). Geht die Untergliederung bis zum einzelnen Arbeitsplatz bzw. bis zur einzelnen Maschine, dann spricht man von einer Platzkostenrechnung (Maschine 1 = Kostenstelle 1, Maschine 2 = Kostenstelle 2, usw.).

Bei der *Einteilung nach abrechnungstechnischen Gesichtspunkten* steht die Frage im Vordergrund, ob die Kosten der Kostenstelle direkt auf den Kostenträger weiterverrechnet werden, oder ob die Kostenstellenkosten den Kostenträger nur indirekt, d.h. nach Verteilung (Umlage) auf andere Kostenstellen zugerechnet werden.

Hiernach unterscheidet man Vorkostenstellen und Endkostenstellen.

Vorkostenstellen (auch Hilfskostenstellen i.w.S.) geben ihre Leistungen an andere Kostenstellen ab. Ihre Kosten werden nicht direkt, sondern auf dem Umweg der Umlage auf Endkostenstellen auf die Kostenträger verrechnet. Die Vorkostenstellen unterteilt man weiter in Hilfskostenstellen i.e.S. und allgemeine Kostenstellen. *Hilfskostenstellen* (i.e.S.) geben ihre Leistungen nur an bestimmte Endkostenstellen ab (z.B. die Arbeitsvorbereitung oder die Reparaturwerkstatt als Fertigungshilfskostenstelle, der innerbetriebliche Transport als Materialhilfskostenstelle oder die Werbungsabteilung als Vertriebshilfskostenstelle). *Allgemeine Kostenstellen* geben ihre Leistungen an mehrere bzw. alle Kostenstellen ab (z.B. Wasserversorgung, Heizung, Grundstücke und Gebäude, Kantine, Hausmeister).

Die Leistung der *Endkostenstellen* geht direkt in den Kostenträger ein. Es erfolgt keine Umlage über andere Kostenstellen. Man unterteilt die Endkostenstellen in Hauptkostenstellen und in Nebenkostenstellen. In den *Hauptkostenstellen* werden die Leistungen für die Produkte erbracht, die zum eigentlichen Produktionsprogramm des Unternehmens gehören. In *Nebenkostenstellen* werden Leistungen zur Erstellung und Verwertung von Nebenprodukten erbracht (z.B. Abfallverwertung, Verarbeitung von prozessbedingten Kuppelprodukten wie etwa Gasen).

Eine Übersicht über die Gliederung der Kostenstellen nach abrechnungstechnischen Gesichtspunkten gibt die Abb. 31.

Prinzipien der Kostenstellengliederung

Um Unklarheiten und Unstimmigkeiten zu vermeiden, sind bei der Kostenstellengliederung folgende Grundsätze zu beachten:

1. *Identität von Kostenstelle und Verantwortungsbereich*

   Es muss verhindert werden, dass Kompetenzüberschneidungen derart stattfinden, dass die von verantwortlichen Entscheidungsträgern verursachten Kosten anderer Kostenstellen zugerechnet werden. Die jeweiligen Kostenstellenleiter müssen für ihre eigenen Kosten selbst verantwortlich sein. Die Kostenstellenstruktur darf deshalb nicht im Widerspruch zur Entscheidungshierarchie stehen.

2. *Einheitliche Messbarkeit der Kostenstellenleistung*

   Die Leistung einer Kostenstelle muss sich in sinnvollen und eindeutigen Maßgrößen messen lassen. In Frage kommen technische Größen, z.B. Maschinenstunden, Fertigungsstunden oder Wertgrößen, z.B. gezahlte Fertigungslöhne. Damit soll sichergestellt sein, dass die Weiterverrechnung der Kostenstellenkosten auf die Kostenträger einfach und verursachungsgerecht nach der Inanspruchnahme der Kostenstelle durch den Kostenträger erfolgen kann.

3. *Eindeutigkeit der Kostenzurechnung*

   Die Kostenstellen müssen so definiert sein, dass die Kostenarten eindeutig den Kostenstellen direkt oder indirekt über Schlüsselgrößen zugerechnet werden können.

4. *Wirtschaftlichkeit*

   Je differenzierter die Kostenstellengliederung und je größer die Anzahl der Kostenstellen ist, desto besser lassen sich die obigen Forderungen erfüllen. Desto teurer und aufwendiger wird allerdings auch die Kostenerfassung und -verrechnung.

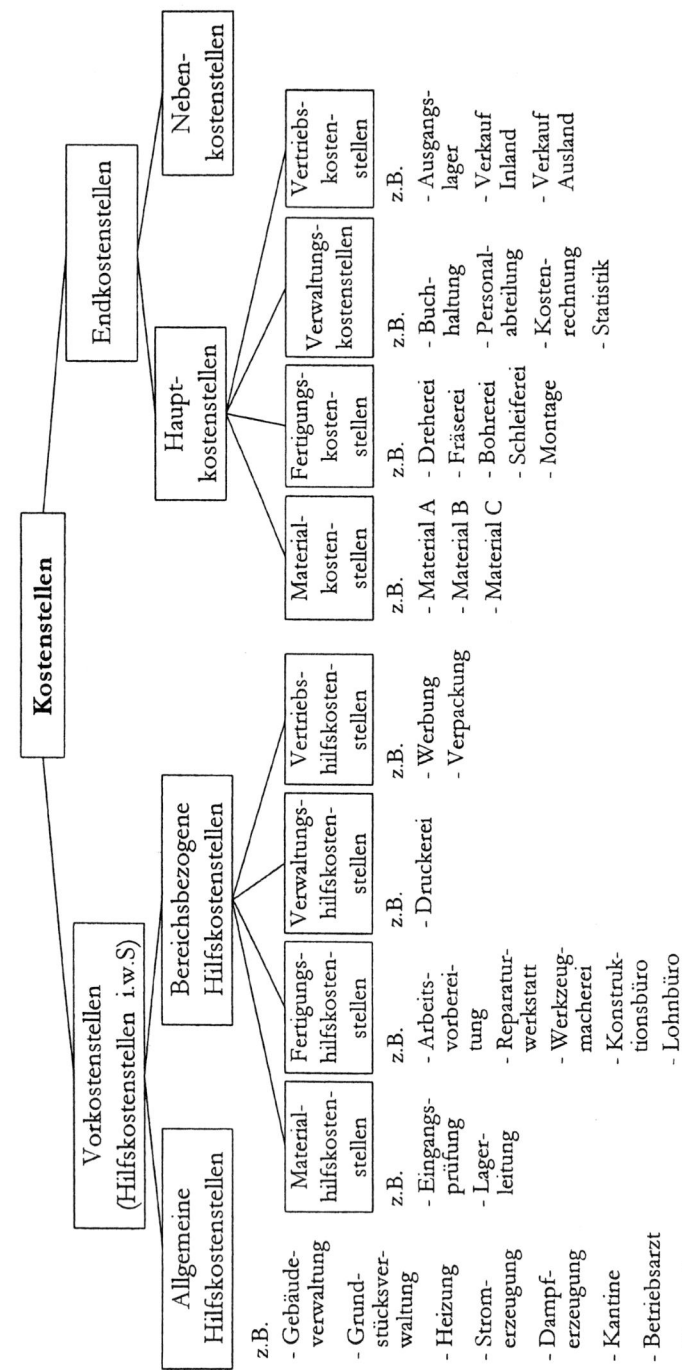

Abb. 31: Übersicht über die Gliederung der Kostenstellen nach abrechnungstechnischen Gesichtspunkten

Feinheit der Kostenstellengliederung (Anzahl der Kostenstellen)

Das Wirtschaftlichkeitspostulat fordert hier, die Kostenstellen nur so detailliert zu gliedern, dass nicht übermäßige Präzision durch überhöhten Aufwand erkauft wird. Natürlich hängt die Detailliertheit der Kostenstellengliederungen von den verfolgten Zwecken ab. Es mag z.B. durchaus sinnvoll sein, im Fertigungsbereich eine Platzkostenrechnung durchzuführen (jede Maschine ist eine eigene Kostenstelle, vgl. hierzu das Beispiel in Abb. 64, LE 26). Ob allerdings im Vertriebsbereich jeder LKW eine eigene Kostenstelle darstellen soll, oder sogar für jede Zugmaschine und für jeden Hänger eine gesonderte Kostenstelle eingerichtet werden soll, muss zumindest gründlich überlegt werden. Analoges gilt für den Verwaltungsbereich. In der industriellen Praxis hat es sich als zweckmäßig herausgestellt, nur im Fertigungsbereich (d.h. bei den Fertigungskostenstellen) eine tiefere Untergliederung vorzunehmen. Beim Material-, Verwaltungs- und Vertriebsbereich genügen weniger Kostenstellen. In Kleinbetrieben kommt man hier sogar meist nur mit jeweils einer Kostenstelle aus (Materialkostenstelle, Verwaltungskostenstelle, Vertriebskostenstelle).

Bei der Antwort auf die Frage, wie detailliert man die Kostenstellengliederung vornehmen soll, können quantitative *Fehlerrechnungen* Hilfe leisten. Die Kostenstellenrechnung ist das Bindeglied zwischen der Kostenarten- und der Kostenträgerrechnung.

Die Kostenstellengliederung ist deshalb dann optimal, wenn sie eine möglichst genaue Zurechnung der Gemeinkosten auf die Kostenträger ermöglicht.

Die Kostenstellengliederung hat also so detailliert zu erfolgen, dass die Kostenträgerrechnung hinreichend genau wird. In der Kostenträgerrechnung werden die Gemeinkosten mit Hilfe von Kalkulationssätzen (z.B. Maschinenstundensätzen) den Kostenträgern zugerechnet.

Wir verwenden folgende Symbole:

j = 1 ... m = Nummer der Kostenstelle

K_j = Gemeinkosten der Kostenstelle j in der Abrechnungsperiode

B_j = Bezugsgröße der Kostenstelle j (z.B. Anzahl der Maschinenlaufstunden in der Abrechnungsperiode)

k_j = Kalkulationssatz der Kostenstelle j.

Der Kalkulationssatz k_j berechnet sich aus den Kostenstellengemeinkosten K_j und der Bezugsgröße B_j zu:

$$k_j = \frac{K_j}{B_j} \qquad \text{für alle } j = 1 \dots m$$

Fasst man zwei Kostenstellen (z.B. $j = 1$ und $j = 2$) zu einer einzigen Kostenstelle ($j = 1 + 2$) zusammen, so ergibt sich der Kalkulationssatz k_{1+2} für die neue, größere Kostenstelle zu

$$k_{1+2} = \frac{K_1 + K_2}{B_1 + B_2} \;.$$

Durch die Zusammenlegung der beiden Kostenstellen 1 und 2 wird die Kostenträgerrechnung ungenauer, weil ein durchschnittlicher anstelle von zwei differenzierten Kalkulationssätzen verwendet wird. Die Ungenauigkeiten (Abweichungen) kann man berechnen:

$$\left| k_{1+2} - k_1 \right| = \text{Abweichung bei Kostenstelle 1}$$

$$\left| k_{1+2} - k_2 \right| = \text{Abweichung bei Kostenstelle 2}$$

Der relative Fehler f beträgt

$$f_1 = \frac{\left| k_{1+2} - k_1 \right|}{k_1} \quad \text{bzw.}$$

$$f_2 = \frac{\left| k_{1+2} - k_2 \right|}{k_2} \;.$$

Übersteigt der relative Fehler f_1 oder f_2 die gewünschte Mindestgenauigkeit f, dann dürfen die Kostenstellen nicht zusammengelegt werden.

Betrachten wir nochmals unser obiges Beispiel (Abb. 29 und Abb. 30) Wird als Zielgröße für die Kalkulation ein maximaler relativer Fehler von $f = 10\%$ vorgegeben, dann dürfen die beiden Kostenstellen nicht zusammengelegt werden (siehe Abb. 32). Die Fehlertoleranz würde damit deutlich überschritten.

Der Kostenstellenplan

Die erforderliche Anzahl, die Größe und der sachliche Bezug der Kostenstellen eines Unternehmens kann nicht allgemeingültig angegeben werden. Die zweckmäßige Ausgestaltung der Kostenstellen ist individuell verschieden und hängt von einer Vielzahl von Einflussgrößen ab. Neben der Betriebsgröße, dem Umfang und der Komplexität des Produktionsprogramms kommt es unter anderem

	Kostenstelle		Gesamt
	j=1	j=2	
K_j (EUR)	2.500.000	1.200.000	3.700.000
B_j (Minuten)	8.000	6.000	14.000
k_j (EUR/Minute)	312,50	200,--	264,29
absoluter Fehler $\left\|k_{1+2}-k_j\right\|$	48,21	64,29	
relativer Fehler $f_j = \dfrac{\left\|k_{1+2}-k_j\right\|}{k_j}$	15,40%	32,15%	

Abb. 32: Optimale Zahl der Kostenstellen in Abhängigkeit von vorgegebenen Fehlergrenzen

auch auf die Produktionstiefe an, d.h. auf die Frage, in wie vielen Fertigungsstufen die Leistungserstellung erfolgt. Des Weiteren wirkt es sich auf die Kostenstellengliederung aus, welche Zwecke mit der Kostenrechnung erreicht werden sollen. Wird sie nur zur Preisermittlung und zur Bestandsbewertung verwendet, dann genügt sicher eine grobe Untergliederung in wenige Kostenstellen. Soll sie zur Kostenkontrolle und Kostenlenkung sowie für weiterreichende Planungsrechnungen Verwendung finden, dann werden entsprechend mehr und entsprechend differenzierter gegliederte Kostenstellen erforderlich. Die konkrete Gliederung eines Unternehmens in Kostenstellen ist im Kostenstellenplan festzuhalten. Sämtliche Kostenstellen werden hierbei in einem dekadischen Gliederungssystem erfasst und aufgelistet.

Fallbeispiel zu Lerneinheit 13

Beispiel:

Die Organisationsstruktur eines mittelständischen Industrieunternehmens ist im folgenden Organigramm wiedergegeben (Darst. 13.1). Machen Sie einen Vorschlag für eine sinnvolle Kostenstellengliederung in diesem Unternehmen. Geben Sie insbesondere an, um welche Arten von Kostenstellen es sich bei den von Ihnen vorgeschlagenen Kostenstellen jeweils handelt (Hilfs-, Haupt-, Vor-, Endkostenstelle).

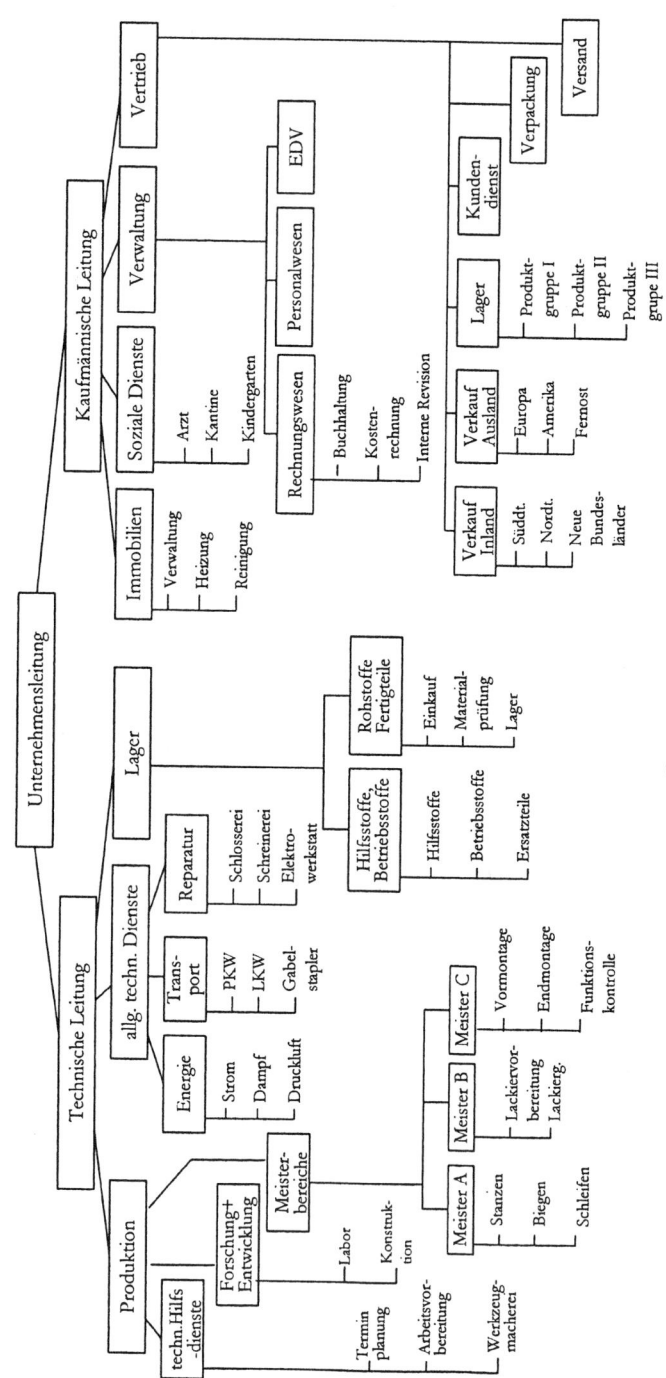

Darst. 13.1. Organigramm zum Beispiel

Lösung:

1. Allgemeine Kostenstellen (Vorkostenstellen)

1.1. Immobilienbereich

    1.1.1.   Grundstücks und Gebäudeverwaltung

    1.1.2.   Heizung

    1.1.3.   Reinigung

1.2. Energiebereich

    1.2.1.   Stromerzeugung

    1.2.2.   Dampferzeugung

    1.2.3.   Drucklufterzeugung

1.3. Transportbereich

    1.3.1.   LKW

    1.3.2.   PKW

    1.3.3.   Gabelstapler

1.4. Reparatur- und Instandhaltungsbereich

    1.4.1.   Schlosserei

    1.4.2.   Schreinerei

    1.4.3.   Elektrowerkstatt

1.5. Sozialbereich

    1.5.1.   Betriebsarzt

    1.5.2.   Kantine

    1.5.3.   Kindergarten

2. Materialbereich

2.1. Materialhilfskostenstellen

    2.1.1.   Leitung des Materialbereichs

    2.1.2.   Hilfsstofflager

    2.1.3.   Betriebsstofflager

    2.1.4.   Ersatzteillager

2.2.   Materialhauptkostentellen

2.2.1.   Einkaufsabteilung

2.2.2.   Rohstofflager

2.2.3.   Materialprüflabor

3. Fertigungsbereich

3.1.   Hilfskostenstellen

3.1.1.   Technische Hilfsdienste

    3.1.1.1.   Technische Betriebsleitung
    3.1.1.2.   Werkzeugmacherei
    3.1.1.3.   Arbeitsvorbereitung
    3.1.1.4.   Terminplanung

3.1.2.   Forschungs- und Entwicklungsbereich

    3.1.2.1.   Forschungsleitung
    3.1.2.2.   Labor
    3.1.2.3.   Konstruktionsabteilung

3.2.   Fertigungskostenstellen im Meisterbereich A

3.2.1.   Hilfskostenstelle Meisterbüro A

3.2.2.   Fertigungshauptkostenstellen

    3.2.2.1.   Fertigungsstelle 1 (Stanzen)
    3.2.2.2.   Fertigungsstelle 2 (Biegen)
    3.2.2.3.   Fertigungsstelle 3 (Schleifen)

3.3.   Fertigungskostenstellen im Meisterbereich B

3.3.1.   Hilfskostenstelle Meisterbüro B

3.3.2.   Fertigungshauptkostenstellen

    3.3.2.1.   Lackiervorbehandlung
    3.3.2.2.   Lackierung

3.4.   Fertigungskostenstellen im Meisterbereich C

3.4.1.   Hilfskostenstelle Meisterbüro C

3.4.2.   Fertigungshauptkostenstellen

    3.4.2.1.   Vormontage
    3.4.2.2.   Endmontage
    3.4.2.3.   Funktionskontrolle

4. Verwaltungsbereich (in der Praxis meist nur Hauptkostenstellen)

4.1. Kaufmännische Leitung

4.2. Planung

4.3. Buchhaltung

4.4. Kostenrechnung

4.5. interne Revision

4.6. Personalabteilung

4.7. EDV

5. Vertriebsbereich (in der Praxis meist nur Hauptkostenstellen)

5.1. Verkaufsleitung Inland

5.2. Verkaufsabteilungen Inland

    5.2.1. Süddeutschland

    5.2.2. Norddeutschland

    5.2.3. Neue Bundesländer

5.3. Verkaufsleitung Ausland

5.4. Verkaufsabteilungen Ausland

    5.4.1. Europa

    5.4.2. Nordamerika

    5.4.3. Fernost

5.5. Erzeugnislager

    5.5.1. Produktgruppe I

    5.5.2. Produktgruppe II

    5.5.3. Produktgruppe III

5.6. Kundendienst

5.7. Verpackung

5.8. Versand

    5.8.1. Inland

    5.8.2. Ausland

Lerneinheit 14: Der Betriebsabrechnungsbogen (BAB)

Lernziele:

- Die Funktion des BAB
- Der BAB als Hilfsmittel der Kostenträgerrechnung
- Der BAB als Hilfsmittel zur Kostenkontrolle und Kostenlenkung
- Der BAB als Transformationstabelle
- Aufbau und Inhalt des BAB
- Primäre Gemeinkosten
- Sekundäre Gemeinkosten
- Istkalkulationssätze
- Kostenkontrolle mittels Normalkalkulationssätzen

Einführung

Die Funktion des BAB

Das zentrale Arbeitsinstrument der Kostenstellenrechnung ist der BAB (Betriebsabrechnungsbogen). In ihm werden die Arbeitsgänge der Kostenstellenrechnung vollzogen, nämlich

- die Verteilung der Kostenarten auf Kostenstellen,

- die Abrechnung der Leistungsverflechtung zwischen einzelnen Kostenstellen und die Umlage der Hilfskostenstellen auf die Hauptkostenstellen (sog. innerbetriebliche Leistungsverrechnung),

- die Berechnung der Kalkulationssätze (Zuschlagsätze, Maschinenstundensätze) je Hauptkostenstelle.

Der BAB als Hilfsmittel der Kostenträgerrechnung

Der BAB wird im Wesentlichen als Hilfsinstrument der Kostenträgerrechnung gesehen. Seine Hauptaufgabe besteht damit in der Ermittlung der Kalkulationssätze je Hauptkostenstelle. Aus dieser Sicht ist der BAB ein Rechenschema, das die nach Kostenarten gegliederten Gesamtkosten umrechnet in nach Kostenträgern gegliederte Gesamtkosten. Die verursachungsgerechte Verteilung der Kostenarten auf die Kostenstellen ist nur ein notwendiger Arbeitsschritt zur Erreichung dieses Ziels. Kostenträgereinzelkosten sind aus dieser Sicht für den BAB bedeutungslos. Sie gehen nicht in den BAB ein, da sie den Kostenträgern ohnehin direkt zugerechnet werden können. Der BAB ist damit eine Transformationstabelle, in der eine Umstrukturierung der Gemeinkosten von Kostenarten zu Kostenträgern erfolgt. Abbildung 33 zeigt die Zusammenhänge im Überblick.

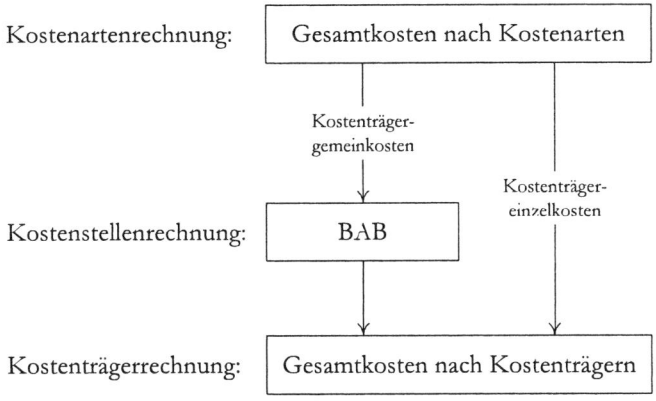

Abb. 33: Der BAB als Transformationstabelle

Eine detaillierte Darstellung der Stellung und der Funktionen des BAB innerhalb der Kostenrechnung wird in Abbildung 34 gegeben.

Der BAB als Hilfsmittel zur Kostenkontrolle und Kostenlenkung

Sieht man den BAB nicht nur als Hilfsmittel der Kostenträgerrechnung, sondern auch als Kontroll- und Lenkungsinstrument zur Überwachung der Kostenstellenkosten, dann steht die verursachungsgetreue Verteilung der Kostenarten auf die Kostenstellen im Vordergrund. Unter diesem Aspekt sind auch die Kostenträgereinzelkosten, die in einer Kostenstelle anfallen, von Interesse.

Der Aufbau und Inhalt des BAB

Der BAB ist eine Tabelle. Die Zeileneinteilung erfolgt nach Kostenarten. Die Spalteneinteilung nach Kostenstellen. Abbildung 35 gibt die Grundstruktur eines BAB wieder.

Im Wesentlichen besteht der BAB aus vier Abschnitten:

Im *ersten Abschnitt* erfolgt die Verteilung der primären Gemeinkosten auf die Kostenstellen. Hier werden die Periodenbeträge der einzelnen Kostenarten möglichst verursachungsgerecht den Kostenstellen zugerechnet. Der erste Abschnitt wird mit einer Summenzeile abgeschlossen, in der je Kostenstelle die Summe der primären Gemeinkosten angegeben ist.

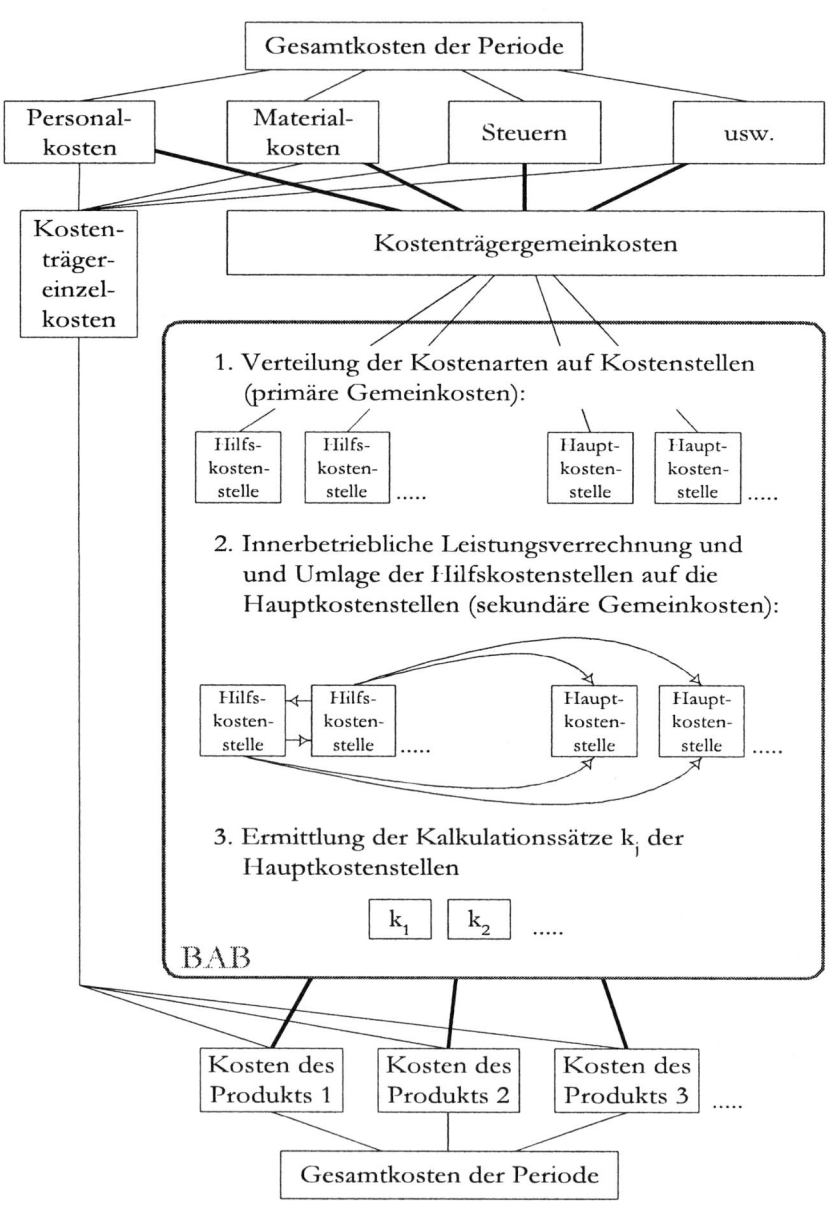

Abb. 34: Die Funktionen des BAB

Im *zweiten Abschnitt* erfolgt die innerbetriebliche Leistungsverrechnung. Die Kosten, die sich für jede Kostenstelle aufgrund von Leistungsabgaben zwischen den Kostenstellen ergeben, werden ermittelt. Gleichzeitig werden die sich danach ergebenden Gemeinkosten je Hilfskostenstelle auf die Hauptkostenstellen verteilt. Als Zwischensumme erhält man die sekundären Gemeinkosten je Hauptkostenstelle sowie als Endsumme in der nächsten Zeile die gesamten Gemeinkosten je Hauptkostenstelle (FGK = Fertigungsgemeinkosten, MGK = Materialgemeinkosten, VwGK bzw. VtGK = Verwaltungs- bzw. Vertriebsgemeinkosten). Die Summe der Gemeinkosten über alle Hauptkostenstellen (Summe 2) muss stets genauso groß sein wie die Summe der primären Gemeinkosten (Summe 1). In diesen beiden Teilen des BAB erfolgt lediglich eine Umgliederung der Kosten. Der Gesamtbetrag der Kosten bleibt dabei stets unverändert.

Im *dritten Abschnitt* werden die Kalkulationssätze ermittelt. Hier sind zunächst die Bezugsgrößen festzulegen. Unter einer Bezugsgröße (B) versteht man die Basis, auf die die Gemeinkosten je Kostenstelle bezogen werden.

Als *Bezugsgrößen (B)* werden insbesondere verwendet:

Bei Fertigungskostenstellen:

- Die Fertigungslöhne (FL), die in der Kostenstelle in der betreffenden Abrechnungsperiode angefallen sind;
- Die Anzahl der Stunden, die die Maschinen in dieser Kostenstelle in der Periode gelaufen sind (Maschinenstunden).

Bei Materialkostenstellen:

- Der Wert des in der Periode verbrauchten Fertigungsmaterials (FM).

Bei Verwaltungs- und Vertriebskostenstellen:

- Die in der Periode angefallenen Herstellkosten (HK). Diese berechnen sich zu: HK = FL + FGK + FM + MGK

In der nächsten Zeile werden die *Kalkulationssätze* berechnet. Je nachdem, ob eine Wert- oder Mengenbezugsgröße verwendet wird, erhält man den Kalkulationssatz als Prozentsatz oder als Geldbetrag. Benutzt man die Fertigungslöhne, das Fertigungsmaterial oder die Herstellkosten als Bezugsgröße, dann gibt der Kalkulationssatz an, wieviel Prozent der Bezugsgröße die Gemeinkosten ausmachen. Verwendet man Maschinenstunden als Bezugsgröße, dann gibt der Kalkulationssatz direkt an, wieviel € je Maschinenstunde an Gemeinkosten entstehen.

Der *vierte Abschnitt* des BAB dient der Kostenkontrolle. Den in den bisherigen Abschnitten 1-3 ermittelten Istwerten werden Normwerte im Sinne der Normal-

Kostenarten	Betrag	Verteilungsgrundlage	Allgemeine Kostenstellen		Hilfskostenstellen		Hauptkostenstellen					Summen
			A I	A II	H I	H II	Fertigung I	Fertigung II	Material	Verwaltung	Vertrieb	
1. Verteilung der primären Gemeinkosten												
Alle Gemeinkostenarten	Zahlen der Buchhaltung (Kostenbetrag)	Anmerkungen zur direkten oder indirekten Kostenzurechnung und zu den verwendeten Verteilungsschlüsseln	*Anteile der Kostenarten*									
Zwischensumme = primäre Stellengemeinkosten			...	...	...	...	...	...	...	...	...	Summe 1
2. Innerbetriebliche Leistungsverrechnung												
Umlage der Kostenstelle A I / A II / H I / H II												
Zwischensumme = sekundäre Stellengemeinkosten												
Endsumme Gemeinkosten je Hauptkostenstelle (Ist-Gemeinkosten)							FGK I	FGK II	MGK	VwGK	VtGK	Summe 2
3. Ermittlung der Kalkulationssätze												
Istbezugsgröße							FL	Masch.Std.	FM	HK	HK	
Istkalkulationssatz							$\dfrac{FGK\ I}{FL}\,(\%)$	$\dfrac{FGK II}{Ma.Std.}\left(\dfrac{€}{Std.}\right)$	$\dfrac{MGK}{FM}\,(\%)$	$\dfrac{VwGK}{HK}\,(\%)$	$\dfrac{VtGK}{HK}\,(\%)$	
4. Kostenkontrolle												
Normalkalkulationssätze							...	...	...	...	...	
Normalgemeinkosten							...	...	...	...	...	
Mehrkosten (+)							...	...	...	...	...	
Minderkosten (-)							...	...	...	...	...	

Abb. 35: Aufbau und Inhalt des BAB

kostenrechnung (vgl. LE 4) gegenübergestellt. Hierzu wird der BAB i.d.R. um vier Zeilen erweitert:

Die *Normalkalkulationssätze* sind als durchschnittliche Kalkulationssätze aus den bereinigten Istkosten der letzten Abrechnungsperiode bekannt. Zur Bestimmung der Normalkalkulationssätze muss man den BAB mit Normalkosten erstellen. Es handelt sich hierbei um bereinigte durchschnittliche Istkosten früherer Perioden (vgl. LE 4). Die Normalkalkulationssätze werden i.d.R. in größeren Zeitabständen ermittelt (z.b. jährlich oder noch seltener). Sie müssen auf alle Fälle dann neu berechnet werden, wenn sich Änderungen in der Produktionsstruktur, im Produktionsprogramm oder Sprünge in der Kostenentwicklung ergeben haben. Die Normalgemeinkosten einer Abrechnungsperiode erhält man nun durch Multiplikation der Istbezugsgröße mit dem Normalkalkulationssatz.

$$GK_{Norm} = B_{Ist} \cdot k_{Norm}$$

Die Differenz zwischen Normalgemeinkosten und Istgemeinkosten gibt je Kostenstelle an, ob unwirtschaftlicher (Kostenüberdeckung) oder wirtschaftlicher (Kostenunterdeckung) gearbeitet worden ist als üblich.

Fallbeispiele zu Lerneinheit 14

Beispiel 1:

Nach Verteilung der primären und der sekundären Gemeinkosten weisen die Endkostenstellen im BAB eines kleinen Industriebetriebs im Monat Juni die folgenden Eintragungen auf:

	Ist-Gemeinkosten	Ist-Einzelkosten	Ist-Maschinen-stunden
Fertigungsstelle I	573.920	98.443	80
Fertigungsstelle II	412.470	12.918	620
Materialstelle	49.308	243.445	---
Verwaltungsstelle	340.410	---	---
Vertriebsstelle	195.730	---	---

Tab. 14.1: BAB zu Beispiel 1

Ermitteln Sie die Istgemeinkostenzuschlagssätze auf der Basis von FL, FM und HK. In welchen Kostenstellen halten Sie es für sinnvoll, an Stelle der Lohnzuschlagssätze Maschinenstundensätze zu verwenden? Vervollständigen Sie den BAB für den Fall einer sinnvollen Verwendung von Maschinenstundensätzen.

Lösung zu Beispiel 1:

Zuschlagssätze auf Einzelkostenbasis:

	Fertigung I	Fertigung II	Material	Verwaltung	Vertrieb
Ist – GK	573.920	412.470	49.308	340.410	195.730
Ist – EK	98.440	12.918	243.445	---	---
GK-Zuschlagssätze auf EK-Basis	583,02 %	3.192,99 %	20,25 %	24,46 %	14,08 %

Zur Berechnung der Zuschlagssätze:

GK-Zuschlagssätze für die Fertigungsstelle FI auf FL-Basis:

$$Z_{FL_I} = \frac{FGKI}{FLI} \cdot 100 = \frac{573.920}{98.440} \cdot 100 = 583,02\%$$

$$Z_{FL_{II}} = \frac{FGKII}{FLII} \cdot 100 = \frac{412.470}{12.918} \cdot 100 = 3.192,99\%$$

GK-Zuschlagssatz für die Materialstelle:

$$Z_{FM} = \frac{MGK}{FM} \cdot 100 = \frac{49.308}{243.445} \cdot 100 = 20,25\%$$

Verwaltungs- und Vertriebsgemeinkostenzuschlagssätze:
Zunächst müssen hierzu die Herstellkosten berechnet werden:

$$HK = FL + FGK + FM + MGK$$

$$= 573.920 + 98.440 + 412.470 + 12.918 + 49.308 + 243.445$$

$$= 1.390.501$$

$$Z_{Vw} = \frac{VWGK}{HK} \cdot 100 = \frac{340.440}{1.390.501} \cdot 100 = 24,46\%$$

$$Z_{Vt} = \frac{VtGK}{HK} \cdot 100 = \frac{195.730}{1.390.501} \cdot 100 = 14,08\%$$

Zuschlagssätze auf Maschinenstundenbasis:

	Fertigung I	Fertigung II	Material	Verwaltung	Vertrieb
Ist – GK	573.920	412.470	49.308	340.410	195.730
Ist – EK	---	---	243.445	---	---
Masch.Std.	80	620	---	---	---
GK-Zuschlags-sätze	7.174,--€/h	665,27 €/h	20,25 %	24,46 %	14,08 %

Zur Berechnung der Zuschlagssätze:

GK-Zuschlagssätze für die Fertigungsstellen auf Basis von Maschinenlaufzeiten:

$$MS_I = \frac{573.920}{80} = 7174,- \text{ EUR/h}$$

$$MS_{II} = \frac{412.470}{620} = 665,27 \text{ EUR/h}$$

GK-Zuschlagssatz für die Materialstelle:

unverändert $\quad Z_{FM} = 20,25\%$

Verwaltungs- und Vertriebsgemeinkostenzuschlagssätze:

unverändert $\quad Z_{Vw} = 24,46\%$
$\qquad\qquad\quad Z_{Vt} = 14,08\%$

Fertigungskostenstelle I:

Hier handelt es sich um eine fertigungslohnintensive Kostenstelle mit relativ geringer Fertigungsautomatisierung. Hier ist es sinnvoll mit Fertigungslohnzuschlagssätzen zu arbeiten, da die Maschinenstundensätze äußerst hoch sind.

176 Abschnitt 3: Die Kostenstellenrechnung

Fertigungskostenstelle II:

Die außerordentlich hohen Fertigungslohnzuschlagssätze zeigen an, dass der Fertigungsprozess hier hoch automatisiert und maschinenintensiv ist. Hier ist es sinnvoll, mit Maschinenstundensätzen zu arbeiten, da die in der Fertigung beschäftigten Arbeiter (FL-Empfänger) im Produktionsprozess eine stark untergeordnete Rolle spielen.

Die letzte Zeile des BAB erhält damit folgendes Aussehen:

	Fertigung I	Fertigung II	Material	Verwaltung	Vertrieb
Kalkulations-sätze	583,02 % auf FL	665,27 €/h	20,25 % auf FM	24,46 % auf HK	14,08 % auf HK

Beispiel 2:

Der Betrieb von Beispiel 1 hat in der vorletzten Abrechnungsperiode einen BAB auf Normalkostenbasis erstellt. Hierbei haben sich folgende Normalkalkulationssätze ergeben:

Fertigungsstelle I   590 % auf FL

Fertigungsstelle II   664,--€ je Maschinenstunde

Materialstelle   21 % auf FM

Verwaltung   20 % auf HK

Vertrieb   14 % auf HK.

Ermitteln Sie die Normalgemeinkosten für den Monat Juni und stellen Sie die Kostenunter- bzw. -überdeckungen fest.

Lösung zu Beispiel 2:

	Fertigung I	Fertigung II	Material	Verwaltung	Vertrieb
1 Ist-GK	573.920	412.470	49.308	340.414	195.730
2 Ist- Bezugsgröße	98.443	620 h	243.445	1.390.501	1.390.501
3 Ist-Kalk.Sätze	583,02 %	665,27 €/h	20,25 %	24,46 %	14,08 %
4 Normal-Kalk.Sätze	590 %	664 €/h	21 %	20 %	14 %
5 Normal-GK	580.813	411.680	51.123	278.100	194.670
6 Mehrkosten	---	+ 790	---	+ 62.314	+ 1.060
7 Minderkosten	- 6.893	---	- 1.815	---	---

Tab. 14.2: Ermittlung der Mehr- und Minderkosten

Es fällt auf, dass im Verwaltungsbereich erhebliche Kostensteigerungen stattgefunden haben. Wenn man davon ausgeht, dass die Normalkalkulationssätze richtig ermittelt worden sind, dann sollte die interne Revisionsabteilung die Verwaltungskosten des Monats Juni gründlich analysieren, um festzustellen, wo genau die Unwirtschaftlichkeiten stattgefunden haben, und wer dafür verantwortlich ist. Die anderen Kostenstellen weisen im Vergleich hierzu relativ unbedeutende Kostenabweichungen auf.

Lerneinheit 15: Die Verteilung der primären Kosten

Lernziele:

- Zu verteilende Kostenarten
- Die Kostenarten in der Finanzbuchhaltung bei Verwendung des GKR
- Die Kostenarten bei Verwendung des IKR
- Verursachungsprinzip und Kostenstellenzurechnung
- Verursachungsprinzip und Kostenträgerzurechnung
- Direkte Verteilung der Kostenstelleneinzelkosten
- Indirekte Verteilung der Kostenstellengemeinkosten
- Arten von Umlageschlüsseln

Einführung

Zu verteilende Kostenarten

Im ersten Abschnitt des BAB werden die primären Kosten auf die Kostenstellen verteilt. Bei primären Kosten werden die verzehrten Kostengüter von außen beschafft und nicht im Unternehmen selbst erstellt (vgl. auch LE 6).

Typische primäre Kosten sind:

- Roh-, Hilfs- und Betriebsstoffverbrauch,
- Löhne, Gehälter, gesetzliche Sozialkosten,
- Fremddienstleistungen,
- Steuern, Gebühren, Beiträge,
- Kalkulatorische Abschreibungen,
- Kalkulatorische Zinsen.

Die primären Kosten lassen sich untergliedern in Kostenträger- und Kostenstelleneinzel- bzw. -gemeinkosten. Näheres siehe Abb. 36.

Die Kostenarten in der Finanzbuchhaltung bei Verwendung des GKR

Industrielle Unternehmen, die ihrem Kontenplan in der Finanzbuchhaltung (FI-BU) den Gemeinschaftskontenrahmen der Industrie (GKR) bzw. den DATEV-

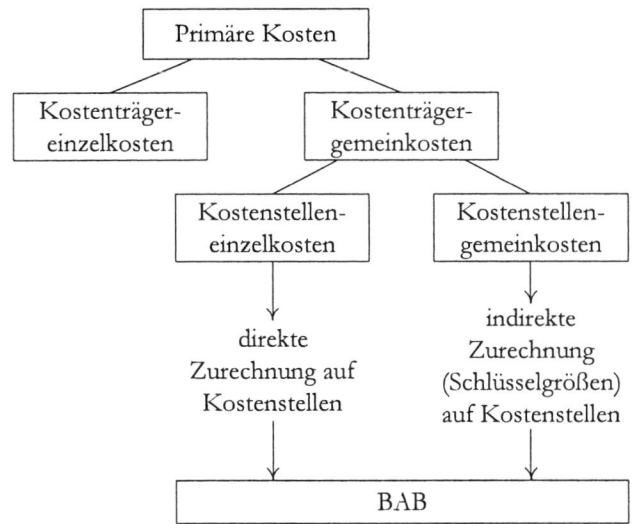

Abb. 36: Untergliederung der primären Kosten nach der Zurechenbarkeit

Spezialkontenrahmen SKR03 zugrunde legen, buchen zweckmäßigerweise sämtliche Kosten, auch die kalkulatorischen (Zusatz- bzw. Anderskosten) in Kontenklasse 4 als Kosten. Damit die Aufwendungen für die handelsrechtliche Buchführung und Bilanzierung trotzdem mit dem pagatorischen Wert in der Gewinn- und Verlustrechnung erscheinen, müssen entsprechende *Ertragsgegenbuchungen* erfolgen, mit dem Buchungssatz:

4 kalkulatorische Kosten an 2 verrechnete kalkulatorische Kosten

Siehe hierzu auch das Fallbeispiel in LE 12, Näheres vgl. auch bei Heinhold, M., Buchführung in Fallbeispielen, 10. Aufl., Stuttgart 2006, LE 15.

Mit dieser Buchungstechnik erreicht man, dass sämtliche Kosten in der betriebswirtschaftlich richtigen Höhe (wertmäßiger Kostenbegriff, vgl. LE 2 und LE 6) in der Kontenklasse 4 der FIBU enthalten sind. Bei der Erstellung des BAB brauchen deshalb nur die Salden aller Konten der Kontenklasse 4 aus der FIBU übernommen zu werden (siehe Spalte 2 „Zahlen der Buchhaltung" im BAB von Abb. 35). Das gleiche gilt für die Einzelhandels- und Großhandelskontenrahmen, die ebenfalls sämtliche Kosten in einer Kontenklasse zusammenfassen (Großhandel: Kontenklasse 5; Einzelhandel: Kontenklasse 4).

Die Kostenarten bei Verwendung des IKR

Bei Industrieunternehmen, die nicht nach dem GKR, sondern nach dem sog. Industriekontenrahmen (IKR) bzw. nach dem daraus abgeleiteten DATEV-Spezialkontenrahmen SKR04 buchen, gestaltet sich der Übergang von der Finanzbuchhaltung zur Kostenrechnung etwas komplizierter. In der FIBU werden nämlich nur die pagatorischen Kosten erfasst, und zwar nicht in einer eigenen Kontenklasse, die nur Kosten enthält, sondern in den Kontenklassen 6 und 7 zusammen mit anderen Aufwendungen, die nicht Kosten sind. Im Industriekontenrahmen ist die Betriebsbuchhaltung (Kosten- und Erlösrechnung) völlig unabhängig von der Finanzbuchhaltung. Es werden deshalb keine Buchungen durchgeführt, die Werte aus dem Rechnungskreis der Finanzbuchhaltung in den Rechnungskreis der Kosten- und Erlösrechnung (Betriebsbuchhaltung) überführen.

Wenn die Betriebsbuchhaltung *nicht im System der Doppik* geführt wird (was in der Praxis sehr häufig der Fall ist), dann werden die pagatorischen Kosten aus der Finanzbuchhaltung ohne Gegenbuchung in ein sog. Kosten- und Leistungsblatt übertragen. Darüber hinausgehende kalkulatorische Zusatz- bzw. Anderskosten (vgl. LE 2) können nicht aus der FIBU übernommen werden. Sie müssen außerhalb derselben ermittelt und in das Kosten- und Leistungsblatt eingetragen werden. Damit enthält das Kosten- und Leistungsblatt (neben den Leistungen, vgl. LE 2) sämtliche Kosten in der betriebswirtschaftlich und kostenrechnerisch richtigen Art und Höhe.

Wenn die Betriebsbuchhaltung *das System der Doppik verwendet*, dann muss die gesamte Kosten- und Erlösrechnung in Konten geführt werden. Die Kosten werden in Konten der Kontengruppe 93 erfasst (Erlöse in Kontengruppe 98).

Der Buchungssatz lautet:

> *93 Kosten an 92 verrechnete Kosten und Leistungen*
> bzw.
> *92 verrechnete Kosten und Leistungen an 98 Erlöse*

Die erforderliche Gegenbuchung erfolgt auf einem gesonderten Verrechnungskonto (92 verrechnete Kosten und Leistungen), das zu den Konten von 93 und 98 spiegelbildlich ist und ansonsten nicht weiter gebraucht wird (ähnlich dem Eröffnungsbilanzkonto in der FIBU, vgl. Heinhold, Buchführung in Fallbeispielen, 10. Aufl., Stuttgart 2006, LE 5). Die Kosten (und Erlöse) können dann entsprechend den betrieblichen Erfordernissen weiter aufgegliedert und umgebucht werden (z.B. auf verschiedene Kostenstellenkonten und Kostenträgerkonten, jeweils mit Gegenbuchungen).

Kostenverteilung und Verursachungsprinzip

Nach dem Verursachungsprinzip sind die Kosten den Kostenverursachern zuzurechnen (vgl. LE 4). Im BAB kommt dem Verursachungsprinzip an zwei Stellen Bedeutung zu:

1. Kostenstellen als Kostenverursacher
2. Kostenträger als Kostenverursacher

Verursachungsprinzip und Kostenstellenzurechnung

Bei der Zurechnung der Kostenträgergemeinkosten auf die Kostenstellen ist dem Verursachungsprinzip dadurch Rechnung zu tragen, dass ausschließlich diejenigen Kostenstellen mit Kosten belastet werden, die diese Kosten auch tatsächlich verursacht haben. Bei Kostenstelleneinzelkosten ist die Zurechnung direkt möglich, dem Verursachungsprinzip wird voll entsprochen. Kostenstellengemeinkosten sind definitionsgemäß nicht einzelnen Kostenstellen direkt zurechenbar. Vielmehr ist die Gesamtsumme der jeweiligen Kostenarten *indirekt mittels Schlüsselgrößen* auf die Kostenstellen umzulegen. Die Verwendung von Umlageschlüsseln stellt grundsätzlich einen Verstoß gegen das Verursachungsprinzip dar. Je sorgfältiger und realitätsnäher die verwendeten Umlageschlüssel allerdings gewählt werden, desto besser wird dem Verursachungsprinzip entsprochen. Aus wirtschaftlichen Gründen ist jedoch häufig ein pauschaler, aber einfach zu handhabender Schlüssel einem komplizierten Schlüsselsystem vorzuziehen - auch wenn damit das Verursachungsprinzip stärker missachtet wird. Zusammenfassend lässt sich festhalten, dass bei entsprechend sorgfältiger Vorgehensweise dem Verursachungsprinzip in der Kostenstellenrechnung hinreichend Rechnung getragen werden kann.

Verursachungsprinzip und Kostenträgerzurechnung

Die Kostenträgergemeinkosten werden den Kostenträgern (d.h. der Leistungseinheit, z.B. einem Stück eines Produktes) mit Hilfe von Zuschlagssätzen (Kalkulationssätzen, vgl. LE 14 und LE 26) zugerechnet. Sieht man den BAB in diesem Sinne als Hilfsinstrument der Kostenträgerrechnung, dann dürfte man an sich nur variable Kostenträgergemeinkosten auf die Kostenstellen verteilen und in den Kalkulationssätzen berücksichtigen. Fixe Kosten sind nicht beschäftigungsabhängig, d.h. sie werden in ihrer Höhe nicht von der erstellten Leistungsmenge (z.B. Stückzahl) beeinflusst, sondern von der Existenz des Unternehmens oder einzelner Abteilungen. Durch die Verteilung von Fixkosten auf die Kostenstellen und durch Berücksichtigung der sich dadurch ergebenden Kostenstellenkosten in den Kalkulationssätzen findet eine *Proportionalisierung der Fixkosten* statt (z.B. Fixkosten je Maschinenstunde, Fixkosten je Fertigungsstunde, Fixkosten je €

Fertigungslohn). Die Berücksichtigung von fixen Gemeinkosten in den Kalkulationssätzen verstößt aufs Gröbste gegen das Verursachungsprinzip. Die Kalkulationssätze sind nur solange richtig, wie sich die Beschäftigung nicht ändert (= konstant gleichbleibende Produktionsmenge). Da dies in der Praxis so gut wie nie vorkommt, ist die Berücksichtigung von fixen Kostenträgergemeinkosten ein grober Verstoß gegen das Verursacherprinzip. Die Kalkulationssätze können nur Auskunft darüber geben, wie groß die Gemeinkosten je Nutzungseinheit (z.B. Stück oder Stunde) in der abgelaufenen Abrechnungsperiode gewesen sind. Sie können nicht mit früheren oder späteren Abrechnungsperioden verglichen werden, wenn die Beschäftigung sich geändert hat. In diesem Sinne ist es zweckmäßig, variable und fixe Kostenträgergemeinkosten je Kostenstelle zu trennen und jeweils gesonderte Kalkulationssätze zu berechnen (vgl. hierzu auch Abb. 79 in LE 32).

Direkte Verteilung der Kostenstelleneinzelkosten

Zu den Kostenstelleneinzelkosten gehören die beiden folgenden Gruppen von Kosten:

1. *Kostenträgergemeinkosten, die ausschließlich in einer einzigen Kostenstelle anfallen.* Da die meisten Kostenarten von mehreren Kostenstellen gemeinsam verursacht werden, ist dieser Fall nicht allzu häufig.

   Es lassen sich trotzdem einige Beispiele finden:

Kostenart:	zugehörige Kostenstelle
kalkulatorisches Vertriebswagnis (kalk. Forderungsabschreibung):	Vertriebskostenstelle
kalk. Entwicklungswagnis:	Entwicklungsabteilung (meist Fertigungshilfskostenstelle)
Gebäudekosten:	Gebäudeverwaltung (Allgemeine Kostenstelle)
Werbekosten:	Vertriebskostenstelle

2. *Kostenträgergemeinkosten, die zwar in mehreren Kostenstellen entstanden sind,* bei denen die Zurechnung aber eindeutig und damit direkt verursachungsgetreu möglich ist. Der Anteil, den jede Kostenstelle an den Gesamtkosten verursacht, ist direkt und objektiv messbar.

   Hierzu gibt es zahlreiche *Beispiele:*

Fremdreparaturen: Direkte Zurechnung ist möglich, wenn auf den Eingangsrechnungen jeweils vermerkt ist, für welche Kostenstelle die Reparatur erfolgt ist.

Betriebsstoffverbrauch: Direkte Zurechnung ist möglich, wenn die verbrauchende Kostenstelle auf dem Materialentnahmebeleg ersichtlich ist.

Hilfsstoffverbrauch: Wie Betriebsstoffverbrauch.

Hilfslöhne: Direkte Zurechnung, soweit aus den Lohnscheinen der Beschäftigungsort (die Kostenstelle) und die Beschäftigungsdauer in jeder Kostenstelle ersichtlich ist.

Gehälter: Direkte Zurechnung ist möglich, wenn der Angestellte ausschließlich in einer Kostenstelle beschäftigt ist.

Kalk. Abschreibung: Direkte Zurechnung ist möglich, wenn der abzuschreibende Anlagegegenstand jeweils genau zu einer Kostenstelle gehören.

Kalk. Zinsen: Direkte Zurechnung, soweit die einzelnen Gegenstände des betriebsnotwendigen Vermögens eindeutig zu bestimmten Kostenstellen gehören.

Stromverbrauch: Direkte Zurechnung, wenn jede Kostenstelle über eigene Stromzähler verfügt.

Durch eine geeignete Gliederung des Betriebs in Kostenstellen bei entsprechender Organisation der Kostenartenrechnung (aussagekräftige Materialentnahmebelege, Lohnscheine usw.) sowie bei entsprechender technischer Ausstattung der Kostenstellen (z.B. Stromzähler, Gebührenzähler) lassen sich die meisten Kostenträgergemeinkosten als Kostenstelleneinzelkosten verrechnen. Dem Kostenverursachungsprinzip kann damit auf der Ebene der Kostenstellenrechnung voll entsprochen werden.

Indirekte Verteilung der Kostenstellengemeinkosten

Kostenstellengemeinkosten sind definitionsgemäß einzelnen Kostenstellen nicht zurechenbar (sog. echte Stellengemeinkosten). Man versucht, dem Kostenverursachungsprinzip wenigstens näherungsweise gerecht zu werden, indem man die Gesamtsumme der jeweiligen Kostenart mittels geeigneter *Schlüsselgrößen* auf die Kostenstellen verteilt. Wenn der Kostenanteil der jeweiligen Kostenstelle schon nicht objektiv messbar ist, dann muss der verwendete Umlageschlüssel wenigstens dem Plausibilitätspostulat genügen. Plausibel ist ein Umlageschlüssel dann, wenn zwischen der Bezugsgröße und der Kostenhöhe ein proportionaler Zusammenhang angenommen werden kann (Beispiel: Mietkostenumlage nach Nutzflächenanteil; € / m²).

Unechte Stellengemeinkosten:

Es gibt eine Reihe von Kostenarten, die bei ausreichend sorgfältiger Organisation der Kostenerfassung direkt als Stelleneinzelkosten behandelt werden könnten. Werden sie nur deswegen als Stellengemeinkosten indirekt über Umlageschlüssel verteilt, weil die organisatorischen Voraussetzungen nicht vorliegen, dann spricht man von unechten Stellengemeinkosten.

Beispiele:

Betriebsstoffverbrauch:	Wenn die Materialentnahme belegmäßig nicht nach Kostenstellen erfasst wird.
Hilfsstoffverbrauch:	Wenn die Materialentnahme belegmäßig nicht nach Kostenstellen erfasst wird.
Stromverbrauch:	Wenn die Kostenstellen nicht mit eigenen Stromzählern ausgestattet sind.
Heizkosten:	Wenn an den Heizkörpern keine Kalorimeter installiert sind.
Telefonkosten:	Wenn die Kostenstellen nicht mit eigenen Gebührenzählern ausgestattet sind.

Unechte Stellengemeinkosten sollen, soweit es wirtschaftlich sinnvoll ist, mittels geeigneter organisatorischer Maßnahmen (Aufzeichnungen, Mess- und Zählgeräte) messbar und damit direkt zurechenbar gemacht werden. Aus Kostengründen kann es aber auch gerechtfertigt sein, eine indirekte Zuordnung mittels einfacher Umlageschlüssel vorzuziehen.

Arten von Umlageschlüsseln

Es gibt zwei Arten von Umlageschlüsseln, *Mengen- und Wertschlüssel:*

Bei Mengenschlüsseln werden mengenmäßige Bezugsgrößen verwendet:

- *Zählgrößen*, z.B. Stückzahl, Beschäftigtenzahl, Zahl der Arbeitsverrichtungen, Zahl der Wasserentnahmestellen;
- *Zeitgrößen*, z.B. Maschinenstunden, Reparaturstunden, Meisterstunden;
- *Gewichtsgrößen*, z.B. Gewichte von verbrauchten, produzierten, transportierten oder verkauften Gütern;
- *Geometrische Größen*, z.B. m³-umbauter Raum, Nutzflächen in m²;
- *Technische Größen*, z.B. installierte Kilowatt, PS, Kalorien.

Bei Wertschlüsseln werden wertmäßige Bezugsgrößen verwendet:

- *Bestandsgrößen*, z.b. Wert des Bestandes einer Kostenstelle an Maschinen, fertigen Erzeugnissen, Rohstoffen;

- *Umsatzgrößen*, z.b. Barumsätze, Kreditumsätze, Umsätze nach regionaler Untergliederung oder nach Vertriebswegen;

- *Kostengrößen*, z.b. Fertigungslohnkosten, Fertigungsmaterialkosten einer Kostenstelle, Herstellkosten;

- *Einstandsgrößen*, z.b. Wareneinkauf, Lagerzugang;

- *Verrechnungsgrößen*, z.B. Verrechnungspreise.

Wesentlich für die Brauchbarkeit eines Schlüssels ist, dass ein proportionaler Zusammenhang zwischen der im Schlüssel verwendeten Bezugsgröße und dem von der Kostenstelle verursachten Kostenbetrag besteht bzw. als plausibel angenommen werden kann.

Fallbeispiele zu Lerneinheit 15

Beispiel 1:

Der Maschinenpark ist abzuschreiben. Insgesamt ergibt sich ein jährlicher Abschreibungsbetrag von

kalkulatorisch 120.000,-- €
bilanziell (pagatorisch) 90.000,-- €.

In dem betrachteten Unternehmen wird die Kosten-, Erlös- und Erfolgsrechnung monatlich durchgeführt.

a) Wie werden die monatlichen kalkulatorischen Kosten bei Verwendung des GKR erfasst?

b) Wie werden sie bei Verwendung des IKR erfasst?

Lösung zu Beispiel 1:

a) Bei Verwendung des GKR

Monatliche Buchung der kalkulatorischen Abschreibung:

4 kalk. Abschreibungen	an	2 verr. kalk. Abschreibung	10.000

Jährliche Buchung der pagatorischen Abschreibung:

2 bilanzielle Abschreibung	an	0 Maschinen	90.000

Abschlussbuchungen am Jahresende:

9 Betriebsergebniskonto	an	4 kalk. Abschreibung	120.000
2 verr. kalk. Abschreibung	an	9 neutrales Ergebniskonto	120.000
9 GuV-Konto	an	2 bilanzielle Abschreibung	90.000
9 GuV-Konto	an	9 Betriebsergebniskonto	120.000
9 neutrales Ergebniskonto	an	9 GuV-Konto	120.000

Die entsprechenden Konten haben damit folgendes Aussehen:

4 kalk. Abschreibung

Januar	10.000	Saldo	120.000
Februar	10.000		↓
März	10.000		Betriebsergebniskonto
⋮	⋮		
Dezember	10.000		

2 verr. kalk. Abschreibung

Saldo	120.000	Januar	10.000
	↓	Februar	10.000
Neutrales Ergebniskonto		März	10.000
		⋮	⋮
		Dezember	10.000

2 bilanzielle Abschreibung

30.12.	90.000	Saldo	90.000
			↓
			GuV-Konto

9 Betriebsergebniskonto

kalk. Abschreibung	120.000	Saldo	120.000
			↓
			GuV-Konto

9 Neutrales Ergebniskonto

bil. Abschreibungen	90.000	verrr. kalk. Abschr.	120.000
Saldo	30.000		
	↓		
	GuV-Konto		

9 GuV-Konto

Betr. Ergebniskonto	120.000	Neutr. Ergebniskonto	30.000

b) Bei Verwendung des IKR

In der Betriebsbuchhaltung wird die kalkulatorische Abschreibung neben den anderen Kosten und neben den Erlösen im Kosten- und Leistungsblatt erfasst – in der Praxis meist außerhalb des Systems der Doppik.

Das Kosten- und Leistungsblatt hat folgendes Aussehen:

Kosten – Leistungsblatt	
Monat: April	€
Erlöse:	
⋮	⋮
⋮	⋮
Kosten:	
⋮	⋮
kalk. Abschreibung	10.000
⋮	⋮

Völlig unabhängig davon wird die pagatorische Abschreibung am Jahresende gebucht:

$$2 \text{ bilanzielle Abschreibung} \quad \text{an} \quad 0 \text{ Maschinen} \quad 90.000$$

Der Abschluss des Abschreibungskontos erfolgt direkt über das GuV-Konto.

Beispiel 2:

Die folgenden primären Kostenstellengemeinkosten sind auf die Kostenstellen eines Industriebetriebs zu verteilen:

- Hilfslöhne
- Gehälter
- gesetzliche Sozialkosten
- freiwillige Sozialkosten
- kalkulator. Maschinenabschreibung
- kalkulatorische Zinsen
- Gebäudemieten
- Maschinenmieten
- Stromverbrauch
- Betriebsstoffverbrauch

- Hilfsstoffverbrauch
- Büromaterialverbrauch
- Kosten des Fuhrparks
- Porti
- Fremdreparaturen
- Eigenreparaturen
- Vertreterprovisionen
- Telefonkosten
- Brandversicherungsprämie

Geben Sie an, welche Verteilungsmethode (direkt/indirekt), welche Verteilungsgrundlagen und gegebenenfalls welchen Verteilungsschlüssel Sie zur Verteilung der obigen Primärkosten verwenden würden.

Lösung zu Beispiel 2:

Kostenart	Verteilungs-methode	Verteilungs-grundlage	Verteilungs-schlüssel
Hilfslöhne	direkt	Lohnscheine, Stempelkarten	—
Gehälter	direkt	Gehaltslisten	—
gesetzliche Sozialkosten	direkt	Lohn- / Gehaltslisten	—
freiwillige Sozialkosten	indirekt	Anzahl der Beschäftigten	€ je Beschäftigten
kalkulatorische Maschinen-abschreibung	direkt	Abschreibungsbeträge laut Anlagenkartei	—
kalkulatorische Zinsen	indirekt	Betriebsnotwendiges Vermögen je Kostenstelle	%
Gebäudemieten	indirekt	Nutzfläche	€ je m²
Maschinenmieten	direkt	Maschinenstandort laut Anlagenkartei	—
Stromverbrauch	entweder indirekt oder direkt	installierte KW oder KWh laut Zähler	€ je installierte KW
Betriebsstoffverbrauch	direkt	Materialentnahmescheine	—
Hilfsstoffverbrauch	direkt	Materialentnahmescheine	—
Büromaterialverbrauch	direkt	Materialentnahmescheine	—
Kosten des Fuhrparks	indirekt	Fahrtenbuch, Fahrtenschreiber	€ je km
Porti	direkt	Postausgangsbuch	—
Fremdreparaturen	direkt	Eingangsrechnungen	—
Eigenreparaturen	indirekt	Reparaturstunden	€ je Stunde
Vertreterprovisionen	direkt	Vertreterumsätze	—
Telefonkosten	entweder direkt oder indirekt	Gebühren laut Zähler oder Zahl der Apparate je Kostenstelle	— oder € je Apparat
Brandversicherungs-prämien	indirekt	Vermögenszeitwerte je Kostenstelle	%

Beispiel 3:

Ein Industriebetrieb weist die folgende Kostenstellengliederung auf:

Allgemeine Kostenstellen:

    1. Dampferzeugung

    2. Reparaturwerkstatt

    3. Grundstücke- und Gebäudeverwaltung

Hauptkostenstellen:

    4. Fertigung I

    5. Fertigung II

    6. Material

    7. Verwaltung

    8. Vertrieb

Zur Höhe der Kostenträgergemeinkosten und zu den Grundlagen ihrer Verteilung auf die Kostenstellen gibt die folgende Tabelle Auskunft (vgl. Tab. 15.1).

Führen Sie die Verteilung der primären Gemeinkosten auf die Kostenstellen durch.

Lösung zu Beispiel 3:

Zunächst sind die Verteilungsschlüssel für die indirekt zu verteilenden Kostenarten zu ermitteln (siehe Tab. 15.2). Daran anschließend werden in Tab. 15.3 die Primärkosten anhand der ermittelten Schlüsselzahlen auf die Kostenstellen verteilt.

Wenn die Primärkostenverteilung rechnerisch richtig durchgeführt wurde, dann muss die Summe der Kostenarten (Spaltensumme „Betrag") identisch sein mit der Zeilensumme der letzten Zeile.

Kostenart	Betrag	Veteilung	Verteilungsgrundlage	Vorkostenstellen			Endkostenstellen				
				1 (Dampf)	2 (Rep)	3 (GuG)	4 (Fert.I)	5 (Fert II)	6 (Mat.)	7 (Vw.)	8 (Vt.)
Gehälter	82.000	direkt	Gehaltslisten	4.000	4.000	9.000	—	—	4.000	50.000	11.000
Hilfslöhne	22.000	direkt	Lohnscheine	3.000	2.000	—	6.000	8.000	3.000	—	—
gesetzliche Sozialkosten	21.000	direkt	Lohn- und Gehaltslisten	375,90	323,40	485,10	9.208,50	6.946,80	375,90	2.692,20	592,20
freiwillige Sozialkosten	7.000	indirekt	Anzahl der Beschäftigten	2	2	2	28	20	2	10	3
kalk. Maschinenabschreibung	132.000	direkt	Anlagenkartei	8.000	2.000	2.000	55.000	50.000	6.000	4.000	5.000
kalkulatorische Zinsen	146.000	indirekt	Betriebsnotwendiges Vermögen je Kostenstelle	1.000.000	200.000	300.000	6.000.000	4.500.000	1.000.000	600.000	400.000
Hilfsstoffverbrauch	68.000	direkt	Materialentnahmescheine	—	—	—	40.000	28.000	—	—	—
Betriebsstoffverbrauch	43.000	direkt	Materialentnahmescheine	—	—	—	22.000	21.000	—	—	—
Stromverbrauch	5.000	indirekt	installierte KW	15	18	5	60	55	18	8	16
Gebäudemiete	85.000	indirekt	Nutzfläche (qm)	120	200	60	1.200	900	550	200	200
Heizölverbrauch	4.000	indirekt	Raumvolumen (cbm)	300	500	150	4.800	3.600	2.000	500	600
Telefonkosten	4.000	indirekt	Zahl der Apparate	2	3	3	8	9	2	10	3
Leasingraten PKW	21.000	indirekt	Anzahl der PKW	1	1	1	2	1	2	4	8
Leasingraten LKW	24.000	indirekt	Anzahl der LKW	—	—	—	—	—	3	—	9
sonstige Vw.-kosten	33.000	direkt	Vw.								
sonstige Vt.-kosten	41.000	direkt	Vt.								
sonst. Fertig.-Kosten	38.000	indirekt	1:1								
sonstige Materialkosten	17.000	direkt	Mat.								
Summe	793.000										

Bei direkter Verteilung sind in den Kostenstellenspalten die Kostenbeträge angegeben.

Bei indirekter Verteilung ist dort der Verteilungsschlüssel angegeben.

Tab. 15.1: Kostenträgergemeinkosten und Angaben zu ihrer Verteilung auf die Kostenstellen

Kostenart	Betrag	Kostenstellen							
		1 (Dampf)	2 (Rep.)	3 (GuG)	4 (Fert. I)	5 (Fert. II)	6 (Mat.)	7 (Vw.)	8 (Vt.)
freiwillige Sozialkosten	7.000,-								
Verteilungsgrundlage: Anzahl Beschäftigte	69 Pers.	2	2	2	28	20	2	10	3
Verteilungsschlüssel:	100%	2,90%	2,90%	2,90%	40,58%	28,99%	2,90%	14,49%	4,34%
kalkulatorische Zinsen	146.000,-								
Verteilungsgrundl.: notwendiges Betriebsvermögen	14 Mio	1.000.000	200.000	300.000	6.000.000	4.500.000	1.000.000	600.000	400.000
Verteilungsschlüssel:	100%	7,14%	1,43%	2,14%	42,86%	32,15%	7,14%	4,28%	2,86%
Stromverbrauch	5.000,-								
Verteilungsgrundlage: installierte KW	195 KW	15	18	5	60	55	18	8	16
Verteilungsschlüssel:	100%	7,69%	9,23%	2,56%	30,77%	28,21%	9,23%	4,10%	8,21%
Gebäudemiete	85.000,-								
Verteilungsgrundlage: Nutzfläche in qm	3.430 qm	120	200	60	1.200	900	550	200	200
Verteilungsschlüssel:	100%	3,50%	5,83%	1,75%	34,99%	26,24%	16,03%	5,83%	5,83%
Heizölverbrauch	4.000,-								
Verteilungsgrundlage: Raumvolumen in cbm	12.450 cbm	300	500	150	4.800	3.600	2.000	500	600
Verteilungsschlüssel:	100%	2,41%	4,02%	1,20%	38,55%	28,92%	16,06%	4,02%	4,82%
Telefon	4.000,-								
Verteilungsgrundlage: Zahl der Apparate	40	2	3	3	8	9	2	10	3
Verteilungsschlüssel:	100%	5,00%	7,50%	7,50%	20,00%	22,50%	5,00%	25,00%	7,50%
Leasing, PKW	21.000,-								
Verteilungsgrundlage: Anzahl der PKW	20	1	1	1	2	1	2	4	8
Verteilungsschlüssel:	100%	5,00%	5,00%	5,00%	10,00%	5,00%	10,00%	20,00%	40,00%
Leasing, LKW	24.000,-								
Verteilungsgrundlage: Anzahl der LKW	12	--	--	--	--	--	3	--	9
Verteilungsschlüssel:	100%	0,00%	0,00%	0,00%	0,00%	0,00%	25,00%	0,00%	75,00%

Tab. 15.2: Ermittlung der Verteilungsschlüssel

Kostenart	Betrag	1 (Dampf)	2 (Rep.)	3 (GuG)	4 (Fert. I)	5 (Fert. II)	6 (Mat.)	7 (Vw.)	8 (Vt.)
Gehälter	82.000,00	4.000,00	4.000,00	9.000,00	---	---	4.000,00	50.000,00	11.000,00
Hilfslöhne	22.000,00	3.000,00	2.000,00	---	6.000,00	8.000,00	3.000,00	---	---
gesetzliche Sozialkosten	21.000,00	375,90	323,40	485,10	9.208,50	6.946,80	375,90	2.692,20	592,20
freiwillige Sozialkosten	7.000 / 100%	203,00 / 2,90%	203,00 / 2,90%	203,00 / 2,90%	2.840,60 / 40,58%	2.029,30 / 28,99%	203,00 / 2,90%	1.014,30 / 14,49%	303,80 / 4,34%
kalk. Maschinenabschreibung	132.000,00	8.000,00	2.000,00	2.000,00	55.000,00	50.000,00	6.000,00	4.000,00	5.000,00
kalkulatorische Zinsen	146.000,00 / 100%	10.424,40 / 7,14%	2.087,80 / 1,43%	3.124,40 / 2,14%	62.575,60 / 42,86%	46.939,00 / 32,15%	10.424,40 / 7,14%	6.248,80 / 4,28%	4.175,60 / 2,86%
Hilfsstoffverbrauch	68.000,00	---	---	---	40.000,00	28.000,00	---	---	---
Betriebsstoffverbrauch	43.000,00	---	---	---	22.000,00	21.000,00	---	---	---
Stromverbrauch	5.000,00 / 100%	384,50 / 7,69%	461,50 / 9,23%	128,00 / 2,56%	1.538,50 / 30,77%	1.410,50 / 28,21%	461,50 / 9,23%	205,00 / 4,10%	410,50 / 8,21%
Gebäudemiete	85.000,00 / 100%	2.975,00 / 3,50%	4.955,50 / 5,83%	1.487,50 / 1,75%	29.741,50 / 34,99%	22.304,00 / 26,24%	13.625,50 / 16,03%	4.955,50 / 5,83%	4.955,50 / 5,83%
Heizölverbrauch	4.000,00 / 100%	96,40 / 2,41%	160,80 / 4,02%	48,00 / 1,20%	1.542,00 / 38,55%	1.156,80 / 28,92%	642,40 / 16,06%	160,80 / 4,02%	192,80 / 4,82%
Telefonkosten	4.000,00 / 100%	200,00 / 5,00%	300,00 / 7,50%	300,00 / 7,50%	800,00 / 20,00%	900,00 / 22,50%	200,00 / 5,00%	1.000,00 / 25,00%	300,00 / 7,50%
Leasingraten PKW	21.000,00 / 100%	1.050,00 / 5,00%	1.050,00 / 5,00%	1.050,00 / 5,00%	2.100,00 / 10,00%	1.050,00 / 5,00%	2.100,00 / 10,00%	4.200,00 / 20,00%	8.400,00 / 40,00%
Leasingraten LKW	24.000,00 / 100%	--- / 0,00%	--- / 0,00%	--- / 0,00%	--- / 0,00%	--- / 0,00%	6.000,00 / 25,00%	--- / 0,00%	18.000,00 / 75,00%
sonst. Gemeinkosten									
- Verwaltung	33.000,00	---	---	---	---	---	---	33.000,00	---
- Vertrieb	41.000,00	---	---	---	---	---	---	---	41.000,00
- Fertigung	38.000,00	---	---	---	19.000,00	19.000,00	---	---	---
- Material	17.000,00	---	---	---	---	---	17.000,00	---	---
Summe	793.000,00	30.709,20	17.542,00	17.826,00	252.346,70	208.736,40	64.032,70	107.476,60	94.330,40

Tab. 15.3: Durchführung der Primärkostenverteilung

Lerneinheit 16: Problematik und Lösungsansätze der Verrechnung von sekundären Stellengemeinkosten (innerbetriebliche Leistungsverrechnung I)

Lernziele:

- Definition der innerbetrieblichen Leistung
- Arten von innerbetrieblichen Leistungen
- Die Verrechnung von aktivierbaren innerbetrieblichen Leistungen
- Organisatorische Voraussetzungen für die Verrechnung von innerbetrieblichen Leistungen
- Das Grundproblem der Verrechnung von innerbetrieblichen Leistungen
- Die vier Grundtypen der innerbetrieblichen Leistungsverflechtung
- Verfahrensübersicht
- Zwecke der innerbetrieblichen Leistungsverrechnung

Einführung

Definition innerbetrieblicher Leistungen

Unternehmenszweck ist es, Produkte (Erzeugnisse, Dienstleistungen) für den Markt zu erstellen. Man bezeichnet diese Produktion als markt- oder absatzorientierte Leistungserstellung, die entsprechenden Produkte als Außenaufträge, Markt- oder Absatzleistungen. Daneben ist es in vielen Fällen sinnvoll oder unvermeidlich, Produkte zu erstellen, die im Unternehmen selbst verbraucht werden. Man spricht dann von innerbetrieblicher Leistungserstellung, von Innenaufträgen, Eigenleistungen oder Wiedereinsatzgütern (derivativen Einsatzgütern).

Arten von innerbetrieblichen Leistungen

Es gibt zwei Grundtypen von innerbetrieblichen Leistungen:

1. *Innerbetriebliche Leistungen, die sofort verbraucht werden*:
Man nennt sie auch innerbetriebliche Leistungen i.e.S. Sie sind dadurch gekennzeichnet, dass sie noch in der Periode der Leistungserstellung verbraucht werden. Es kann sich hierbei um materielle Leistungen handeln (z.B. selbsterstellte Hilfsstoffe oder Betriebsstoffe). Hauptsächlich handelt es sich aber um immaterielle Leistungen, z.B. Reparaturleistungen, Forschungs- und Entwicklungsleistungen, Verwaltungsleistungen, Sozialleistungen. Aber auch Leistungen wie die Energieerzeugung, die Wasseraufbereitung oder die Dampferzeugung u.dgl. gehören hierzu. Da die von einer oder mehreren Kostenstellen erbrachte Leistung sofort

von dieser und/oder anderen Kostenstellen verbraucht wird, müssen die entstehenden Kosten sofort den verursachenden Kostenstellen, d.h. den Leistungsempfängern angelastet werden. Die Kostenverrechnung bei innerbetrieblichen Leistungen i.e.S. wird in LE 17 und LE 18 behandelt.

2. *Innerbetriebliche Leistungen, die nicht sofort verbraucht werden, sondern über mehrere Perioden im Betrieb genutzt werden:*
Hierbei handelt es sich um aktivierungsfähige, materielle Vermögensgegenstände, wie z.B. selbsterstellte Anlagen oder selbstgebaute Werkzeuge. Die Herstellkosten für diese innerbetrieblichen Leistungen müssen verursachungsgerecht den verbrauchenden Kostenstellen zugerechnet werden, und zwar zeitlich verteilt über die gesamte Nutzungsdauer des betroffenen innerbetrieblich genutzten Vermögensgegenstandes.

Die Verrechnung von aktivierbaren innerbetrieblichen Leistungen

Wird die erstellte innerbetriebliche Leistung nicht sofort verbraucht, sondern erstreckt sich die Nutzung über mehrere Perioden, dann kann die Leistung genauso wie ein absatzbestimmtes Produkt als selbständiger Kostenträger kalkuliert werden (vgl. LE 22). Die periodenbezogenen Kosten, insbesondere die kalkulatorischen Abschreibungen, die kalkulatorischen Zinsen gehen in den Jahren der Nutzung als primäre Kosten in den Betriebsabrechnungsbogen ein. Diese Vorgehensweise bezeichnet man auch als Kostenträgerverfahren.

Organisatorische Voraussetzungen für die innerbetriebliche Leistungsverrechnung i.e.S.

Wenn im Unternehmen innerbetriebliche Leistungen i.e.S. erbracht werden, dann ist es sinnvoll, hierfür eigene Kostenstellen einzurichten. Auf diese Weise lassen sich die innerbetrieblichen Leistungen von den Marktleistungen klar trennen und kostenmäßig gesondert erfassen. Es handelt sich i.d.R. um Vorkostenstellen (allgemeine oder Hilfskostenstellen).

Das Grundproblem der innerbetrieblichen Leistungsverrechnung

Kostenstellen geben i.d.R. nicht nur innerbetriebliche Leistungen an andere Kostenstellen ab, sondern empfangen gleichzeitig auch von diesen und anderen Kostenstellen innerbetriebliche Leistungen. Jede Kostenstelle darf deshalb nur mit den Nettokosten belastet werden, d.h. bei jeder Kostenstelle müssen von der Kostenbelastung durch empfangene innerbetriebliche Leistungen die Kosten der abgegebenen innerbetrieblichen Leistungen abgezogen werden. Bei mehrstufigen und wechselseitigen Leistungsverflechtungen ist dieses Problem exakt nur mit Hilfe mathematischer Lösungsverfahren zu bewältigen.

Die vier Grundtypen der innerbetrieblichen Leistungsverflechtung

Die innerbetriebliche Leistungsverflechtung kann unterschiedliche Komplexitätsgrade aufweisen, die sich nach den Kriterien Dimension und Richtung der Leistungsverflechtung unterscheiden (vgl. Abb. 37).

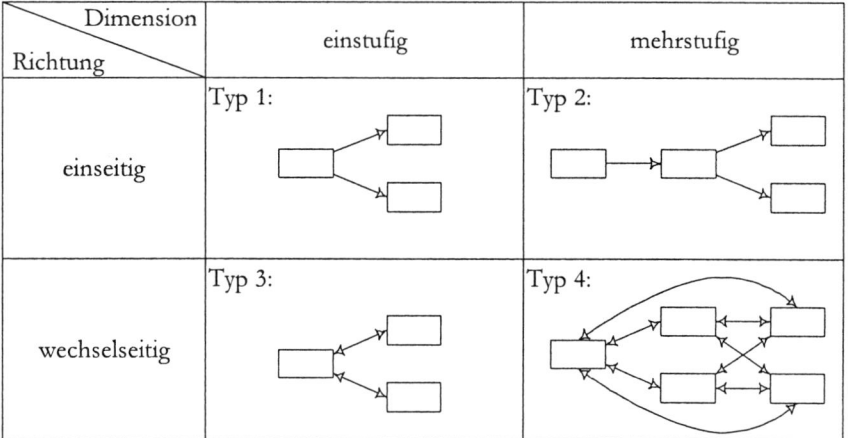

Abb. 37: Grundtypen der innerbetrieblichen Leistungsverflechtung

Es ergeben sich somit *vier Grundtypen der Leistungsverflechtung* zwischen mehreren Kostenstellen.

Typ 1: Einseitige und einstufige Verflechtung:

Eine Kostenstelle erstellt die innerbetriebliche Leistung, eine oder mehrere andere Kostenstellen nehmen die Leistung in Anspruch, geben aber selbst keine innerbetriebliche Leistung ab.

Beispiele:

- Die Konstruktionsabteilung als Hilfskostenstelle einer Fertigungshauptkostenstelle;
- Die Reparaturabteilung, die in verschiedenen Kostenstellen Reparaturen ausführt.

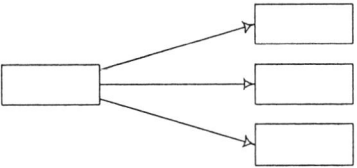

Abb. 38: Einseitige und einstufige Leistungsverflechtung

Die Leistungsverrechnung ist in diesen Fällen besonders einfach. Da die abgebende Kostenstelle keine Kosten empfängt, sind die primären Kosten dieser Kostenstelle direkt oder über Umlageschlüssel auf die empfangenden Endkostenstellen zu verteilen. Das Anbauverfahren (vgl. LE 20) trägt dieser Struktur der Leistungsverflechtung Rechnung.

Typ 2: Einseitige und mehrstufige Verflechtung:
Hier liegt der folgende Leistungsfluss zugrunde:

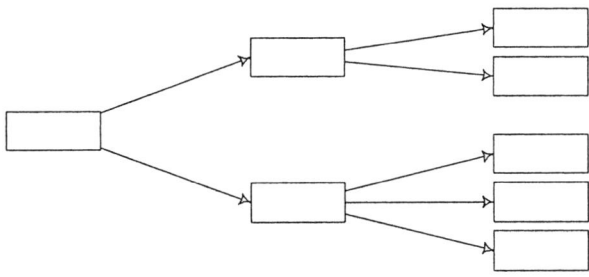

Abb. 39: Einseitige und mehrstufige Leistungsverflechtung

Auch hier ist die Leistungsverflechtung einseitig, d.h. die abgebenden Kostenstellen empfangen keine Leistungen von den Stellen, an die sie ihre Leistungen abgeben.

Beispiel: Die allgemeine Kostenstelle Gebäude stellt der Reparaturabteilung Raum zur Verfügung. Die Reparaturkostenstelle gibt ihre Leistungen an die Fertigungshauptkostenstellen ab.
Auch in diesem Fall ist die Leistungsverrechnung relativ einfach. Bei richtiger Anordnung der Kostenstellen geben die Vorkostenstellen ihre Leistungen nur nach rechts (einseitig) ab. Durch sukzessive Verrechnung der primären und der aufgelaufenen sekundären Kostenstellenkosten von links nach rechts lassen sich die innerbetrieblichen Leistungen problemlos und verursachungsgetreu verrechnen. Einer solchen Struktur der Leistungsverflechtung trägt das sog. Treppenverfahren Rechnung (LE 21).

Typ 3: Einstufige und wechselseitige Verflechtung:

Es liegt die folgende (Abb. 40) Struktur der Leistungsverflechtung zugrunde.

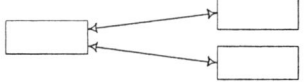

Abb. 40: Wechselseitige und einstufige Leistungsverflechtung

Die leistungsabgebenden Kostenstellen empfangen auch Leistungen von den Kostenstellen, an die sie Leistungen abgeben.

Beispiel: Die Kostenstelle Gebäudeinstandhaltung leistet an die Kostenstelle Gebäudeverwaltung und nimmt ihrerseits Raum von dieser in Anspruch.

Typ 4. Mehrstufige und wechselseitige Verflechtungen:

Es liegt folgende komplexe Struktur der Leistungsverflechtung zugrunde (vgl. Abb. 41):

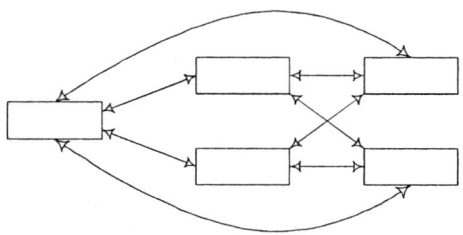

Abb. 41: Wechselseitige und mehrstufige Leistungsverflechtung

Jede Vorkostenstelle empfängt von mehreren oder allen anderen Vorkostenstellen innerbetriebliche Leistungen und gibt Leistungen an mehrere oder alle anderen Kostenstellen ab.

Beispiele:

1. Die Gebäudeverwaltung
    - nimmt selbst Raum in Anspruch,
    - nimmt Reparaturleistungen von der Reparaturabteilung in Anspruch und
    - nimmt Heizungsleistungen von der Heizungsabteilung in Anspruch
    und stellt Räume für diese und weitere Abteilungen zur Verfügung.

2. Die Heizungsabteilung nimmt Raum und Reparaturleistungen in Anspruch und heizt in sämtlichen Gebäudeteilen, auch in ihren eigenen Räumen.

3. Die Reparaturabteilung nimmt Raum und Heizungsleistungen in Anspruch und führt Reparaturen in allen Kostenstellen durch.

Verfahrensübersicht

Für die Leistungsverflechtungen der Typen 1 und 2 können einfache, mathematisch anspruchslose Verfahren zur Anwendung gelangen (Anbauverfahren, vgl. LE 20; Treppenverfahren, vgl. LE 21). Man spricht von sog. Kostenstellenumlageverfahren. Bei Verflechtungen vom Typ 3 und Typ 4 sind komplexere Verfahren der Kostenverrechnung erforderlich. Hierfür wurden die sog. Kostenstellenausgleichsverfahren entwickelt (Gleichungsverfahren, iteratives Verfahren, Verrechnungspreisverfahren, vgl. LE 17 - 19).
Einen zusammenfassenden Überblick über die Arten von innerbetrieblichen Leistungen und über die Verfahren ihrer Verrechnung gibt Abb. 42.

Bei den *Kostenstellenumlageverfahren* wird die Summe der Gemeinkosten jeder Vorkostenstelle ohne Berücksichtigung wechselseitiger Leistungsverflechtungen auf die nachfolgenden Kostenstellen umgelegt. Die Umlage erfolgt meist indirekt mit Hilfe von Umlageschlüsseln (vgl. LE 15).

Bei den *Kostenstellenausgleichsverfahren* werden die Stellengemeinkosten nicht einfach auf nachfolgende Kostenstellen umgelegt, es werden vielmehr alle wechselseitigen Leistungsbeziehungen berücksichtigt. Deswegen sind die Verfahren methodisch wesentlich aufwendiger.

Das *Kostenträgerverfahren* wird angewandt, wenn es sich bei der innerbetrieblichen Leistung um ein selbsterstelltes Anlagegut handelt (z.B. eine Maschine). Es ist im Normalfall aus dem BAB nicht ersichtlich. Aufgrund der Einzelkosten (Fertigungslöhne und Fertigungsmaterial) und der Zuschlagssätze aus den einzelnen leistungserbringenden Hauptkostenstellen wird der Wert der selbsterstellten Maschine ermittelt. Hierbei bleiben Vertriebskosten unberücksichtigt, da der Gegenstand im Unternehmen verbleibt. Die zugehörigen jährlichen Kosten (z.B. Abschreibung und kalkulatorische Zinsen) werden als primäre Gemeinkosten auf die Kostenstellen verrechnet (vgl. LE 15).

Zwecke der innerbetrieblichen Leistungsverrechnung

Wie oben (LE 13) bereits ausgeführt wurde, erfüllt die Kostenstellenrechnung vor allem drei Aufgaben:

1. Die Kontrolle der Kosten je Kostenstelle,
2. Eine Hilfsfunktion für die Kostenträgerrechnung.
3. Das zur Verfügung Stellen von relevanten Daten für die Unternehmensplanung

Zu 1. Die Kontrolle der Kosten je Kostenstelle

Die Kontrollaufgabe kann die Kostenstellenrechnung nur dann sinnvoll erfüllen, wenn jeder Kostenstelle genau die Kosten zugerechnet werden, die sie verur-

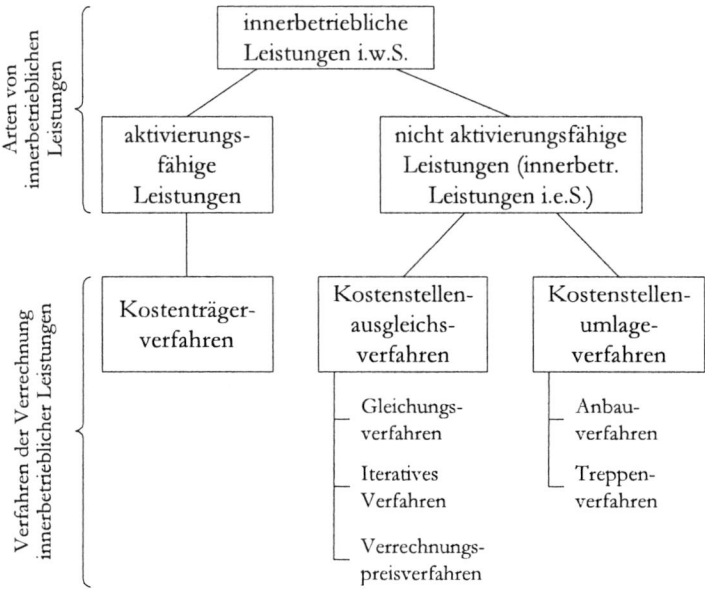

Abb. 42: Die innerbetriebliche Leistungsverrechnung im Überblick

sacht hat. Würde man die Kosten der innerbetrieblichen Leistungserstellung nur den erstellenden, aber nicht den empfangenden Kostenstellen anlasten, dann stünden diejenigen Kostenstellen, die viele innerbetriebliche Leistungen in Anspruch nehmen, relativ zu günstig im Vergleich zu anderen Kostenstellen da. Die Kostenverantwortlichen könnten nicht identifiziert werden. Die Kostenrechnung könnte die Kontroll- und Lenkungsfunktion nicht erfüllen.

Zu 2. Hilfsfunktion für die Kostenträgerrechnung
Als Hilfsinstrument für die Kostenträgerrechnung kommt der Kostenstellenrechnung vor allem die Aufgabe zu, die Kalkulationssätze richtig zu ermitteln. Dies macht es erforderlich, dass jede Hauptkostenstelle mit exakt den Gemeinkosten belastet wird, die von ihr auch tatsächlich verursacht worden sind. Das gilt nicht nur für die primären, sondern auch für die sekundären Stellenkosten.

Beispiel: Der Stromverbrauch einer Vorkostenstelle (z.B. der Dampferzeugungsstelle) sei besonders hoch. Ohne exakte innerbetriebliche Leistungsverrechnung würden den Hauptkostenstellen die Kosten der Stromerzeugung im Verhältnis des tatsächlichen Stromverbrauchs dieser Hauptkostenstellen zugerechnet. Entsprechend berechnen sich die Kalkulationssätze dieser Hauptkostenstellen. Bei Beachtung der innerbetrieblichen Leistungsverflechtung wird der Stromverbrauch der Dampferzeugungsstelle verursachungsgerecht auf die dampfabnehmenden Hauptkostenstellen verteilt. Wenn nun z.b. nur eine Hauptkostenstelle Dampfabnehmer ist, dann werden die Gemeinkosten der Dampferzeugungsstelle (d.h. auch der Stromverbrauch) nur dieser Kostenstelle angelastet. Die anderen Hauptkostenstellen, die keinen Dampf benötigen, bleiben vom Stromverbrauch der Dampferzeugung verschont. Selbstverständlich ergeben sich dadurch andere Kalkulationssätze für die Hauptkostenstellen.

Zu 3. Relevante Daten für die Unternehmensplanung, insbes. für sog. Make-or-buy-Entscheidungen

Bei der Erstellung von innerbetrieblichen Leistungen stellt sich nicht nur die Frage, wie diese korrekt zu verrechnen sind. Es stellt sich auch die Frage des Outsourcing, d.h. ob es tatsächlich sinnvoll ist, die Leistung selbst zu erstellen, oder ob man sie nicht besser vom Markt bezieht (Eigenleistung oder Fremdbezug, Make-or-buy). Bei korrekter Berücksichtigung der wechselseitigen Leistungsverflechtungen erhält man als ein Ergebnis der Leistungsverrechnung auch die Kosten je selbsterstellter Leistungseinheit (z.B. € je Eigenreparaturstunde). Diese Information ist unerlässlich für die Entscheidung, ob die Leistung weiterhin selbst erbracht werden soll, oder ob man sie als Fremdleistung vom Markt beziehen soll. Bei dieser Frage ist allerdings das Problem der Fixkostenproportionalisierung zu beachten. Kosten, die durch eine Umstellung auf Fremdleistungen nicht abgebaut werden können, dürfen nicht in die Kostensätze der Eigenerstellung eingerechnet werden. Entsprechend ist für Make-or-buy-Entscheidungen ein gesonderter BAB zu erstellen. Vgl. hierzu auch die Ausführungen in LE 15 zum Abschnitt „Verursachungsprinzip und Kostenträgerzurechnung".

Fallbeispiel zu Lerneinheit 16

Beispiel:

Im obigen Lehrtext wurde die Notwendigkeit der möglichst verursachungsgerechten innerbetrieblichen Leistungsverrechnung am Beispiel der Vorkostenstellen „Dampferzeugung" und „Stromerzeugung" erläutert. Die quantitativen Auswirkungen auf die Kostenstrukturen und die Höhe der Kalkulationssätze sollen anhand des folgenden Demonstrationsbeispiels verdeutlicht werden.

	Strom	Dampf	Fertigung I	Fertigung II	Summe
Dampf leistet an	—	—	—	10.000 (m³)	10.000 (m³)
Strom leistet an	—	20.000 (KWh)	50.000 (KWh)	50.000 (KWh)	120.000 (KWh)
Primäre Stellenkosten	30.000,--	40.000,--	120.000,--	110.000,--	300.000,--
Fertigungslöhne	—	—	25.000,--	30.000,--	55.000,--

Tab. 16.1: Leistungsverflechtung, Primäre Stellenkosten, Fertigungslöhne

Es sind 2 Fälle zu unterscheiden:

Fall I: Keine Berücksichtigung der Leistungsverflechtung zwischen den Vorkostenstellen;

Fall II: Innerbetriebliche Leistungsverrechnung mit Berücksichtigung der Leistungsverflechtung zwischen den Kostenstellen.

Berechnen Sie in beiden Fällen zunächst die Kosten je Leistungseinheit (sog. Verrechnungspreise), die in jeder Kostenstelle angefallen sind. Führen Sie sodann die Leistungsverrechnung durch und ermitteln Sie die Kalkulationssätze (Fertigungslohnzuschlagsätze).

Lösung:

Fall I: Ohne Leistungsverrechnung zwischen den Vorkostenstellen

Ermittlung der Verrechnungspreise:

Verrechnungspreis der Dampferzeugungsstelle: $\dfrac{40.000}{10.000} = 4,- \text{€}/m^3$

Verrechnungspreis der Stromerzeugungsstelle: $\dfrac{30.000}{100.000} = 0,30 \text{ €}/KWh$

Bei Fall I darf die Lieferung der Stromerzeugung an die Dampfkostenstelle nicht berücksichtigt werden!

Innerbetriebliche Leistungsverrechnung:

	Strom	Dampf	Fertigung I	Fertigung II	Summe
Primäre Kosten	30.000,---	40.000,--	120.000,--	110.000,--	300.000,--
Umlage Dampf:					
10.000 m³ · 4 €/m³	—	-40.000,--	—	+40.000,--	0,--
Umlage Strom:					
Menge · 0,30 €	-30.000,--	—	+15.000,--	+15.000,--	0,--
Gemeinkosten der Endkostenstellen	—	—	135.000,--	165.000,--	300.000,--
Fertigungslöhne	—	—	25.000,--	30.000,--	
Zuschlagsätze	—	—	540%	550%	

Tab. 16.2: Der BAB im Fall I

Fall II: Mit Berücksichtigung der Leistungsverflechtung zwischen den Vorkostenstellen

Ermittlung der Verrechnungspreise:

Verrechnungspreis Strom:
erbrachte Leistung: 120.000 KWh
Kosten der Kostenstelle:
primäre Kosten 30.000,-- €
sekundäre Kosten 0,-- €
30.000,-- €

$$\text{Verrechnungspreis Strom je KWh} = \frac{30.000}{120.000} = 0,25 \ € \ / \ KWh$$

Verrechnungspreis Dampf:

Da die Dampferzeugungsstelle 20.000 KWh Strom geliefert bekommt, wird sie mit zusätzlichen (sekundären) Kosten in Höhe von 20.000 KWh · 0,25 €/KWh = 5 000,-- € belastet, insgesamt also mit 45.000,-- € (Primärkosten 40.000,-- € und Sekundärkosten 5.000,-- €).

Als Verrechnungspreis für 1 m³ Dampf ergibt sich damit:

$$\frac{45.000}{10.000} = 4,50 \ € \ / \ m³$$

Als BAB erhalten wir damit:

	Strom	Dampf	Fertigung I	Fertigung II	Summe
Primäre Kosten	30.000,--	40.000,--	120.000,--	110.000,--	300.000,--
Umlage Strom:	- 30.000,--	+ 5.000,--	+ 12.500,--	+ 12.500,--	0,--
Zwischensumme	0,--	45.000,--	132,500,--	122.500,--	300.000,--
Umlage Dampf:	—	- 45.000,--	—	+ 45.000,--	0,--
Gemeinkosten der Endkostenstellen	—	—	132.500,--	167.500,--	300.000,--
Fertigungslöhne	—	—	25.000,--	30.000,--	
Zuschlagssätze	—	—	530%	558%	

Tab. 16.3: Der BAB im Fall II

Anmerkung:

Anliegen dieses Beispiels war es, zu verdeutlichen, dass und wie die Art der Verrechnung der sekundären Kosten auf Kostenstellenkosten und Kalkulationssätze wirken.

Es wurde deshalb eine einfache einseitige Leistungsverflechtung zugrunde gelegt, deren rechentechnische Handhabung auch ohne Kenntnis der verschiedenen Verfahren der Innerbetrieblichen Leistungsverrechnung unmittelbar einsichtig ist.

Die hier verwendeten Verfahren sind:

Im Fall I: Das sogenannte Anbauverfahren (ohne Verrechnung zwischen den Vorkostenstellen, Näheres vgl. LE 20)

Im Fall II: Das sogenannte Treppenverfahren (mit Verrechnung, Näheres vgl. LE 21).

Lerneinheit 17: Das Gleichungsverfahren als simultane Lösung (innerbetriebliche Leistungsverrechnung II)

Lernziele:

- Rechnen im Kreis herum
- Problemformulierung als lineares Gleichungssystem
- Lösung des Gleichungssystems
- Beurteilung des Gleichungsverfahrens

Rechnen im Kreis herum

Wenn man dem Kostenverursachungsprinzip voll Rechnung tragen will, dann lassen sich bei *wechselseitigen Leistungsbeziehungen* die Gemeinkosten je Vorkostenstelle nicht einfach ermitteln. Man kann nämlich nicht die Summe der Kosten einer Kostenstelle berechnen und diese leistungsanteilig auf die anderen Kostenstellen umlegen, da durch die Rückleistung der anderen Kostenstellen dieser Vorkostenstelle wieder sekundäre Kosten rückverrechnet werden müssen. Diese müssen entsprechend der Leistungsabgabe wieder auf die anderen Kostenstellen umgelegt werden. Man rechnet im Kreis herum. Es ergibt sich ein theoretisch endloses Hin- und Herrechnen der sekundären Gemeinkosten. Dies soll am Beispiel von zwei Vorkostenstellen mit wechselseitiger Leistungsabgabe verdeutlicht werden (Abb. 43).

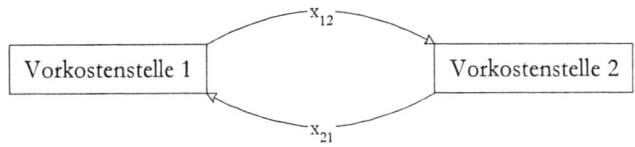

Abb. 43: Wechselseitige Leistungsverflechtung bei zwei Vorkostenstellen

Wenn die Vorkostenstelle 1 an die Vorkostenstelle 2 x_{12} Leistungseinheiten erbringt, dann muss die Stelle 1 um den Teil ihrer primären Kosten entlastet werden, der der Leistungsmenge für Stelle 2 entspricht. Mit demselben Betrag muss die Stelle 2 belastet werden. Da aber gleichzeitig auch Stelle 2 an Stelle 1 leistet, muss Stelle 2 entlastet und Stelle 1 belastet werden, und zwar mit dem Teil der Kosten von Stelle 2, der der Leistungsabgabe von 2 nach 1 entspricht. Stelle 1 leistet aber auch an Stelle 2, deshalb müssen die von 2 nach 1 verrechneten Kosten in dem Ausmaß wieder an Stelle 2 rückverrechnet werden, das der Leistungsabgabe von 1 nach 2 entspricht. Dieses gegenseitige Hin- und Herrechnen nimmt theoretisch kein Ende.

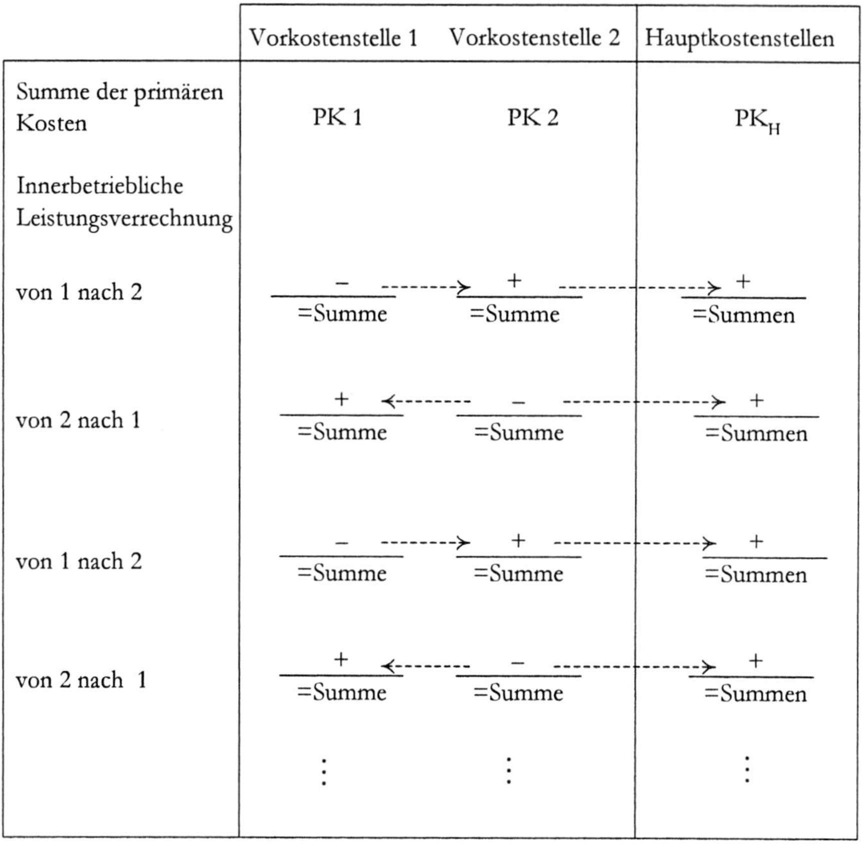

	Vorkostenstelle 1	Vorkostenstelle 2	Hauptkostenstellen
Summe der primären Kosten	PK 1	PK 2	PK_H
Innerbetriebliche Leistungsverrechnung			
von 1 nach 2	− - - - - - - > =Summe	+ - - - - - - - - - =Summe	- - - - > + =Summen
von 2 nach 1	+ <- - - - - - =Summe	− - - - - - - - =Summe	- - - > + =Summen
von 1 nach 2	− - - - - - - > =Summe	+ - - - - - - - - - =Summe	- - - - > + =Summen
von 2 nach 1	+ <- - - - - - =Summe	− - - - - - - - =Summe	- - - > + =Summen
	⋮	⋮	⋮

Abb. 44: Verrechnung der sekundären Kosten ohne Ende

Die Problemformulierung als lineares Gleichungssystem

Solche wechselseitigen Abhängigkeiten lassen sich als lineares Gleichungssystem darstellen. Bei der Lösung des Gleichungssystems werden alle Verrechnungspreise je Leistungseinheit gleichzeitig ermittelt. Man spricht deshalb auch von einem Simultanverfahren. Das Gleichungsverfahren zählt zu den sog. *Kostenstellenausgleichsverfahren*, weil hierdurch ein exakter Ausgleich zwischen den empfangenen und den abgegebenen Leistungen stattfindet.

Für die Aufstellung des Gleichungssystems benötigen wir die folgenden Symbole:

p_i = Preis einer Leistungseinheit für die Leistungen der Vorkostenstelle i
(Unbekannte unseres Gleichungssystems)

PK_i = Summe der primären Kosten der Vorkostenstelle i

x_i = gesamte Leistungsmenge der Vorkostenstelle i

x_{ji} = innerbetriebliche Leistungsmenge, die von Vorkostenstelle j an Vorkostenstelle i geleistet wird

i = 1 ... n = Index der Vorkostenstellen

n = Anzahl der Vorkostenstellen

Die Gesamtkosten einer Vorkostenstelle i ($x_i \cdot p_i$) setzen sich zusammen aus den primären Kosten PK_i dieser Kostenstelle und aus den sekundären Kosten, d.h. der Summe der von anderen Kostenstellen an die Stelle i verrechneten Kosten für innerbetriebliche Leistungen.

$$\sum_{j=1}^{n} x_{ji} \cdot p_j$$

Es ergibt sich somit für jede der i = 1 ... n Vorkostenstellen eine Gleichung der folgenden Art:

$$\underbrace{x_i \cdot p_i}_{\text{Gesamtkost en der Stelle}} = \underbrace{PK_i}_{\text{primäre Kosten der Stelle i}} + \underbrace{\sum_{j=1}^{n} x_{ji} \cdot p_j}_{\substack{\text{sekundäre Kosten der Stelle i} \\ = \text{Summe der empfangene n Leistungen} \\ x_{ji} \text{ von anderen Kostenstel len, bewertet} \\ \text{mit den zugehörige n Verrechnun gspreisen } p_j}}$$

Insgesamt sind dies n Gleichungen (für jede Vorkostenstelle eine Gleichung) mit den n Unbekannten p_i (= Verrechnungspreis je Leistungseinheit der Kostenstelle i). Das Problem des endlosen Hin- und Rückverrechnens von innerbetrieblichen Leistungen wird hier in der Ermittlung der unbekannten Größen p_i zusammengefasst.

Das Aufstellen des Gleichungssystems soll nochmals ausführlich anhand eines Betriebs mit 4 Vorkostenstellen vorgeführt werden. Für jede Vorkostenstelle ist eine Gleichung zu erstellen.

Diese hat stets die folgende Struktur:

Gesamte Kosten   **primäre Kosten**   **von anderen Kostenstellen emp-**
der Kostenstelle   =   **dieser Kostenstelle**   +   **fangene Leistungsmenge mal**
                                                   zugehöriger Verrechnungspreis

Gleichung für Vorkostenstelle 1:

$$x_1 \cdot p_1 \;=\; PK_1 \;+\; x_{11} \cdot p_1 \;+\; x_{21} \cdot p_2 \;+\; x_{31} \cdot p_3 \;+\; x_{41} \cdot p_4$$

Gleichung für Vorkostenstelle 2:

$$x_2 \cdot p_2 \;=\; PK_2 \;+\; x_{12} \cdot p_1 \;+\; x_{22} \cdot p_2 \;+\; x_{32} \cdot p_3 \;+\; x_{42} \cdot p_4$$

Gleichung für Vorkostenstelle 3:

$$x_3 \cdot p_3 \;=\; PK_3 \;+\; x_{13} \cdot p_1 \;+\; x_{23} \cdot p_2 \;+\; x_{33} \cdot p_3 \;+\; x_{43} \cdot p_4$$

Gleichung für Vorkostenstelle 4:

$$x_4 \cdot p_4 \;=\; PK_4 \;+\; x_{14} \cdot p_1 \;+\; x_{24} \cdot p_2 \;+\; x_{34} \cdot p_3 \;+\; x_{44} \cdot p_4$$

Lösung des Gleichungssystems

Zur Lösung eines linearen Gleichungssystems mit n Gleichungen und n Unbekannten gibt es verschiedene Lösungsverfahren:

1. Das Eliminationsverfahren

- Man löst eine der Gleichungen nach einer Unbekannten auf:
  z. B. aus Gleichung 1: $p_1 = f\,(p_2, p_3, \ldots p_n)$

- Man setzt diese Lösung in die verbleibenden noch nicht verwendeten n - 1 Gleichungen ein.

- Man löst wieder eine der verbleibenden n - 1 Gleichungen nach einer der verbleibenden n - 1 Unbekannten auf:
  z. B. $p_2 = f\,(p_3, p_4, \ldots p_n)$.

- Nun setzt man diese Lösung in die verbleibenden n - 2 Gleichungen ein.

- Man geht nun sukzessive weiter so vor, bis man nur noch eine Gleichung mit einer Unbekannten hat, die man nach dieser Unbekannten auflöst. Durch sukzessives Einsetzen der gefundenen Lösungen erhält man alle Lösungen $p_1 \ldots p_n$.

Dieses Verfahren ist insbesondere bei manuellem Lösen relativ umständlich und anfällig für Rechenfehler.

2. Das Kramer'sche Determinanten Verfahren

Das lineare Gleichungssystem

$$\sum_{i=1}^{n} a_{ij} \cdot p_i = b_j \quad \text{für alle } j = 1...n$$

hat folgende Lösung:

$$p_1 = \frac{D_1}{D}; \quad p_2 = \frac{D_2}{D}; ....., p_n = \frac{D_n}{D}$$

Hierbei sind:

$$D = \text{Koeffizientendeterminante} = \begin{vmatrix} a_{11}a_{12}a_{13}......a_{1n} \\ a_{21}a_{22}a_{23}......a_{2n} \\ \\ a_{n1}a_{n2}a_{n3}......a_{nn} \end{vmatrix}$$

Die Determinanten D_i ergeben sich, wenn man in der Koeffizientendeterminante D die i-te Spalte durch den Vektor b_j ersetzt:

$$\text{z.B.} \quad D_3 = \begin{vmatrix} a_{11}a_{12}b_1a_{14}......a_{1n} \\ a_{21}a_{22}b_2a_{24}.....a_{2n} \\ a_{31}a_{32}b_3a_{34}.....a_{3n} \\ \\ a_{n1}a_{n2}b_na_{n4}.....a_{nn} \end{vmatrix}$$

3. Das Gauß-Jordan-Verfahren

Die Matrix M des Gleichungssystems $\quad M = \begin{pmatrix} a_{11}a_{12}a_{13}.....a_{1n}b_1 \\ a_{21}a_{22}a_{23}.....a_{2n}b_2 \\ \\ a_{n1}a_{n2}a_{n3}.....a_{nn}b_n \end{pmatrix}$

wird durch Lineartransformationen solange verändert, bis links die Einheitsmatrix entsteht:
Unter Lineartransformation versteht man das Multiplizieren einer Zeile mit einer Zahl ($\neq 0$) und/oder das Addieren der so modifizierten Zeile zu einer anderen Zeile.

$$\begin{pmatrix} 1 & 0 & 0........0 & 0 & p_1 \\ 0 & 1 & 0........0 & 0 & p_2 \\ 0 & 0 & 1........0 & 0 & p_3 \\ & & & & \\ 0 & 0 & 0........0 & 1 & p_n \end{pmatrix}$$

Die Zahlen in der letzten Spalte der so transformierten Matrix geben dann die Lösung des Gleichungssystems an.

Beurteilung des Gleichungsverfahrens

Das Gleichungsverfahren führt als simultanes Verfahren in einem einzigen Lösungsschritt zur exakten Bestimmung sämtlicher innerbetrieblicher Verrechnungspreise p_i. Die Aufstellung des Gleichungssystems ist unkompliziert. Die Lösung des Gleichungssystems ist manuell wohl etwas kompliziert, bei Verwendung geeigneter Software jedoch äußerst einfach. Beim Gleichungsverfahren werden sämtliche Leistungsverflechtungen exakt berücksichtigt. Selbst komplexeste Verflechtungsstrukturen lassen sich problemlos erfassen (z.B. Eigenverbrauch einer Kostenstelle, einseitige, wechselseitige, einstufige, mehrstufige Verflechtungen, vgl. LE 16). Verfahrenstechnisch scheint das Gleichungsverfahren deshalb das optimale Verfahren zu sein.

Als gravierender *Nachteil* des Verfahrens ist die Tatsache zu sehen, dass das Verfahren mit Istkosten arbeitet. Aufgrund der Istmengen ergeben sich die Verrechnungspreise automatisch als Lösung des Gleichungssystems. Das Gleichungsverfahren wird dann problematisch bzw. unbrauchbar, wenn eine Kostenstelle unwirtschaftlich arbeitet, d.h. einen zu großen Mengenverzehr hat. Dies wirkt sich im Gleichungssystem auf die Verrechnungspreise aus. Auf diese Weise werden anderen Kostenstellen, die von dieser unwirtschaftlichen Kostenstelle Leistungsmengen empfangen, überhöhte Kosten angelastet (=tatsächlich verbrauchte Leistungsmenge mal überhöhter Verrechnungspreis). Unwirtschaftliche Kostenstellen überwälzen ihre Istkosten somit auf andere Kostenstellen, die dafür nicht verantwortlich sind, d.h. die diese Kosten nicht verursacht haben.

Für die Kostenkontrolle der Vorkostenstellen ist das Gleichungsverfahren deshalb nicht geeignet. Zur Lösung dieses Problems muss man Normal- oder Plankosten als Verrechnungssätze verwenden. Wenn aber die Verrechnungspreise in Form von Plan- oder Normalverrechnungspreisen vorgegeben sind, dann wird das Gleichungsverfahren gegenstandslos. Sein Ziel ist es ja gerade, Verrechnungspreise zu ermitteln. Als Verfahren bei vorgegebenen Verrechnungspreisen bietet sich das sog. Verrechnungspreisverfahren oder Gutschrift-Lastschrift-Verfahren an (vgl. LE 19).

Das Gleichungsverfahren ist zur Ermittlung von Normalverrechnungspreisen aber durchaus geeignet. Hierzu ist es allerdings erforderlich, dass die innerbetriebliche Leistungsverflechtung auf der Basis von Normalmengen und nicht von Istmengen erfolgt. Hierzu genügt es im Allgemeinen, wenn das Gleichungsverfahren auf Normalmengenbasis einmal jährlich zur Ermittlung der Normalverrechnungspreise gerechnet wird.

Fallbeispiel zu Lerneinheit 17

Beispiel:

Ein Fertigungsbetrieb besteht aus den drei Vorkostenstellen

1. Dampferzeugung (Leistungsart: m^3-Dampf)
2. Reparaturwerkstatt (Leistungsart: Reparaturstunden)
3. Grundstücks- und Gebäudeverwaltung (Leistungsart: Zur Verfügungstellung von Nutzfläche in m^2)

sowie den fünf Endkostenstellen

4. Fertigung I
5. Fertigung II
6. Material
7. Verwaltung
8. Vertrieb.

Die jeweiligen primären Stellenkosten, die Kostenträgereinzelkosten und Angaben zur Zuschlagsbasis befinden sich in Tab. 17.1 (Daten zum Beispiel).

lfd.. Nr.	Kostenstelle	Primäre Stellenkosten	Kostenträger- einzelkosten	Zuschlagsbasis
1	Dampf	20.000,--	—	—
2	Reparatur	100.000,--	—	—
3	Grundstücke und Gebäude	40.000,--	—	—
4	Fertigung I	430.000,--	FL_I = 65.000,--	FL_I
5	Fertigung II	550.000,--	FL_{II} = 21.000,--	FL_{II}
6	Material	70.000,--	FM = 600.000,--	FM
7	Verwaltung	60.000,--	—	HK
8	Vertrieb	50.000,--	—	HK

Tab. 17.1: Daten zum Beispiel

Die Leistungsverflechtung zwischen den Kostenstellen ist in Tab. 17.2 dargestellt.

Führen Sie die innerbetriebliche Leistungsverrechnung mit Hilfe des Gleichungsverfahrens durch und ermitteln Sie die Zuschlagsätze für die Endkostenstellen.

abgebende Kostenstelle i	empfangende Kostenstelle j								gesamte Leistungsabgabe x_i	primäre Gemeinkosten KP_i
	Vorkostenstellen			Endkostenstellen						
	1 Dampf	2 Rep.	3 GuG	4 Fert. I	5 Fert. II	6 Mat.	7 Vw.	8 Vt.		
1. Dampferzeugung (m³)	—	200	100	25.000	34.000	300	200	200	60.000 m³	20.000 €
2. Reparaturwerkstatt (Std.)	100	100[1]	300	500	500	—	—	—	1.500 Std.	100.000 €
3. Grundst.u. Gebäude (m²)	100	200	—	4.000	6.000	500	300	200	11.300 m²	40.000 €

1) = Eigenreparaturen

Tab. 17.2: Angaben zur innerbetrieblichen Leistungsverrechnung

Lösung:

Aufstellung des Gleichungssystems:

Vorkostenstelle 1 (Dampferzeugung):

Gesamtkosten der Kostenstelle 1 $\quad =\quad$ Primäre Gemeinkosten von 1
$\qquad\qquad\qquad\qquad\qquad\qquad$ + von 1 an 1 abgegebene Menge $\cdot$ p_1
$\qquad\qquad\qquad\qquad\qquad\qquad$ + von 2 an 1 abgegebene Menge $\cdot$ p_2
$\qquad\qquad\qquad\qquad\qquad\qquad$ + von 3 an 1 abgegebene Menge $\cdot$ p_3

$$x_1 \cdot p_1 \quad = \quad PK_1 \quad + \quad x_{11} \cdot p_1 \quad + \quad x_{21} \cdot p_2 \quad + \quad x_{31} \cdot p_3$$
$$(1) \quad 60.000 \cdot p_1 \; = \; 20.000 \quad + \quad 0 \cdot p_1 \quad + \quad 100 \cdot p_2 \quad + \quad 100 \cdot p_3$$

Vorkostenstelle 2 (Reparaturabteilung):

$$x_2 \cdot p_2 \quad = \quad PK_2 \quad + \quad x_{12} \cdot p_1 \quad + \quad x_{22} \cdot p_2 \quad + \quad x_{32} \cdot p_3$$
$$(2) \quad 1.500 \cdot p_2 \; = \; 100.000 \quad + \quad 200 \cdot p_1 \quad + \quad 100 \cdot p_2 \quad + \quad 200 \cdot p_3$$

Vorkostenstelle 3 (Grundstücks- und Gebäudeverwaltung):

$$x_3 \cdot p_3 \quad = \quad PK_3 \quad + \quad x_{13} \cdot p_1 \quad + \quad x_{23} \cdot p_2 \quad + \quad x_{33} \cdot p_3$$
$$(3) \quad 11.300 \cdot p_3 \; = \; 40.000 \quad + \quad 100 \cdot p_1 \quad + \quad 300 \cdot p_2 \quad + \quad 0 \cdot p_3$$

Die Gleichungen (1), (2) und (3) stellen ein Gleichungssystem mit 3 Gleichungen und den 3 Unbekannten p_1, p_2 und p_3 dar.

Lösung des Gleichungssystems:

Die Lösung soll anhand des Kramer'schen Determinantenverfahrens ausgeführt werden. Zunächst formen wir die Gleichungen so um, dass sie die folgende Form erhalten:

$$\sum_{i=1}^{3} a_{ij} \cdot p_i = b_j \qquad \text{für alle } j = 1 \ldots 3 \, .$$

Wir erhalten:

$$(1) \quad 60.000 \cdot p_1 \; - \; 100 \cdot p_2 \; - \; 100 \cdot p_3 \; = \; 20.000$$
$$(2) \quad -200 \cdot p_1 \; + \; 1.400 \cdot p_2 \; - \; 200 \cdot p_3 \; = \; 100.000$$
$$(3) \quad -100 \cdot p_1 \; - \; 300 \cdot p_2 \; + \; 11.300 \cdot p_3 \; = \; 40.000$$

Die erforderlichen Determinanten D, D_1, D_2 und D_3 lauten damit:

$$D = \begin{vmatrix} +60.000 & -100 & -100 \\ -200 & +1.400 & -200 \\ -100 & -300 & +11.300 \end{vmatrix} =$$

$$D = +9{,}454 \cdot 10^{11}$$

$$D_1 = \begin{vmatrix} +20.000 & -100 & -100 \\ +100.000 & +1.400 & -200 \\ +40.000 & -300 & +11.300 \end{vmatrix} =$$

$$D_1 = +4{,}376 \cdot 10^{11}$$

$$D_2 = \begin{vmatrix} +60.000 & +20.000 & -100 \\ -200 & +100.000 & -200 \\ -100 & +40.000 & +11.300 \end{vmatrix} =$$

$$D_2 = +6{,}833 \cdot 10^{13}$$

$$D_3 = \begin{vmatrix} +60.000 & -100 & +20.000 \\ -200 & +1.400 & +100.000 \\ -100 & -300 & +40.000 \end{vmatrix} =$$

$$D_3 = +5{,}164 \cdot 10^{12}$$

Die Lösung des Gleichungssystems lautet damit:

$$p_1 = \frac{D_1}{D} = \frac{4{,}376 \cdot 10^{11}}{9{,}45352 \cdot 10^{11}} = 0{,}4628964 \text{ € je m}^3 \text{ Dampf}$$

$$p_2 = \frac{D_2}{D} = \frac{6{,}83254 \cdot 10^{13}}{9{,}45352 \cdot 10^{11}} = 72{,}2750891 \text{ € je Reparaturstunde}$$

$$p_3 = \frac{D3}{D} = \frac{5{,}1642 \cdot 10^{12}}{9{,}45352 \cdot 10^{11}} = 5{,}462727111 \text{ € je m}^2 \text{ Nutzfläche}$$

Üblicherweise werden die Verrechnungspreise auf 2 Nachkommastellen gerundet (46,29 €, 72,28 €, 5,46 €).

Würde man mit derart gerundeten Verrechnungspreisen arbeiten, dann ergäben sich im BAB dieses Beispiels geringe Rundungsdifferenzen. Der Leser kann dann jedoch nicht nachprüfen, ob es sich bei den Abweichungen nur um Rundungsfehler oder aber um systematische Fehler handelt. Um zu zeigen, dass der BAB exakt „aufgeht", werden wir im Folgenden mit ungerundeten Verrechnungspreisen arbeiten. Die sich ergebenden €-Beträge je Kostenstelle werden allerdings auf 2 Nachkommastellen gerundet. Dies hat im BAB geringfügige Rundungsabweichungen von plus einem Cent und minus einem Cent zur Folge (vgl. den BAB am Ende des Beispiels, Tab. 17.3).

Verrechnung der sekundären Kosten (Umlage der Vorkostenstellen):

Vorkostenstelle 1: Dampferzeugung

$60.000 \text{ m}^3 \cdot 0,4628964 \text{ €} = 27.773,78162 \text{ €}$

Die Umlage dieses Betrags auf die Kostenstellen erfolgt entsprechend der Leistungsabgabe:

Umlage				
	auf KSt 1 (Dampf)	0 · 0,462... =	0,-- €
	auf KSt 2 (Rep.):	200 · 0,462 =	92,58 €
	auf KSt 3 (GuG):	100 · 0,462 =	46,29 €
	auf KSt 4 (Fert. I):	25.000 · 0,462 =	11.572,41 €
	auf KSt 5 (Fert. II):	34.000 · 0,462 =	15.738,48 €
	auf KSt 6 (Mat.):	300 · 0,462 =	138,87 €
	auf KSt 7 (Vw.):	200 · 0,462 =	92,58 €
	auf KSt 8 (Vt.):	200 · 0,462 =	92,58 €
	Summe		27.773,79 €
	Rundungsfehler		0,00838 €

Vorkostenstelle 2: Reparaturwerkstatt

1.500 Std. · 72,2750891 € = 108.412,6336 €

Die Umlage dieses Betrags auf die Kostenstellen erfolgt entsprechend der Leistungsabgabe:

Umlage				
auf KSt 1 (Dampf):	100	· 72,27... =		7.227,51 €
auf KSt 2 (Rep.):	100	· 72,27... =		7.227,51 €
auf KSt 3 (GuG):	300	· 72,27... =		21.682,53 €
auf KSt 4 (Fert. I):	500	· 72,27... =		36.137,54 €
auf KSt 5 (Fert. II):	500	· 72,27... =		36.137,54 €
auf KSt 6 (Mat.):	0	· 72,27... =		0,-- €
auf KSt 7 (Vw.):	0	· 72,27... =		0,-- €
auf KSt 8 (Vt.):	0	· 72,27... =		0,-- €
	Summe			108.412,63 €
	Rundungsfehler			0,0036 €

Vorkostenstelle 3: Grundstücks- und Gebäudeverwaltung

11.300 m² · 5,4627271 € = 61.728,81635 €

Die Umlage dieses Betrags auf die Kostenstellen erfolgt entsprechend der Leistungsabgabe:

Umlage				
auf KSt 1 (Dampf):	100	· 5,46 ... =		546,27 €
auf KSt 2 (Rep.):	200	· 5,46 ... =		1.092,55 €
auf KSt 3 (GuG):	0	· 5,46 ... =		0,-- €
auf KSt 4 (Fert. I):	4.000	· 5,46 ... =		21.850,91 €
auf KSt 5 (Fert. II):	6.000	· 5,46 ... =		32.776,36 €
auf KSt 6 (Mat.):	500	· 5,46 ... =		2.731,36 €
auf KSt 7 (Vw.):	300	· 5,46 ... =		1.638,82 €
auf KSt 8 (Vt.):	200	· 5,46 ... =		1.092,55 €
	Summe			61.728,82 €
	Rundungsfehler			0,00365 €

| | Vorkostenstellen | | | Endkostenstellen | | | | | |
	1 Dampf	2 Rep.	3 GuG	4 Fertig. I	5 Fertig. II	6 Mat.	7 Verwalt.	8 Vertrieb	Summe
Primäre GK	20.000,–	100.000,–	40.000,–	430.000,–	550.000,–	70.000,–.	60.000,–	50.000,–	1.320.000,–
Sekundäre GK									
Umlage KSt 1 (Dampf)	-27.773,79 0,–	+92,58	+46.29	+11.572,41	+15.738,48	+138,87	+92,58	+92,58	27.773,79
Umlage KSt. 2 (Reparaturw.)	+7.227,51	- 108.412,63 +7.227,51	+21.682,53	+36.137,54	+36.137,54	0,–	0,–	0,–	108.412,63
Umlage KSt.3 (GuG)	+546,27	+1.092,55	-61.728,82 +0,–	+21.850,91	+32.776,36	+2.731,36	+1.638,82	+1.092,55	61.728,82
Endsumme: GK je KSt*	-0,01	+0,01	0,–	499.560,86	634.652,38	72.870,23	61.731,40	51.185,13	1.320.000,–
Zuschlagsbasis**	–	–	–	65.000,–	21.000,–	600.000,–	1.893.083,47	1.893.083,47	–
GK-Zuschlagssätze	–	–	–	768,56 %	3.022,15 %	12,15 %	3,26 %	2,70 %	–

* Rundungsabweichung

** Für Vw. und Vt.-Kostenstelle: HK = 499.560,86 + 65.000,– + 634.652,80 + 21.000,– + 72.870,23 + 600.000,– = 1.893.083,47

Tab. 17.3: Der BAB bei Anwendung des Gleichungsverfahrens

Lerneinheit 18: Das iterative Verfahren (innerbetriebliche Leistungsverrechnung III)

Lernziele:

- Näherungsverfahren für das Simultanverfahren
- Das Grundprinzip des Iterationsverfahrens
- Die einzelnen Verfahrensschritte (Iterationen)
- Das Verfahren im schematischen Überblick
- Beurteilung des Verfahrens

Einführung

Näherungsverfahren für das Simultanverfahren

Das iterative Verfahren führt zu Näherungslösungen für die Verrechnungspreise, die beliebig nahe an die exakten Lösungen des Gleichungsverfahrens herangeführt werden können. Dies ist ausschließlich eine Frage der Anzahl der durchgeführten Iterationen.

Das Grundprinzip des Iterationsverfahrens

Unter einer Iteration versteht man einen sich stets in derselben Art, jedoch mit anderen Zahlen wiederholenden Rechenschritt. Das Grundprinzip des iterativen Verfahrens haben wir bereits in Abb. 44 (LE 17) für den Fall von nur zwei Vorkostenstellen kennengelernt. Von Iteration zu Iteration, d.h. von Kostenumlage zu Kostenumlage werden die zu verrechnenden Beträge kleiner, da jeweils nur die rückverrechneten Kostenbeträge weiter verteilt werden müssen. Das Verfahren zählt mit derselben Begründung, die auch für das Gleichungsverfahren gilt, zu den Kostenstellenausgleichsverfahren (vgl. LE 16).

Die einzelnen Verfahrensschritte (Iterationen)

Liegen mehrere Vorkostenstellen vor (allgemein n), dann läuft das Verfahren in folgenden Schritten ab:

Iteration 1:

Umlage V_1: Verteilung der primären Kosten der Vorkostenstelle V_1 auf die Vor- und Endkostenstellen entsprechend der Leistungsabgabe.

Umlage V_2: Verteilung der in Vorkostenstelle V_2 aufgelaufenen primären und sekundären Kosten auf die Vor- und Endkostenstellen entsprechend der Leistungsabgabe.

Umlage V_3: Dasselbe mit Vorkostenstelle V_3

.
.
.

Umlage V_n: Dasselbe mit Vorkostenstelle V_n

Iteration 2:

Umlage V_1: Verteilung der in Vorkostenstelle V_1 aufgelaufenen primären und sekundären Kosten auf die Vor- und Endkostenstellen entsprechend der Leistungsabgabe.

Umlage V_2: Dasselbe mit Vorkostenstelle V_2

Umlage V_3: Dasselbe mit Vorkostenstelle V_3

.
.
.

Umlage V_n: Dasselbe mit Vorkostenstelle V_n

Es werden so viele Iterationen durchgeführt, bis die Kostenreste je Vorkostenstelle hinreichend klein geworden sind (z.B. < 10,-- €). Diese werden dann pauschal auf die Endkostenstellen umgelegt, ohne weitere Beachtung der tatsächlichen Leistungsverflechtungen. Das Verfahren funktioniert auch dann, wenn Vorkostenstellen ihre eigenen Leistungen selbst in Anspruch nehmen, z.B. Eigenreparaturen in der Reparaturkostenstelle (vgl. hierzu im Fallbeispiel die Kostenstelle „2 Reparaturwerkstatt"). Einen schematischen Überblick über den Ablauf des Verfahrens gibt Abb. 45 auf der Folgeseite.

Beurteilung des Verfahrens

Das Iterationsverfahren ist eine Möglichkeit, das simultane Gleichungssystem (vgl. LE 17) zu lösen. Deshalb kann für seine Beurteilung auf LE 17 verwiesen werden.

Fallbeispiel zu Lerneinheit 18

Beispiel:

Es gelten die Daten des Fallbeispiels von LE 17.
Führen Sie die innerbetriebliche Leistungsverrechnung nach dem *iterativen Verfahren* durch. Dabei sind so viele Iterationen durchzuführen, bis die Kostenreste der Vorkostenstellen jeweils kleiner als 20,- € sind. Diese Restbeträge sollen pauschal je zur Hälfte auf die Fertigungskostenstellen umgelegt werden.

Ermitteln Sie außerdem die Kalkulationssätze für die Endkostenstellen.

Das Verfahren im schematischen Überblick

	V_1	V_2	V_3	V_4	E_1	E_2
	primäre Stellenkosten	primäre Stellenkosten	primäre Stellenkosten	primäre Stellenkosten	primäre Stellenkosten	primäre Stellenkosten
Umlage 1	$-$ = 0	+ Summe	+ Summe	+ Summe	+ Summe	+ Summe
Umlage 2	+ Summe	$-$ = 0	+ Summe	+ Summe	+ Summe	+ Summe
Umlage 3	+ Summe	+ Summe	$-$ = 0	+ Summe	+ Summe	+ Summe
Umlage 4	+ Summe	+ Summe	+ Summe	$-$ = 0	+ Summe	+ Summe
Umlage 5	$-$ = 0	+ Summe	+ Summe	+ Summe	+ Summe	+ Summe
Umlage 6	+ Summe	$-$ = 0	+ Summe	+ Summe	+ Summe	+ Summe
Umlage 7	+ Summe	+ Summe	$-$ = 0	+ Summe	+ Summe	+ Summe
Umlage 8	+ Summe	+ Summe	+ Summe	$-$ = 0	+ Summe	+ Summe

V_1, V_2, V_3 und V_4 = Vorkostenstellen; E_1 und E_2 = Endkostenstellen

Abb. 45: Schematische Darstellung des iterativen Verfahrens

Lösung:

Für die innerbetriebliche Leistungsverrechnung verwenden wir die Leistungsanteile (Mengenanteile) als Umlageschlüssel, die in Tab. 18.1. dargestellt sind. Die Durchführung des Iterationsverfahrens führt zu den in Tab. 18.2. dargestellten Betriebsabrechnungsbögen. Bis auf geringfügige Rundungsdifferenzen ergeben sich erwartungsgemäß dieselben Zuschlagssätze wie beim Gleichungsverfahren.

	1 Dampf	2 Rep.	3 GuG	4 Fert. I	5 Fert. II	6 Mat.	7 Vw.	8 Vt.	Summe
KSt. 1 (Dampf) Leistungsmengen	—	200	100	25.000	34.000	300	200	200	60.000
%	0%	0,333%	0,167%	41,667%	56,667%	0,500%	0,333%	0,333%	100%
KSt. 2 (Rep.) Leistungsmengen	100	100	300	500	500	—	—	—	1.500
%	6,667%	6,667%	20,000%	33,333%	33,333%	0%	0%	0%	100%
KSt. 3 (GuG) Leistungsmengen	100	200	—	4.000	6.000	500	300	200	11.300
%	0,885%	1,77%	0%	35,398%	53,097%	4,425%	2,655%	1,770%	100%

Tab. 18.1: Umlageschlüssel

	Vorkostenstellen			Endkostenstellen					Summe
	1 Dampf	2 Rep.	3 GuG	4 Fert. I	5 Fert. II	6 Mat.	7 Vw.	8 Vt.	
Primäre Gemeinkosten	20.000,--	100.000,--	40.000,--	430.000,--	550.000,--	70.000,--	60.000,--	50.000,--	1.320.000,--
Umlage KSt. 1 (Dampf)	- 20.000,-- +0,--	+ 66,60	+ 33,40	+ 8.333,40	+ 11.333,40	+ 100,--	+ 66,60	+ 66,60	0,--
Umlage KSt. 2 (Rep.)	+ 6.667,--	- 100.000,0 + 6.667,--	+ 20.000,--	+ 33.333,--	+ 33.333,--	—	—	—	0,--
Umlage KSt. 3 (GuG)	+ 354,--	+ 708,--	- 40.000,-- + 0,--	+ 14.159,70	+ 21.238,80	+ 1.770,--	+ 1.062,--	+ 708,--	0,--
Kostenstellenkosten nach der 1. Iteration	7.021,--	7.441,60	20.033,40	485.825,60	615.905,20	71.870,--	61.128,60	50.774,60	1.320.000,--
Umlage KSt. 1 (Dampf)	- 7.021,-- +0,--	+ 23,38	+ 11,72	+ 2.925,44	+ 3.978,59	+ 35,11	+ 23,38	+ 23,38	0,--
Umlage KSt. 2 (Rep.)	+ 496,13	- 7.441,60 + 496,13	+ 1.488,32	+ 2.480,51	+ 2.480,51	—	—	—	0,--
Umlage KSt. 3 (GuG)	+ 177,30	+ 354,59	- 20.033,40 + 0,--	+ 7.091,42	+ 10.637,13	+ 886,48	+ 531,89	+ 354,59	0,--
Kostenstellenkosten nach der 2. Iteration	673,43	874,10	1500,04	498.322,97	633.001,43	72.791,59	61.683,87	51.152,57	1.320.000,--

Tab. 18.2: Der BAB bei Anwendung des iterativen Verfahrens

	Vorkostenstellen			Endkostenstellen					Summe
	1 Dampf	2 Rep.	3 GuG	4 Fert. I	5 Fert. II	6 Mat.	7 Vw.	8 Vt.	
Umlage KSt. 1 (Dampf)	- 673,43 / + 0,--	+ 2,24	+ 1,13	+ 280,60	+ 381,61	+ 3,37	+ 2,24	+ 2,24	0,--
Umlage KSt. 2 (Rep.)	+ 58,28	- 874,10 / + 58,28	+ 174,82	+ 291,36	+ 291,36	—	—	—	0,--
Umlage KSt. 3 (GuG)	+ 13,28	+ 26,55	- 1.500,04 / + 0,--	+ 530,98	+ 796,47	+ 66,38	+ 39,83	+ 26,55	0,--
Kostenstellenkosten nach der 3. Iteration	71,56	87,07	175,95	499.425,91	634.470,87	72.861,34	61.725,94	51.181,36	1.320.000,--
Umlage KSt. 1 (Dampf)	- 71,56 / + 0,--	+ 0,24	+ 0,12	+ 29,81	+ 40,55	+ 0,36	+ 0,24	+ 0,24	0,--
Umlage KSt. 2 (Rep.)	+ 5,81	- 87,07 / + 5,81	+ 17,41	+ 29,02	+ 29,02	—	—	—	0,--
Umlage KSt. 3 (GuG)	+ 1,56	+ 3,11	- 175,95 / + 0,--	+ 62,29	+ 93,42	+ 7,79	+ 4,67	+ 3,11	0,--
Kostenstellenkosten nach der 4. Iteration	7,37	9,16	17,53	499.547,03	634.633,86	72.869,49	61.730,85	51.184,71	1.320.000,--
Hälftige Umlage der Restkosten	-7,37	-9,16	-17,53	+17,03	+17,03	—	—	—	0,--
Endsumme: GK je Kostenstelle	0,--	0,--	0,--	499.564,06	634.650,89	72.869,49	61.730,85	51.184,71	1.320.000,--
Zuschlagbasis*				65.000,--	21.000,--	600.000,--	1.893.084,4	1.893.084,4	
GK-Zuschlagsätze				768,56%	3.022,15%	12,14%	3,26%	2,70%	

* für Vw.- und Vt.-Kostenstellen: HK = 499.564,06 + 65.000,-- + 634.650,89 + 21.000,-- + 72.869,19 + 600.000,-- = 1.893.084,44

Tab. 18.2: Der BAB bei Anwendung des iterativen Verfahrens (Fortsetzung)

Lerneinheit 19: Das Verrechnungspreisverfahren oder Gutschrift - Lastschriftverfahren (innerbetriebliche Leistungsverrechnung IV)

Lernziele:

- Kostenstellenausgleich mittels vorgegebener Verrechnungspreise
- Verrechnungspreise auf Normalkostenbasis
- Arbeitsschritte beim Gutschrift-Lastschrift-Verfahren
- Mathematische Darstellung des Verfahrens
- Schematische Darstellung des Verfahrens
- Kostenüber- und -unterdeckungen und Deckungsumlage
- Schematische Darstellung des Verfahrens
- Beurteilung des Verfahrens

Der Kostenstellenausgleich mittels vorgegebener Verrechnungspreise

Auch dieses Verfahren zählt zur Gruppe der Kostenstellenausgleichsverfahren, weil ein vollständiger Ausgleich der empfangenen und abgegebenen Leistungen je Vorkostenstelle erfolgt. Im Gegensatz zum Gleichungsverfahren und zum iterativen Verfahren erfolgt der Kostenstellenausgleich nicht implizit in der Höhe der zu bestimmenden unbekannten Verrechnungspreise. Beim Verrechnungspreisverfahren werden die zu verwendenden Verrechnungspreise extern vorgegeben. I.d.R. werden Normalverrechnungspreise verwendet.

Normalkostenverrechnungspreise

Als Verrechnungspreise werden meist diejenigen Festpreise verwendet, die man einmal jährlich mit Hilfe des Gleichungsverfahrens auf Normalkostenbasis berechnet hat. Hierzu werden bei der innerbetrieblichen Leistungsverrechnung statt Istmengen Normalmengen oder Planmengen der Leistungsverrechnung zugrunde gelegt.

Arbeitsschritte beim Gutschrift- Lastschrift-Verfahren

Die leistenden Vorkostenstellen werden um die Normalkosten der abgegebenen Leistung entlastet. Der Entlastungsbetrag berechnet sich als Produkt von abgegebener Ist-Leistungsmenge mal Normalverrechnungspreis je Leistungseinheit. Die leistungsempfangenden Kostenstellen (Vorkostenstellen und Endkostenstellen) werden entsprechend ihrer Leistungsaufnahme belastet (empfangene Istleistungsmenge mal Normalverrechnungspreis).

Mathematische Darstellung des Verfahrens

Wir verwenden die folgenden Symbole:

PK_i = primäre Istkosten der Vorkostenstelle i

x_i = insgesamt abgegebene Istleistungsmenge der Vorkostenstelle i

x_{ij} = von Vorkostenstelle i an Kostenstelle j abgegebene Istleistungsmenge

p_i = Normalverrechnungspreis für eine Leistungseinheit der Vorkostenstelle i

i = 1 ... n = Index der leistungsabgebenden Vorkostenstellen

j = 1 ... n + m = Index der leistungsempfangenden Kostenstellen (Vor- und Endkostenstellen)

n = Anzahl der Vorkostenstellen

m = Anzahl der Endkostenstellen

Die abgegebene Leistungsmenge x_i je Vorkostenstelle i wird vollständig auf die empfangenden Kostenstellen verteilt:

$$x_i = \sum_{\substack{j=1 \\ j \neq i}}^{n+m} x_{ij}$$

Der Kostenbetrag, um den die leistende Vorkostenstelle i entlastet wird, berechnet sich als Produkt aus abgegebener Leistungsmenge x_i und festem Verrechnungspreis p_i zu $- x_i \cdot p_i$.

Die Vor- und Endkostenstellen j (j ≠ i), die von der Vorkostenstelle i Leistungen empfangen, werden mit dem Kostenbetrag $x_{ij} \cdot p_i$ belastet.

Schematische Darstellung des Verfahrens

Bei einem Betrieb mit 3 Vorkostenstellen V_1, V_2 und V_3 und 2 Endkostenstellen E_4 und E_5 lässt sich die Funktionsweise des Verrechnungspreisverfahrens folgendermaßen darstellen (vgl. Abb. 46).

Kostenüber- bzw. Kostenunterdeckung und Deckungsumlage

Bei Verwendung der exakten Istverrechnungspreise müsste sich nach Verrechnung der innerbetrieblichen Leistung für jede Vorkostenstelle V_i die Kostenstellensumme zu 0 ergeben. Da aber nicht die Istverrechnungspreise, die sich bei Lösung des linearen Gleichungssystems ergeben würden, verwendet werden, sondern vorgegebene Normalverrechnungspreise, wird sich i.d.R. in jeder Vorkostenstelle eine Über- oder Unterdeckung ergeben.

	Vorkostenstellen			Endkostenstellen	
	V_1	V_2	V_3	E_4	E_5
Primäre Stellenkosten	PK_1	PK_2	PK_3	PK_4	PK_5
Verrechnung der Leistungsab-gabe von V_1	$-x_1 p_1$	$+x_{12} p_1$	$+x_{13} p_1$	$+x_{14} p_1$	$+x_{15} p_1$
Verrechnung der Leistungsab-gabe von V_2	$+x_{21} p_2$	$-x_2 p_2$	$+x_{23} p_2$	$+x_{24} p_2$	$+x_{25} p_2$
	$+x_{31} p_3$	$+x_{32} p_3$	$-x_3 p_3$	$+x_{34} p_3$	$+x_{35} p_3$
Summe	D_1	D_2	D_3	Zwischen-summe E_4	Zwischen-summe E_5
Deckungs-umlage	$-D_1$	$-D_2$	$-D_3$	$\dfrac{D_1+D_2+D_3}{2}$	$\dfrac{D_1+D_2+D_3}{2}$
Endsumme	0	0	0	End-summe E_4	End-summe E_5

Abb. 46: Schematische Darstellung des Verrechnungspreisverfahrens

$$PK_i - x_i \cdot p_i + \sum_{\substack{j=1 \\ j \neq i}}^{n} x_{ij} \cdot p_j = D_i \begin{pmatrix} > \\ = \\ < \end{pmatrix} 0$$

Diese Differenzgröße D_i ist für die Kostenkontrolle wichtig. Falls $D_i > 0$, hat die Kostenstelle mehr Kosten verursacht, als es der Normvorgabe entspricht (Kostenüberdeckung). Falls $D_i < 0$, hat die Kostenstelle weniger Kosten verursacht (Kostenunterdeckung). Zwar ist diese Differenzgröße D_i für die Wirtschaftlichkeitskontrolle der einzelnen Vorkostenstellen höchst aussagefähig, da der BAB aber auch ein Hilfsinstrument für die Kostenträgerrechnung ist, müssen die Kosten aller Vorkostenstellen auf die Endkostenstellen verteilt werden. Andernfalls würden in den Zuschlagsätzen (Kalkulationssätzen) nicht alle bzw. zu viele Kosten berücksichtigt. Die Folge wäre, dass die kalkulierten Stückkosten und die daraus abgeleiteten Verkaufspreise zu niedrig (bei Kostenüberdeckung) oder zu hoch (bei Kostenunterdeckung) wären. Deshalb muss die Kostendifferenz D_i je

Vorkostenstelle in einer sog. *Deckungsumlage* auf die Endkostenstellen verteilt werden, damit der BAB aufgeht und die Vorkostenstellen vollständig entlastet werden. Die Deckungsumlage sollte möglichst verursachungsgerecht erfolgen, d.h. die Verteilung sollte nach der mengenmäßigen Leistungsabgabe der jeweiligen Vorkostenstelle an die Endkostenstellen erfolgen. Häufig werden die Differenzbeträge aber auch vereinfacht nach einem festen prozentualen Schlüssel auf die Endkostenstellen verteilt.

Beurteilung des Verfahrens

Das Gutschrift-Lastschrift-Verfahren vermeidet die Nachteile des Gleichungs- bzw. Iterationsverfahrens. Da mit fest vorgegebenen Normalverrechnungspreisen gearbeitet wird, kann es nicht passieren, dass mengenmäßige Kostenunwirtschaftlichkeiten einzelner Kostenstellen zur Verzerrung der Verrechnungspreise führen, mittels derer die Kostenunwirtschaftlichkeit anderer Kostenstellen angelastet wird, obwohl sie von diesen Stellen nicht verursacht worden ist, und die Kostenstellenleiter dafür auch nicht verantwortlich gemacht werden können. Die Kostensummen der Endkostenstellen vor Durchführung der Deckungsumlage sind deshalb für die Kostenkontrolle der Kostenstellen besonders aussagekräftig. Das Verfahren ist für die Kostenkontrolle besonders gut geeignet. Diesem Vorteil steht als Nachteil gegenüber, dass der BAB rechnerisch meist nicht aufgeht. Es bleiben unverteilte Restkosten D_i je Vorkostenstelle übrig. Durch die Umlage dieser Restkosten auf die Endkostenstellen wird das Normalkostenprinzip durchbrochen. Dieses Vorgehen ist allerdings für die Kostenträgerrechnung auf Istkostenbasis unverzichtbar. Hier kommt es ja gerade darauf an, in den Zuschlagsätzen alle Istgemeinkosten zu erfassen. Ohne Deckungsumlage wären die Kalkulationssätze verzerrt. Die Zuschlagsätze würden zu wenig oder zu viele Gemeinkosten berücksichtigen und damit zu falschen Istherstellungskosten bzw. -selbstkosten in der Kostenträgerrechnung führen.

Fallbeispiel zu Lerneinheit 19

Beispiel:

Es liege der Betrieb aus LE 17 vor mit den dort angegebenen Daten bezüglich der Kostenstellenart und -anzahl, der Höhe der Primärkosten je Kostenstelle sowie bezüglich der mengenmäßigen innerbetrieblichen Leistungsverflechtung

Für die Leistung der Vorkostenstellen gelten außerdem die folgenden Normalverrechnungspreise.:

KSt. 1 Dampferzeugung $\quad p_1 = \quad 0,50 \,€ \quad$ je m^3 Dampf

KSt. 2 Reparaturwerkstatt): $\quad p_2 = \quad 69,-- \,€ \quad$ je Reparaturstunde

KSt. 3 Grundst. u. Geb.: $\quad p_3 = \quad 5,-- \,€ \quad$ je m^2 Nutzfläche

Führen Sie mit diesen Verrechnungspreisen eine innerbetriebliche Leistungsverrechnung nach dem *Gutschrift-Lastschrift-Verfahren* durch. Zur Berechnung der Kalkulationssätze ist die Deckungsumlage gleichmäßig auf die Endkostenstellen zu verteilen.

Lösung:

Umlage der Kostenstelle 1 (Dampferzeugung):

Zu verrechnende Kosten der abgegebenen Leistung:

60.000 m^3 · 0,50 €/m^3 = $\qquad$ 30.000,-- €

Umlage nach Leistungsmengen auf:

KSt 1 (Dampf):	0 · 0,50 € =	0,-- €
KSt 2 (Rep.):	200 · 0,50 € =	100,-- €
KSt 3 (GuG):	100 · 0,50 € =	50,-- €
KSt 4 (Fert. I):	25.000 · 0,50 € =	12.500,-- €
KSt 5 (Fert. II):	34.000 · 0,50 € =	17.000,-- €
KSt 6 (Mat.):	300 · 0,50 € =	150,-- €
KSt 7 (Vw.):	200 · 0,50 € =	100,-- €
KSt 8 (Vt.):	200 · 0,50 € =	100,-- €
Summe		30.000,-- €

Umlage der Kostenstelle 2 (Reparaturwerkstatt):

Zu verrechnende Kosten der abgegebenen Leistung:

1.500 Std. · 69,-- €/Std. =		103.500,-- €

Umlage nach Leistungsmengen auf:

KSt 1 (Dampf):	100 · 69,-- € =		6.900,-- €
KSt 2 (Rep.):	100 · 69,-- € =		6.900,-- €
KSt 3 (GuG):	300 · 69,-- € =		20.700,-- €
KSt 4 (Fert. I):	500 · 69,-- € =		34.500,-- €
KSt 5 (Fert. II):	500 · 69,-- € =		34.500,-- €
KSt 6 (Mat.):	0 · 69,-- € =		0,-- €
KSt 7 (Vw.):	0 · 69,-- € =		0,-- €
KSt 8 (Vt.):	0 · 69,-- € =		0,-- €
	Summe		103.500,-- €

Umlage der Kostenstelle 3 (Grundstücks- und Gebäudeverwaltung):

Zu verrechnende Kosten der abgegebenen Leistung:

11.300 m² · 5,-- €/m² =		56.500,-- €

Umlage nach Leistungsmengen auf:

KSt 1 (Dampf):	100 · 5,-- € =		500,-- €
KSt 2 (Rep.):	200 · 5,-- € =		1000,-- €
KSt 3 (GuG):	0 · 5,-- € =		0,-- €
KSt 4 (Fert. I):	4.000 · 5,-- € =		20.000,-- €
KSt 5 (Fert. II):	6.000 · 5,-- € =		30.000,-- €
KSt 6 (Mat.):	500 · 5,-- € =		2.500,-- €
KSt 7 (Vw.):	300 · 5,-- € =		1.500,-- €
KSt 8 (Vt.):	200 · 5,-- € =		1.000,-- €
	Summe		56.500,-- €

Der BAB erhält mit diesen Umlagen das folgende Aussehen (vgl. Tab. 19.1).

	Vorkostenstellen			Endkostenstellen					Summe
	1 Dampf	2 Rep.	3 GuG	4 Fert. I	5 Fert. II	6 Mat.	7 Vw.	8 Vt.	
Primäre Gemeinkosten	20.000,--	100.000,--	40.000,--	430.000,--	550.000,--	70.000,--	60.000,--	50.000,--	1.320.000,--
Umlage KSt. 1 (Dampf)	- 30.000,-- + 0,--	+ 100,--	+ 50,--	+ 12.500,--	+ 17.000,--	+ 150,--	+ 100,--	+ 100,--	0,--
Umlage KSt. 2 (Rep.)	+ 6.900,--	- 103.500,-- + 6.900,--	+ 20.700,--	+ 34.500,--	+ 34.500,--	—	—	—	0,--
Umlage KSt. 3 (GuG)	+ 500,--	+ 1.000,--	- 56.500,-- + 0,--	+ 20.000,--	+ 30.000,--	+ 2.500,--	+ 1.500,--	+ 1.000,--	0,--
Summen	- 2.600,--	+ 4.500,--	+ 4.250,--	+ 497.000,--	+ 631.500,--	+ 72.650,--	+ 61.600,--	+ 51.100,--	1.320.000,--
Deckungsumlage (+6.150,--: 5)	+ 2.600,--	- 4.500,--	- 4.250,--	+ 1.230,--	+ 1.230,--	+ 1.230,--	+ 1.230,--	+ 1.230,--	0,--
Endsumme: GK je KSt.	0,--	0,--	0,--	498.230,--	632.730,--	73.880,--	62.830,--	52.320,--	1.320.000,--
Zuschlagbasis*	—	—	—	65.000,--	21.000,--	600.000,--	1.890.840,--	1.890.840,--	
GK-Zuschlagsätze				766,51%	3.013,00%	12,31%	3,32%	2,77%	

* für Vw.- und Vt.-Kostenstellen: HK = 498.230,-- + 65.000,-- + 632.730,-- + 21.000,-- + 73.880,-- + 600.000,-- = 1.890.840,--

Tab. 19.1: Der BAB bei Anwendung des Verrechnungspreisverfahrens

Lerneinheit 20:
Das Anbauverfahren als einfachste Variante eines Kostenstellenumlageverfahrens (innerbetriebliche Leistungsverrechnung V)

Lernziele:

- Das Wesen der Kostenstellenumlageverfahren
- Die beiden wichtigsten Verfahren
- Funktionsweise und Darstellung des Anbauverfahrens
- Beurteilung des Anbauverfahrens

Einführung

Das Wesen der Kostenstellenumlageverfahren

Bei den Kostenstellenumlageverfahren werden - genauso wie bei den Kostenstellenausgleichsverfahren - für die innerbetrieblichen Leistungserbringer eigene Vorkostenstellen eingerichtet (z.B. Reparaturwerkstatt, Dampferzeugung, usw.). Anders als bei den Ausgleichsverfahren erfolgt jedoch keine exakte Verrechnung gegenseitiger Leistungsverflechtungen. Grundsätzlich berücksichtigen die Kostenstellenumlageverfahren *nur einseitige Leistungsverflechtungen*. Die Kosten einer leistenden Kostenstelle werden auf die Leistungsempfängerstellen umgelegt (mittels Umlageschlüssel). Rückleistungen werden jedoch vernachlässigt. Die Kostenstellenumlageverfahren führen deshalb nur dann zu einer korrekten und verursachungsgerechten Kostenverrechnung, wenn keine wechselseitigen Leistungsverflechtungen vorliegen.

Aus LE 16 wissen wir, dass man die innerbetrieblichen Leistungsverflechtungen nach den beiden Kriterien

- Richtung (einseitige bzw. wechselseitige Verflechtungen) und
- Dimension (einstufige bzw. mehrstufige Verflechtungen)

unterteilen kann. Die Kostenstellenumlageverfahren unterstellen ausschließlich einseitige Leistungsbeziehungen.

Die beiden wichtigsten Kostenstellenumlageverfahren

Das zweite Kriterium (Dimension der Leistungsverflechtung) führt zum Anbau- bzw. zum Treppenverfahren. Zu den vier verschiedenen Typen innerbetrieblicher Leistungsverflechtungen vgl. auch Abb. 37 in LE 16.

Das *Anbauverfahren (auch Blockverfahren)* unterstellt einstufige, einseitige Leistungsverflechtungen. Die Kosten jeder Vorkostenstelle werden direkt auf eine oder mehrere empfangende Endkostenstellen umgelegt (vgl. Abb. 47).

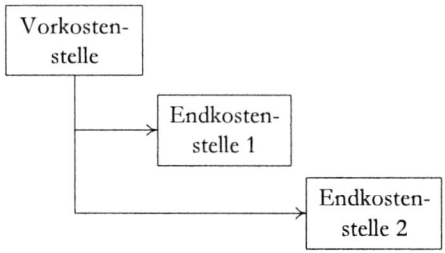

Abb. 47. Direkte Umlage der Vorkostenstellen auf die Endkostenstellen beim Anbauverfahren

Das *Treppenverfahren (auch Stufenverfahren)* kann auch mehrstufige, einseitige Leistungsflüsse korrekt verrechnen (vgl. Abb. 48).

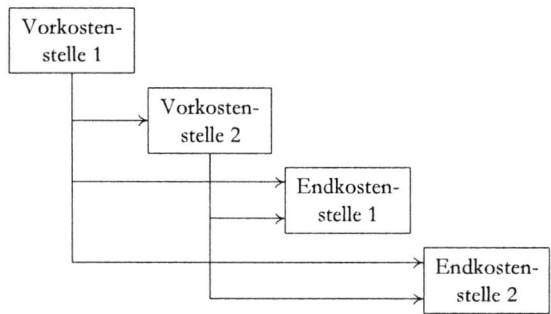

Abb. 48: Indirekte Umlage der Vorkostenstellen auf die Endkostenstellen beim Treppenverfahren

Funktionsweise und Darstellung des Anbauverfahrens

Da das Anbauverfahren den Leistungsaustausch zwischen den Vorkostenstellen völlig vernachlässigt, werden die primären Gemeinkosten jeder Vorkostenstelle direkt den empfangenden Endkostenstellen zugerechnet. Abb. 49 gibt die Struktur des BAB beim Anbauverfahren wieder.

Die Zurechnung der primären Stellenkosten erfolgt, indem man die von der Endkostenstelle empfangene Leistungsmenge mit dem innerbetrieblichen Verrechnungssatz multipliziert. Der Verrechnungssatz für die von einer Vorkostenstelle abgegebene Leistungseinheit ist der Quotient aus den primären Kosten der Vorkostenstelle und der abgegebenen Leistungsmenge:

	Vorkostenstellen			Endkostenstellen	
	V_1	V_2	V_3	E_4	E_5
Primäre Stellenkosten	PK_1	PK_2	PK_3	PK_4	PK_5
Umlage der Vorkostenstellen				→ + ──→ + → + ──→ + → + ──→ +	
Summe	0	0	0	Summe E_4	Summe E_5

Abb. 49: Die Struktur des BAB beim Anbauverfahren

$$\text{Verrechnungsatz der Vorkostenstelle} = \frac{\text{primäre Kosten der Vorkostenstelle}}{\text{Leistungsabgabe an Endkostenstellen}}$$

Da Leistungsabgaben an andere Vorkostenstellen beim Anbauverfahren vernachlässigt werden, muss die von der Vorkostenstelle insgesamt erbrachte Leistungsmenge um diejenigen Leistungen vermindert werden, die nicht direkt an die Endkostenstellen erbracht werden.

Wir verwenden folgende Symbole:

x_{ij} = von der Vorkostenstelle i an Kostenstelle j erbrachte Leistungsmenge

x_i = von Vorkostenstelle i insgesamt erbrachte Leistungsmenge

$$\left(x_i = \sum_{j=1}^{n+m} x_{ij} \right)$$

n = Anzahl der Vorkostenstellen

m = Anzahl der Endkostenstellen

PK_i = primäre Gemeinkosten der Vorkostenstelle i

p_i = Verrechnungsatz je Leistungseinheit der Vorkostenstelle i

Hiermit ergibt sich als innerbetrieblicher Verrechnungssatz p_i:

$$p_i = \frac{PK_i}{x_i - \sum_{j=1}^{n} x_{ij}}$$

Der Term $\sum_{j=1}^{n} x_{ij}$ im Nenner der obigen Formel gibt die Leistungsmenge an, die die Vorkostenstelle i an andere Vorkostenstellen geleistet hat (j $\neq$ i) sowie die Leistungsmenge, die sie selbst verbraucht hat (j = i).

Bei einem Betrieb mit 3 Vorkostenstellen und 2 Endkostenstellen lässt sich die Funktionsweise des Anbauverfahrens folgendermaßen darstellen (vgl. Abb. 50).

	Vorkostenstellen			Endkostenstellen	
	V_1	V_2	V_3	E_4	E_5
Primäre Stellenkosten	PK_1	PK_2	PK_3	PK_4	PK_5
Umlage V_1	$-PK_1$	—	—	$+x_{14}\,p_1$	$+x_{15}\,p_1$
Umlage V_2		$-PK_2$	—	$+x_{24}\,p_2$	$+x_{25}\,p_2$
Umlage V_3			$-PK_3$	$+x_{34}\,p_3$	$+x_{35}\,p_3$
Summe	0	0	0	Summe E_4	Summe E_5

Abb. 50: Das Anbauverfahren am Beispiel eines Betriebs mit drei Vorkostenstellen und zwei Endkostenstellen

Beurteilung des Anbauverfahrens

Da sämtliche innerbetrieblichen Leistungsbeziehungen zwischen Vorkostenstellen völlig vernachlässigt werden, führt das Anbauverfahren im allgemeinen nicht zu einer verursachungsgerechten Belastung der Endkostenstellen mit sekundären Gemeinkosten.

Bei Vorkostenstellen, die viele innerbetriebliche Leistungen empfangen, werden trotzdem nur die primären Stellenkosten auf die Endkosten umgelegt. Da alle sekundären Kosten solcher Vorkostenstellen vernachlässigt werden, werden die Leistungen dieser Stellen zu billig an die Endkostenstellen verrechnet. Die Verrechnungspreise sind zu niedrig.

Bei Vorkostenstellen, die viele innerbetriebliche Leistungen an andere Vorkostenstellen abgeben, aber keine oder nur wenige empfangen, werden trotzdem die gesamten primären Stellenkosten auf die Endkostenstellen umgelegt. Dies führt zu einer zu hohen Belastung der Endkostenstellen. In Wirklichkeit werden die primären Kosten ja nicht nur von den Endkostenstellen, sondern auch von anderen Vorkostenstellen mitverursacht. Die sich ergebenden Verrechnungspreise sind zu hoch.

Dies soll an einem Beispiel mit 2 Vorkostenstellen und 2 Endkostenstellen verdeutlicht werden. Die tatsächlichen mengenmäßigen Leistungsverflechtungen gibt die folgende Tabelle (Abb.51) wieder (x_{ij} = von Kostenstelle i an Kostenstelle j geleistete Mengeneinheiten).

leistende Kostenstelle	empfangende Kostenstelle				Summe
	V_1	V_2	E_3	E_4	
V_1	0	x_{12}	x_{13}	0	x_1
V_2	0	0	0	x_{24}	x_2

Abb. 51: Beispiel zur mengenmäßigen Leistungsverflechtung

Die zugehörigen primären Stellenkosten bezeichnen wir mit PK_i. Beim Anbauverfahren werden die gesamten primären Kosten PK_1 der Stelle V_1 auf die Endkostenstelle E_3 umgelegt, weil nur E_3, nicht aber E_4 von V_1 Leistungen erhält. Die Endkostenstelle E_4 wird entsprechend der Leistungsbeziehung nur mit den primären Kosten PK_2 von V_2 belastet.

Verrechnungspreise beim Anbauverfahren:
Als Verrechnungspreise ergeben sich:

Für Leistungen der Kostenstelle V_1:

$$p_1 = \frac{PK_1}{x_{13}}$$

Für Leistungen der Kostenstelle V_2:

$$p_2 = \frac{PK_2}{x_{24}} \ .$$

Verrechnungspreise bei verursachungsgerechter Leistungsverrechnung:
Bei verursachungsgerechter Verrechnung der Leistungen ergeben sich für unser Beispiel aber die folgenden, vom Anbauverfahren abweichenden Verrechnungspreise:

Für Leistungen der Kostenstelle V_1:
Da V_1 sowohl an V_2 als auch an E_3 leistet und selbst keine Leistungen empfängt, bestimmt sich der Verrechnungspreis je abgegebener Leistungseinheit zu:

$$p_1 = \frac{PK_1}{x_{12} + x_{13}} \cdot$$

Für Leistungen der Kostenstelle V_2:

V_2 erhält von V_1 Leistungen im Wert von $p_1 \cdot x_{12}$. Da sie nur an die Endkostenstelle E_4 leistet, errechnet sich der Verrechnungspreis, indem man die Gesamtkosten der Stelle V_2 (das sind die primären Stellenkosten PK_2 und die sekundären Kosten von V_2 in Höhe von $p_1 \cdot x_{12}$) auf die Leistungsmenge bezieht:

$$p_2 = \frac{PK_2 + x_{12} \cdot p_1}{x_{24}} \cdot$$

Vergleichen wir nun die Verrechnungspreise nach dem Anbauverfahren mit den richtigen Verrechnungspreisen (vgl. Abb. 52):

leistende Vorkostenstelle	Verrechnungspreis beim Anbauverfahren	Verrechnungspreis bei korrekter Rechnung	Unterschied
V_1	$p_1 = \dfrac{PK_1}{x_{13}}$	$p_1 = \dfrac{PK_1}{x_{12} + x_{13}}$	zu hohe Verrechnungspreise beim Anbauverfahren
V_2	$p_2 = \dfrac{PK_2}{x_{24}}$	$p_2 = \dfrac{PK_2 + x_{12} \cdot p_1}{x_{24}}$	zu niedrige Verrechnungspreise beim Anbauverfahren

Abb. 52: Systematisch fehlerhafte Verrechnungspreise beim Anbauverfahren

Weil beim Anbauverfahren falsche Verrechnungspreise verwendet werden, werden die Endkostenstellen mit falschen sekundären Kosten belastet. Damit ist die Gemeinkostensumme jeder Endkostenstelle falsch. Die Ergebnisse der Kostenstellenrechnung sind somit für die Kostenkontrolle nicht brauchbar. In der Folge ergeben sich auch falsche Zuschlagssätze, was zu einer fehlerhaften Kalkulation und zu falschen Herstellkosten führt.

Je stärker der Leistungsaustausch zwischen den Vorkostenstellen ausgeprägt ist, desto weiter sind die Ergebnisse des Anbauverfahrens von der richtigen, d.h. der verursachungsgerechten Kostenverteilung entfernt.

Lediglich wenn überhaupt kein Leistungsaustausch zwischen Vorkostenstellen stattfindet, führt das Anbauverfahren zu verursachungsgerechten Ergebnissen.

Fallbeispiel zu Lerneinheit 20

Beispiel:

Es soll wieder der Betrieb aus LE 17 zugrunde gelegt werden mit den dort angegebenen Daten bezüglich der Kostenstellenart und -anzahl, der Höhe der Primärkosten, sowie bezüglich der mengenmäßigen innerbetrieblichen Leistungsverflechtung.

Führen Sie die innerbetriebliche Leistungsverrechnung mit Hilfe des Anbauverfahrens durch und berechnen Sie die Kalkulationssätze.

Lösung:

Zunächst sind die Verrechnungspreise p_i zu ermitteln, mit denen die Primärkosten der Vorkostenstellen auf die Endkostenstellen umgelegt werden.

Kostenstelle 1:

$$p_1 = \frac{PK_1}{x_1 - \sum\limits_{i=1}^{3} x_{1i}} = \frac{20.000}{60.000 - 200 - 100} = 0,33500838 \text{ € je m}^3$$

(Zum Vergleich: 0,46 € je m^3 beim Gleichungsverfahren)

Kostenstelle 2:

$$p_2 = \frac{PK_2}{x_2 - \sum\limits_{i=1}^{3} x_{2i}} = \frac{100.000}{1.500 - 100 - 100 - 300} = 100,-- \text{ € je Std.}$$

(Zum Vergleich: 72,27 € je Stunde beim Gleichungsverfahren)

Kostenstelle 3:

$$p_3 = \frac{PK_3}{x_3 - \sum\limits_{i=1}^{3} x_{3i}} = \frac{40.000}{11.300 - 100 - 200} = 3,63636 \text{ € je m}^2$$

(Zum Vergleich: 5,46 € je m^2 beim Gleichungsverfahren)

Umlage der Kostenstelle 1 (Dampferzeugung):

Umzulegen sind 59.700 m³ à 0,33500838 € (= p_1).
Das ergibt: PK_1 = 20.000,-- €

auf KSt 4 (Fert. I):	25.000	$\cdot p_1$ =	8.375,21 €
auf KSt 5 (Fert. II):	34.000	$\cdot p_1$ =	11.390,29 €
auf KSt 6 (Mat.):	300	$\cdot p_1$ =	100,50 €
auf KSt 7 (Vw.):	200	$\cdot p_1$ =	67,-- €
auf KSt 8 (Vt.):	200	$\cdot p_1$ =	67,-- €
	Summe		20.000,-- €

Umlage der Kostenstelle 2 (Reparaturwerkstatt):

Umzulegen sind 1.000 Std. à 100,-- € (= p_2)
Das ergibt: PK_2 = 100.000,-- €

auf KSt 4 (Fert. I):	500	$\cdot p_2$ =	50.000,-- €
auf KSt 5 (Fert. II):	500	$\cdot p_2$ =	50.000,-- €
auf KSt 6 (Mat.):	0	$\cdot p_2$ =	0,-- €
auf KSt 7 (Vw.):	0	$\cdot p_2$ =	0,-- €
auf KSt 8 (Vt.):	0	$\cdot p_2$ =	0,-- €
	Summe		100.000,-- €

Umlage der Kostenstelle 3 (Grundstücks- und Gebäudeverwaltung):

Umzulegen sind 11.000 m à 3,636363 € (=p_3)
Das ergibt: PK_3 = 40.000,-- €

auf KSt 4 (Fert. I):	4.000	$\cdot p_3$ =	14.545,46 €
auf KSt 5 (Fert. II):	6.000	$\cdot p_3$ =	21.818,18 €
auf KSt 6 (Mat.):	500	$\cdot p_3$ =	1.818,18 €
auf KSt 7 (Vw.):	300	$\cdot p_3$ =	1.090,91 €
auf KSt 8 (Vt.):	200	$\cdot p_3$ =	727,27 €
	Summe		40.000,-- €

Der BAB erhält mit diesen Umlagen das folgende Aussehen (vgl. Tab. 20.1)

	Vorkostenstellen			Endkostenstellen					Summe
	1 Dampf	2 Rep.	3 GuG	4 Fert. I	5 Fert. II	6 Mat.	7 Vw.	8 Vt.	
Primäre Gemeinkosten	20.000,--	100.000,--	40.000,--	430.000,--	550.000,--	70.000,--	60.000,--	50.000,--	1.320.000,--
Umlage KSt. 1 (Dampf)	-20.000,--	—	—	+8.375,21	+11.390,29	+100,50	+67,--	+67,--	0,--
Umlage KSt. 2 (Rep.)	—	-100.000,--	—	+50.000,--	+50.000,--	—	—	—	0,--
Umlage KSt. 3 (GuG)	—	—	-40.000,--	+14.545,46	+21.818,18	+1.818,18	+1.090,91	+727,27	0,--
Endsumme: GK je KSt.	0,--	0,--	0,--	502.920,67	633.208,47	71.918,68	61.157,91	50.794,27	1.320.000,--
Zuschlagsbasis*	—	—	—	65.000,--	21.000,--	600.000,--	1.894.047,82	1.894.047,82	
GK-Zuschlagssätze				773,72%	3.015,28%	11,99%	3,23%	2,68%	

zum Vergleich beim Gleichungsverfahren				768,56%	3.022,15%	12,15%	3,26%	2,70%	

Tab. 20.1: Der BAB bei Anwendung des Anbauverfahrens

* für Vw.- und Vt.-Kostenstellen: HK = 502.920,67 + 65.000,-- + 633.208,47 + 21.000,-- + 71.918,68 + 600.000,-- = 1.894.047,82

Lerneinheit 21:
Das Treppenverfahren, ein realitätsnäheres Kostenstellenumlageverfahren (innerbetriebliche Leistungsverrechnung VI)

Lernziele:

- Die Grundidee des Treppenverfahrens
- Darstellung des Treppenverfahrens
- Beurteilung des Treppenverfahrens

Einführung

Die Grundidee des Treppenverfahrens

Das Treppenverfahren unterstellt einseitige, aber mehrstufige Leistungsverflechtungen zwischen den Vorkostenstellen (vgl. auch Abb. 37 in LE 16 und Abb. 48 in LE 20). Unter der Voraussetzung der Einseitigkeit der Leistungsbeziehungen lassen sich die Vorkostenstellen im BAB so anordnen, dass *Leistungsabgaben nur in einer Richtung, von links nach rechts* erfolgen. Ganz links im BAB stehen diejenigen Kostenstellen, die ausschließlich Leistungen abgeben, aber selbst keine Leistungen empfangen. Die weiteren Vorkostenstellen werden so angeordnet, dass sie zwar von vorgelagerten, d.h. im BAB links von ihnen stehenden Kostenstellen Leistungen empfangen, selbst aber ihre Leistungen nur nach rechts an nachgeordnete Kostenstellen abgeben. Bei solcher Anordnung der Kostenstellen und bei einseitigem Leistungsfluss lassen sich die kumulierten Kostenstellenkosten kaskadenartig von links nach rechts auf die jeweils folgenden Kostenstellen umlegen (vgl. Abb. 53).

Durch die sukzessive Umlage der Vorkostenstellen entsteht ein treppenförmiges Bild. Daher kommen die Bezeichnungen Treppenverfahren bzw. Stufenleiterverfahren.

Darstellung des Treppenverfahrens

Bei diesem Verfahren werden nicht nur die primären Stellenkosten PK_i einer Vorkostenstelle V_i auf die nachfolgenden Kostenstellen umgelegt, sondern auch die kumulierten sekundären Kosten, die die Kostenstelle V_i aufgrund empfangener Leistungen von den vorgelagerten Kostenstellen $V_1....V_{i-1}$ bereits belasten (vgl. Abb. 54).

	Vorkostenstellen				Endkostenstellen		
	V_1	V_2	V_3	V_4 ...	E_5	E_6	E_7 ...
Primäre Gemein-kosten	PK_1	PK_2	PK_3	PK_4 ...	PK_5	PK_6	PK_7 ...
Umlage V_1 Umlage V_2 Umlage V_3 Umlage V_4							
					Summe E_5	Summe E_6	Summe E_7 ...

Abb. 53: Die Struktur des BAB beim Treppenverfahren

Den *Verrechnungssatz* p_i für die Umlage der Gesamtkosten dieser Kostenstelle V_i erhält man, indem man diesen Kostenbetrag durch die Leistungsmenge dividiert, die an nachgelagerte Kostenstellen abgegeben wird:

Verrechnungssatz einer Vorkostenstelle =

$$= \frac{\text{prim. Kosten d.Vork.stelle + sek. Kosten aus v. vorgelagerten Kostenstellen empf. Leistungen}}{\text{Leistungsabgabe an nachgelagerte Stellen}}$$

Kürzer und präziser lässt sich der Verrechnungssatz p_i in mathematischer Schreibweise angeben:

$$p_i = \frac{PK_i + \sum_{j=1}^{i-1} x_{ji} \cdot p_j}{\sum_{k=i+1}^{n+m} x_{ik}} \qquad \text{für alle } i = 1 \dots n$$

Hierbei sind:

p_i = Verrechnungspreis je abgegebener Leistungseinheit der Vorkostenstelle i bzw. j

PK_i = primäre Stellenkosten der Vorkostenstelle i

x_{ji} = Leistungsmenge, die von der Kostenstelle j an die Kostenstelle i abgegeben wird

n = Anzahl der Vorkostenstellen

m = Anzahl der Endkostenstellen

Wie man aus der Formel sieht, lässt sich der Verrechnungssatz p_i einer Kostenstelle i nur ermitteln, wenn man die Verrechnungssätze p_j aller vorgelagerten Kostenstellen j=1... i -1 bereits kennt. Beginnend mit der ersten, ganz links im BAB stehenden Vorkostenstelle V_1 lassen sich die Verrechnungssätze sukzessive berechnen:

Primäre Kosten der Vorkostenstelle V_i	PK_i
+ sekundäre Kosten aufgrund empfangener Leistungen von V_1	$+x_{1i}\,p_1$
+ sekundäre Kosten aufgrund empfangener Leistungen von V_2	$+x_{2i}\,p_2$
+ sekundäre Kosten aufgrund empfangener Leistungen von V_3	$+x_{3i}\,p_3$
$\vdots$	
+ sekundäre Kosten aufgrund empfangener Leistungen von V_{i-1}	$+x_{i-1,i}\,p_{i-1}$
= Gesamte Kosten der Kostenstelle V_i, die auf nachgelagerte Kostenstellen umzulegen sind	$=PK_i + \sum\limits_{j=1}^{i-1} x_{ji}\cdot p_j$

Abb. 54: Primäre und kumulierte sekundäre Gemeinkosten
der Vorkostenstelle i beim Treppenverfahren

$$p_1 = \frac{PK_1}{x_{12} + x_{13} + x_{14} + \dots x_{1,n+m}} = \frac{PK_1}{x_1 - x_{11}}$$

$$p_2 = \frac{PK_2 + x_{12}\cdot p_1}{x_{23} + x_{24} + x_{25} + \dots x_{2,n+m}} = \frac{PK_2 + x_{12}\cdot p_1}{x_2 - x_{21} - x_{22}}$$

usw. ....

$$p_i = \frac{PK_i + x_{1i}\,p_1 + x_{2i}\,p_2 + \dots x_{i-1,i}\,p_{i-1}}{x_{i,i+1} + x_{i,i+2} + \dots x_{i,m+n}} = \frac{PK_i + x_{1i}\cdot p_1 + x_{2i}\cdot p_2 + \dots x_{i-1,i}\cdot p_{i-1}}{x_i - x_{i1} - x_{i2} - \dots x_{i,i-1} - x_{ii}}$$

Im jeweils rechten Term haben wir mit x_i die Leistungsmenge der Vorkostenstelle i bezeichnet $\left(\text{d.h. } x_i = \sum_{j=1}^{n+m} x_{ij} \right)$. Hierdurch wird besonders gut deutlich, dass Rückleistungen (z.B. x_{31}) und Eigenverbrauch (z.B. x_{33}) beim Treppenverfahren vernachlässigt werden. Sie sind nicht im Nenner des Verrechnungssatzes enthalten.

Für einen Betrieb mit 3 Vorkostenstellen und 2 Endkostenstellen stellt sich die Funktionsweise des Treppenverfahrens folgendermaßen dar (vgl. Abb. 55).

	Vorkostenstellen			Endkostenstellen	
	V_1	V_2	V_3	E_4	E_5
Primäre Stellenkosten	PK_1	PK_2	PK_3	PK_4	PK_5
Umlage V_1		$+x_{12}\,P_1$	$+x_{13}\,P_1$	$+x_{14}\,P_1$	$+x_{15}\,P_1$
Umlage V_2			$+x_{23}\,P_2$	$+x_{24}\,P_2$	$+x_{25}\,P_2$
Umlage V_3				$+x_{34}\,P_3$	$+x_{35}\,P_3$
Summe	0	0	0	Summe E_4	Summe E_5

Abb. 55: Das Treppenverfahren am Beispiel eines Betriebs mit drei Vorkostenstellen und zwei Endkostenstellen

Beurteilung des Treppenverfahrens

Obwohl die theoretische Darstellung des Treppenverfahrens relativ kompliziert anmutet, ist seine praktische Handhabung äußerst unkompliziert und einfach. Die kumulierten Stellenkosten werden leistungsanteilig auf die nachfolgenden empfangenden Kostenstellen umgelegt. Hierzu bedarf es weder aufwendiger mathematischer Lösungsverfahren (wie beim Gleichungsverfahren) noch der zeitaufwändigen Durchführung zahlreicher Iterationsschritte (wie beim iterativen Verfahren). Es bleiben auch keine unverteilten Kostenstellenreste übrig, wie das bei den Deckungsumlagen beim Verrechnungspreisverfahren der Fall ist. Das Treppenverfahren ist aus diesen Gründen in der Praxis äußerst beliebt. Es wird überwiegend verwendet. Man muss sich allerdings vor Augen halten, dass eine verursachungsgetreue Kostenverrechnung mit diesem Verfahren nur dann gegeben ist, wenn keine wechselseitigen Leistungsverflechtungen vorliegen. Darüber hinaus ist es erforderlich, dass Kostenstellen nicht selbst ihre eigenen Leistungen in Anspruch nehmen (z.b. der Raumbedarf bei der Gebäudeverwaltungsabteilung oder Eigenreparaturen an Maschinen in der Reparaturabteilung). Solche Leistungsbeziehungen werden vom Treppenverfahren grundsätzlich vernachlässigt. Je stärker solche Rückleistungen und Kostenstelleneigenverbräuche betragsmäßig ins Gewicht fallen, desto mehr weichen die Ergebnisse von der richtigen, verursachungsgetreuen Leistungsverrechnung ab. Die Endkostenstellen würden dann mit falschen sekundären Kostenbeträgen belastet. Die Kalkulationssätze (Zuschlagsätze) wären falsch. Aus praktischer Sicht ist allerdings festzustellen, dass sehr viele, um nicht zu sagen, die meisten Leistungsverflechtungen zwar mehrstufig, aber nur einseitig sind. Auch der Eigenverbrauch hält sich in der Praxis häufig in sehr engen Grenzen. Man kann deshalb festhalten, dass das Treppenverfahren in den meisten praktischen Fällen eine hinreichend genaue Annäherung an die korrekte Lösung (z.b. des Gleichungs- oder des iterativen Verfahrens) gibt. Nur in Ausnahmefällen (hohe wechselseitige Leistungsbeziehungen und/oder hoher Eigenverbrauch) führt das Treppenverfahren zu unbrauchbaren Ergebnissen.

Fallbeispiel zu Lerneinheit 21

Beispiel:

Es liegt wieder der Betrieb aus LE 17 zugrunde mit den dort angegebenen Daten bezüglich der Kostenstellenart und -anzahl, der Höhe der Primärkosten, sowie bezüglich der mengenmäßigen innerbetrieblichen Leistungsverflechtung.
Führen Sie die innerbetriebliche Leistungsverrechnung mit Hilfe des Treppenverfahrens durch und berechnen Sie die Zuschlagsätze.

Lösung:

Es gibt 2 Möglichkeiten das Treppenverfahren durchzuführen:

1. Möglichkeit:: Man ermittelt die Verrechnungspreise vorab und führt die Kostenverteilung mit Hilfe dieser Verrechnungspreise und der Leistungsmengen durch.

2. Möglichkeit:: Man ermittelt keine Verrechnungspreise. Vielmehr verteilt man die aufgelaufenen Kosten der jeweils am weitesten links im BAB stehenden und noch nicht umgelegten Kostenstelle direkt im Verhältnis der Leistungsmengen, die die rechtsstehenden Kostenstellen empfangen.

Wir wollen beide Verfahrensmöglichkeiten vorführen.

1. Möglichkeit: Unter Benutzung der Verrechnungspreise

Zunächst sind die Verrechnungspreise zu ermitteln, mit denen die Primärkosten der Vorkostenstellen auf die Endkostenstellen umgelegt werden.

Vorkostenstelle 1 (Dampferzeugung):

$$p_1 = \frac{PK_1}{x_1 - x_{11}} = \frac{20.000}{60.000 - 0} = 0,33333 \text{ € je m}^3$$

Vorkostenstelle 2 (Reparaturwerkstatt):

$$p_2 = \frac{PK_2 + x_{12} \cdot p_1}{x_2 - x_{21} - x_{22}} = \frac{100.000 + 200 \cdot 0,\overline{33}}{1.500 - 100 - 100} = 76,97436 \text{ € je Std.}$$

Vorkostenstelle 3 (Grundstücks- und Gebäudeverwaltung):

$$p_3 = \frac{PK_3 + x_{13} \cdot p_1 + x_{23} \cdot p_2}{x_3 - x_{31} - x_{32} - x_{33}}$$

$$= \frac{40.000 + 100 \cdot 0,\overline{33} + 300 \cdot 76,97435897}{11.300 - 100 - 200 - 0} = 5,73869 \text{ € je m}^2$$

Umlage der Kostenstelle 1 (Dampferzeugung):

Umzulegen sind 60.000 m³ à 0,3333... € (=p_1),
Das ergibt: PK1 = 20.000,--

auf KSt 2 (Rep.):	$200 \cdot p_1 =$	66,67 €
auf KSt 3 (GuG):	$100 \cdot p_1 =$	33,33 €
auf KSt 4 (Fert. I):	$25.000 \cdot p_1 =$	8.333,33 €
auf KSt 5 (Fert. II):	$34.000 \cdot p_1 =$	11.333,33 €
auf KSt 6 (Mat.):	$300 \cdot p_1 =$	100,-- €
auf KSt 7 (Vw.):	$200 \cdot p_1 =$	66,67 €
auf KSt 8 (Vt.):	$200 \cdot p_1 =$	66,67 €
Summe		20.000,-- €

Umlage der Kostenstelle 2 (Reparaturwerkstatt):

Umzulegen sind $PK_2 + x_{12} \cdot p_1 = 100.066{,}67\ € = 1.300$ Std. à $76{,}97435897\ (=p_2)$

auf KSt 3 (GuG):	$300 \cdot p_2 =$	$23.092{,}31\ €$
auf KSt 4 (Fert. I):	$500 \cdot p_2 =$	$38.487{,}18\ €$
auf KSt 5 (Fert. II):	$500 \cdot p_2 =$	$38.487{,}18\ €$
auf KSt 6 (Mat.):	$0 \cdot p_2 =$	$0{,}--\ €$
auf KSt 7 (Vw.):	$0 \cdot p_2 =$	$0{,}--\ €$
auf KSt 8 (Vt.):	$0 \cdot p_2 =$	$0{,}--\ €$
	Summe	$100.066{,}67\ €$

Umlage der Kostenstelle 3 (Grundstücks- und Gebäudeverwaltung):

Umzulegen sind: $PK_3 \qquad + x_{13} \cdot p_1 \quad + x_{23} \cdot p_2 \quad + x_{33} \cdot p_3 = \quad 63.125{,}64\ €$

$40.000{,}-- + 100 \cdot p_1 \; + 300 \cdot p_2 \; + 0 \cdot p_3 \; = \quad 63.125{,}64\ €$

$(p_3 = 5{,}738694639\ €)$

auf KSt 4 (Fert. I):	$4.000 \cdot p_3 =$	$22.954{,}78\ €$
auf KSt 5 (Fert. II):	$6.000 \cdot p_3 =$	$34.432{,}16\ €$
auf KSt 6 (Mat.):	$500 \cdot p_3 =$	$2.869{,}35\ €$
auf KSt 7 (Vw.):	$300 \cdot p_3 =$	$1.721{,}61\ €$
auf KSt 8 (Vt.):	$200 \cdot p_3 =$	$1.147{,}74\ €$
	Summe	$63.125{,}64\ €$

Als BAB ergibt sich Tab. 21.1.

2. Möglichkeit: Umlage im Verhältnis der Leistungsmengen

Hier sind in einer Nebenrechnung die Verteilungsschlüssel für die Umlage der bei den Vorkostenstellen aufgelaufenen Kosten zu ermitteln (siehe Tab. 21.2.).

Damit ergibt sich der in Tab. 21.3 dargestellte BAB. Er ist grundsätzlich identisch mit dem BAB von Tab. 21.1, der über Verrechnungspreise erstellt worden ist.

Diese Identität geht wegen Rundungsfehlern verloren, wenn man bei den Verrechnungspreisen und bei den Prozentualen Verteilungsschlüsseln weniger Nachkommastellen berücksichtigt. Da wir diese Identität demonstrieren wollten, so daß es für den Leser nachvollziehbar ist, haben wir jeweils mit ausreichend vielen Nachkommastellen gearbeitet – im Gegensatz zu den meisten BAB der Praxis.

	Vorkostenstellen			Endkostenstellen					Summe
	1 Dampf	2 Rep.	3 GuG	4 Fert. I	5 Fert. II	6 Mat.	7 Vw.	8 Vt.	
Primäre Gemeinkosten	20.000,--	100.000,-	40.000,--	430.000,--	550.000,--	70.000,--	60.000,--	50.000,--	1.320.000,--
Umlage KSt. 1 (Dampf)	-20.000,--	+66,67	+33,33	+8.333,33	+11.333,33	+100,--	+66,67	+66,67	0,--
Umlage KSt. 2 (Rep.)	—	-100.066,67	+23.092,31	+38.487,18	+38.487,18	0,--	0,--	0,--	0,--
Umlage KSt. 3 (GuG)	—	—	-63.125,64	+22.954,78	+34.432,16	+2.869,35	+1.721,61	+1.147,74	0,--
Summe: GK je KSt.	0,--	0,--	0,--	499.775,29	634.252,67	72.969,35	61.788,28	51.214,41	1.320.000,--
Zuschlagbasis*	—	—	—	65.000,--	21.000,--	600.000,--	1.892.997,31	1.892.997,31	
GK-Zuschlagsätze				768,89%	3.020,25%	12,17%	3,26%	2,71%	

zum Vergleich:	beim Gleichungsverfahren:	768,56%	3.022,15%	12,15%	3,26%	2,70%
	Beim Anbauverfahren:	773,72%	3.015,28%	11,99%	3,23%	2,68%

* für Vw.- und Vt.-Kostenstellen: HK = 499.775,29 + 65.000,-- + 634.252,67 + 21.000,-- + 72.969,35 + 600.000,-- = 1.892.997,31

Tab. 21.1: Der BAB bei Anwendung des Treppenverfahrens, erste Verfahrensmöglichkeit: Umlage mittels Verrechnungspreisen

Leistungsempfangende Kostenstellen:

	Vorkostenstellen			Endkostenstellen					Summe
	1 Dampf	2 Rep.	3 GuG	4 Fert. I	5 Fert. II	6 Mat.	7 Vw.	8 Vt.	
KSt. 1 (Dampf)	–	200	100	25.000	34.000	300	200	200	60.000
%	–	0,3333333%	0,1666667%	41,6666667%	56,6666667%	0,5000000%	0,3333333%	0,3333333%	100%
KSt. 2 (Rep.)	–	–	300	500	500	–	–	–	1.300
%	–	–	23,0769231%	38,4615385%	38,4615385%	–	–	–	100%
KSt. 3 (GuG)	–	–	–	4.000	6.000	500	300	200	11.000
%	–	–	–	36,3636364%	54,5454545%	4,5454545%	2,7272727%	1,818818%	100%

Beispiel zum Verständnis der Tabelle:

Kostenstelle 3 (GuG) empfängt: 100 Leistungseinheiten von Kostenstelle 1 (Dampf),
300 Leistungseinheiten von Kostenstelle 2 (Reparatur) und
0 Leistungseinheiten von Kostenstelle 3 (GuG)

Die Prozentangaben geben den %-Anteil der jeweiligen Leistungsmenge an der gesamten Leistungsabgabe dieser Kostenstelle an.

Tab. 21.2: Prozentuale Leistungsverflechtung beim Treppenverfahren

	Vorkostenstellen			Endkostenstellen					Summe
	1 Dampf	2 Rep.	3 GuG	4 Fert. I	5 Fert. II	6 Mat.	7 Vw.	8 Vt.	
Primäre Gemeinkosten	20.000,-	100.000,-	40.000,-	430.000,-	550.000,-	70.000,-	60.000,-	50.000,-	1.320.000,-
Umlage KSt. 1 (Schlüssel lt. Tab. 21.2)	- 20.000,-	+66,67	+33,33	+8.333,33	+11.333,33	+ 100,-	+ 66,67	+ 66,67	0,-
Umlage KSt. 2 (Schlüssel lt. Tab. 21.2)	—	-100.066,67	+23.092,31	+38.487,18	+38.487,18	0,-	0,-	0,-	0,-
Umlage KSt. 3 (Schlüssel lt. Tab. 21.2)	—	—	-63.125,64	+22.954,78	+34.432,16	+2.869,35	+1.721,61	+ 1.147,74	0,-
Endsumme: GK je KSt.	0,-	0,-	0,-	499.775,29	634.252,67	72.969,35	61.788,28	51.214,41	1.320.000,-
Zuschlagbasis*		—	—	65.000,-	21.000,-	600.000,-	1.892.997,31	1.892.997,31	
GK-Zuschlagsätze				768,89%	3.020,25%	12,17%	3,26%	2,71%	

* für Vw.- und Vt.-Kostenstellen: HK = 499.775,29 + 65.000,-- + 634.252,67 + 21.000,-- + 72.969,35 + 600.000,-- = 1.892.997,31

Tab. 21.3: Der BAB bei Anwendung des Treppenverfahrens, zweite Verfahrensmöglichkeit: Umlage nach prozentualer Leistungsverflechtung

Lerneinheit 22: Kostenarten- und Kostenträgerverfahren (innerbetriebliche Leistungsverrechnung VII)

Lernziele:

- Systematische Einordnung der beiden Verfahren
- Das Wesen des Kostenartenverfahrens
- Die Funktionsweise des Kostenartenverfahrens
- Beurteilung des Kostenartenverfahrens
- Wesen des Kostenträgerverfahrens
- Funktionsweise des Kostenträgerverfahrens
- Beurteilung des Kostenträgerverfahrens

Einführung

Systematische Einordnung der beiden Verfahren

In LE 16 wurde eine kurze Übersicht über die Verfahren zur innerbetrieblichen Leistungsverrechnung gegeben. Hierbei unterscheidet man grundsätzlich zwischen *drei Verfahrenstypen,*

- dem Kostenartenverfahren,
- den Kostenstellenverfahren,
- dem Kostenträgerverfahren.

Bei den bisher ausschließlich besprochenen *Kostenstellenverfahren* (LE 17-20) werden zum Zwecke der Verrechnung von innerbetrieblichen Leistungen eigene Vorkostenstellen eingerichtet, zwischen denen die Leistungsverflechtungen mehr oder weniger verursachungsgerecht verrechnet werden.

Diese Kostenstellenverfahren können allerdings nur dann angewandt werden, wenn die von einer Kostenstelle erbrachte innerbetriebliche Leistung einheitlich ist (z.B. ausschließlich Reparaturstunden) und wenn die Leistung in der Abrechnungsperiode auch verbraucht wird.

Unbrauchbar sind die Kostenstellenverfahren vor allem in folgenden Fällen:

1. Wenn eine Kostenstelle unterschiedliche innerbetriebliche Leistungen erbringt (z.B. gleichzeitig Personalleihe, Reparaturdienstleistungen und Lieferung von selbsterzeugten Betriebsstoffen wie elektrischem Strom oder Dampf);

2. Wenn die erbrachte innerbetriebliche Leistung nicht sofort verbraucht wird, sondern zwischenzeitlich zu lagern ist (selbsterzeugte Verbrauchsstoffe wie Treibgase u.dgl.);

3. Wenn eine Kostenstelle zu aktivierende Eigenleistungen erstellt (z.b. selbsterstellte Maschinen).

In diesen Fällen sind andere Verfahren erforderlich. Die Praxis verwendet hier insbesondere das sog. Kostenartenverfahren (Fall 1) und das sog. Kostenträgerverfahren (Fälle 2 und 3).

Beim *Kostenartenverfahren* bleibt die Leistungsverflechtung zwischen den Vorkostenstellen unberücksichtigt. Die Einzelkosten der innerbetrieblichen Leistungen werden bereits in der Kostenartenrechnung ermittelt und direkt den empfangenen Kostenstellen zugerechnet. Eigene Kostenstellen zur rechentechnischen Abwicklung dieser Leistungsverflechtung werden nicht benötigt.

Beim *Kostenträgerverfahren* werden die innerbetrieblichen Leistungen (hier spricht man dann meist von Innenaufträgen oder von Eigenaufträgen) wie Kostenträger kalkuliert, so dass auch hier eine differenzierte Leistungsverrechnung zwischen den Vorkostenstellen entfällt.

Das Wesen des Kostenartenverfahrens

Dieses Verfahren wird auch *Einzelkostenverfahren* genannt. Die Einzelkosten innerbetrieblicher Leistungen werden bereits in der Kostenartenrechnung isoliert und direkt auf diejenigen Hauptkostenstellen verteilt, die diese Leistungen in Anspruch nehmen. Solche Einzelkosten von innerbetrieblichen Leistungen sind etwa Löhne und der Materialverbrauch bei innerbetrieblichen Reparaturen. Die Gemeinkosten von innerbetrieblichen Leistungen werden meist nicht gesondert erfasst. Sie sind in den Gemeinkosten der leistenden Kostenstellen enthalten (z.B. weitere Kosten der Reparaturwerkstatt).

Die Kosten einer innerbetrieblichen Leistung werden bei diesem Verfahren in *zwei Bestandteile* aufgespalten,

• die direkt den empfangenden Hauptkostenstellen zuzurechnenden Einzelkosten der innerbetrieblichen Leistung, sowie

• die den leistenden Hilfs- und Hauptkostenstellen zugerechneten Gemeinkosten der innerbetrieblichen Leistung.

Funktionsweise des Kostenartenverfahrens

Zunächst werden alle primären Kosten auf die Kostenstellen verteilt (Vorgehensweise vgl. LE 15). Im nächsten Schritt werden die leistenden Hilfs- und

Hauptkostenstellen um die Einzelkosten der innerbetrieblichen Leistungen entlastet. Die empfangenden Hauptkostenstellen werden entsprechend belastet. Als
nächstes werden die verbleibenden Zwischensummen der Hilfskostenstellen (in
denen die Gemeinkosten der geleisteten innerbetrieblichen Leistungen enthalten
sind) auf die Hauptkostenstellen umgelegt. Dies kann ohne weitere Beachtung
der innerbetrieblichen Leistungsverflechtung erfolgen (z.b. mittels Anbauverfahren) oder unter exakter Berücksichtigung von wechselseitigen Leistungsverflechtungen mithilfe eines anderen Kostenstellenverfahrens.

Beurteilung des Kostenartenverfahrens

Da die Kosten von innerbetrieblichen Leistungen in zwei Bestandteile aufgespalten und diese jeweils gesondert verrechnet werden, lässt sich mit diesem Verfahren kein Preis für die innerbetriebliche Leistungseinheit ermitteln. Das Verfahren
ist deshalb nicht geeignet, Informationen für Make-or-Buy-Entscheidungen (Ei-
genfertigung oder Fremdbezug) zu liefern (vgl. die Zwecke der innerbetrieblichen Leistungsverrechnung in LE 16). Die Kostenkontrolle wird durch das Verfahren be- bzw. verhindert, da die Empfänger von innerbetrieblichen Leistungen
verursachungsgerecht nur mit den Einzelkosten belastet werden. Die Gemeinkosten der Leistungen werden i.d.R. nicht verursachungsgerecht verteilt. Insbesondere wenn innerbetriebliche Leistungen von Hauptkostenstellen erbracht
werden, bleiben diese Stellen mit den Gemeinkosten der innerbetrieblichen Leistungen belastet. Über die zwangsläufig falschen Kalkulationssätze werden damit
Kostenträgern Kosten zugerechnet, die diese nicht verursacht haben. Diejenigen
Kostenstellen, die die innerbetriebliche Leistung empfangen, werden mit zu
niedrigen Kosten belastet.

Das Wesen des Kostenträgerverfahrens

Beim Kostenträgerverfahren werden die Innenaufträge wie Absatzleistungen kalkuliert. Es wird vor allem dann angewandt, wenn die innerbetriebliche Leistung
von Hauptkostenstellen beansprucht wird (z.B. eine Werkzeugmaschinenfabrik
stellt auch Werkzeugmaschinen zum eigenen Gebrauch her, z.B. ein Bauunternehmen errichtet ein Verwaltungsgebäude für seine eigene Verwaltungsabteilung). Die Herstellkosten des Innenauftrags werden mittels der gängigen Kalkulationsverfahren ermittelt (vgl. LE 23-27). Sie gehen über die Kostenartenrechnung als kalkulatorische Abschreibung, kalkulatorische Zinsen usw. in die Kostenstellenrechnung der späteren Nutzungsperioden ein und werden im Zuge der
Verteilung der primären Kosten auf die Kostenstellen direkt oder mittels Umlageschlüsseln verteilt (vgl. LE 15).

Die Funktionsweise des Kostenträgerverfahrens

Für größere Innenaufträge werden im BAB üblicherweise gesonderte Ausgliederungsstellen eingerichtet. Diesen Stellen werden die primären und sekundären Kostenträgergemeinkosten direkt oder indirekt (über Umlageschlüssel) zugerechnet. Zusammen mit den zugehörigen Einzelkosten ergeben sich die Herstellkosten des Innenauftrags.

Beurteilung des Kostenträgerverfahrens

Das Verfahren eignet sich vor allem für die Abrechnung großer Innenaufträge, insbesondere solcher, die über mehrere Abrechnungsperioden genutzt werden (aktivierungsfähige innerbetriebliche Leistungen). Da es die Herstellungskosten der innerbetrieblichen Leistung des Unternehmens exakt berechnet, liefert es brauchbare Informationen für Make-or-Buy-Entscheidungen. In Verbindung mit einem Kostenstellenverfahren bei der Leistungsverrechnung in den späteren Nutzungsjahren liefert es auch brauchbare und dem Verursachungsprinzip entsprechende Kosteninformationen für die Kostenkontrolle.

Fallbeispiele zu Lerneinheit 22

Beispiel 1:

Der Fertigungsbereich eines Unternehmens bestehe unter anderem aus den folgenden Kostenstellen:

Hilfskostenstelle: Technischer Service:

> Von den Mitarbeitern dieser Stelle werden die Fertigungsanlagen der verschiedenen Hauptkostenstellen gewartet, bei Sortenwechsel werden die Umrüstarbeiten durchgeführt, außerdem werden anfallende Reparaturen erledigt.

Fertigungshauptkostenstelle I:

Fertigungshauptkostenstelle II:

> In diesen beiden Kostenstellen findet der eigentliche Fertigungsprozess statt.

Die primären Kosten, untergliedert nach Kostenträgereinzel- und -gemeinkosten sowie nach Kostenstelleneinzel- und -gemeinkosten sind in Tab. 22.1. angegeben.

	Hilfskostenstelle	Fertigung I	Fertigung II
Kostenträgereinzelkosten Fertigungslöhne Fertigungsmaterial	0,-- 0,--	40.000,-- 80.000,--	60.000,-- 50.000,--
Kostenträgergemein- kosten Stelleneinzelkosten Stellengemeinkosten	30.000,-- 40.000,--	70.000,-- 180.000,--	90.000,-- 220.000,--
Summe der primären Kosten	70.000,--	370.000,--	420.000,--

Tab. 22.1: Ausgangsdaten zum Kostenartenverfahren

In der Abrechnungsperiode lagen neben den üblichen, hier nicht interessieren-
den innerbetrieblichen Leistungsverflechtungen die folgenden zusätzlichen Leistungsverflechtungen vor:

a) Wegen eines Personalengpasses in der Fertigungsstelle II hat die Fertigungsstelle I zwei Wochen lang Arbeiter an Stelle II ausgeliehen (Fertigungslöhne hierfür 8.000,-- €).

b) In der Hilfsstelle findet eine Spezialmaschine Verwendung, die nach Leistung
abgeschrieben wird (Abschreibung je Betriebsstunde 85,-- €). Diese Maschine
wurde in der Fertigungsstelle I an insgesamt 60 Stunden außerplanmäßig eingesetzt.

Führen Sie die Leistungsverrechnung für die beiden Leistungen a) und b) mit
Hilfe der Kostenartenmethode durch.

Lösung zu Beispiel 1:

	Hilfskostenstelle	Fertigung I	Fertigung II
Summe der primären Kosten	70.000,--	370.000,--	420.000,--
Umlage Leiharbeit Umlage Maschinen- abschreibung	- 5.100,--	- 8.000,-- + 5.100,--	+ 8.000,--
Zwischensumme	64.900,--	377.100,--	428.000,--

Tab. 22.2: Der BAB beim Kostenartenverfahren

Ab hier wird die normale innerbetriebliche Leistungsverrechnung mit einem Kostenstellenverfahren durchgeführt.

Beispiel 2:

In einem Maschinenbaubetrieb wird eine zur Eigennutzung bestimmte Spezialmaschine selbst hergestellt. Hierbei fallen die folgenden Einzelkosten bzw. Maschinenlaufzeiten an:

In Fertigungsstelle I:	FL	8.000,--
In Fertigungsstelle II:	FL	1.000,--
	sowie	16 Maschinenstunden
In der Materialstelle:	FM	30.000,--

Der BAB hat ohne Berücksichtigung der zu kalkulierenden Eigenleistung das folgende Aussehen:

	Fertigung I	Fertigung II	Material
Primäre und sekundäre Gemeinkosten	450.000,-	790.000,-	60.000,-
Bezugsgrößen	FL= 150.000,-	2.000 Masch.Std.	FM = 800.000,-

Tab. 22.3. Angaben zum Kostenträgerverfahren

a) Rechnen Sie den Eigenauftrag mit Hilfe des Kostenträgerverfahrens ab.

b) Zeigen Sie, dass sich die Kalkulationssätze im BAB nach Durchführung des Kostenträgerverfahrens nicht geändert haben.

c) Wie ist der Eigenauftrag in den Folgeperioden zu berücksichtigen?

Lösung zu Beispiel 2:

Zunächst ist der BAB zu vervollständigen (Ermittlung der Kalkulationssätze). Sodann wird er um die zusätzliche Spalte „Eigenauftrag" erweitert und die Kosten werden entsprechend umgelegt.

Wie die Rechnung zeigt, bleiben die Kalkulationssätze durch das Herausnehmen der Einzel- und der Gemeinkosten des Eigenauftrags unverändert.

Es ergibt sich folgender BAB:

	Fertigung I	Fertigung II	Material	Summen	Eigen-auftrag
Summe der primären und sekundären Kosten	450.000	790.000	60.000	1,3 Mio	---
Bezugsgrößen					
FL	150.000	---	---	---	---
Masch.Std.	---	2.000	---	---	---
FM	---	---	800.000	---	---
Kalk.Sätze	300 % (FL)	395 €/Std.	7,5% (FM)	---	---
Kalkulation des Eigenauftrags:					
FM		−30.000			+30.000
MGK=7,5% v.FM		−2.250	−2.250		+2.250
FL					+9.000
FGK$_I$=395%	−24.000		−24.000		
von FL$_I$		−6.320	−6.320		+24.000
FGK$_{II}$=395 · 16					+6.320
Herstellkosten des Eigenauftrags					71.570
Neue Stellen-GK	426.000	783.680	57.750	1.267.430	
Bezugsbasis	FL=142.000	1.984 Std.	770.000		
Neue Kalk.Sätze	300 %	395 €/Std.	7,5 %		

Tab. 22.4: Der BAB bei Anwendung des Kostenträgerverfahrens

In den Folgeperioden ist der BAB in der üblichen Form zu erstellen (ohne Kostenträgerverfahren). Allerdings ist die kalkulatorische Abschreibung auf die neue Maschine bei den Primärkosten als Kostenart zusätzlich zu berücksichtigen.

Abschnitt 4: Die Kostenträgerrechnung

Lerneinheit 23: Grundprobleme der Kostenträgerrechnung

Lernziele

- Arten von Kostenträgern
- Varianten der Kostenträgerrechnung
- Aufgaben der Kostenträgerrechnung
- Herstellkosten und Selbstkosten
- Grundtypen von Kalkulationsverfahren
- Formen der Zuschlagskalkulation
- Einflussgrößen auf die Wahl eines Kalkulationsverfahrens
- Der Zeitbezug der Kalkulationsverfahren
- Kalkulationsverfahren und Prinzipien der Kostenverrechnung

Einführung

Arten von Kostenträgern

In der Kostenträgerrechnung findet die Zurechnung der Kosten auf die Leistungen eines Unternehmens statt. Werden Leistungen mit Kostenträgern gleichgesetzt, dann zählen grundsätzlich auch die innerbetrieblichen Leistungen zu den Kostenträgern (vgl. Abb. 56).

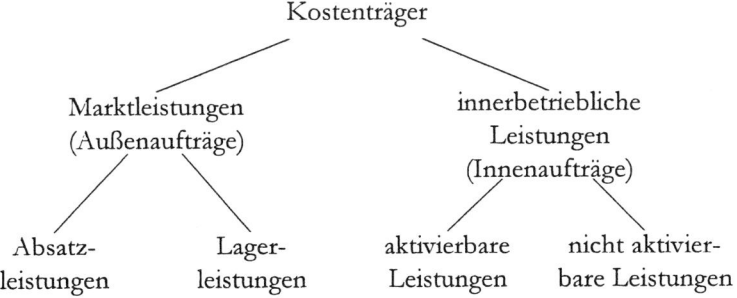

Abb. 56: Arten von Kostenträgern

Wie in den Lerneinheiten 16-22 bereits ausführlich erläutert, nehmen die nicht aktivierbaren innerbetrieblichen Leistungen eine Außenseiterstellung ein. Sie sind i.d.R. nicht Gegenstand der Kostenträgerrechnung.

Als Kostenträger im Sinne der Kostenträgerrechnung gelten nur

- Absatzleistungen (z.b. Kundenaufträge),

- Lagerleistungen (z.b. Produkte, die ohne Kundenauftrag herge-stellt und zunächst auf Lager genommen werden),

- aktivierbare innerbetriebliche Leistungen (sog. Wiedereinsatzgüter, wie z.b. selbsterstellte Maschinen, Gebäude usw. zum Eigen-gebrauch, aber auch selbstentwickelte Patente oder andere imma-terielle Wirtschaftsgüter).

Diese engere Definition der Kostenträger hat den Vorteil, dass damit eine Identi-tät von Kostenträger und Erlösträger besteht. Die Gegenüberstellung von Kos-ten und Erlösen je Kosten- bzw. Erlösträger findet in der Erfolgsrechnung (Be-triebsergebnisrechnung) statt (siehe LE 31 bis 34).

Varianten der Kostenträgerrechnung

Man unterscheidet eine Kostenträgerstückrechnung und eine Kostenträgerzeit-rechnung.

In der *Kostenträgerstückrechnung* werden die Herstellkosten und die Selbst-kosten je Kostenträgereinheit (Produkteinheit, Leistungseinheit) ermittelt. Was unter einer Leistungseinheit zu verstehen ist, hängt von der Art des Kostenträ-gers ab. Es kann sich um Kosten je Stück eines Produktes handeln, aber auch um Kosten je Gewichtseinheit, je Flächeneinheit, je Leistungsstunde u.dgl.

In der *Kostenträgerzeitrechnung* - einer Periodenrechnung - werden die von einem Kostenträger (z.B. von einem bestimmten Produkttyp) während einer Ab-rechnungsperiode insgesamt verursachten Herstell- bzw. Selbstkosten ermittelt. Sie ist wesentlicher Bestandteil der sog. kalkulatorischen Erfolgsrechnung (auch Betriebsergebnisrechnung, vgl. unten, LE 31 - 34).

Aufgaben der Kostenträgerrechnung

Als *Kostenträgerstückrechnung* hat die Kostenträgerrechnung die *folgenden Ein-zelaufgaben* zu erfüllen (vgl. auch LE 3):

- Die Herstellkosten und die Selbstkosten je Leistungseinheit zu ermitteln;

- Daten für die Angebotspreisermittlung zu liefern;

- Werte für die Bewertung von Beständen in der Handels- und Steuerbilanz zu liefern. Hierbei geht es nicht nur um die Bewertung von Lagerbeständen im Vorratsvermögen (unfertige und fertige Erzeugnisse), sondern auch um die Bewertung von selbsterstellten Anlagen (z.b. Maschinen, Gebäude usw. des Anlagevermögens).

- Außerdem hat die Kostenträgerstückrechnung Daten für betriebswirtschaftliche Planungsrechnungen zur Verfügung zu stellen (z.b. variable Stückkosten).

Als *Kostenträgerzeitrechnung* hat die Kostenträgerrechnung die Aufgabe, die Periodenkosten nach Kostenträgern (Artikeln, Produkten, Aufträgen) untergliedert für die Erfolgsrechnung zur Verfügung zu stellen. Die Kostenträgerzeitrechnung werden wir später in diesem Buch zusammen mit der kurzfristigen Erfolgsrechnung behandeln (vgl. LE 31 - 34).

Herstellkosten und Selbstkosten

Die Kosten je Leistungseinheit werden vor allem durch zwei Werte bestimmt, die Herstellkosten und die Selbstkosten.

Herstellkosten sind die Kosten, die bei der Herstellung des Produkts entstehen. Zu ihnen gehören die Materialkosten und die Fertigungskosten. In jedem Fall zählen die *Materialeinzelkosten* und die *Fertigungseinzelkosten* (inklusive Sondereinzelkosten der Fertigung) dazu. Ob auch *Materialgemeinkosten* und *Fertigungsgemeinkosten* in die Herstellungskosten einbezogen werden, hängt davon ab, welches Kostenrechnungssystem zugrunde liegt. Im System der Teilkostenrechnung (vgl. LE 4) gehen nur variable Kosten in die Herstellkosten ein. Die Material- und Fertigungsgemeinkosten bleiben unberücksichtigt, soweit sie Fixkosten sind. Im System der Vollkostenrechnung werden alle Kosten, variable und fixe, der Leistungseinheit zugerechnet und gehen deshalb auch in die Herstellkosten ein. *Vertriebskosten* haben nichts mit der Herstellung zu tun, sie entstehen im Zusammenhang mit dem Vertrieb (Verkauf, Auslieferung) und gehören deshalb nicht zu den Herstellkosten. Weil die Verwaltung nur sehr indirekt mit der Herstellung zu tun hat, hat man sich in der Kostenrechnungspraxis darauf geeinigt, dass die *Verwaltungskosten* nicht zu den Herstellungskosten gehören. Abweichend hiervon gesteht das Handels- und Steuerbilanzrecht ein Wahlrecht zu, nach dem Verwaltungsgemeinkosten in die Herstellungskosten einbezogen werden dürfen, aber nicht müssen. Beachte: Das Bilanzrecht spricht von Herstellungskosten und nicht von Herstellkosten wie die Kostenrechnung.

Zu den *Selbstkosten* je Leistungseinheit gelangt man, indem man zu den Herstellkosten noch die Verwaltungsgemeinkosten, die Vertriebsgemeinkosten und die Sondereinzelkosten des Vertriebes addiert.

Es gilt der grundsätzliche Zusammenhang:

Materialkosten
+ Fertigungskosten
= Herstellkosten
+ Verwaltungsgemeinkosten
+ Vertriebsgemeinkosten
+ Sondereinzelkosten des Vertriebs
= Selbstkosten

In Abb. 57 sind die Einzelbestandteile der kalkulatorischen Herstellkosten und Selbstkosten sowie der bilanziellen Herstellungskosten noch einmal übersichtlich zusammengestellt.

		Materialkosten	Herstellkosten	Selbstkosten	bilanzielle Herstellungskosten
Fertigungsmaterial	FM				
Materialgemeinkosten	MGK				
Fertigungslöhne	FL	Fertigungskosten			
Fertigungsgemeinkosten	FGK				
Sondereinzelkosten der Fertigung	SEKF				
Verwaltungsgemeinkosten	VwGK				
Vertriebsgemeinkosten	VtGK				
Sondereinzelkosten des Vertriebs	SEKVt				

Abb. 57: Die Einzelbestandteile der Herstellkosten und der Selbstkosten

Beachte:
Die bilanziellen Herstellungskosten unterscheiden sich nicht nur in den Verwaltungskosten von den kostenrechnerischen Herstellkosten. Auch bei den Bestandteilen und der Bewertung der Kostenarten bestehen Unterschiede. Bilanziell dürfen nur pagatorische Kosten in die Herstellungskosten eingehen, während der Herstellkostenbegriff auch kalkulatorische Kosten (Zusatz- und Anderskosten) umfasst (vgl. LE 3 und LE 6).

Grundtypen von Kalkulationsverfahren

Die Berechnung der Herstellkosten und der Selbstkosten in der Kostenträger-stückrechnung kann methodisch auf zwei verschiedene Arten erfolgen:

1. Von den Periodengesamtkosten zu den Stückkosten

Im einfachsten Fall erhält man die Stückkosten durch die Division der Perioden-kosten durch die Zahl der in der Periode erbrachten Leistungseinheiten (z.B. Stückzahlen). Man spricht dann von einer *Divisionskalkulation*. In dieser einfachen Form ist das Verfahren nur anwendbar bei einem Betrieb, der nur einen Produkttyp herstellt. Die Herstellung muss außerdem in nur einer Produktions-stufe erfolgen, d.h. bei der Herstellung des Endproduktes dürfen keine Zwischenprodukte anfallen. Man spricht dann von der einstufigen Divisionskalkulation. Das Divisionsverfahren lässt sich unter bestimmten Voraussetzungen verfeinern, so dass auch mehrstufige Produktionsprozesse mit unterschiedlichen Typen von Zwischenprodukten (unfertigen Erzeugnissen) erfasst werden können (sog. *mehrstufige Divisionskalkulation*). In der speziellen Variante der sog. *Äquivalenzziffernkalkulation*, kann die Divisionskalkulation sogar auf die Prämisse der Einproduktunternehmung verzichten und auch im Mehrproduktbetrieb Verwendung finden. Allerdings müssen dann zwischen den verschiedenen Produkttypen feste Kostenrelationen bestehen.

2. Von den kostenrelevanten Einzelbestandteilen zu den vollen Herstell- bzw. Selbstkosten des Kostenträgers

Sind weder der Produktionsprozess noch das Produktionsprogramm ausreichend homogen, dann kann das Divisionsverfahren nicht mehr angewandt werden, wenn das Verursachungsprinzip auch nur halbwegs erfüllt werden soll. In diesem Fall muss man die Herstellkosten und die Selbstkosten aus den einzelnen Kostenbestandteilen zusammensetzen. Dies erfolgt, indem zu den Kostenträgereinzelkosten, z.B. dem Fertigungsmaterialeinsatz und den Fertigungslöhnen (vgl. LE 6) die Kostenträgergemeinkosten mit Hilfe der Kalkulationssätze aus dem BAB zugeschlagen werden (sog. *Zuschlags- oder Bezugsgrößenkalkulation*).

Formen der Zuschlagskalkulation

Die Zuschlagskalkulation kann unterschiedlich differenziert ausgestaltet werden. Je nachdem, ob die Gemeinkosten als Block oder unterteilt nach Kostenarten oder noch weiter untergliedert nach Kostenstellen und/oder Kostenplätzen dem Kostenträger zugerechnet werden, unterscheidet man verschiedene Formen der Zuschlagskalkulation (vgl. auch Abb. 58):

Summarische einstufige Zuschlagskalkulation:
Hier werden die Gemeinkosten als ein Block, ohne Untergliederung nach Kostenarten oder Kostenstellen dem Kostenträger zugeschlagen.

Unterscheidungskriterium: Kostenstellendifferenzierung		
	einstufige Verfahren: keine Differenzierung nach Kostenstellen	**mehrstufige Verfahren:** Differenzierung nach Kostenstellen
Summarische Verfahren: keine Differenzierung nach Kostenarten	Einstufige summarische Zuschlagskalkulation: Nur 1 Bezugsgröße Nur 1 Gesamtzuschlagssatz	Mehrstufige summarische Zuschlagskalkulation: Nur 1 Bezugsgröße je Kostenstelle Nur 1 Zuschlagssatz je Kostenstelle
Differenzierende (elektive) Verfahren: Differenzierung nach Kostenarten	Differenzierende einstufige Zuschlagskalkulation: Mehrere Bezugsgrößen (nach Kostenarten) Je Bezugsgröße nur 1 Zuschlagssatz	Differenzierende mehrstufige Zuschlagskalkulation: Mehrere Bezugsgrößen je Kostenstelle (nach Kostenarten) Mehrere Zuschlagssätze je Kostenstelle (einer je Bezugsgröße)

(Zeilen-/Spaltenbeschriftung links vertikal: Unterscheidungskriterium: Kostenartendifferenzierung)

Abb. 58: Formen der Zuschlags- bzw. Bezugsgrößenkalkulation

Differenzierende einstufige Zuschlagskalkulation:
Die Gemeinkosten werden nach Einzelkostenarten untergliedert, z.B. in Fertigungsmaterial, Fertigungslohn, Verwaltungsgemeinkosten und Vertriebsgemeinkosten und jeweils mit einem gesonderten, je Kostenart einheitlichen Zuschlagssatz dem Kostenträger zugeschlagen. Die Kostenstellengliederung des Betriebs bleibt bei dieser Form der Zuschlagskalkulation noch unberücksichtigt.

Summarische mehrstufige Zuschlagskalkulation:
Hier wird zusätzlich die Kostenstellengliederung je Einzelkostenart berücksichtigt, z.B. Materialstelle I, Materialstelle II, Fertigungsstelle I, Fertigungsstelle II

usw. Je Kostenstelle wird nur eine Einzelkostenart als Bezugsgröße verwendet, z.b. der Fertigungsmaterialverbrauch in den Materialstellen, die Fertigungslöhne in den Fertigungsstellen.

Differenzierende mehrstufige Zuschlagskalkulation:
Dieses Verfahren unterscheidet sich von der summarischen mehrstufigen Zuschlagskalkulation dadurch, dass in den einzelnen Kostenstellen unterschiedliche Zuschlagssätze auf verschiedene Bezugsgrößen Anwendung finden, z.b. die Zurechnung von personalbezogenen Gemeinkosten mittels Zuschlags auf die Fertigungslöhne einer Kostenstelle, von maschinenabhängigen Gemeinkosten mittels Maschinenstundensätzen.

Einflussgrößen auf die Wahl des Kalkulationsverfahrens

Als Einflussgrößen sind vor allem das Produktionsprogramm und das Produktionsverfahren zu beachten.

• Das Produktionsprogramm::

In *Einproduktunternehmen* wird nur ein Produkt, i.d.R. in Massenfertigung, hergestellt (z.B. Kohle, Strom, Zement u.dgl.). Hier sind die Verfahren der ein- oder mehrstufigen Divisionskalkulation angebracht.

Bei *Mehrproduktunternehmen* muss man zwischen der Sorten-, Serien- und der Einzelfertigung unterscheiden.

Sortenfertigung liegt vor, wenn die Produkte aus einheitlichen Grundstoffen hergestellt werden und sich nicht wesentlich voneinander unterscheiden (z.B. Zigaretten, Getränke, Schokolade, Papier, Stahlbleche, Schrauben, Kabel u.dgl.). Je homogener das Produktionsprogramm ist, desto eher kommt die Äquivalenzziffernkalkulation in Betracht. Grundsätzlich - insbesondere bei heterogenen Produktionsprogrammen - ist auch die Zuschlags- oder Bezugsgrößenkalkulation sinnvoll anwendbar.

Serienfertigung liegt vor, wenn zwischen den Produkten nur geringe oder keine Übereinstimmung besteht (z.B. Kraftfahrzeuge, Elektrogeräte, Möbel u.dgl.). Hier kommt ausschließlich die Zuschlags- oder Bezugsgrößenkalkulation in Betracht.

Einzelfertigung liegt vor, wenn zwar mehrere verschiedene Produkte, aber von jedem Produkttyp nur ein Stück hergestellt wird (z.B. Großanlagenbau, Hochbau, Tiefbau u.dgl.). Auch hier ist ausschließlich die Zuschlags- oder Bezugsgrößenkalkulation anwendbar.

• Das Produktionsverfahren:

In *einstufigen Produktionsverfahren* entstehen keine unfertigen Erzeugnisse und keine Zwischenlager. Je nach Produktionsprozess kommt die einstufige Divisionskalkulation, die einstufige Äquivalenzziffernkalkulation oder eine Form der Zuschlagskalkulation in Betracht.

Mehrstufige Produktionsverfahren sind dadurch gekennzeichnet, dass auf den verschiedenen Produktionsstufen Zwischenprodukte von unterschiedlicher Nähe zum Endprodukt entstehen. Je nach Homogenität des Produktionsprogrammes kommen mehrstufige Divisions- und Äquivalenzziffernrechnungen oder differenzierende Verfahren der Zuschlagskalkulation in Betracht.

Die Abhängigkeit der Kalkulationsverfahren von der Losgröße:
Je größer die Lose (Chargen) in der Serien- und Sortenfertigung sind, desto weniger oft müssen die Produktionsanlagen auf einen neuen Produkttyp umgerüstet werden. Divergierende Losgrößen, häufige Umrüstungen und die dadurch verursachten sporadischen Fixkosten unterschiedlichen Ausmaßes können am besten mit den Verfahren der differenzierenden Zuschlagskalkulation berücksichtigt werden.

Der Zeitbezug der Kalkulationsverfahren

Nach dem Zeitpunkt, an dem die Herstellkosten und die Selbstkosten einer Leistungseinheit ermittelt werden, unterscheidet man zischen einer Vorkalkulation, einer Zwischenkalkulation und einer Nachkalkulation.

Die Vorkalkulation
Als Vorschaurechnung wird die Vorkalkulation ex ante, d.h. vor der Auftragsannahme und dem Produktionsbeginn durchgeführt. Ihre Aufgabe ist es, die voraussichtlich zu erwartenden Herstell- und Selbstkosten möglichst realitätsnah zu bestimmen. Die Ergebnisse der Vorkalkulation werden z.B. benötigt bei der Abgabe eines Preisangebots oder - bei festen Preisen - zur Klärung der Frage, ob ein Auftrag angenommen werden soll oder nicht. Vorsicht ist hier bei der Vollkostenrechnung geboten, da hier nicht entscheidungsabhängige Fixkosten auf Leistungseinheiten verteilt (proportionalisiert) werden (vgl. weiter oben in dieser LE sowie LE 4). In der Vorkalkulation werden Normalkosten oder Plankosten verwendet.

Die Nachkalkulation
Sie ist eine ex-post-Rechnung, die nach Auftragsabschluss durchgeführt wird. Sie arbeitet mit Istkosten und ermittelt die tatsächlich angefallenen Herstell- und Selbstkosten je Leistungseinheit. Sie wird vor allem *aus zwei Gründen* benötigt:

- Zur Kostenkontrolle und Abweichungsanalyse zwischen Planwerten und Istwerten bei den Herstell- und Selbstkosten;

- Zur Bewertung der Bestände in der Bilanz.

Beachte: Bei der Bewertung der Bilanzbestände dürfen nur die in Handels- und Steuerrecht zulässigen pagatorischen Kosten berücksichtigt werden. Es ist deswegen erforderlich, die kalkulatorischen Kosten (Zusatz- und Anderskosten) aus der Kostenrechnung zu eliminieren. Dies hat z.B. zur Folge, dass der BAB mit den zulässigen Kosten neu erstellt werden muss. Dadurch ergeben sich andere Zuschlagssätze je Kostenstelle, die für die Bilanzierung verwendet werden müssen, wenn die Bestandsbewertung mittels Zuschlagskalkulation erfolgt.

Die Zwischenkalkulation
Erstreckt sich die Durchführung eines Auftrages über mehrere Abrechnungsperioden (sog. langfristige Fertigung, z.B. im Großanlagenbau, im Schiffsbau, im Straßenbau, im Staudammbau, im Kraftwerksbau), dann ermittelt die Zwischenkalkulation die bis zum Abrechnungszeitpunkt entstandenen Herstellkosten der noch unfertigen Leistungen. Dies ist für betriebswirtschaftliche Planungs- und Kontrollzwecke erforderlich und - unter bestimmten Voraussetzungen - auch für die Bilanzierung relevant (vgl. hierzu Heinhold, Der Jahresabschluss, 1996, S. 189 f). Bei der Zwischenkalkulation werden Istkosten verwendet.

Kalkulationsverfahren und Prinzipien der Kostenverrechnung

In LE 4 haben wir folgende Prinzipien der Kostenrechnung kennengelernt:

- das Verursachungsprinzip,
- das Durchschnittsprinzip,
- das Tragfähigkeitsprinzip (Belastbarkeitsprinzip).

Im Vordergrund der Kostenrechnung steht in der Regel das **Verursachungsprinzip.** Für die Kostenträgerrechnung heißt dies, dass Kosten nur insoweit einem Kostenträger zugerechnet werden dürfen, wie sie von diesem Kostenträger (z.B. Produkt) auch tatsächlich verursacht worden sind.

Nur im *Ein-Produkt-Betrieb* werden sämtliche Kosten von nur einem Kostenträger verursacht. Wenn alle Kosten, auch die fixen Gemeinkosten, dem Kostenträger zugerechnet werden, dann wird dem Verursachungsprinzip im Ein-Produkt-Betrieb entsprochen. Selbst hier bleibt aber die Problematik der Proportionalisierung von Fixkosten bei sich ändernden Produktionsmengen ungelöst (vgl. auch LE 4 und LE 5).

Im *Mehr-Produkt-Betrieb* ist das Verursachungsprinzip bei der Kostenträgerstückrechnung nicht (allenfalls nur näherungsweise) erfüllbar. Lediglich die Einzelkosten (insbesondere Fertigungsmaterial, Fertigungslöhne und sonstige Einzelkosten der Fertigung) lassen sich den Kostenträgern korrekt zuordnen. Bei variablen und fixen Gemeinkosten ist dies unmöglich. Sie werden von allen Kostenträgern, dem gesamten Produktionsprogramm also, gemeinsam verursacht. Eine Aufteilung auf Produktgruppen und einzelne Produkttypen ist - gemessen am Verursachungsprinzip - stets willkürlich. Auch hier tritt das Problem hinzu, dass bei Verwendung der Vollkostenrechnung fixe Kosten proportionalisiert und einer Leistungseinheit zugerechnet werden (z.B. anteilige Fixkosten je Stück).

Das Verursachungsprinzip kann bei der Kostenträgerrechnung folglich nicht eingehalten werden - von äußerst seltenen Ausnahmefällen abgesehen.

Es ist das **Durchschnittsprinzip**, das bei der Kostenträgerrechnung Verwendung findet. Im System der *Vollkostenrechnung* werden die Gemeinkosten den produzierten Stückzahlen (Leistungseinheiten) anteilig zugerechnet - sei es durch Division der Gemeinkosten durch die Stückzahlen wie bei der Divisions- und Äquivalenzziffernkalkulation, sei es durch anteiligen Zuschlag der Gemeinkosten auf die Einzelkosten (wie in der Zuschlags- und Bezugsgrößenkalkulation). Herstellkosten und Selbstkosten auf Vollkostenbasis sind deshalb stets durchschnittliche Kosten je Stück. Sie dürfen deshalb nicht in Planungsmodellen und Entscheidungsrechnungen verwendet werden. Fixkosten sind i.d.R. entscheidungsunabhängig, d.h. sie entstehen in unveränderter Höhe, unabhängig von der Art der getroffenen Entscheidung. Die anteilige Berücksichtigung von Fixkosten in den Stückkosten führt deshalb stets zu Fehlentscheidungen (vgl. hierzu auch die Ausführungen und Beispiele in LE 3). Bei Anwendung der *Teilkostenrechnung* setzen sich die Herstellkosten und die Selbstkosten ausschließlich aus den variablen Einzelkosten und ggf. den variablen Gemeinkosten zusammen. Sie enthalten damit keine Fixkostenanteile und sind deshalb für Planungs- und Entscheidungsmodelle die einzig brauchbare Kosteninformation. Das Problem der Aufspaltung von Gemeinkostenarten in fixe und variable Teile wurde in LE 5 unter dem Stichwort „Kostenauflösung" behandelt.

Das **Tragfähigkeitsprinzip (Belastbarkeitsprinzip)** findet bei der Kalkulation von Kuppelprodukten Verwendung. Wenn die Kuppelprodukte zwangsläufig nebeneinander entstehen (z.B. verschiedene Gase in der chemischen Industrie), dann versagen Verursachungs- und Durchschnittsprinzip. Man nimmt die Kostenverteilung hier nach der Belastbarkeit der Produkte vor. Produkte mit hohen Verkaufspreisen werden mit mehr Kosten belastet als solche mit niedrigeren Verkaufspreisen. Die sich ergebenden Herstellkosten und Selbstkosten je Kuppelprodukteinheit haben mit verursachungsgerechter Kostenzurechnung überhaupt nichts mehr, nicht einmal näherungsweise, zu tun. Es handelt sich vielmehr um eine willkürliche Bewertung, die nicht die Kostenstruktur, sondern die

Marktverhältnisse auf dem Absatzmarkt berücksichtigt. Für Planungs- und Kontrollzwecke sind diese Herstellkosten und Selbstkosten nicht brauchbar.

Einen Überblick über die Zusammenhänge zwischen den Kostenrechnungsprinzipien und den Kalkulationsverfahren gibt Abb. 59.

Prinzip:	Verursachungs-prinzip	Durchschnitts-prinzip	Tragfähigkeits-prinzip
Kosten-rechnungs-system:	Teilkosten-rechnung	Vollkosten-rechnung	Vollkosten-rechnung
Methode:	HK bzw. SK = EK + var. GK	HK bzw. SK = EK + anteilige var. und fixe GK	Aufteilung der Kosten im Verhältnis der Verkaufspreise
	var. GK mittels Kostenauflösungs-verfahren	Divisionskalku-lation oder Zu-schlagskalkulation	Äquivalenz-ziffernrechnung
Zweck:	betriebswirtschaft-liche Planungs- und Entscheidungs-rechnungen aber auch: Bestandsbewertung, kurzfristige Preis-untergrenze	Bestandsbewertung für unverbundene und verbundene (Kuppel-) produk-tion langfristige Preis-untergrenze, Kostenkontrolle	Bestandsbewertung von bestimmten Kuppelprodukten ansonsten: unbrauchbar

Abb. 59: Kostenträgerrechnung und Kostenrechnungsprinzipien

Fallbeispiele zu Lerneinheit 23

Beispiele:

Im Folgenden werden verschiedene Industrie- und Dienstleistungsbetriebe mit ihren jeweiligen Produktionsprogrammen und Produktionsverfahren kurz dargestellt.
Welche Kalkulationsverfahren können diese Betriebe anwenden?

Betrieb 1:
Herstellung und Vertrieb von Mineralwasser. Der Betrieb stellt eine Sorte von Mineralwasser her und füllt sie auf einen einzigen Typ von Flaschen ab.

Betrieb 2:
Es handelt sich wieder um einen Betrieb, der Mineralwasser herstellt und vertreibt. Es werden jedoch verschiedene Sorten produziert:

Sorte A: Stark kohlensäurehaltiges Wasser;

Sorte B: Schwach kohlensäurehaltiges Wasser;

Sorte C: Sogenanntes stilles Wasser (d.h. ohne Kohlensäure).

Die verschiedenen Wassersorten werden in denselben technischen Anlagen erzeugt. Je nach Kohlensäuregehalt fallen unterschiedliche Fertigungs- und Materialeinzel- und -gemeinkosten an. Aus fertigungstechnischen Gründen stehen diese in einem konstanten Kostenverhältnis zueinander.

Betrieb 3:
Eine Zementfabrik (Einproduktbetrieb) stellt ihr einziges Produkt (Zement in Säcken von 50 kg) in 4 Produktionsstufen her:

Stufe 1: Zermahlen des angelieferten Kalksteins zu Kalkmehl;

Stufe 2: Thermische Aufbereitung des Kalkmehls;

Stufe 3: Beimischung von Gips;

Stufe 4: Abfüllung auf Zementsäcke zu je 50 kg.

Da die Fertigung in den verschiedenen Produktionsstufen (= Kostenstellen) räumlich dezentral organisiert ist und zudem nicht völlig synchron verläuft, entstehen in den einzelnen Produktionsstufen Zwischenlager unterschiedlichsten Ausmaßes. Die Materialrechnung ist so organisiert, dass die jeweils aktuellen Lagerbestände sowie die Materialabgabe an die jeweils nächste Produktionsstufe genau bekannt sind. Es existiert eine Kostenstellenrechnung, in der die Kosten der einzelnen Kostenstellen exakt und zeitnah erfasst werden.

Betrieb 4:
Die Straßenbetriebs-AG betreibt ein privates, mautpflichtiges Straßennetz. Ein Teil des Straßennetzes besteht aus ebenen Straßen. Bei einem weiteren Teil handelt es sich um Bergstraßen. Die Straßenherstellkosten je km sind bei Bergstraßen doppelt so hoch wie bei ebenen Straßen. Bei den laufenden Instandhaltungskosten besteht bis auf die folgenden Ausnahmen kein Unterschied zwischen Bergstraßen und ebenen Straßen. Der Kraftstoffverbrauch der Straßendienstfahrzeuge ist beim Einsatz auf Bergstraßen 1,5 mal so groß wie beim Einsatz auf ebenen Straßen. Normalerweise wird jede Straße einmal täglich von einem Straßendienstfahrzeug abgefahren. In der Winterzeit (4 Monate) müssen die Räum- und Streufahrzeuge die Bergstraßen i.d.R. zweimal am Tag abfahren, während auf den ebenen Straßen ein einmaliger Straßendienst je Tag ausreicht. In der Kostenartenrechnung werden die jährlichen Istkosten erfasst. Eine Kostenstellenrechnung existiert nicht.

Betrieb 5:
Ein kleiner Handwerksbetrieb besteht aus den beiden Bereichen Büro und Werkstatt. Aus der Lohnbuchhaltung, die der Steuerberater für das Unternehmen macht, ist die Höhe der Fertigungslöhne bekannt. Alle Kosten werden entsprechend den Erfordernissen der Finanzbuchhaltung in Übereinstimmung mit dem Handwerkskontenrahmen auf Kostenkonten gebucht. Der Handwerksbetrieb übernimmt Aufträge verschiedenster Art.

Betrieb 6:
Ein kleinerer Industriebetrieb ist in die Kostenstellen

* Material
* Fertigung
* Verwaltung und Vertrieb

gegliedert. Die Kosten der Kostenarten werden direkt oder mittels Umlageschlüssel auf diese Kostenstellen verteilt. Innerbetriebliche Leistungsverrechnungen finden nicht statt. Das Produktionsprogramm umfasst verschiedenen Typen von Fahrradpumpen, die aus fertig bezogenen Einzelteilen in Handarbeit zusammengebaut werden.

Betrieb 7:
Ein Hersteller von Elektroheizgeräten (Elektroradiatoren, Heizgebläse, Zimmerklimaanlagen, jeweils in verschiedenen Ausführungen, Größen und Leistungen) bezieht als Rohstoffe Bleche, elektrische und elektronische Bauteile, Beschläge (Rollen, Griffe, Bedienungsknöpfe und dergleichen) und Lacke.

270 Abschnitt 4: Die Kostenträgerrechnung

Sein Lager ist in folgendende Materialkostenstellen untergliedert:

- Blechlager
- Elektrolager
- Zubehörlager

Das Farbenlager ist organisatorisch ausgegliedert und wird als Materialhilfsstelle des Fertigungsbereichs geführt.

Die Fertigung findet in den folgenden Kostenstellen statt:

Bereich 1: Blechbearbeitung

Kostenstelle 1.1.: Stanzen, bestehend aus 4 Fertigungsautomaten, auf denen die Bleche zugeschnitten werden.

Kostenstelle 1.2.: Formpressen. Auf mehreren hydraulischen Pressen werden die Blechzuschnitte in Form gepresst.

Kostenstelle 1.3.: Bohren und Schleifen. Die gepressten Formbleche erhalten die für die Montage erforderlichen Bohrungen. Außerdem werden die scharfen Blechkanten rundgeschliffen.

Die Produktion in Kostenstelle 1.1. und 1.2. erfolgt weitestgehend automatisch. Menschliche Arbeitskraft ist nur zum Beladen der Maschinen mit Rohblechen bzw. gestanzten Blechen sowie zur Überwachung des Prozesses erforderlich. In der Kostenstelle 1.3. erfolgen die Bohrarbeiten ebenfalls in weitestgehend automatisierter Weise. Hierzu sind mehrere Kostenplätze (Bohren 1, Bohren 2, usw.) eingerichtet. Das Abschleifen der Kanten erfolgt weitestgehend manuell im Kostenplatz Schleifen.

Bereich 2: Lackieren

Der Bereich ist in 3 Kostenstellen untergliedert:

Farbenlager (Materialhilfsstelle)

Tauchbad (Fertigungsstelle)

Trockenanlage (Fertigungsstelle).

Bereich 3: Montage

Die Montageabteilungen sind nach Produktgruppen untergliedert:

Kostenstelle 3.1: Radiatoren

Kostenstelle 3.2: Heizlüfter

Kostenstelle 3.3: Zimmerklimaanlagen.

In den Stellen 3.1. und 3.2. erfolgt die Fertigung noch weitestgehend manuell. Kostenstelle 3.3. ist teilweise automatisiert. Die Vormontage erfolgt vollautomatisch in gesonderten Kostenplätzen (je Produkttyp). Die Endmontage findet manuell statt. Die abschließende Funktionskontrolle erfolgt wiederum vollautomatisch.

Der Verwaltungs- und der Vertriebsbereich des Unternehmens ist in mehrere Kostenstellen untergliedert.

Lösungen:

Betrieb 1:

Es liegt ein Einproduktbetrieb vor. Zwischenprodukte fallen nicht an. Hier handelt es sich um einen klassischen Anwendungsfall für die einstufige Divisionskalkulation.

Betrieb 2:

Wegen der konstanten starren und technischen und kostenmäßigen Relationen kann hier die Äquivalenzziffernkalkulation verwendet werden. Da auch in diesem Produktionsprozess keine Zwischenlager entstehen, genügt die einstufige Äquivalenzziffernkalkulation.

Betrieb 3:

Es handelt sich um einen Einproduktbetrieb. Deswegen kann grundsätzlich die Divisionskalkulation zur Anwendung kommen. Wegen der Mehrstufigkeit des Produktionsprozesses kommt allerdings nur die mehrstufige Divisionskalkulation in Frage. Auf jeder Produktionsstufe können damit die Kosten je Mengeneinheit des jeweiligen Zwischenproduktes durch Division ermittelt werden (z.B. Kosten je Tonne Rohkalkmehl; Kosten je Tonne thermisch aufbereitetes Kalkmehl; Kosten je Tonne Kalk-/Gipsgemisch; Kosten je 50 kg-Zementsack).

Betrieb 4:

Die Produkte, die das Unternehmen anbietet sind:

Produkt 1: Entfernungseinheit (km) auf ebener Straße,

Produkt 2: Entfernungseinheit (km) auf Bergstraßen.

Da in der Kostenrechnung die jährlichen Kosten lediglich nach Kostenarten erfasst werden, müssen die einzelnen Kostenarten zunächst auf die beiden Produktgruppen verteilt werden. Dies erfolgt anhand der angegebenen technischen bzw. wirtschaftlichen Daten. Anschließend werden die so verteilten Kosten auf die Produkteinheit (km) umgerechnet. Im Endeffekt liegt eine modifizierte Art der einstufigen Äquivalenzziffernkalkulation vor. Für jede Kostenart gelten verschiedene Äquivalenzziffern.

Betrieb 5:

Da eine weitere Untergliederung der Kostenarten nach Einzel- und Gemeinkosten nicht erfolgt, kommt nur die summarische einstufige Zuschlagskalkulation in Betracht. Der Gemeinkostenzuschlagsatz berechnet sich zu:

$$\text{Zuschlagsatz} = \frac{\text{Alle Kosten (mit Ausnahme der FL)}}{\text{FL}}$$

Betrieb 6:

Es kann eine mehrstufige summarische Zuschlagskalkulation zur Anwendung gelangen. Augrund der einfachen Kostenstellenrechnung sind die Einzel- und die Gemeinkosten je Kostenstelle (Material, Fertigung, Verwaltung und Vertrieb) bekannt, so dass ein Zuschlagsatz je Kostenstelle ermittelt werden kann.

Betrieb 7:

In diesem Betrieb liegen die Voraussetzungen für die mehrstufige differenzierende Zuschlagskalkulation vor.

Im *Lagerbereich* empfiehlt es sich, für die drei Einzellager (Blechlager, Elektrolager, Zubehörlager) jeweils gesonderte Zuschlagsätze auf Fertigungsmaterialverbrauchs-Basis zu ermitteln.

Im *Fertigungsbereich 1 (Blechbearbeitung)* sollten die Kostenplätze der Kostenstelle 1.1. (Stanzkostenplätze) und 1.2. (Formpressen) auf Maschinenstundenbasis kalkuliert werden. Bei den mit Bohren befassten Kostenplätzen ist ebenfalls auf Maschinenstundenbasis zu kalkulieren. Lediglich in den mit Schleifarbeiten befassten Kostenplätzen muss die Kalkulation auf Fertigungslohnbasis erfolgen.

Im *Fertigungsbereich 2 (Lackiererei)* ist in der Materialhilfsstelle (Farbenlager) auf Basis des Fertigungsmaterialverbrauches zu kalkulieren. Tauchbad und Trockenanlage sind mit Stundensätzen zu kalkulieren.

Im *Fertigungsbereich 3 (Montage)* ist bei Kostenstelle 3.1. (Radiatoren) und 3.2. (Heizlüfter) mit Fertigungslohnzuschlagsätzen zu kalkulieren. In der Kostenstelle 3.3. (Zimmerklimaanlagen) sind die mit der Vormontage befassten Kostenplätze ebenso wie die mit der Funktionskontrolle befassten Kostenplätze auf Maschinenstundenbasis zu kalkulieren. Für die lohnarbeitsintensive Endmontage bietet sich die Kalkulation mit Fertigungslohnzuschlagsätzen an.

Die *Verwaltungs- und Vertriebsgemeinkosten* werden, wie allgemein üblich, auch in diesem Betrieb in Prozent der Herstellkosten kalkuliert. Wenn große Lagerbestandsschwankungen im Fertigerzeugnislager gegeben sind, kann es sinnvoll sein, als Basis für die Kalkulation der Vertriebsgemeinkosten die Herstellkosten der verkauften Produkte zu verwenden.

Lerneinheit 24: Die ein- und mehrstufige Divisionskalkulation (Kalkulationsverfahren I)

Lernziele:

- Voraussetzungen für die Anwendung der Divisionskalkulation
- Darstellung der einstufigen Divisionskalkulation
- Organisatorische Voraussetzungen für die einstufige Divisionskalkulation
- Prämissen und Anwendungsbereiche der einstufigen Divisionskalkulation
- Die zweistufige Divisionskalkulation
- Organisatorische Voraussetzungen für die zweistufige Divisionskalkulation
- Prämissen und Anwendungsbereiche der zweistufigen Divisionskalkulation
- Die mehrstufige Divisionskalkulation
- Organisatorische Voraussetzungen für die mehrstufige Divisionskalkulation
- Prämissen und Anwendungsbereiche der mehrstufigen Divisionskalkulation

Einführung

Voraussetzungen für die Anwendung der Divisionskalkulation

Alle im Folgenden besprochenen Verfahren der Divisionskalkulation können ausschließlich bei *Einproduktbetrieben* verwendet werden. Das hier typische Produktionsverfahren ist die *Massenfertigung*. Bei der Divisionskalkulation werden die Herstellkosten und die Selbstkosten je Stück (Leistungseinheit) durch Division der gesamten Periodenkosten durch die Anzahl der in dieser Periode produzierten Leistungseinheiten (z.B. Stückzahlen) berechnet. Betriebe, die nebeneinander verschiedene Produktarten herstellen (sog. Mehrproduktbetriebe) können die Verfahren der ein- oder mehrstufigen Divisionskalkulation nicht anwenden, da die verschiedenen Produkte die Produktionsfaktoren in unterschiedlichem Ausmaß verzehren. Die Gesamtkosten je Periode können deshalb nicht mengenabhängig auf die produzierten Stückzahlen verteilt werden. Werden allerdings die verschiedenen Produktarten zeitlich nacheinander jeweils in verschiedenen Abrechnungsperioden hergestellt, dann liegt zumindest theoretisch je Periode ein Einproduktbetrieb vor. Die Divisionskalkulation ist damit grundsätzlich anwendbar. Allerdings dürfte es für diesen Fall kaum praktische Beispiele geben. Selbst die klassischen Saisonartikel (z.B. Sommer- und Winterkleidung, Sommer- und

Wintersportgeräte, Sommer- und Winterdiesel) erfüllen die Voraussetzungen für eine saisonorientierte Divisionskalkulation nicht, da i.d.R. auch beim Saisonbetrieb mehrere Artikel nebeneinander hergestellt werden (z.B. verschiedene Skitypen).

Darstellung der einstufigen Divisionskalkulation

Hier erhält man die Selbstkosten k_s je Leistungseinheit durch Division der gesamten Periodenkosten K durch die produzierte Leistungsmenge x_p:

$$k_s = \frac{K}{x_p}$$

Organisatorische Voraussetzungen für die einstufige Divisionskalkulation

Für die Anwendung dieses Kalkulationsverfahrens muss lediglich sichergestellt sein, dass alle Kosten des Unternehmens erfasst werden. Hierfür genügt die Kostenartenrechnung. Kostenstellenrechnung und BAB sind für die Ermittlung der Selbstkosten je Leistungseinheit nicht erforderlich. Außerdem muss natürlich die korrekte mengenmäßige Erfassung der erstellten Leistung sichergestellt sein.

Prämissen und Anwendungsbereiche der einstufigen Divisionskalkulation

Für die Anwendung der einstufigen Divisionskalkulation müssen außer der Prämisse des Einproduktbetriebs noch *die folgenden Bedingungen* erfüllt sein:

1. Einstufiger Produktionsprozess:
Es dürfen keine Zwischenlager von unfertigen Erzeugnissen entstehen, bzw. die Lagerbestände der unfertigen Erzeugnisse müssen, falls ein mehrstufiger Produktionsprozess vorliegt, in den Zwischenlagern stets konstant sein (keine Lagerbestandsveränderungen). Ist diese Bedingung nicht erfüllt, dann berücksichtigt die Verteilung der Gesamtkosten nur auf die Endprodukte nicht die tatsächliche Kostenverursachung, da auch die Lagerbestandsmehrungen von unfertigen Erzeugnissen Kosten verursachen. Analoges gilt - mit umgekehrten Vorzeichen - für Lagerbestandsminderungen.

2. Keine Veränderungen im Lagerbestand des fertigen Erzeugnisses:
Treten hier Lagerbestandsveränderungen auf, dann werden die Vertriebskosten nicht verursachungsgerecht zugerechnet. Endprodukte, die auf Lager produziert werden, verursachen noch keine Vertriebskosten (z.B. Ausgangsfracht, Transportversicherungen, Vertreterprovisionen u.dgl.). Bei der einstufigen Divisionskalkulation werden aber die gesamten Kosten (inklusive Vertriebsgemeinkosten) auf die produzierte Leistungsmenge verteilt. Eine Differenzierung nach Produk-

tions- und Absatzmenge erfolgt nicht. Aus diesem Grunde ist die einstufige Divisionskalkulation auch nicht für die bilanzielle Bestandsbewertung brauchbar. Vertriebskostenanteile haben in den bilanziellen Herstellungskosten nichts zu suchen (§ 255 Abs. 1 HGB).

Für die einstufige Divisionskalkulation gibt es *nur wenige Anwendungsfälle* im industriellen Bereich. Hierzu zählt insbesondere die Elektrizitätswirtschaft, die das nicht lagerfähige Produkt elektrischer Strom erzeugt. Außerdem kommen unter Umständen Betriebe der Urproduktion in Betracht (z.B. Wasserwerke, Kohle-, Kies-, Sand- oder Torfgewinnung), wenn es sich um echte Ein-Produktbetriebe ohne Lagerbestände handelt. Ein Kieswerk, das mehrere Kiessorten von unterschiedlicher Steingröße im Angebot hat und/oder das sein Produkt auf Halden lagert, kann das Verfahren aber z.B. nicht anwenden.

Die zweistufige Divisionskalkulation

Diese Variante der Divisionskalkulation ist anwendbar, wenn die produzierte Menge von der abgesetzten Menge abweicht, d.h. wenn Lagerbestandsveränderungen bei fertigen Erzeugnissen vorliegen. Hierzu werden die Herstellkosten (K_H) und die Verwaltungs- und Vertriebskosten (K_{Vw} bzw. K_{Vt}) gesondert ermittelt und auf die produzierte bzw. abgesetzte Menge (x_p bzw. x_a) bezogen.

$$k_s = \frac{K_H}{x_p} + \frac{K_{Vw} + K_{Vt}}{x_a}$$

Hierbei sind:

$\quad k_s \quad$ = Selbstkosten je Leistungseinheit
$\quad x_p \quad$ = Produzierte Leistungsmenge einer Periode
$\quad x_a \quad$ = Abgesetzte Leistungsmenge einer Periode
$\quad K_H \quad$ = Gesamte Herstellkosten der Periode
$\quad K_{Vw} \quad$ = Gesamte Verwaltungskosten der Periode
$\quad K_{Vt} \quad$ = Gesamte Vertriebskosten der Periode

Die Herstellkosten je Leistungseinheit k_H berechnen sich zu:

$$k_H = \frac{K_H}{x_p}$$

Die Verwaltungs- und Vertriebskosten je Leistungseinheit k_{VwVt} berechnen sich zu:

$$k_{VwVt} = \frac{K_{Vw} + K_{Vt}}{x_a}$$

Organisatorische Voraussetzungen für die zweistufige Divisionskalkulation

Für die Anwendung des Verfahrens ist es erforderlich, dass die Herstellkosten und die Verwaltungs- und Vertriebskosten in der Kostenartenrechnung getrennt erfasst werden können. In vielen Fällen, insbesondere bei Vorliegen innerbetrieblicher Leistungen (vg. LE 16 ff.) ist auch eine einfache Kostenstellenrechnung erforderlich, die neben etwaigen Vorkostenstellen die Hauptkostenstellen Produktion, Verwaltung und Vertrieb aufweist. Für die Erfassung der Produktions- und Absatzmengen ist eine Lagerbuchführung nötig, aus der die Lagerzugänge und Lagerabgänge je Periode ersichtlich sind (z.b. das Skontrationsverfahren, vgl. LE 7).

Prämissen und Anwendungsbereiche der zweistufigen Divisionskalkulation

Bis auf die hier entfallende Prämisse konstanter Lagerbestände bei fertigen Erzeugnissen gelten sämtliche Prämissen der einstufigen Divisionskalkulation auch für das zweistufige Verfahren (das sind: Einproduktbetrieb, keine Veränderungen im Bestand von etwaigen Halbfabrikatelagern). Da das zweistufige Verfahren zwischen Herstellkosten und Selbstkosten exakt unterscheidet, kann es für die bilanzielle Bewertung von Lagerbeständen fertiger Erzeugnisse verwendet werden, allerdings nur, wenn die kalkulatorischen Zusatz- und Anderskosten bei der Herstellungskostenermittlung eliminiert werden (vgl. LE 23).

Die mehrstufige Divisionskalkulation

Dieses Verfahren unterscheidet sich von den beiden bisher besprochenen Verfahren dadurch, dass auch ein mehrstufiger Produktionsprozess mit variablen Zwischenlagern erfasst wird.

Bei der sog. *addierenden mehrstufigen Divisionskalkulation* werden ausschließlich die Kosten K_{Hi} einer Produktionsstufe i erfasst und durch die erstellte Leistungsmenge $x_{p,i}$ dieser Stufe dividiert. Die Selbstkosten je Stück- bzw. Leistungseinheit errechnen sich dann additiv aus den Stückkosten je Produktionsstufe sowie den Verwaltungs- und Vertriebskosten je Stück:

$$k_s = \sum_{i=1}^{n} \frac{K_{Hi}}{x_{p,i}} + \frac{K_{Vw} + K_{Vt}}{x_a}$$

In einem zweistufigen Produktionsprozess ergibt sich z.B.

$$k_s = k_{H1} + k_{H2} + k_{VwVt} = \frac{K_{H1}}{x_{p1}} + \frac{K_{H2}}{x_{p2}} + \frac{K_{Vw} + K_{Vt}}{x_a}$$

Bei der sog. *durchwälzenden Divisionskalkulation* werden zusätzlich zu den in einer Produktionsstufe i angefallenen Herstellkosten auch die Herstellkosten der von der Vorstufe i - 1 eingesetzten Vorprodukte erfasst. Die Ermittlung der Herstellkosten je Stück eines Produkts erfolgt sukzessive, bei einem dreistufigen Fertigungsprozess also:

1. Stufe: $\quad k_1 = \dfrac{H_{K1}}{x_{p1}}$

2. Stufe: $\quad k_2 = \dfrac{m_{12} \cdot k_1 + H_{K2}}{x_{p2}}$

3. Stufe: $\quad k_3 = \dfrac{m_{23} \cdot k_2 + H_{K3}}{x_{p3}} = HK$ je produzierter Leistungseinheit

Hierbei sind:

$m_{i-1,i}$ = von Vorstufe i-1 weiterverarbeitete Leistungsmenge in Stufe i

HK_i = zusätzliche Herstellkosten auf der Stufe i

k_i = kumulative Stückherstellkosten auf Produktionsstufe i (enthält die Herstellkosten aller Vorstufen).

Die Selbstkosten je Stück ermittelt man durch Hinzufügen der Verwaltungs- und Vertriebsstückkosten

$$k_s = k_i + \frac{K_{Vw} + K_{Vt}}{x_a}$$

Im mehrstufigen Produktionsprozess gibt jede Produktionsstufe ihre Leistungsmenge entweder an die nächste Produktionsstufe i +1 oder an das Zwischenlager ab. Die folgende Produktionsstufe i +1 nimmt die von ihr weiterverarbeiteten Mengen $x_{p,i+1}$ entweder direkt von der vorangegangenen Produktionsstufe i oder vom Zwischenlager.

Organisatorische Voraussetzungen für die mehrstufige Divisionskalkulation

Neben der Kostenartenrechnung ist eine Kostenstellenrechnung erforderlich, bei der für jede Produktionsstufe wenigstens eine Fertigungskostenstelle vorhanden sein muss. Nur so ist gewährleistet, dass die Herstellkosten jeder Produktionsstufe getrennt erfasst werden. Darüber hinaus kann bei Bedarf jede Produktionsstufe noch weiter in Kostenstellen und Kostenplätze untergliedert werden. Dies kann für die Kontrolle der Kostenwirtschaftlichkeit sinnvoll sein, für die Kalkulation ist es nicht erforderlich. Um den mengenmäßigen Input und Output jeder Produktionsstufe erfassen zu können, sind geeignete Aufzeichnungen nötig.

Prämissen und Anwendungsbereiche der mehrstufigen Divisionskalkulation

Die einzige *Prämisse* für die Anwendung dieses Verfahrens ist, dass ein Einproduktbetrieb gegeben sein muss. Alle anderen oben genannten Voraussetzungen (Einstufigkeit des Produktionsprozesses, keine End- und Zwischenlagerbestandsveränderungen) brauchen nicht erfüllt zu sein. Das Verfahren ist in jeder Art von Einproduktbetrieb anwendbar.

Anwendungsbereiche im industriellen Bereich finden sich z.B. in der Zementindustrie oder der Getränkeindustrie, sofern es sich um echte Einproduktbetriebe handelt. Bei Mehrproduktbetrieben ist die Divisionskalkulation nur dann anwendbar, wenn die verschiedenen Produkte jeweils in gesonderten Betrieben bzw. Betriebsbereichen hergestellt werden und alle Kosten eindeutig und verursachungsgetreu diesen Bereichen zugeordnet werden können. Der gesamte Betrieb muss also praktisch in mehrere Einproduktbetriebe zerlegbar sein.

Fallbeispiele zu Lerneinheit 24

Beispiel 1:

Ein Mineralwasserproduzent stellt nur eine Sorte von Mineralwasser her. Diese wird auf einen einheitlichen Flaschentyp (0,7 l, Glas) abgefüllt und in Kästen zu 6 Flaschen verkauft.

Die Istkosten der letzten Abrechnungsperiode betragen:

Materialverbrauch	480.000,-- €
Fertigungskosten	1.020.000,-- €
Verwaltungskosten	135.000,-- €
Vertriebskosten	90.000,-- €

In der betrachteten Abrechnungsperiode wurden

400.000 Einheiten produziert (= Kasten zu je 6 Flaschen),
300.000 Einheiten verkauft.

Wie hoch waren die Herstellkosten und die Selbstkosten je Produkteinheit?

Lösung zu Beispiel 1:

$$k_H = \frac{K_H}{x_P} = \frac{1.500.000}{400.000} = 3,75 \text{ € je Einheit}$$

$$k_S = k_H + \frac{K_{Vw} + K_{Vt}}{x_A} = 3,75 + \frac{225.000}{300.000} = 4,50 \text{ € je Einheit}$$

Beispiel 2:

Eine Zementfabrik stellt ihr einziges Produkt (Zement in Säcken zu je 50 kg) in 5 Produktionsstufen her:

Stufe 1: Kalksteinlager;
Stufe 2: Zermahlen des angelieferten Kalksteins zu Kalkmehl;
Stufe 3: Thermische Aufbereitung des Kalkmehls;
Stufe 4: Beimischung von Gips;
Stufe 5: Abfüllung auf Zementsäcke zu je 50 kg.

Die Kostenarten- und Kostenstellenrechnung weist für die letzte Abrechnungsperiode die folgenden Daten aus:

Stufe	Kostenstelle	eingesetzte Menge	Schwund	produzierte Menge	Kosten
1	Kalksteinlager	12.000 t	—	12.000 t	100.000,-- €
2	Steinmühle	12.000 t	400 t	11.600 t	70.000,-- €
3	Thermische Aufbereitung	9.000 t	500 t	8.500 t	90.000,-- €
4	Mischanlage	8.500 t Kalk 500 t Gips	—	9.000 t	70.000,-- €
5	Abfüllanlage	8.000 t	—	8.000 t	65.000,-- €
6	Verwaltung				35.000,-- €
7	Vertrieb				90.000,-- €

Tab. 24.1: Produktions- und Kostendaten zur mehrstufigen Divisionskalkulation

Es wurden 160.000 Säcke je 50 kg hergestellt (= 8.000 t). Verkauft wurden in der Periode 140.000 Säcke zu je 50 kg (= 7.000 t).

Aufgabe:

1. Ermitteln Sie die Herstellkosten und die Selbstkosten je Sack Zement sowohl nach der additiven als auch nach der durchwälzenden Methode.
2. Wodurch unterscheiden sich die beiden Methoden?
3. Ermitteln Sie Wert und Menge der Lagerbestände auf allen Produktionsstufen. Gehen Sie zur Vereinfachung davon aus, dass die Lageranfangsbestände zu Beginn der Abrechnungsperiode jeweils Null waren.

Lösung zu Beispiel 2:

1. Addierende Methode

$$k_H \quad = k_1 + k_2 + k_3 + k_4 + k_5$$

$$= \frac{100.000}{12.000} + \frac{70.000}{11.600} + \frac{90.000}{8.500} + \frac{70.000}{9.000} + \frac{65.000}{8.000}$$

$$= 8,33 + 6,03 + 10,60 + 7,78 + 8,13 \; = 40,86 \; \text{€ je t Zement}$$

$$= 2,04 \; \text{€ je Sack à 50 kg}$$

$$k_{VwVt} \quad = \frac{K_{Vw} + K_{Vt}}{x_A} = \frac{125.000}{140.000} = 0,89 \; \text{€ je Sack}$$

$$k_S \quad = k_H + k_{VwVt} = 2,04 + 0,89 = 2,93 \; \text{€ je Sack}$$

2. Durchwälzende Methode

1. Stufe: $k_1 = \dfrac{K_1}{x_{p,1}} = \dfrac{100.000}{12.000} = 8,33 \; \text{€ je t}$

2. Stufe: $k_2 = \dfrac{m_{12} \cdot k_1 + K_2}{x_{p,2}} = \dfrac{12.000 \cdot 8,33 + 70.000}{11.600} = 14,66 \; \text{€ je t}$

3. Stufe: $k_3 = \dfrac{m_{23} \cdot k_2 + K_3}{x_{p,3}} = \dfrac{9.000 \cdot 14,66 + 90.000}{8.500} = 26,11 \; \text{€ je t}$

4. Stufe: $k_4 = \dfrac{m_{34} \cdot k_3 + K_4}{x_{p,4}} = \dfrac{8.500 \cdot 26,11 + 70.000}{9.000} = 32,44 \; \text{€ je t}$

5. Stufe: $k_5 = \dfrac{m_{45} \cdot k_4 + K_5}{x_{p,5}} = \dfrac{8.000 \cdot 32,44 + 65.000}{8.000} = 40,57 \; \text{€ je t}$

Die Herstellkosten je Sack betragen 2,03 €. Die Verwaltungs- und Vertriebskosten je Sack betragen wieder 0,89 €. Als Selbstkosten ergeben sich 2,92 € je Sack.

3. Unterschied zwischen addierender und durchwälzender Methode

Bei der addierenden Methode werden die zusätzlichen Herstellkosten je Stück ermittelt, die in jeder Produktionsstufe neu hinzukommen.

k_1 = HK je Stück auf Produktionsstufe 1, bezogen auf die Produktionsmenge der Stufe 1,

k_2 = zusätzliche HK auf Produktionsstufe 2, bezogen auf die Produktionsmenge der Stufe 2

usw.

Bei der durchwälzenden Methode werden die kumulierten HK, die vom Beginn des Produktionsprozesses (Stufe 1) bis zur betrachteten Produktionsstufe n insgesamt angefallen sind, auf die Stückzahlen bezogen, die in der betrachteten Produktionsstufe n hergestellt werden.

Ergeben sich Lagerbestandsveränderungen auf den einzelnen Produktionsstufen, dann führt nur die Durchwälzmethode zu den richtigen Herstellkosten. Bei der additiven Methode wird hingegen vernachlässigt, dass die Herstellkosten vorgelagerter Stufen auf geänderte Produktionsmengen zu beziehen sind.

4. Bestandsbewertung

Zwischen-/ Endprodukt	Bestand am Periodenende	Additive Methode		Durchwälzende Methode	
		k_i	Wert	k_i	Wert
Kalkstein	0	8,33	0,--	8,33	0,--
Kalkmehl	2.600 t	14,36	37.336,--	14,66	38.116,--
gebranntes Kalkmehl	0	24,96	0,--	26,11	0,--
Zement, nicht abgefüllt	1.000 t	32,74	32.740,--	32,44	32.440,--
Zementsäcke	20.000 Stück	2,04	40.800,--	2,03	40.600,--

Tab. 24.2: Bestandsbewertung nach der additiven und der durchwälzenden Methode

Beachte: Die Wertansätze aus Tab. 24.2 sind für die Bewertung in der Bilanz nicht zu verwenden. Hierzu muss die Kalkulation mit pagatorischen Kosten, anstatt mit kalkulatorischen Kosten, durchgeführt werden. Es müssen also etwaige Zusatz- und Anderskosten eliminiert werden.

Lerneinheit 25: Die ein- und mehrstufige Äquivalenzziffernkalkulation (Kalkulationsverfahren II)

Lernziele:

* Kalkulationsverfahren für Mehrproduktbetriebe mit Sortenfertigung
* Funktion und Bestimmung der Äquivalenzziffern
* Die einstufige Äquivalenzziffernkalkulation
* Die zweistufige Äquivalenzziffernkalkulation
* Die mehrstufige Äquivalenzziffernkalkulation
* Organisatorische Voraussetzungen für die Äquivalenzziffernkalkulation
* Prämissen und Anwendungsbereiche der Äquivalenzziffernkalkulation

Einführung

Ein Kalkulationsverfahren für Mehrproduktbetriebe mit Sortenfertigung

Die Äquivalenzziffernkalkulation ist ein Kalkulationsverfahren, das für eine bestimmte Art von Mehrproduktfertigung Anwendung finden kann. Wenn es sich bei den hergestellten Erzeugnissen um ähnliche bzw. artverwandte Produkte handelt, die mit demselben oder einem ähnlichen Produktionsverfahren hergestellt werden und überwiegend aus denselben Rohstoffen bestehen, liegt die Vermutung nahe, dass die Kosten je Produktart in einem festen Verhältnis zueinander stehen. Diese Voraussetzungen sind vor allem bei der sog. Sortenfertigung erfüllt. Von *Sortenfertigung* spricht man, wenn die verschiedenen Sorten (= Produktarten) auf derselben Produktionsanlage nach dem gleichen Produktionsverfahren in größeren Losgrößen zeitlich nacheinander gefertigt werden. In solchen Fällen macht man sich die produktionsbedingten starren Kostenrelationen auch für das Kalkulationsverfahren zunutze.

Funktion und Bestimmung der Äquivalenzziffern

Dieses feste Kostenverhältnis zwischen den Produktarten wird durch sog. Äquivalenzziffern ausgedrückt. Man definiert ein *Bezugsprodukt (Einheitsprodukt, Richtsorte)*, dem die *Äquivalenzziffer a = 1* zugeordnet wird. Den restlichen Produkten des Erzeugnisprogramms wird, je nachdem ob sie mehr oder weniger Kosten als das Bezugsprodukt verursachen, eine Äquivalenzziffer größer oder kleiner als 1 zugeordnet. Ist z.B. die Herstellung von Produkt B im Durchschnitt um 30% teurer als die der Bezugssorte, dann erhält das Produkt B die Äquivalenzziffer a = 1,3. Wenn Produkt C um 20% günstiger produziert wird als das Einheitsprodukt, dann erhält es die Äquivalenzziffer a = 0,8.

Äquivalenzziffern sind also *Gewichtungsfaktoren*, die angeben, in welchem Verhältnis die Kosten der verschiedenen Produkte zueinander und zum Einheitsprodukt stehen. Die Ermittlung der Äquivalenzziffern erfolgt nur selten, i.d.R. anläßlich von größeren Veränderungen in der Unternehmensstruktur (z.B. Änderung des Produktionsprogramms, Änderung der Produktionsverfahren u.dgl.). Hierbei ist besonderes Augenmerk auf das Verursachungsprinzip zu legen. Nur wenn sich Bezugsgrößen finden lassen, die die Kostenverteilung auf die Produkte verursachungsgetreu wiedergeben, können diese Bezugsgrößen als Ausgangspunkt für die Bestimmung der Äquivalenzziffern dienen.

Beispiele:
Wenn die Fertigungszeiten z.B. bei lohnintensiven Fertigungsverfahren Hauptverursacher für die Kosten sind, dann kann das Verhältnis der Fertigungszeiten je Produkt die Äquivalenzziffern definieren. Sind die eingesetzten Rohstoffmengen Hauptverursacher der Produktionskosten, dann werden sich die Äquivalenzziffern hieran orientieren.

Die einstufige Äquivalenzziffernkalkulation

Mit Hilfe der Äquivalenzziffern können die verschiedenen Produkte vergleichbar gemacht werden. Hierzu rechnet man die tatsächliche Produktionsmenge $x_{p,i}$ eines Produkts i durch Multiplikation mit der Äquivalenzziffer a_i in eine äquivalente Produktionsmenge des Einheitsproduktes um $(x_{p,i} \cdot a_i)$. Durch Addition der äquivalenten Produktionsmengen erhält man eine fiktive Einheitsmenge (Richtmenge) $\sum_{i=1}^{n} x_{p,i} \cdot a_i$.

Die Kosten k je Stück dieser Einheitsmenge erhält man durch Division der Periodengesamtkosten K durch die äquivalente Einheitsmenge:

$$k = \frac{K}{\sum_{j=1}^{n} x_{p,j} \cdot a_j}$$

Durch Multiplikation der Einheitsstückkosten k mit der jeweiligen Äquivalenzziffer a_i erhält man schließlich die Stückkosten k_i für jede Produktart i.

$$k_i = k \cdot a_i = \frac{K}{\sum_{j=1}^{n} x_{p,j} \cdot a_j} \cdot a_i$$

Hierbei sind:

k = Kosten je Stück (Leistungseinheit) der Einheitssorte (Richtsorte)

k_i = Kosten je Stück (Leistungseinheit) des Produktes i

K = gesamte Periodenkosten

$x_{p,i}$ = hergestellte Menge des Produktes i

a_i = Äquivalenzziffer für Produkt i.

Bis auf den Unterschied, dass die Äquivalenzziffernkalkulation auch bei Mehrproduktfertigung anwendbar ist, beruht sie auf denselben Prämissen wie die einstufige Divisionskalkulation (keine Lagerbestandsveränderungen bei Halb- und Fertigfabrikaten). Auch sie weist also den Mangel auf, dass eine Trennung von Herstellkosten und Selbstkosten nicht möglich ist.

Die zweistufige Äquivalenzziffernkalkulation

In der Form der zweistufigen Äquivalenzziffernkalkulation wird dieser Mangel behoben. Hierzu sind die Gesamtkosten je Periode in Kosten des Herstellungsbereichs sowie des Verwaltungs- und Vertriebsbereichs aufzuteilen. Die Äquivalenzziffernrechnung ist auf jede der beiden Bereiche anzuwenden. Für die Vertriebskosten sind i.d.R. andere Äquivalenzziffern erforderlich als für die Herstellkosten.

$$k_{si,} = \frac{K_H}{\sum\limits_{j=1}^{n} x_{p,j} \cdot a_j} \cdot a_i + \frac{K_{VwVt}}{\sum\limits_{j=1}^{n} x_{a,j} \cdot v_j} \cdot v_i$$

Hierbei sind:

k_{si}	=	Selbstkosten je Stück des Produktes i
K_H	=	gesamte Herstellkosten der Periode
K_{VwVt}	=	gesamte Verwaltungs- und Vertriebskosten der Periode
$x_{p,j}$	=	produzierte Stückzahl des Produktes j
$x_{a,j}$	=	abgesetzte Stückzahl des Produktes j
a_i	=	Äquivalenzziffer für Produkt i, gültig für die Herstellkosten
v_i	=	Äquivalenzziffer für Produkt i, gültig für die Verwaltungs- und die Vertriebskosten
i, j	=	1...n = Index der Produktarten.

Der erste Summand der obigen Formel gibt die Herstellkosten k_{Hi} je Stück des Produkts i an:

$$k_{Hi} = \frac{K_H}{\sum\limits_{j=1}^{n} x_{p,j} \cdot a_j} \cdot a_i$$

Die mehrstufige Äquivalenzziffernkalkulation

In völlig analoger Weise lässt sich die mehrstufige Äquivalenzziffernkalkulation darstellen. Wir wollen hier nur das addierende mehrstufige Verfahren vorführen (vgl. LE 24).
Für jede Produktionsstufe r sind die Herstellkosten K_{Hr} aus der Kostenarten- und Kostenstellenrechnung bekannt. Auf jeder Produktionsstufe r gibt es eine eigene Äquivalenzziffernreihe a_{ri}. Dies ist deshalb sinnvoll, weil die verschiedenen Produktarten i in den einzelnen Produktionsstufen r in abweichenden Kostenrelationen stehen können.

Beispiel: Weinherstellung
Produktionsstufe r = 1: Reifelager
   Produkt 1: lange Reifezeit, d.h. hohe Reifekosten
   Produkt 2: kurze Reifezeit, d.h. geringe Reifekosten

Produktionsstufe r = 2: chemische Zusätze
   Produkt 1: wenig Zusätze, d.h. geringe Kosten
   Produkt 2: viele Zusätze, d.h. hohe Kosten

Die Selbstkosten k_{si} je Stück (Einheit) des Produkts i berechnen sich danach wie folgt:

$$k_{si} = \sum_{r=1}^{m} \frac{K_{H,r} \cdot a_{ri}}{\sum\limits_{j=1}^{n} x_{p,rj} \cdot a_{rj}} + \frac{\left(K_{Vw} + K_{Vt}\right) \cdot v_i}{\sum\limits_{j=1}^{n} x_{a,j} \cdot v_j}$$

Die neuen Symbole bedeuten hier:

$K_{H,r}$ = Herstellkosten der Produktionsstufe r je Periode

a_{ri} = Äquivalenzziffer für Produkt i in der Produktionsstufe r

$x_{p,rj}$ = produzierte Menge des Produktes j auf der Produktionsstufe r.

In einem dreistufigen Produktionsprozess mit zwei Produkten ergeben sich für jedes Produkt i=1 bzw. 2 die Stückselbstkosten k_{si}:

$$k_{si} = \frac{K_{H,1} \cdot a_{1i}}{x_{p,11} \cdot a_{11} + x_{p,12} \cdot a_{12}} + \frac{K_{H,2} \cdot a_{2i}}{x_{p,21} \cdot a_{21} + x_{p,22} \cdot a_{22}}$$

$$+ \frac{K_{H,3} \cdot a_{3i}}{x_{p,31} \cdot a_{31} + x_{p,32} \cdot a_{32}} + \frac{(K_{Vw} + K_{Vt}) \cdot v_i}{x_{a,1} \cdot v_1 + x_{a,2} \cdot v_2}$$

Der erste Index gibt jeweils die Produktionsstufe, der zweite Index gibt jeweils die Produktnummer an.

Organisatorische Voraussetzungen für die mehrstufige Äquivalenzziffernkalkulation

Genauso wie bei der mehrstufigen Divisionskalkulation ist eine Kostenstellenrechnung erforderlich mit wenigstens einer Kostenstelle je Produktionsstufe sowie einer Verwaltungs- und Vertriebskostenstelle. Im Betriebsabrechnungsbogen werden die verschiedenen Kostenarten (und zwar sowohl Einzelkosten als auch Gemeinkosten) den Kostenstellen zugerechnet. Als Ergebnis erhält man im Betriebsabrechnungsbogen die Herstellkosten je Produktionsstufe (= Kostenstelle) sowie die Verwaltungs- und Vertriebskosten. Auf der Mengenseite muss sichergestellt werden, dass die Input- und Outputmengen je Produktart und Produktionsstufe erfasst werden. Hierzu ist eine geeignete Lagerbuchführung nötig (vgl. hierzu LE 7).

Prämissen und Anwendungsbereiche der mehrstufigen Äquivalentziffernkalkulation

Bei den *Prämissen* bestehen keine weiteren Unterschiede zum mehrstufigen Divisionskalkulationsverfahren, lediglich die Voraussetzung der Einproduktfertigung ist aufgehoben. Die mehrstufige Äquivalenzziffernkalkulation kann also bei Mehrproduktbetrieben mit variablen Lagerbeständen für fertige und unfertige Erzeugnisse angewendet werden. Die Erzeugnisse müssen allerdings artverwandt sein. Das Verfahren ist auch für die bilanzielle Bestandsbewertung brauchbar, da sich die Vertriebskosten eliminieren lassen. Auf die Problematik der Abweichung zwischen kalkulatorischen und pagatorischen Kosten wurde bereits oben (LE 23 und 24) hingewiesen.

Praktische Anwendung findet das Verfahren in vielen Betrieben mit Sortenfertigung, z.B. im Brauereiwesen, bei der Fruchtsaftherstellung, bei der Schokoladeherstellung, in Blechwalzwerken, in Webereien und Garnspinnereien, bei der Zigarettenherstellung u.v.m.

Fallbeispiele zu Lerneinheit 25

Beispiel 1:

Ein Orangensafthersteller füllt sein Produkt auf drei verschiedene Flaschengrößen ab.

Flaschensorte	A	B	C
Flascheninhalt	250 cm³	750 cm³	1.500 cm³
Abgefüllte Flaschen	300.00 Stück	400.000 Stück	200.000 Stück

Die gesamten Abfüllkosten der letzten Periode betrugen 540.000,-- €.
Es sind die Abfüllkosten je Sorteneinheit sowie die Periodenkosten zu ermitteln.

Lösung zu Beispiel 1:

Da davon auszugehen ist, dass die Flüssigkeit dem Abfüllhahn mit konstanter Geschwindigkeit entnommen wird, sind die Füllkosten je Flasche proportional zum Flaschenvolumen. Das Verhältnis der Flaschenvolumina bestimmt damit die Äquivalenzziffern. Nimmt man Flaschensorte A (250 cm³) als Richtsorte und gibt ihr die Äquivalenzziffer 1, dann erhält man folgende Äquivalenzziffernreihe

Sorte	Äquivalenzziffer
A	$\frac{250}{250} = 1$
B	$\frac{750}{250} = 3$
C	$\frac{1.500}{250} = 6$

Als Abfüllkosten je Flasche der Einheitssorte ergeben sich damit:

$$k_A = \frac{\text{gesamte Füllkosten}}{\text{Einheitsmenge}} = \frac{540.000}{2.700.000} = 0,20 \ € \ .$$

Für die beiden anderen Flaschensorten ergibt sich :

$$k_B = 0,20 \ € \cdot 3 = 0,60 \ €$$
$$k_C = 0,20 \ € \cdot 6 = 1,20 \ €.$$

Die gesamten Abfüllkosten je Sorte betragen demnach:

Sorte A:	300.000 ·	0,20 € =	60.000,-- €
Sorte B:	400.000 ·	0,60 € =	240.000,-- €
Sorte C:	200.000 ·	1,20 € =	240.000,-- €
			540.000,-- €

Zweckmäßigerweise führt man die oben etwas umständlich ausgeführte Rechnung in einer Tabelle durch:

Sorte (1)	Stückzahl (2)	Äquivalenz-ziffer (3)	Einheitsmenge (4)=(2) · (3)	Abfüllkosten je Flasche (5)=0,2 · (3)*	Abfüllkosten je Sorte (6)=(2) · (5)
A	300.000	1	300.000	0,20 €	60.000 €
B	400.000	3	1.200.000	0,60 €	240.000 €
C	200.000	6	1.200.000	1,20 €	240.000 €
			2.700.000		540.000 €

*) 540.000 €/ 2.700.000 Stück = 0,2 €

Tab. 25.1: Durchführung der einstufigen Äquivalenzziffernrechnung

Beispiel 2:

In einem Schmelzkäsewerk wird die bezogene Rohware zu Käsesorten verarbeitet. In der letzten Abrechnungsperiode sind die folgenden Kosten angefallen:

Rohware	480.000,-- €	⎫
Chemikalien	12.000,-- €	⎬ Rohstoffe 507.000 €
Gewürze	15.000,-- €	⎭
Verpackungsfolie	14.000,-- €	⎫
Käseschachteln	23.000,-- €	⎬ Verpackung 46.000 €
Etiketten	9.000,-- €	⎭
Abschreibungen	25.000,-- €	⎫
Löhne / Gehälter	110.000,-- €	⎬ restliche HK 147.000 €
Betriebsstoffe, Strom	12.000,-- €	⎭
Summe	700.000,-- €	

Da eine direkte Zuordnung der Kostenarten zu den einzelnen Sorten organisatorisch zu aufwendig ist, verwendet der Betrieb die Äquivalenzziffernrechnung. Aus den Erfahrungen der Vergangenheit haben sich die folgenden 3 Äquivalenzziffernreihen ergeben:

	Äquivalenzziffernreihen für			
	Roh- und Hilfsstoffe	Verpackung	restliche Kosten	produzierte Menge
Sorte I	6	3	5	200.000 Stück
Sorte II	8	3	5	250.000 Stück
Sorte III	4	2	8	100.000 Stück
Sorte IV	5	4	10	300.000 Stück

Tab. 25.2: Äquivalenzziffernreihen

Aufgabe:
Es sind die Herstellkosten je Stück (= Käseschachtel) jeder Käsesorte sowie die Periodenherstellkosten je Käsesorte zu ermitteln.

Lösung zu Beispiel 2:

Die Lösung zu diesem Beispiel findet sich in Tab. 25.3. auf der nächsten Seite.

Die Kosten je Einheit der Einheitssorte (Richtsorte) die dort in den Spalten (9), (10) und (11) Verwendung finden, berechnen sich folgendermaßen:

Spalte (9): Rohstoffkosten je Einheit der Einheitssorte (Richtsorte) =
$$= \frac{507.000}{5.100.000} = 0,0994 \ €$$

Spalte (10): Verpackungskosten je Einheit der Einheitssorte (Richtsorte) =
$$= \frac{46.000}{2.750.000} = 0,0167 \ €$$

Spalte (11) Restliche Kosten je Einheit der Einheitssorte (Richtsorte) =
$$= \frac{147.000}{6.050.000} = 0,0243 \ €$$

Sorte	hergestellte Menge	Rohstoffe		Verpackung		restliche Herstellkosten		Rohstoffkosten je Stück	Verpackungskosten je Stück	restliche Kosten je Stück	HK je Stück	Gesamtkosten je Sorte
		ÄZ	Einheitsmenge	ÄZ	Einheitsmenge	ÄZ	Einheitsmenge					
(1)	(2)	(3)	(4) = (2) × (3)	(5)	(6) = (2) × (5)	(7)	(8) = (2) × (7)	(9) = (3) × 0,0994	(10) = (5) × 0,0167	(11) = (7) × 0,0243	(12) = (9) + (10) + (11)	(13) = (12) × (2)
I	200.000	6	1,2 Mio.	3	600.000	5	1.000.000	0,5964	0,0501	0,1215	0,7680	153.600,-
II	250.000	8	2,0 Mio.	3	750.000	5	1.250.000	0,7952	0,0501	0,1215	0,9668	241.700,-
III	100.000	4	0,4 Mio.	2	200.000	8	800.000	0,3976	0,0334	0,1944	0,6254	62.540,-
IV	300.000	5	1,5 Mio.	4	1.200.000	10	3.000.000	0,4970	0,0668	0,2430	0,8068	242.040,-
			5,1 Mio.		2.750.000		6.050.000					699.990,-*

Die dritte Zeile der obigen Tabelle enthält die jeweilige Spaltennummer sowie die Rechenvorschrift, nach der die die Werte in dieser Spalte aus den entsprechenden Werter der angegebenen Spalten ermitteln.

* Es ergibt sich ein Rundungsfehler in Höhe von 10,-- € = 0,0014 % der Gesamtkosten.

Tab. 25.3: Durchführung der Äquivalenzziffernrechnung zu Beispiel 2

Lerneinheit 26: Die Bezugsgrößen- oder Zuschlagskalkulation (Kalkulationsverfahren III)

Lernziele:

- Das Grundprinzip: Zurechnung der Kostenträgergemeinkosten mittels Bezugsgrößen
- Verursachungsprinzip und Bezugsgrößenkalkulation
- Varianten der Zuschlags- bzw. Bezugsgrößenkalkulation
- Die einstufige summarische Zuschlagskalkulation
- Die einstufige differenzierende Zuschlagskalkulation
- Die mehrstufige summarische Zuschlagskalkulation
- Die mehrstufige differenzierende Bezugsgrößenkalkulation
- Hauptmerkmale
- Die Berechnungsschemata
- Organisatorische Voraussetzungen
- Prämissen und Anwendungsbereiche

Einführung

Das Grundprinzip: Zurechnung der Kostenträgergemeinkosten mittels Bezugsgrößen

Wenn das Produktionsprogramm und/oder die Fertigungsstruktur nicht ausreichend homogen sind, ist es nicht mehr sinnvoll, die Stückkosten mittels einfacher Division der gesamten Periodenkosten durch die Stückzahl zu berechnen. Die Kostenverursachung ist in solchen Betrieben wesentlich differenzierter. Die verschiedenen Produkte belasten die unterschiedlichen Kostenstellen mit unterschiedlichen Kostenarten im unterschiedlichsten Ausmaß. Das Verursachungsprinzip verbietet deshalb die Verfahren der Divisions- und Äquivalenzziffernkalkulation. Um dem Verursachungsprinzip auch nur annähernd gerecht zu werden, muss man die Herstell- und Selbstkosten je Einheit eines Produktes additiv zusammensetzen aus den Einzelkosten und den Gemeinkostenbeträgen, die in den verschiedenen Kostenstellen und Produktionsstufen für die Erstellung einer Leistungseinheit entstanden sind. Die direkte Zurechnung der Einzelkosten bereitet definitionsgemäß keine Probleme (vgl. LE 6). Die Kostenträgergemeinkosten müssen hingegen dem Kostenträger auf indirektem Wege zugeschlüsselt werden. Dies hat entsprechend der individuellen Belastung der jeweiligen Kostenstelle zu erfolgen, die durch die Bearbeitung eines Stücks des jeweiligen Kostenträgers verursacht wurde.

Verursachungsprinzip und Bezugsgrößenkalkulation

Man benötigt folglich für jede Kostenstelle Bezugsgrößen, die in direktem, proportionalem Zusammenhang zu den verursachten Kosten stehen. Bei arbeits- und lohnintensiven Kostenstellen werden i.d.R. die Lohneinzelkosten (Fertigungslöhne = FL), in Materialkostenstellen werden i.d.R. die Materialeinzelkosten (Fertigungsmaterial = FM) als Bezugsgrößen verwendet. In anlagenintensiven Kostenstellen, in denen wenig oder gar keine Fertigungslöhne anfallen, verwendet man technische Bezugsgrößen, am häufigsten die Maschinenlaufzeit in Stunden oder Minuten. In jeder dieser Kostenstellen erfolgt dann im Grunde eine Divisionskalkulation. Man dividiert die gesamten Kostenstellengemeinkosten der Periode durch den gesamten Periodenwert der Bezugsgröße (z.b. Fertigungslöhne je Periode, Fertigungsmaterial je Periode oder gesamte Maschinenlaufzeit in Stunden je Periode). Je Kostenstelle wird also ermittelt, wie viele Gemeinkosten pro Bezugsgrößeneinheit entstanden sind.

Beachte:

Wenn in den Kostenträgergemeinkosten fixe Kosten enthalten sind, dann führt die Schlüsselung der Gemeinkosten auf die Leistungseinheit zur *Proportionalisierung von Fixkosten*. Dies entspricht dem Durchschnittsprinzip. Auch die Kostenträgerstückrechnung mittels Zuschlags- oder Bezugsgrößenkalkulation ist deshalb keine reine Verursachungsrechnung. Sie ist vielmehr ein Anwendungsgemisch aus Verursachungsprinzip (bei Einzelkosten und variablen Gemeinkosten) und Durchschnittsprinzip (bei fixen Gemeinkosten). Stückkosten im System der Vollkostenrechnung sind deshalb für betriebswirtschaftliche Entscheidungs- und Planungsrechnungen immer dann unbrauchbar, wenn sich durch die zu planenden Entscheidungen zwar die Beschäftigungshöhe (Produktionsmenge, Outputmenge) ändert, die Fixkosten aber unverändert bleiben. Stückkosten auf Vollkostenbasis dürfen deshalb bei Produktionsprogrammentscheidungen oder bei Produktionsmengenentscheidungen nicht als Entscheidungskriterium verwendet werden. Auch bei der Preisermittlung führt ihre Verwendung zu falschen Angebotspreisen, wenn die Produktions- und Absatzmenge, die zum Zeitpunkt der Kostenträgerrechnung zugrundegelegt wurden, von den geplanten Produktions- und Absatzmengen abweichen.

Varianten der Zuschlags- bzw. Bezugsgrößenkalkulation

In LE 23 wurde schon festgestellt, dass man verschiedenen Varianten der Zuschlags- bzw. Bezugsgrößenkalkulation unterscheidet, je nach dem, wie differenziert die verschiedenen Kostenarten und Kostenstellen im jeweiligen Verfahren berücksichtigt werden. Abb. 60 gibt einen vergleichenden Überblick über die vier grundsätzlichen Verfahrenstypen.

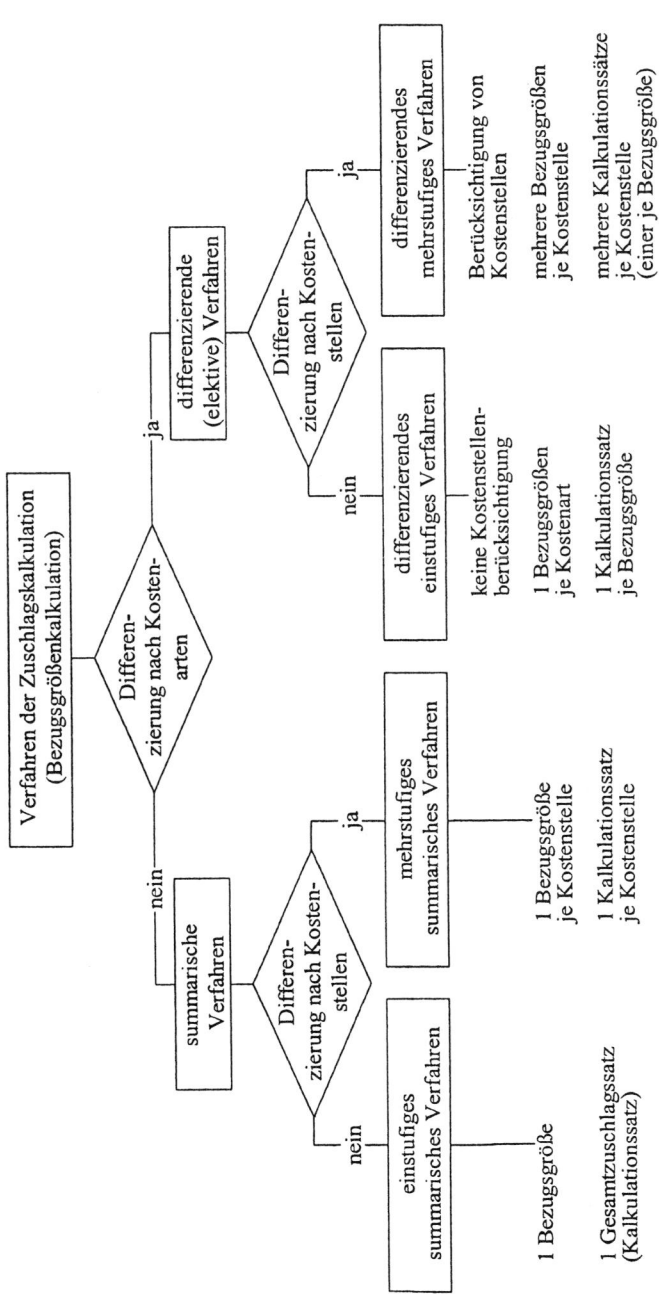

Abb. 60: Die vier Verfahrenstypen der Bezugsgrößen- bzw. Zuschlagskalkulation

Die einstufige summarische Zuschlagskalkulation

Hauptmerkmal dieses Verfahrens ist, dass nur eine einzige Bezugsgröße verwendet wird (z.b. die Summe aller Einzelkosten oder die Summe aller Fertigungslöhne). Es wird nur ein einziger Zuschlagssatz berechnet, der den Anteil der Gemeinkosten an dieser Bezugsgröße angibt. In diesen summarischen Zuschlagssatz gehen sämtliche Gemeinkosten der Periode ein, also Material-, Fertigungs-, Verwaltungs- und Vertriebsgemeinkosten.

Berechnung der Selbstkosten k_s je Produkteinheit (z.b. Stück):

$$k_s = K_E \cdot (1 + \frac{GK}{EK})$$

Hierbei sind:

k_s = Selbstkosten je Produkteinheit

K_E = Einzelkosten je Produkteinheit

GK = gesamte Gemeinkosten der Periode

EK = gesamte Einzelkosten der Periode

Der Quotient $\dfrac{GK}{EK}$ wird als Gemeinkostenzuschlagssatz bezeichnet.

Organisatorische Voraussetzungen
Die Kostenartenrechnung muss lediglich in der Lage sein, folgende Kostenwerte zu ermitteln:

- die Einzelkosten je Produkteinheit (K_E)

- die Gemeinkosten je Periode (GK)

- bestimmte, als Bezugsgröße verwendete Einzelkosten je Periode (EK)

Eine Kostenstellenrechnung ist nicht erforderlich.

Prämissen
Die wesentliche Prämisse dieses Verfahrens ist, dass sich die gesamten Gemeinkosten proportional zu einer einzigen Bezugsgröße, nämlich den Einzelkosten verhalten. Dies muss gleichermaßen für alle Kostenträger gelten. Verwendet man z.b. die Fertigungslöhne als Bezugsgröße, dann unterstellt man damit, dass sich sämtliche Gemeinkosten, also auch die Materialgemeinkosten, die Verwaltungsgemeinkosten und die Vertriebsgemeinkosten proportional zu den Fertigungslöhnen verhalten. In der industriellen Praxis ist diese Voraussetzung in der Regel nicht erfüllt.

Anwendbarkeit
Dieses sehr grobe und pauschale Verfahren ist, wenn überhaupt, dann nur in Betrieben mit äußerst einfacher einstufiger Produktionsstruktur anwendbar, insbesondere, wenn der Anteil der Gemeinkosten an den Gesamtkosten sehr klein ist. Darüber hinaus ist es grundsätzlich nur für solche Produktionsprozesse brauchbar, bei denen keine Zwischenlager bestehen (einstufige Prozesse) bzw. bei denen keine Bestandsveränderungen in den Zwischenlagern auftreten. Außerdem eignet es sich nur zur Ermittlung der Selbstkosten je Produkteinheit. Die Herstellkosten können nicht berechnet werden, da in den Gemeinkosten auch die Verwaltungs- und Vertriebsgemeinkosten enthalten sind. Zur Bewertung bilanzieller Bestände ist diese einfachste Version einer Zuschlagskalkulation deshalb nicht geeignet.

Die einstufige differenzierende Zuschlagskalkulation

Hauptmerkmale
Hauptmerkmal dieses Verfahrens ist die Untergliederung der Bezugsgröße nach Kostenarten. Im Allgemeinen unterteilt man die Kosten funktional in

- Materialkosten
- Fertigungskosten
- Verwaltungskosten
- Vertriebskosten.

Für jede dieser Kostenarten wird ein gesonderter Zuschlagssatz verwendet.

Die Berechnung der Herstell- und Selbstkosten je Produkteinheit erfolgt nach folgenden Formeln:

Herstellkosten je Produkteinheit k_h:

$$k_h = FM \cdot (1 + Z_{FM}) + FL \cdot (1 + Z_{FL}) + SEKF$$

Selbstkosten je Produkteinheit k_s:

$$k_s = k_h \cdot (1 + Z_{Vw} + Z_{Vt}) + SEKV$$

Hierbei sind:

FM = Fertigungsmaterialverbrauch (Einzelkosten)
FL = Fertigungslöhne (Einzelkosten)
SEKF = Sondereinzelkosten der Fertigung
SEKV = Sondereinzelkosten des Vertriebs
Z_{FM} = Gemeinkostenzuschlagssatz auf Fertigungsmaterialverbrauch. Diesen Zuschlagssatz erhält man, indem man die gesamten

Materialgemeinkosten (MGK) einer Periode durch den gesamten Fertigungsmaterialverbrauch (FM) dieser Periode dividiert:

$$Z_{FM} = \frac{\text{MGK der Periode}}{\text{FM der Periode}}$$

z_{FL} = Gemeinkostenzuschlagssatz auf Fertigungslöhne. Diesen Zuschlagssatz erhält man, indem man die gesamten Fertigungsgemeinkosten (FGK) einer Periode durch die Summe der Fertigungslöhne (FL) dieser Periode dividiert:

$$Z_{FL} = \frac{\text{FGK der Periode}}{\text{FL der Periode}}$$

Z_{Vw}, Z_{Vt} = Gemeinkostenzuschlagssätze auf die Herstellkosten zur Abdeckung der Verwaltungs- und der Vertriebsgemeinkosten:

$$Z_{Vw} = \frac{\text{Verwaltungsgemeinkosten der Periode}}{\text{Herstellkosten der Periode}} =$$

$$= \frac{\text{VwGK}}{\text{FM} + \text{MGK} + \text{FL} + \text{FGK} + \text{SEKF}}$$

$$Z_{Vt} = \frac{\text{Vertriebsgemeinkosten der Periode}}{\text{Herstellkosten der Periode}} =$$

$$= \frac{\text{VtGK}}{\text{FM} + \text{MGK} + \text{FL} + \text{FGK} + \text{SEKF}}$$

Berechnungsschema
Bei der praktischen Anwendung führt man die Kalkulation am besten nach folgendem Kalkulationsschema durch (vgl. Abb. 61):

Grundsätzlich lässt sich dieses Verfahren auch mit anderen Bezugsgrößen als dem Fertigungsmaterial und dem Fertigungslohn durchführen. Es kommen dann physikalische oder technische Maßgrößen zur Anwendung, im Materialbereich etwa der mengenmäßige Materialverbrauch in kg, t, m³ u.dgl., im Fertigungsbereich etwa Maschinenlaufzeiten in Stunden oder Minuten. Genaueres zur Kalkulation mit technischen Bezugsgrößen, insbesondere die Maschinenstundensatzkalkulation wird weiter unten bei den mehrstufigen Verfahren behandelt.

Fertigungsmaterialverbrauch	FM	....
+ anteilige Materialgemeinkosten	+ MGK = FM $\cdot Z_{FM}$	+ ....
+ Fertigungslöhne	+ FL	+ ....
+ anteilige Fertigungsgemeinkosten	+ FGK = FL $\cdot Z_{FL}$	+ ....
+ Sondereinzelkosten der Fertigung	+ SEKF	+ ....
= Herstellkosten je Produkteinheit	= k_h	= ....
+ anteilige Verwaltungsgemeinkosten	+ VwGK = $k_h \cdot Z_{Vw}$	+ ....
+ anteilige Vertriebsgemeinkosten	+ VtGK = $k_h \cdot Z_{Vt}$	+ ....
+ Sondereinzelkosten des Vertriebs	+ SEKV	+ ....
= Selbstkosten je Produkteinheit	= k_s	= ....

Abb. 61: Kalkulationsschema der differenzierenden einstufigen
Zuschlagskalkulation

Organisatorische Voraussetzungen
Die Kostenartenrechnung muss so beschaffen sein, dass sie die Kostenträgerein-zelkosten und die Kostenträgergemeinkosten gesondert erfassen kann. Falls es in der Kostenartenrechnung nicht möglich sein sollte, die Gemeinkosten noch wei-ter nach den 4 Funktionsbereichen Material, Fertigung, Verwaltung und Vertrieb aufzuteilen, ist eine einfache Kostenstellenrechnung erforderlich, die für jeden dieser 4 Funktionsbereiche eine Kostenstelle vorsieht. Dies wird i.d.R. dann nö-tig, wenn innerbetriebliche Leistungsverflechtungen gegeben sind (vgl. hierzu auch LE 16-22).

Prämissen und Anwendungsbereiche
Wesentliche Prämisse dieses Verfahrens ist, dass sich die Gemeinkosten jeder Kostenart proportional zur jeweiligen Bezugsgröße verhalten. Werden *Einzel-kosten als Bezugsgröße* verwendet, dann unterstellt man damit, dass sich die Fer-tigungsgemeinkosten proportional zu den Einzelkosten (z.B. Fertigungslöhnen) verhalten. Werden Maschinenlaufzeiten als Bezugsgröße verwendet, dann wird unterstellt, dass sich die Fertigungsgemeinkosten proportional zur Maschinen-laufzeit verhalten. Dieses Verfahren ist zwar plausibel, es scheint verursachungs-getreuer zu sein als das summarische einstufige Verfahren. Es führt aber insbesondere dann zu Ungenauigkeiten,

- wenn in verschiedenen Fertigungskostenstellen stark unterschiedliche Ge-meinkostenbelastungen auftreten. Eine weitere Untergliederung des Ferti-gungsbereichs in mehrere Fertigungskostenstellen wird bei diesem Verfahren ja gerade vernachlässigt.

- wenn in einzelnen Materialkostenstellen stark unterschiedliche Gemeinkostenbelastungen auftreten. Dies ist insbesondere dann der Fall, wenn die Produktion in mehreren Fertigungsstufen erfolgt und wenn Zwischenlager zwischen den einzelnen Fertigungsstufen auftreten.

Auch dieses Verfahren ist mit ausreichender Genauigkeit nur anwendbar, wenn die Fertigung in nur einer Fertigungsstufe erfolgt und die Gemeinkosten im Verhältnis zu den Einzelkosten relativ gering sind. Das Problem der Fixkostenproportionalisierung besteht auch hier in unveränderter Schärfe.

Die mehrstufige summarische Zuschlagskalkulation

Hauptmerkmal
Dieses, von kleineren und mittleren Industrieunternehmen wohl am meisten verwendete Verfahren, berücksichtigt die Kostenstellengliederung bei der Zuschlagskalkulation. Der Materialbereich wird in mehrere Materialkostenstellen (i = 1...m) untergliedert, der Fertigungsbereich in mehrere Fertigungskostenstellen (j = 1...n). Üblicherweise werden der Verwaltungsbereich und der Vertriebsbereich nicht weiter untergliedert, sondern in jeweils nur einer Kostenstelle zusammengefasst.

Die Berechnung der Herstell- und der Selbstkosten je Produkteinheit
Sie erfolgt nach folgenden Rechenvorschriften:

Herstellkosten je Produkteinheit k_h:

$$k_h = \sum_{i=1}^{m} FM_i \cdot (1 + Z_{FM,i}) \qquad \text{Materialkosten}$$

$$+ \sum_{j=1}^{n} FL_j \cdot (1 + Z_{FL,j}) + SEKF \qquad \text{Fertigungskosten}$$

Hierbei sind:

i = Index der Materialkostenstellen
j = Index der Fertigungskostenstellen.

Selbstkosten je Produkteinheit k_s:

$$k_s = k_h \cdot (1 + Z_{Vw} + Z_{Vt}) + SEKV$$

Die Zuschlagssätze sind genauso definiert, wie beim einstufigen differenzierenden Verfahren, mit dem einzigen Unterschied, dass der Zuschlagssatz je Kostenstelle i gesondert zu berechnen ist $\quad Z_i = \dfrac{\text{Gemeinkosten der Kostenstelle i}}{\text{Einzelkosten der Kostenstelle i}}$

Sollen in einzelnen Fertigungskostenstellen *technische Größen*, *z.B. Maschinenlaufzeiten* als Bezugsgrößen verwendet werden, dann sind in dieser Kostenstelle die Fertigungsgemeinkosten nicht lohnanteilig, sondern entsprechend der Maschinenlaufzeit je Leistungseinheit den Einzelkosten zuzuschlagen.

Statt $FL_j \cdot (1 + Z_{FL,j})$ wird für diese Kostenstelle der Term $FL_j + MS_j \cdot ms_j$ verwendet.

Hierbei sind:

ms_j = erforderliche Maschinenstunden für die Herstellung einer Leistungseinheit in der Kostenstelle j

MS_j = Maschinenstundensatz dieser Kostenstelle j

$$MS_j = \frac{\text{gesamte Gemeinkosten der Kostenstelle j in der Periode}}{\text{gesamte Maschinenlaufzeit in der Periode (inStunden)}}$$

Berechnungsschema

Das Kalkulationsschema für einen Betrieb mit 2 Materialkostenstellen, 3 Fertigungskostenstellen und je einer Verwaltungs- und Vertriebskostenstelle ist in Abb. 62 dargestellt. Hierbei wird für die Fertigungsstelle 3 angenommen, dass die Gemeinkostenzurechnung mittels Maschinenstundensatzkalkulation erfolgt.

Organisatorische Voraussetzung

Für die Anwendung dieses Verfahrens ist das Vorhandensein einer Kostenstellenrechnung Voraussetzung. Die Kostenstellengliederung muss so erfolgen, dass jede Produktionsstufe eine oder mehrere Kostenstellen erhält. Es muss vermieden werden, dass sich Kostenstellen auf zwei oder mehr Produktionsstufen erstrecken. Im letzteren Fall wäre es nämlich nicht möglich, Zwischenlager zwischen den Produktionsstufen und insbesondere Bestandsveränderungen bei diesen Zwischenlagern im Kalkulationsverfahren zu berücksichtigen.

Prämissen und Anwendbarkeit

Als *Prämisse* liegt auch diesem Verfahren die Bedingung zugrunde, dass die Gemeinkosten je Kostenstelle direkt proportional zu der jeweiligen Bezugsgröße sind, die für diese Kostenstelle gewählt wurde (also FM_i, FL_j, ms_j bzw. k_h).

Die *Anwendbarkeit* der mehrstufigen summarischen Zuschlagskalkulation ist wesentlich breiter als bei den vorher besprochenen Verfahren. Es ist für alle Mehr-Produktbetriebe mit Sorten- oder Serienfertigung verwendbar. Es berücksichtigt mehrstufige Produktionsprozesse, schwankende Lagerbestände bei den Halb- und Fertigfabrikaten ebenso, wie stark abweichende Gemeinkostenbelastungen in den einzelnen Kostenstellen. Je nach Lohn- oder Anlagenintensität einer Kostenstelle können problemlos Lohnzuschlagssätze oder aber Maschinenstundensätze für die Gemeinkostenzurechnung verwendet werden. Dieses Verfahren der mehrstufigen summarischen Zuschlagskalkulation dürfte das am weitesten in der Praxis verbreitete Verfahren sein.

$$
\begin{array}{ll}
FM_1 & \\
+ MGK_1 & (= FM_1\ Z_{FM1}) \\[4pt]
+ FM_2 & \\
+ MGK_2 & (= FM_2\ \cdot Z_{FM2}) \\[4pt]
+ FL_1 & \\
+ FGK_1 & (= FL_1\ \cdot Z_{FL1}) \\
+ FL_2 & \\
+ FGK_2 & (= FL_2\ \cdot Z_{FL2}) \\[4pt]
+ FL_3 & \\
+ FGK_3 & (= MS_3\ \cdot ms_3) \\[4pt]
+ SEKF & \\[6pt]
= k_h & \text{(Herstellkosten je Stück)} \\[6pt]
+ VwGK & (= k_h\ \cdot Z_{Vw}) \\
+ VtGK & (= k_h\ \cdot Z_{Vt}) \\
+ SEKV & \\[6pt]
= k_s & \text{(Selbstkosten je Stück)}
\end{array}
$$

Lohnzuschlagskalkulation

Maschinenstundensatzkalkulation

Abb. 62: Das Kalkulationsschema bei der summarischen
mehrstufigen Zuschlagskalkulation

Die mehrstufige differenzierende Bezugsgrößenkalkulation

Hauptmerkmal

Dieses Verfahrens ist dadurch gekennzeichnet, dass bei allen oder bei einzelnen Kostenstellen nicht nur jeweils eine, sondern je nach Bedarf auch mehrere Bezugsgrößen verwendet werden können. Wenn mehrere Bezugsgrößen je Kostenstelle verwendet werden, dann müssen die Gemeinkosten je Kostenstelle auf diese Bezugsgrößen aufgeteilt werden. Maschinenverursachte Gemeinkostenarten (z.B. Abschreibungen, Wartung, Reparaturen, kalkulatorische Zinsen) werden mittels Maschinenstundensätzen kalkuliert. Lohnabhängige Gemeinkostenarten (z.b. Urlaubsgeld, Krankengeld) werden über Lohnzuschlagssätze verrechnet. Gewichts- oder volumenabhängige Gemeinkostenarten (z.b. bestimmte Lager- und Transportkosten) werden über den Kostensatz je Gewichtseinheit bzw. je Volumeneinheit verrechnet.

Sehr häufig wird die Bezeichnung „Bezugsgrößenkalkulation" nur für diese Kalkulationsvariante verwendet, während man für die drei anderen hier besprochenen Verfahren den Begriff der Zuschlagskalkulation benutzt. Genaugenommen sind alle vier Varianten unter dem Oberbegriff Bezugsgrößenkalkulation zusammenzufassen, denn alle Verfahren verwenden Bezugsgrößen. Bei den Lohn- oder Materialzuschlagssätzen ist die Bezugsgröße das Fertigungsmaterial bzw. der Fertigungslohn, bei den Verwaltungs- oder Vertriebskostenzuschlagssätzen sind die Herstellkosten Bezugsgröße.

Die Berechnung der Herstell- und Selbstkosten je Produkteinheit

Zunächst soll anhand eines einfachen, aber durchaus realitätsnahen Beispiels theoretisch und praktisch vorgeführt werden, wie die Stückkosten beim Verfahren der differenzierenden mehrstufigen Zuschlagskalkulation ermittelt werden.

Beispiel:
Ein Betrieb bestehe aus 5 Kostenstellen,

- einer Materialkostenstelle
- zwei Fertigungskostenstellen
- einer Verwaltungs- und
- einer Vertriebskostenstelle.

Materialkostenstelle:
Die Materialgemeinkosten werden als Zuschlag auf den Fertigungsmaterialverbrauch (FM) verrechnet.

$$FM = 50,-- € \text{ je Stück}$$
$$Z_{FM} = 10\% \text{ der FM-Kosten}$$

Fertigungsstelle 1:
Diese Fertigungsstelle bestehe aus zwei Kostenplätzen, einen, in dem vorwiegend Arbeiter beschäftigt sind und einem, in dem eine hochautomatisierte Fertigungsanlage arbeitet.
Die Fertigungsgemeinkosten werden in der Platzkostenrechnung auf die Kostenplätze aufgeteilt. Lohnabhängige FGK werden mittels Zuschlag auf den FL verrechnet:
Die maschinenabhängigen FGK werden mittels Maschinenstundensatz verrechnet:

Kostenplatz 1:

FL_1 = 60,-- € je Stück

$Z_{FL,1}$ = 300% der FL

Kostenplatz 2:

ms = 0,8 = Maschinenlaufzeit in Stunden je Stück

MS = Maschinenstundensatz = 200,-- € je Maschinenstunde

Fertigungsstelle 2: Auch diese Kostenstelle besteht aus 2 Kostenplätzen.

Kostenplatz 1:

Die FGK sind gewichtsabhängig und werden mit einem kg-Verrechnungssatz zugeschlagen:

g = 15 kg Gewicht je Stück in kg

G = 8,-- €/kg Gemeinkostenverrechnungssatz je kg

Kostenplatz 2:

Die Fertigungsgemeinkosten dieses Platzes werden mittels Zuschlags auf die Fertigungslöhne verrechnet:

FL_2 = 10,-- € je Stück, Fertigungslöhne je Stück

Z_{FL2} = 450% Fertigungslohnzuschlagssatz

Verwaltungs- und Vertriebskostenstellen:

Die Verwaltungs- und Vertriebsgemeinkosten werden jeweils durch Zuschlag auf die Herstellkosten je Stück verrechnet. Die anzuwendenden Zuschlagssätze sind:

Z_{Vw} = 10%

Z_{Vt} = 15%

Außerdem entstehen noch die folgenden *Sondereinzelkosten*:

Sondereinzelkosten des Vertriebs je Stück 20,-- €

Sondereinzelkosten der Fertigung je Stück 30,-- €.

Das Kalkulationsschema für diesen Beispielbetrieb ist in Abb. 63 dargestellt.

Die mehrstufige differenzierende Bezugsgrößenkalkulation in Formeldarstellung

Nach diesem speziellen Beispiel wollen wir im Folgenden eine allgemeine Formel für die Stückkosten bei mehrstufiger differenzierter Bezugsgrößenkalkulation entwickeln.

Wir verwenden hierzu folgende *Symbole*:

B_{ij} = j-te Bezugsgröße in der i-ten Kostenstelle

Z_{ij} = Kalkulationssatz, der auf B_{ij} anzuwenden ist

i = 1...n Index der Kostenstellen

j = 1...m Index der verwendeten Bezugsgröße.

Kalkulationsschema			
Formeldarstellung	Zahlenbeispiel		
Materialstelle: FM $+ MGK = FM \cdot Z_{FM}$	$10\% \cdot 50,-$	$50,-$ $5,-$	Materialkosten $55,-$
Fertigungsstelle 1: Kostenplatz 1.1. $+ FL_{11}$ $+ FGK_{11} = FL_{11} \cdot Z_{11}$ Kostenplatz 1.2. $+ FGK_{12} = ms_{12} \cdot MS_{12}$	$300\% \cdot 60,-$ $0,8 \cdot 200,-$	$60,-$ $180,-$ $160,-$	
Fertigungsstelle 2: Kostenplatz 2.1. $+ FGK_{21} = g_{21} \cdot G_{21}$ Kostenplatz 2.2. $+ FL_{22}$ $+ FGK_{22} = FL_{22} \cdot Z_{22}$ $+ SEKF$	$15 \cdot 8,-$ $450\% \cdot 10,-$	$120,-$ $10,-$ $45,-$ $30,-$	Fertigungskosten $605,-$
$= k_h$ Herstellkosten (je Stück) $+ VwGK = k_h \cdot Z_{Vw}$ $+ VtGK = k_h \cdot Z_{Vt}$ $+ SEKV$	$10\% \cdot 660$ $15\% \cdot 660$	$66,-$ $99,-$ $20,-$	$660,-$ VwVt-Kosten $185,-$
$= k_s$ Selbstkosten (je Stück)			$845,-$

Abb. 63: Beispiel für ein Kalkulationsschema bei mehrstufiger differenzierender Bezugsgrößenkalkulation

Allgemein lautet die *Formel für die Bezugsgrößenkalkulation*:

$$k = \sum_i \sum_j B_{ij} \cdot Z_{ij} + SEKF + SEKV$$

$$= +B_{11} \cdot Z_{11} + B_{12} \cdot Z_{12} + B_{13} \cdot Z_{13} + ...(\text{Kostenstelle 1})$$
$$+ B_{21} \cdot Z_{21} + B_{22} \cdot Z_{22} + B_{23} \cdot Z_{23} + ...(\text{Kostenstelle 2})$$
$$+ B_{31} \cdot Z_{31} + B_{32} \cdot Z_{32} + B_{33} \cdot Z_{33} + ...(\text{Kostenstelle 3})$$

usw.

Wenden wir nun diese Kalkulationsformel auf unseren Beispielfall an:

Materialstelle (Kostenstelle i=1)
    Es gibt nur eine Bezugsgröße B_1 = FM.
    Kalkulationssatz: $Z_1 = (1+Z_{FM})$
    Die gesamten Materialkosten ergeben sich zu
    $B_1 \cdot Z_1 = FM \cdot (1 + Z_{FM})$

Hier und auch im Folgenden findet man auf der linken Seite der Gleichung die Schreibweise im Sinne unserer obigen allgemeinen Formel. Auf der rechten Seite findet man die Schreibweise und Symbolik, die für das konkrete Beispiel in Abb. 63 verwendet worden ist.

Erste Fertigungsstelle (i = 2)
    Es gibt zwei verschiedene Bezugsgrößen (B_{21} und B_{22}):

    Kostenplatz j = 1:
        B_{21} = FL
        Der zugehörige Kalkulationssatz lautet: $Z_{21} = (1+Z_{FL})$
        Die Stückkosten in diesem Kostenplatz j = 1 lauten:
        $B_{21} \cdot z_{21} = FL_1 \cdot (1 + Z_{FL1})$

    Kostenplatz j = 2
        B_{22} = ms = Maschinenstunden je Stück.
        Der zugehörige Kalkulationszinssatz lautet: Z_{22} = MS.
        Die Stückkosten im Kostenplatz j=2 lauten folglich:
        $B_{22} \cdot Z_{22} = ms \cdot MS$.

Zweite Fertigungsstelle (i = 3)
    Kostenplatz j = 1
        B_{31} = g (Gewicht je Stück)
        Z_{31} = G (Gemeinkostensatz je kg)
        Die Stückkosten am Kostenplatz j=1 lauten: $B_{31} \cdot Z_{31} = g \cdot G$.

Kostenplatz j = 2

B_{32} = FL_2 (Fertigungslöhne in Kostenplatz 2)

Z_{32} = $(1+Z_{FL2})$.

Die Stückkosten am Kostenplatz j=2 lauten:

$$B_{32} \cdot Z_{32} = FL_2 \cdot (1 + Z_{FL2})$$

Verwaltungs- und Vertriebskostenstelle (i = 4)

Es gibt eine Bezugsgröße: B_4 = k_h

Der Kalkulationszinssatz lautet: Z_4 = $(Z_{Vw} + Z_{Vt})$

Organisatorische Voraussetzungen für die mehrstufige differenzierende Bezugsgrößenkalkulation

In dieser Variante stellt die Bezugsgrößenkalkulation besonders hohe Ansprüche an die Organisation des Rechnungswesens. Immer wenn in einer Kostenstelle mehrere Bezugsgrößen Verwendung finden, müssen die Kostenstellengemeinkosten dieser Stelle entsprechend aufgeteilt werden. Praktisch heißt das, dass diese Kostenstelle im BAB noch weiter in Kostenplätze untergliedert werden muss, derart, dass in jedem Kostenplatz genau die dazu passende Bezugsgröße Verwendung finden kann.

Für unser obiges Beispiel mit zwei Fertigungskostenstellen hat der BAB dann folgendes Aussehen (vgl. Abb. 64).

Anwendungsbereich

Der wesentliche *Vorteil* der mehrstufigen differenzierenden Bezugsgrößenkalkulation ist darin zu sehen, dass man jeden Kostenplatz genau auf die eine zu verwendende Bezugsgröße abstimmen kann. Wenn z.B. manuelle Arbeitsverrichtungen und automatische Arbeitsverrichtungen sich jeweils in einem eigenen Kostenplatz niederschlagen, dann wird damit dem Verursachungsprinzip optimal entsprochen. Die am manuellen Arbeitsplatz (= Kostenplatz) entstehenden Fertigungsgemeinkosten werden ausschließlich durch die Lohnarbeit und nicht durch die Maschinennutzung verursacht. Analoges gilt für den Kostenplatz „Fertigungsautomat". Der Hauptmangel der traditionellen Lohnzuschlagskalkulation ist ja, dass alle Gemeinkosten einer Kostenstelle auf die Fertigungslöhne bezogen werden. Je anlagenintensiver eine Produktion ist und je automatisierter der Produktionsprozess abläuft, desto mehr werden die Fertigungsgemeinkosten von der technischen Anlage und nicht von der Lohnarbeit verursacht (z.B. kalkulatorische Abschreibungen, kalkulatorische Zinsen, Reparaturkosten, Versicherungskosten usw.). Kalkulationssätze auf Fertigungslohnbasis $Z = \dfrac{FGK}{FL}$ nehmen in solchen Fällen völlig unsinnige Dimensionen an. Zuschlagssätze von mehreren tausend Prozent sind in der Praxis hier keine Seltenheit. Sie sind i.d.R. ein Indiz dafür, dass zwischen der Gemeinkostenentstehung und der Bezugsgröße kein ursächlicher Zusammenhang besteht. Solche Fehler werden bei richtiger organisatorischer Gestaltung durch die Bezugsgrößenkalkulation im hier beschriebenen Sinne minimiert.

	Fertigungskostenstelle 1		Fertigungskostenstelle 2	
	Kosten-platz 1.1 =Handarbeitsplatz	**Kosten-platz 1.2** =Fertigungsautomat	**Kosten-platz 2.1** =Fertigungsautomat	**Kosten-platz 2.2** =Handarbeitsplatz
	....	....	....	....
	primäre und sekundäre GK-Verteilung			
	....	....	....	....
$\sum$FGK (Periodensumme) ...	$\sum FGK_{1.1}$	$\sum FGK_{1.2}$	$\sum FGK_{2.1}$	$\sum FGK_{2.2}$
$\sum$Bezugsgröße (Periodensumme) ...	$\sum FL_{1.1}$	$\sum MS$	$\sum G$	$\sum FL_{2.2}$
Kalkulationssatz ...	$Z_{11} = \dfrac{\sum FGK_{1.1}}{\sum FL_{1.1}}$	$Z_{12} = \dfrac{\sum FGK_{1.2}}{\sum MS}$	$Z_{21} = \dfrac{\sum FGK_{2.1}}{\sum G}$	$Z_{22} = \dfrac{\sum FGK_{2.2}}{\sum FL_{2.2}}$

Abb. 64: Platzkostenrechnung als Voraussetzung für die mehrstufige differenzierende Bezugsgrößenkalkulation (vgl. das Beispiel in Abb. 63)

Prämissen

Voraussetzung für diese verursachungsgetreue Zuordnung der Gemeinkosten jedes Kostenplatzes zur jeweiligen Bezugsgröße ist allerdings auch, dass die Verteilung der primären und sekundären Gemeinkosten im BAB exakt und verursachungsgerecht erfolgt. Auf die Problematik der indirekten Kostenzurechnung mittels Umlageschlüsseln muss hier nochmals ausdrücklich hingewiesen werden (vgl. LE 15).

Wie bei allen Kalkulationsverfahren gilt auch für die mehrstufige differenzierende Bezugsgrößenkalkulation die Prämisse, dass sich die Gemeinkosten der einzelnen Kostenplätze proportional zu den dort verwendeten Bezugsgrößen verhalten müssen. Diese Grundannahme ist auch bei diesem sehr ausgefeilten und aufwendigen Verfahren nur für die variablen Kosten erfüllbar. In modernen, anlagenintensiven und automatisierten Produktionsprozessen sind die Gemeinkosten aber hauptsächlich *Fixkosten* und damit weitestgehend unabhängig von der produzierten Stückzahl. Die Proportionalitätsprämisse ist damit für den ganz überwiegenden Fall der Fertigungsgemeinkosten nicht erfüllbar. Daran ändert auch die Tatsache nichts, dass die Gemeinkosten völlig verursachungsgerecht auf die Kostenplätze verteilt werden. Bei variablen Stückzahlen macht dieses aufwendige, sehr differenzierte und damit besonders realitätsnah anmutende Verfahren denselben grundsätzlichen Fehler, den auch alle anderen Kalkulationsverfahren machen.

Als Ergebnis ist deshalb festzuhalten:

Für Planungs- und Entscheidungsrechnungen ist die Vollkostenstückrechnung völlig unbrauchbar, welches Kalkulationsverfahren auch immer für die Stückkostenermittlung verwendet wird.

Fallbeispiele zu Lerneinheit 26

Beispiel 1:

Ein kleiner Betrieb, in dem mechanische Pumpen aus fertig bezogenen Einzelteilen in Handarbeit zusammengebaut werden, hat folgenden BAB erstellt:

	Material	Fertigung	Verwaltung und Vertrieb
Summe der Gemeinkosten der Periode	35.000,--	640.000,--	170.000,--
Einzelkosten der Periode	420.000,--	220.000,--	—

Tab. 26.1: BAB zu Beispiel 1

Es werden 4 verschiedene Produkttypen hergestellt, für die folgende Einzelkosten gelten:

Produkt	Fertigungsmaterial (€ je Stück)	Fertigungslohn (€ je Stück)
1	4,--	10,--
2	2,--	4,--
3	8,--	10,--
4	6,--	8,--

Tab. 26.2: Einzelkosten zu Beispiel 1

Ermitteln Sie für die 4 Produkte die Herstellkosten und die Selbstkosten je Stück.

Lösung zu Beispiel 1:

Es kommt die mehrstufige summarische Zuschlagskalkulation zur Anwendung.

1. Ermittlung der Zuschlagsätze

$$Z_{FM} = \frac{MGK}{FM} = \frac{35.000}{420.000} = 8,33\%$$

$$Z_{FL} = \frac{FGK}{FL} = \frac{640.000}{220.000} = 291\%$$

Herstellkosten der Periode:

MGK	35.000,--
+ FM	420.000,--
+ FGK	640.000,--
+ FL	220.000,--
= HK	1.315.000,--

$$Z_{VwVt} = \frac{VwVt\,GK}{HK} = \frac{170.000}{1.315.000} = 12,93\%$$

2. Berechnung der Herstell- und Selbstkosten

Pro-dukt	Material-kosten	Fertigungs-kosten	Herstell-kosten	VwVt-Kosten	Selbst-kosten
1	$4 \cdot (1+0,0833)$ $= 4,33$	$10 \cdot (1+2,91)$ $= 39,10$	**43,43**	$43,43 \cdot 0,1293$ $= 5,62$	**49,05**
2	$2 \cdot (1+0,0833)$ $= 2,17$	$4 \cdot (1+2,91)$ $= 15,64$	**17,81**	$17,81 \cdot 0,1293$ $= 2,30$	**20,11**
3	$8 \cdot (1+0,0833)$ $= 8,67$	$10 \cdot (1+2,91)$ $= 39,10$	**47,77**	$47,77 \cdot 0,1293$ $= 6,18$	**53,95**
4	$6 \cdot (1+0,0833)$ $= 6,50$	$8 \cdot (1+2,91)$ $= 31,28$	**37,78**	$37,78 \cdot 0,1293$ $= 4,88$	**42,66**

Tab. 26.3: Die Ermittlung der Herstell- und Selbstkosten

Beispiel 2:

Ein größerer Elektrogerätehersteller beteiligt sich an einer Ausschreibung, die die Lieferung von 2.500 Spezialantriebsaggregaten zum Gegenstand hat.

Aus den Abteilungen Kostenrechnung und Produktionsplanung liegen die folgenden Kalkulations- und Produktionsdaten vor (vgl. Tab. 26.4).

Aufgabe:

Kalkulieren Sie den Angebotspreis je Antriebsaggregat. Hierbei ist zu berücksichtigen, dass 5% Gewinn, 2% Skonto und 10% Mengenrabatt im Preis enthalten sein sollen.

BAB	Material-kostenstellen		Fertigungskostenstellen								Verwal-tung	Ver-trieb
			Fertigungsstelle I			Fertigungsstelle II			Fertig.-Stelle III	Fert.-Stelle IV		
	Mat. I	Mat. II	K-Platz 1	K-Platz 2	K-Platz 3	K-Platz 1	K-Platz 2	Rest				
Kalkulationssätze für Gemeinkosten	10% auf FM	0,48 € je kg	790,- € je Std.	520,-€ je Std.	0,05 € je Akkord-minute	420,- € je Std.	960,- € je Std.	0,20 € je Akkord-minute	450% auf FL	350% auf FL	14,3% auf HK	17,5% auf HK
Produktionsdaten je Auftragseinheit (Einzelkosten)	FM = 1.590,-	64 kg	Masch. Min. 14 min	Masch. Min. 6 min	FL: 56 Akkord-minuten; Akkordsatz = 0,35 € je Fert.Min	Masch. Min. 20 min	Masch. Min. 10 min	FL: 32 Akkord-minuten à 0,35 €	FL = 28,- €	FL = 50,- €		

Tab. 26.4: Kalkulations- und Produktionsdaten zu Beispiel 2

Lösung zu Beispiel 2:

FM		1.590,--
+ MGK I	$0{,}10 \cdot FM$	159,--
+ MGK II	$0{,}48 \cdot 64$	30,72
+ FGK I.1	$790 \cdot {}^{14}/_{60}$	184,33
+ FGK I.2	$520 \cdot {}^{6}/_{60}$	52,--
+ FL I.3	$0{,}35 \cdot 56$	19,60
+ FGK I.3	$0{,}05 \cdot 56$	2,80
+ FGK II.1	$420 \cdot {}^{20}/_{60}$	140,--
+ FGK II.2	$960 \cdot {}^{10}/_{60}$	160,--
+ FL II.3	$0{,}35 \cdot 32$	11,20
+ FGK II.3	$0{,}20 \cdot 32$	6,40
+ FL III		28,--
+ FGK III	$4{,}50 \cdot 28$	126,--
+ FL IV		50,--
+ FGK IV	$3{,}50 \cdot 50$	175,--
= Herstellkosten		**2.735,05**
+ Vw.-GK	$2.735{,}05 \cdot 0{,}143$	391,11
+ Vt.-GK	$2.735{,}05 \cdot 0{,}175$	478,63
= Selbstkosten		**3.604,79**
+ 5% Gewinnaufschlag		180,24
= Nettoverkaufspreis		**3.785,03**
+ 2% Skonto	(im Hundert)*	77,25
= Zwischensumme		3.862,28
+ 10% Mengenrabatt	(im Hundert)**	429,14
= Angebotspreis je Stück		**4.291,42**

* Prozentrechnung im Hundert:

$$98\% = 3.785{,}03$$

$$2\% = \frac{3.785{,}03}{98} \cdot 2 = 77{,}25$$

** Prozentrechnung im Hundert:

$$90\% = 3.862{,}28$$

$$10\% = \frac{3.862{,}28}{90} \cdot 10 = 429{,}14$$

Lerneinheit 27: Die Kalkulation von Kuppelprodukten (Kalkulationsverfahren IV)

Lernziele:

- Das Wesen der Kuppelproduktion
- Zwangsläufige Abkehr vom Verursachungsprinzip
- Das Restwertverfahren
- Das Verteilungsverfahren
- Anwendbarkeit

Einführung

Das Wesen der Kuppelproduktion

Bei den bisher besprochenen Kalkulationsverfahren sind wir von Produktionsprogrammen und Produktionsprozessen ausgegangen, bei denen die produzierten Mengen der einzelnen Produkte voneinander unabhängig sind (sog. unverbundene Produktion). In diesen Fällen kann durch geeignete Gliederung des Betriebs in Kostenstellen und Kostenplätze erreicht werden, dass die Gemeinkosten den verschiedenen Produktarten weitestgehend verursachungsgerecht zugerechnet werden. Es lässt sich mit hinreichender Genauigkeit angeben, welche Produktionsfaktoren von welchen Produktarten verbraucht werden.

Bei der sog. *Kuppelproduktion (verbundenen Produktion)* ist dies völlig anders. Sie ist dadurch gekennzeichnet, dass in einem einzigen Produktionsprozess zwangsläufig mehrere Produktarten gleichzeitig hergestellt werden. Die Steigerung (oder Reduzierung) der Produktionsmenge einer Produktart führt hier automatisch zu einer entsprechenden Veränderung der Produktionsmengen bei den restlichen, verbundenen Produkten. Die Mengenverhältnisse zwischen den Produkten sind meist starr, allenfalls in nur sehr engen Grenzen variierbar. Beispiele finden sich in der industriellen Praxis insbesondere bei Raffinerien (Kuppelprodukte sind Benzine, verschiedene Heizöle, Gase), beim Hochofenprozess (Roheisen, Gichtgas, Schlacke) und bei Kokereien (Koks, Teer, Ammoniak). Weitere Anwendungsfälle gibt es in der chemischen Industrie.

Kuppelprodukte können als Endprodukte entstehen. Sie können aber auch in vorgeschalteten Produktionsstufen anfallen und werden dann als Zwischenprodukte auf den nachfolgenden Produktionsstufen weiterverarbeitet.

Zwangsläufige Abkehr vom Verursachungsprinzip

Da Kuppelprodukte zwangsläufig gemeinsam entstehen, werden die Produktionsfaktoren von ihnen auch gemeinsam verzehrt. Man kann den Produktionsfaktorverbrauch deshalb nicht einzelnen Produktarten zuordnen, sondern nur der Gesamtheit der Kuppelprodukte. Eine verursachungsgerechte Aufteilung der Kosten ist deshalb nicht möglich. Das gilt allerdings ausschließlich für die Gemeinkosten der Herstellung. Hierbei ist aber zu beachten, dass der Rohstoffeinsatz (Fertigungsmaterialverbrauch) bei Kuppelprodukten nicht zu den Einzelkosten, sondern zu den Gemeinkosten gehört. Es ist nämlich kausal nicht feststellbar, welcher Teil der Materialkosten (von z.B. 1 Barrel Rohöl) auf die sich ergebenden Kuppelprodukte Benzin, leichtes Heizöl, schweres Heizöl, Gas usw. entfällt. Dasselbe gilt für die Fertigungslöhne. Soweit bei der Kuppelproduktion Fertigungslöhne anfallen, können sie den einzelnen Kuppelprodukten nicht zugerechnet werden, sie sind damit Fertigungsgemeinkosten. Im Gegensatz zu den bisher besprochenen Kalkulationsverfahren bei unverbundenen Produkten (Divisions-, Äquivalenzziffern-, Bezugsgrößen- und Zuschlagskalkulation) bei denen sich wenigstens die Einzelkosten verursachungsgerecht dem Kostenträger zurechnen lassen, können bei Kuppelprodukten nicht einmal die Einzelkosten (also Fertigungsmaterial und Fertigungslöhne) verursachungsgerecht zugeordnet werden. Die Herstellkosten fallen hier en bloc an. Nur die Vertriebskosten sind getrennt zurechenbar. Die Kuppelungsautomatik gilt nur für den Herstellungsprozess, nicht aber für die Vertriebsaktivitäten.

Da das Verursachungsprinzip für die Kostenträgerrechnung hier zwangsläufig völlig versagen muss, hat die Kostenverteilung nach anderen Prinzipien zu erfolgen. Wie wir nach Besprechung der beiden Verfahrenstypen zur Kuppelproduktkalkulation noch ausführlich zeigen werden, kommt hauptsächlich das Tragfähigkeitsprinzip zur Anwendung.

Das Restwertverfahren

Wenn sich die einzelnen Produktarten der Kuppelproduktion eindeutig in *ein* *Hauptprodukt* und ein oder mehrere Nebenprodukte einteilen lassen, dann wendet die Praxis das sog. Restwertverfahren an. Hier werden die gesamten Herstellungskosten der Kuppelproduktion um etwaige Erlöse aus dem Verkauf der Nebenprodukte vermindert. Die verbleibenden Restherstellungskosten werden dem Hauptprodukt zugerechnet. Die Kosten je Produktionseinheit (Stück) des Hauptprodukts werden dann mittels Divisionskalkulation berechnet.

$$k_h = \frac{K_{KP} - \sum_{i=1}^{m}(p_i - k_{K,i}) \cdot x_{K,i}}{x_{HP}}$$

Hierbei sind:

k_h = Herstellkosten je Produkteinheit des Hauptprodukts

K_{KP} = gesamte Periodenkosten des Kuppelproduktionsprozesses

p_i = Verkaufspreis je Mengeneinheit des Kuppelprodukts i

K_{Ki} = Kosten der Weiterverarbeitung je Mengeneinheit des Kuppelprodukts i

x_{Ki} = Verkaufsmenge des Kuppelprodukts i

x_{HP} = Hergestellte Menge des Hauptproduktes

Falls nicht nur ein, sondern *mehrere Hauptprodukte* hergestellt werden, dann müssen die nach Abzug der Nebenerlöse verbleibenden Restkosten auf die verschiedenen Hauptproduktarten verteilt werden. Man verwendet hierzu die Äquivalenzziffernrechnung meist mit Marktpreisen als Äquivalenzziffern.

Das Restwertverfahren führt zu einer völligen Abkehr vom Verursachungsprinzip. Es kommt vielmehr eine *diffuse Mischung aus Tragfähigkeitsprinzip und Durchschnittsprinzip* zur Anwendung. Tragfähigkeitsprinzip insoweit, als die Herstellkosten der Kuppelprodukte mit ihren Nettoverkaufserlösen gleichgesetzt werden. Durchschnittsprinzip deshalb, weil die Restkosten mittels Division auf die Stückzahl verteilt werden.

Das Verteilungsverfahren

Entstehen in der Kuppelproduktion nur Hauptprodukte, dann ist das Restwertverfahren nicht anwendbar. Die Gesamtkosten der Kuppelproduktion werden in diesem Fall den verschiedenen Produkten mittels Äquivalenzziffernrechnung zugeordnet. Die hier angewandte Äquivalenzziffernrechnung ist aus verfahrenstechnischer Sicht völlig identisch mit den in LE 25 behandelten einstufigen Verfahren.

Die *Äquivalenzziffern* können bestimmt werden

*   nach dem Verhältnis der Verkaufserlöse der verschiedenen Kuppelprodukte (jeweilige Absatzmenge mal jeweiliger Preis),

*   nach dem Verhältnis der Nettoerlöse (Absatzmenge mal Preis – Weiterbearbeitungskosten)

*   nach dem Verhältnis der Verkaufspreise je Produkteinheit

*   nach dem Verhältnis der produzierten Mengen

*   nach technischen Schlüsselgrößen (z.B. Heizwerten bei verschiedenen Heizölarten u.dgl.).

Wenn *Verkaufserlöse bzw. Marktpreise Grundlage der Äquivalenzziffernberechnung* sind, dann werden die einzelnen Kuppelproduktarten im Verhältnis der von ihnen erzielten Erlöse mit Kosten belastet. Je höher die Erlöse oder Preise sind, desto mehr wird das Produkt mit Kosten belastet. Hier kommt das Tragfähigkeitsprinzip (Belastbarkeitsprinzip) zur Geltung. Selbstverständlich ist auch hier bei der Stückkostenermittlung das Durchschnittsprinzip mit im Spiel, da die äquivalenten Kostenbeträge je Kuppelproduktart durch Division auf die Produkteinheit verteilt werden.

Hierin liegt der wesentliche Unterschied zwischen der Äquivalenzziffernrechnung für verbundene (Kuppel-) Produkte und für unverbunden Produkte. Bei unverbundenen Produkten (LE 25) ist es Aufgabe und Zweck der Äquivalenzziffern, die Kostenverteilung auf die verschiedenen Sorten möglichst verursachungsgerecht vorzunehmen. Bei der Kuppelproduktion haben die Äquivalenzziffern mit dem Verursachungsprinzip überhaupt nichts zu tun.

Anwendbarkeit

Weil die Kostenverteilung nicht nach dem Verursachungsprinzip, sondern nach dem Tragfähigkeitsprinzip erfolgt, sind die Kalkulationsergebnisse weder zu Kontrollzwecken und schon gar nicht für Planungszwecke und Entscheidungsrechnungen verwendbar. Die ermittelten Stückkosten sind aus betriebswirtschaftlicher Sicht völlig unbrauchbar. Die Kalkulation von Kuppelprodukten im oben beschriebenen Sinne wäre also völlig überflüssig, wenn die Unternehmen nicht durch handels- und steuerrechtliche Vorschriften gezwungen wären, Lagerbestände von selbsterstellten unfertigen und fertigen Erzeugnissen für die Bilanz zu bewerten. Hierzu benötigt man die Herstellungskosten je Produkteinheit. Da die Kuppelprodukte i.d.R. lagerfähig sind (Benzine, Öle, Gase, Roheisen, Schlacke usw.), benötigt man die oben besprochenen Kalkulationsverfahren - so unzulänglich sie im Übrigen auch sein mögen.

Fallbeispiele zu Lerneinheit 27

Beispiel 1:

In einem Chemiewerk werden die 3 Produkte A, B und C in Kuppelproduktion hergestellt. Produkt A und B werden direkt verkauft. Das Kuppelprodukt C wird weiterverarbeitet zum Endprodukt D. Es sind folgende Zahlen bekannt:

Produkt	Produktionsmenge x_i	Marktpreis p_i je t
A	80.000 t	80,--
B	120.000 t	120,--
C	70.000 t	0,--
D	50.000 t	100,--

Die gesamten Herstellkosten der Periode betragen 10.200.000,-- €. Zusätzlich entstehen 1.500.000,- € für die Weiterverarbeitung des Kuppelprodukts C zum Endprodukt D.

Gehen Sie davon aus, dass Produkt B das Hauptprodukt ist und die Produkte A und D Nebenprodukte sind. Ermitteln Sie die Herstellkosten für das Hauptprodukt B nach dem Restwertverfahren. Interpretieren Sie das Ergebnis.

Lösung zu Beispiel 1:

$$k_H = \frac{K_{KP} - x_A \cdot p_A - x_D \cdot \left(p_D - \frac{K_D}{x_D} \right)}{x_B}$$

$$k_H = \frac{10.200.000 - 80.000 \cdot 80 - 50.000 \cdot \left(100 - \frac{1.500.000}{50.000} \right)}{120.000}$$

$$k_H = 2,50 \; € / t$$

Die gesamten Herstellkosten für das Hauptprodukt B belaufen sich damit auf:
$K_{H,B} = 120.000 \; t \cdot 2,50 \; €/t = 300.000,-- €$

Den beiden Nebenprodukten werden folglich aufgrund ihrer Absatzerlöse Restherstellkosten in Höhe von 10.200.000 - 300.000 = 9.900.000 zugerechnet. Verteilt man diese Restherstellkosten im Verhältnis der Umsatzerlöse auf B und D, dann ergibt sich folgende Kostenverteilung:

	A	B	D	Summe
Perioden-HK (€)	300.000,--	6.400.000,--	3.500.000,--	10.200.000,--
HK (€)je produzierter t	2,50	53,33	70,00	

Angesichts der Mengen- und Preisrelationen ist zu bezweifeln, dass die Produkte A und D nur Nebenprodukte sind.

Beispiel 2:

Jetzt soll für die Kuppelproduktion aus Beispiel 1 angenommen werden, dass es sich bei sämtlichen Produkten um Hauptprodukte handelt. Es ist folglich das Verteilungsverfahren anzuwenden.

Ermitteln Sie die Herstellkosten je Produktart und je Produkteinheit bei Verwendung der Verkaufspreise bzw. der Produktionsmengen als Äquivalenzziffern. Welchen Einfluss hat die Wahl des Kalkulationsverfahrens auf den Gewinn des Unternehmens und auf die Absatzsituation?

Lösung zu Beispiel 2:

Variante 1: Verkaufspreise als Äquivalenzziffern

Produkt	Äquivalenzziffer
A	80
B	120
D	100

Als Einheitsmenge (Richtmenge) x ergibt sich:

$$x = x_A \cdot p_A \quad + x_B \cdot p_B \quad + x_D \cdot p_D$$
$$= 80.000 \cdot 80 \quad + 120.000 \cdot 120 + 50.000 \cdot 100$$
$$= 25,8 \text{ Mio (Richtmengeneinheiten)}$$

Die Herstellkosten je Richteinheit betragen damit:

$$k = \frac{\text{gesamte Herstellkosten}}{\text{Einheitsmenge}} = \frac{10.200.000}{25.800.000}$$

$= 0,395349 \ €$ je Richtmengeneinheit.

Die Herstellkosten je Produkteinheit ergeben sich zu:

A:	0,395349 €	.	80	=	31,63 € (je t)
B:	0,395349 €	.	120	=	47,44 € (je t)
D:	0,395349 €	.	100	=	39,53 € (je t)

Variante 2: Produktionsmengen als Äquivalenzziffern

Produkt	Ist-Menge	ÄZ	Richtmenge	HK je Ist-t*	Perioden-HK je Produktart
A	80.000 t	8	640.000	35,02	2.801.600,--
B	120.000 t	12	1.440.000	52,53	6.303.600,--
C	50.000 t	5	250.000	21,89	1.094.500,--
			2.330.000		**10.199.700,--

Herstellkosten je Richtmengeneinheit $= \dfrac{10.200.000}{2.330.000} = 4,37768 \ €$

* Die Herstellkosten je Ist-Tonne berechnen sich als Produkt der Herstellkosten je Richtmengeneinheit mit der Äquivalenzziffer:

A:	4,37768 ·	8	= 35,02
B:	4,37768 ·	12	= 52,53
C:	4,37768 ·	5	= 21,89

** Die Periodenherstellkosten je Produktart berechnen sich als Produkt von Istmenge mal Herstellkosten je Tonne. Die Differenz von 300,- € zu den Herstellkosten laut Angabe erklärt sich aus Rundungsabweichungen.

Gegenüberstellung der Ergebnisse:

	A	B	C
Restwertverfahren:	2,50	53,33	70,--
Verteilungsverfahren:			
-Verkaufspreise als ÄZ	31,63	47,44	39,53
– Produktionsmengen als ÄZ	35,02	52,53	21,89

Bei gegebenen Produktions- und Absatzmengen ist der Gewinn des Unternehmens unabhängig vom Kalkulationsverfahren der Kuppelprodukte. Die Erlöse berechnen sich zu:

A	80.000 t	·	80,--	=	6,4 Mio. €
B	120.000 t	·	120,--	=	14,4 Mio. €
C	50.000 t	·	100,--	=	5,0 Mio. €
					25,8 Mio. €

Dem stehen Herstellkosten in Höhe von 10,2 Mio. € gegenüber. Der Gewinn beträgt somit 15,6 Mio. €.

Problematisch wird die Situation, wenn die Prämisse konstanter Produktions- und Absatzmengen nicht gilt. Ein Beispiel zur Verdeutlichung:
Unterstellen wir, das Unternehmen kalkuliert nach dem Restwertverfahren. Wegen der niedrigen Stückkosten von Produkt A wird die Produktion stark erhöht. Wegen der starren Mengenrelationen werden entsprechend größere Mengen der restlichen Kuppelprodukte B, C und D hergestellt. Lassen sich diese zusätzlichen Produktionsmengen nicht verkaufen, dann bleibt das Unternehmen auf den höheren Herstellkosten sitzen. Selbst wenn der Markt die Produktionsausweitung bei Produkt A aufnimmt, führt dies dennoch zu einer deutlichen Reduzierung des Gewinns.
Beispiel: Verdoppelung der Produktion und der Kosten

Erlöse:	A:	160.000	.	90,--	=	12.800.000,-- €
	B:	120.000	.	120,--	=	14.400.000,-- €
	C:	50.000	.	100,--	=	5.000.000,-- €
						32.200.000,-- €
Herstellkosten:						20.400.000,-- €
Gewinn						11.800.000,-- €

Abschnitt 5: Die Erlösrechnung

Lerneinheit 28: Grundfragen der Erlösrechnung

Lernziele

- Begriffliche Abgrenzung: Erlös – Leistung
- Arten von Erlösrechnungen
- Bestandteile der Erlösrechnung
- Ziele der Erlösrechnung

Einführung

Begriffliche Abgrenzung: Erlös – Leistung

Mit dem Kostenbegriff haben sich Wissenschaft und Praxis schon seit langem und sehr intensiv auseinandergesetzt (vgl. LE 2 und LE 6). Die Erkenntnis, dass der Produktionsfaktorverbrauch auf der Inputseite des Betriebsprozesses (auf der Kostenseite also) eine Mengen- und eine Wertkomponente aufweist, gehört spätestens seit den Arbeiten von Heinen zum wertmäßigen Kostenbegriff zu den unumstrittenen Grundlagen der Kostenrechnung (vgl. LE 2; als Basisliteratur siehe insbesondere: Heinen, E., Die Kosten, Saarbrücken, 1956, sowie Heinen, E., Betriebswirtschaftliche Kostenlehre, 6. Auflage, Wiesbaden, 1985).

Eine detailliertere Analyse des Erlösbegriffes ist dagegen erst seit kurzem, etwa seit 1980 ins Blickfeld von Wissenschaft und Praxis gerückt. Jahrzehntelang sah man keinen Unterschied zwischen den Begriffen Erlös und Leistung. Dass auch der Output des Betriebsprozesses aus zwei Komponenten besteht, nämlich einer Mengenkomponente (Produktions- bzw. Absatzmenge) und einer Wertkomponente (Verkaufspreise bzw. Wert der Lagerbestände), ist eine ebenso triviale wie unbestreitbare Tatsache. Aber erst als im Zuge des Technologiefortschritts und des härter werdenden Wettbewerbs nicht mehr die Produktion, sondern immer mehr die Vermarktung der Produkte zum Hauptproblembereich der Unternehmen wurden, haben sich Wissenschaft und Praxis verstärkt der Erlösanalyse zugewandt. Will man den Einfluss absatzpolitischer Instrumente (z.B. Preisgestaltung, Produktgestaltung, Gestaltung der Vertriebswege usw.) auf den Erlös (Umsatzerlös) untersuchen, dann kommt man mit einer pauschalen Gleichung „Erlös = Leistung" nicht mehr aus. Vielmehr muss man den Erlös in einzelne Erlöskomponenten zerlegen.

Analog zum wertmäßigen Kostenbegriff hat dies zum *wertmäßigen Erlösbegriff* geführt. Nach dieser Definition ist der Erlös die bewertete mengenmäßige Leistung des Betriebsprozesses einer Abrechnungsperiode. *Leistung* ist nur eine Komponente des Erlöses, nämlich der mengenmäßige Output des Betriebes.

Da nicht nur die verkauften Produkte, sondern auch die noch nicht verkauften, d.h. auf Lager genommenen Produkte und die nicht zum Verkauf bestimmten Eigenleistungen (z.B. eigengenutzte selbsterstellte Anlagen) zum Output des Betriebsprozesses gehören, unterscheidet man - wiederum in Analogie zum Kostenbegriff - zwischen *pagatorischen Erlösen* (z.B. Umsatzerlöse) und *kalkulatorischen Erlösen* (Wert der selbsterstellten Anlagen, Wert der Produktion auf Lager). Eine weitere und feinere Untergliederung behandeln wir später in der Erlösartenrechnung (vgl. LE 29).

Als *Ergebnis* ist festzuhalten:
Zwischen Erlös und Leistung besteht ein wesentlicher Unterschied. Leistung ist nur eine, nämlich die Mengenkomponente des Erlöses. Die Bezeichnung Kosten- und Leistungsrechnung - wie sie in vielen, vor allem älteren Lehrbüchern verwendet wird - greift aus der Sicht der neueren Erlösdefinition deshalb zu kurz.

Arten von Erlösrechnungen

Im Betrieb werden unterschiedliche Leistungsarten erstellt. Zum einen sind dies für den Markt bestimmte Leistungen, die entweder schon verkauft (d.h. endgültig realisiert) sind, oder noch auf Lager liegen (d.h. noch nicht verkauft, aber schon hergestellt sind). Zum anderen werden innerbetriebliche Leistungen erstellt. Diese können als selbsterstelltes Anlagevermögen längerfristig zur Nutzung bestimmt sein (sog. aktivierte Eigenleistungen), oder aber sofort im Betriebsprozess verbraucht werden. In LE 16 haben wir die letzteren als innerbetriebliche Leistung i.e.S. bezeichnet.

Auch wenn Leistungen noch nicht verkauft worden sind, sei es, das sie zwar grundsätzlich zum Verkauf bestimmt sind, aber zum Abrechnungszeitpunkt noch auf Lager liegen, sei es dass sie vorläufig überhaupt nicht zum Verkauf bestimmt sind (wie die aktivierten Eigenleistungen), sie tragen trotzdem zum Erlös des Unternehmens bei. In beiden Fällen wird der Unternehmenswert durch diese Leistungen erhöht, sie würden zu Einnahmen führen, wenn sie zum Abrechnungsstichtag verkauft würden. Unumstritten ist, dass diese Leistungen zu Erlösen führen. Es stellt sich lediglich die Frage der *Erlösbewertung*. Hier setzt man i.d.R. vorsichtige Werte an. Die Bewertung erfolgt mit den vorsichtig geschätzten künftigen Einnahmen (insbesondere bei Lagerbeständen von fertigen Erzeugnissen) oder mit den bei der Erstellung der Leistung angefallenen (pagatorischen)

Herstellkosten (insbesondere bei unfertigen Erzeugnissen und aktivierten Eigenleistungen).

Die Erlösrechnung umfasst als *Markterlösrechnung* die verkauften Leistungen und als *Bestandserlösrechnung* die noch nicht verkauften Leistungen. Lediglich die sofort verbrauchten innerbetrieblichen Leistungen i.e.S. sind nicht Gegenstand der Erlösrechnung. Eine zusammenfassende Übersicht gibt Abbildung 65.

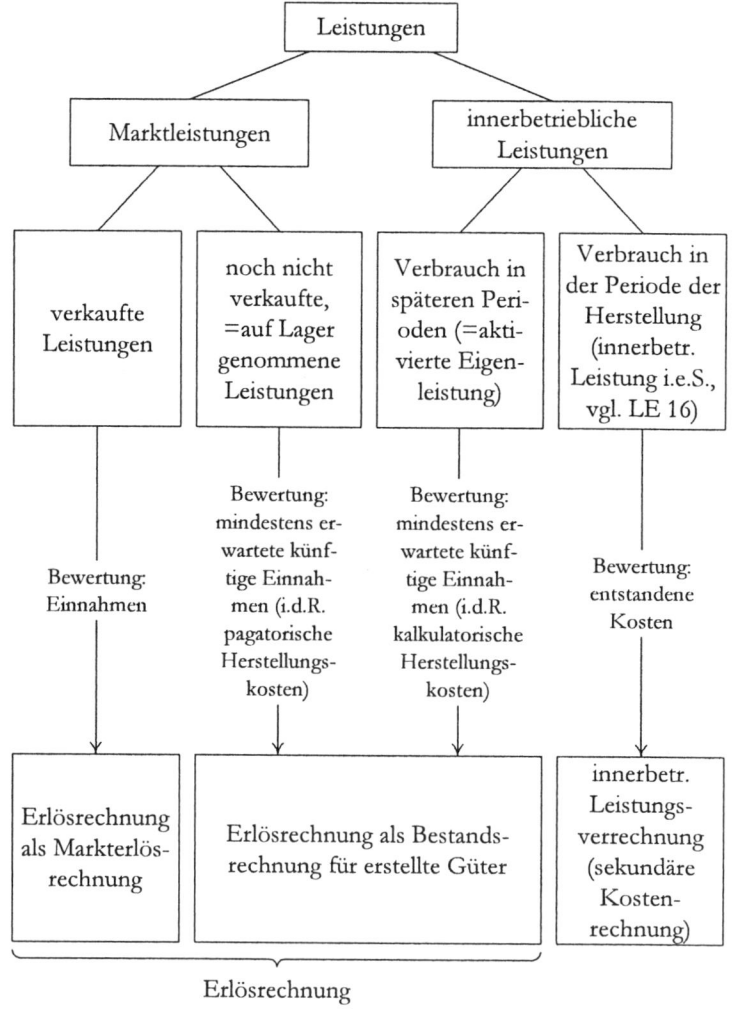

Abb. 65: Arten von Erlösrechnungen

Die Bestandteile der Erlösrechnung

Aus der Gleichung

Erfolg (Betriebsergebnis) = Erlöse − Kosten

wird ersichtlich, dass die Erlösrechnung das Gegenstück zur Kostenrechnung darstellt. Sie ist damit - genauso wie die Kostenrechnung - eine wesentliche Voraussetzung für die Ermittlung des Betriebserfolgs. Je nachdem, welche Art von Betriebserfolg ermittelt werden soll, kommen unterschiedliche Varianten der Erlösrechnung zur Anwendung.

Betriebsbezogene Betrachtungsweise:
Der Periodengesamterfolg (Periodenbetriebsergebnis) berechnet sich als Differenz zwischen den gesamten Erlösen und den gesamten Kosten einer Periode. Voraussetzung für die Ermittlung dieser Erfolgsgröße ist das Vorhandensein einer Erlösarten- und einer Kostenartenrechnung, die es ermöglichen, die Gesamterlöse und die Gesamtkosten vollständig und richtig bewertet zu erfassen.

Bereichsbezogene Betrachtungsweise:
Der Periodenerfolg eines Bereichs (z.B. eines Unternehmensbereichs, eines Profitcenters) berechnet sich als Differenz zwischen den gesamten Bereichserlösen und den gesamten Bereichskosten der Periode. Voraussetzung für die Ermittlung dieser Erfolgsgröße ist die Untergliederung des Betriebs in Unternehmensbereiche (Erlös- und Kostenstellen), denen sowohl die Erlöse als auch die zur Erzielung der Erlöse entstandenen Kosten eindeutig zugerechnet werden können (Näheres siehe unten, unter Erlösstellenrechnung, LE 30).

Produktbezogene Betrachtungsweise:
Der Periodenerfolg eines Produkts berechnet sich als Differenz zwischen Produkterlösen und Produktkosten der Periode. Der Stückerfolg eines Produkts berechnet sich als Differenz zwischen den *Erlösen je Produkteinheit* und den Kosten je Produkteinheit. Die Stückerfolgsrechnung ist rechnerisch zwar einfach durchzuführen, betriebswirtschaftlich aber ist sie wegen der nicht verursachungsgerechten Behandlung der Fixkosten i.d.R. unbrauchbar, zumindest im System der Vollkostenrechnung. Die Stückerfolgsrechnung im System der Teilkostenrechnung wird unten in LE 34 bei der sog. Deckungsbeitragsrechnung behandelt. Voraussetzung für die Ermittlung von produktbezogenen Erfolgsgrößen ist ein Rechnungswesen, das es ermöglicht, der einzelnen Produktart sowie der Produkteinheit Erlöse und Kosten zuzuordnen (Näheres siehe unten unter Erlösträgerrechnung, LE 30).

Die Zusammenhänge zwischen den Teilgebieten der Erlösrechnung, der Kostenrechnung und der Erfolgsrechung sind in Abb. 66 nochmals tabellarisch zusammengefasst.

Erlösrechnung	Kostenrechnung	Ergebnisrechnung
Erlösarten-rechnung: Gesamterlöse der Periode	**Kostenarten-rechnung:** – Gesamtkosten der Periode	**Gesamterfolgs-rechnung:** = Gesamterfolg der Periode
Erlösstellen-rechnung: Periodenerlöse je Unterneh-mensbereich	**Kostenstellen-rechnung:** – Periodenkosten je Unterneh-mensbereich	**Bereichserfolgs-rechnung:** = Periodenerfolg je Unterneh-mensbereich
Erlösträger-rechnung:	**Kostenträger-rechnung:**	**Produkterfolgs-rechnung:**
Erlösträger-zeitrechnung: Periodenerlöse je Produkt (=Erlösträger)	Kostenträger-zeitrechnung: – Periodenkosten je Produkt (=Kostenträger)	Produktperioden-erfolgsrechnung: = Periodenerfolg je Produkt (=Kostenträger)
Erlösträger-stückrechnung: Erlöse je Stück	Kostenträger-stückrechnung: – Kosten je Stück	Produktstück-erfolgsrechnung: = Erfolg je Stück

Abb. 66: Teilgebiete der Erlösrechnung und ihre Beziehungen zur
Kosten- und Erfolgsrechnung

Ziele der Erlösrechnung

Hauptziel der Erlösrechnung ist die *Ermittlung der Höhe der Erlöse*, die Klarlegung ihrer *wert- und mengenmäßigen Zusammensetzung* und deren *Zurechnung zu Unternehmensbereichen und Produkten*. Dies geschieht natürlich hauptsächlich für die pagatorischen, d.h. für die aus dem Absatzgeschäft kommenden und einnahmeorientierten Erlöse. Aber auch für die kalkulatorischen Erlöse, d.h. für die bewerteten Bestandserhöhungen an fertigen und unfertigen Erzeugnissen sowie die bewerteten Eigenleistungen ist eine genaue und richtige Erlösermittlung wichtig. Selbst wenn die kalkulatorischen Erlöse nicht unmittelbar zu Einnahmen führen, bewirken sie eine Erhöhung des Unternehmensvermögens und damit eine Steigerung des Unternehmenswerts, kurz: Sie sind erfolgswirksam.

Die Ermittlung der Erlöshöhe ist nicht Selbstzweck, sie ist vielmehr Voraussetzung für eine Reihe von Einzelaufgaben, die die Erlösrechnung zu erfüllen hat. Neben der *Dokumentation* dient die Erlösrechnung insbesondere der *Kontrolle und Steuerung des Vertriebs.* Soll-/Ist-Vergleiche sowohl der Erlöse insgesamt als auch ihrer Einzelbestandteile (Absatzmengenabweichungen und Preisabweichungen) sollen aufzeigen, wo die Ursachen und damit die Verantwortlichen für Erlösminderungen oder Erlössteigerungen zu finden sind. Hierbei soll vor allem die Aufspaltung des Erlöses auf Erlösstellen (z.B. verschiedene Marktsegmente) und Erlösarten (z.B. Produktgruppen und Einzelprodukte) Informationen über Ursachen von Erlösabweichungen und Erlösminderungen sowie über Maßnahmen zur Erlössteigerung geben.

Die Erlösrechnung hat somit die folgenden *sechs Einzelaufgaben* zu erfüllen:

- Erlösermittlung,
- Erlösdokumentation.
- Erlösanalyse,
- Erlöskontrolle,
- Erlössteuerung und
- Erlösplanung.

Fallbeispiel zu Lerneinheit 28

Aufgabe:

Ein Betrieb stellt 3 Produkte (A, B, C) her, die auf zwei regionalen Märkten (1, 2) vertrieben werden. Die Isterlösdaten der letzten Abrechnungsperiode sind in Tab. 28.1 zusammengestellt.

	Produkt A		Produkt B		Produkt C	
	Markt 1	Markt 2	Markt 1	Markt 2	Markt 1	Markt 2
Istproduktionsmenge	2.500		1.400		3.200	
Istabsatzmenge	1.000	800	700	700	1.800	1.000
Istherstellkosten je Stück	50,--		70,--		40,--	
Istverkaufspreis je Stück	60,--	70,--	90,--	90,--	55,--	50,--

Tab. 28.1: Erlösdaten

Gehen Sie davon aus, dass zu Beginn der betrachteten Periode keine Lagerbestände vorhanden waren.

Ermitteln Sie den Erlös für das Unternehmen insgesamt sowie die nach Produkten und Märkten differenzierten Teilerlöse. Welche Schlussfolgerung ziehen Sie aus der Erlösanalyse für Produktion und Vertrieb?

Lösung:

	Markt 1	Markt 2	Lagerbestand	Gesamt
Produkt A	$1.000 \cdot 60,--$ $= 60.000,--$	$800 \cdot 70,--$ $= 56.000,--$	$700 \cdot 50,--$ $= 35.000,--$	$151.000,--$
Produkt B	$700 \cdot 90,--$ $= 63.000,--$	$700 \cdot 90,--$ $= 63.000,--$	0	$126.000,--$
Produkt C	$1.800 \cdot 55,--$ $= 99.000,--$	$1.000 \cdot 50,--$ $= 50.000,--$	$300 \cdot 40,--$ $= 12.000,--$	$161.000,--$
Summen	$222.000,--$	$169.000,--$	$47.000,--$	$438.000,--$

Tab. 28.2: Erlösanalyse

Von **Produkt A** sind besonders hohe Lagerbestände übriggeblieben. Durch Marktanalysen sollten daher folgende Fragen geklärt werden:

- Ob das mengenmäßige Produktionsziel zu hoch gesteckt ist. Mögliche Reaktion: Reduzieren der Produktionsmenge.

- Ob die Wahrnehmung des Produkts als Ganzes oder seiner qualitativen Merkmale durch die potentiellen Käufer auf den Teilmärkten ausreichend ist. Mögliche Reaktion: Verstärkte Werbemaßnahmen.

- Ob der Produktpreis als zu hoch empfunden wird. Mögliche Reaktion: Herabsetzung des Verkaufspreises, insbesondere auf Markt 2.

Analoges gilt für **Produkt C.**

Für **Produkt B** sollte man marktanalytisch untersuchen, ob und inwieweit eine Steigerung der Produktionsmenge und/oder des Verkaufspreises von den Märkten akzeptiert wird.

Lerneinheit 29: Die Erlösartenrechnung

Lernziele:

- Aufgaben der Erlösartenrechnung
- Systematik der Erlösarten
- Differenzierung nach Erlösquellen
- Differenzierung nach dem Output
- Differenzierung nach der Bezugsgröße
- Differenzierung nach der Bewertung der Erlöse
- Differenzierung nach der Zurechenbarkeit
- Differenzierung nach der Beschäftigungsabhängigkeit
- Differenzierung nach Erlöskomponenten
- Möglichkeiten der Erlöserfassung

Einführung

Aufgaben der Erlösartenrechnung

Völlig in Analogie zur Kostenartenrechnung besteht die Aufgabe der Erlösartenrechnung in der Systematisierung und Erfassung der Erlöse. Die Erlösartenrechnung bildet damit die Grundlage für die Weiterverrechnung der Erlöse auf Erlösstellen (in der Erlösstellenrechnung) und auf Erlösträger (in der Erlösträgerrechnung).

Die *Grundfragen der Erlösartenrechnung* lauten:

1. Welche Erlöse sind insgesamt angefallen?
2. In welcher Höhe sind sie angefallen?
3. Wie setzen sie sich aus den verschiedenen Erlöskomponenten zusammen?

Systematik der Erlösarten

Erlöse kann man nach unterschiedlichen *Kriterien* systematisieren:

- nach der Art des Outputs,
- nach der Art der Preisbildung,
- nach der Bezugsgröße in Stück- und Periodenerlöse.
- nach der Zurechenbarkeit in Einzel- und Gemeinerlöse,
- nach der Beschäftigungsabhängigkeit in fixe und variable Erlöse,
- nach der Erlösherkunft in Erlöse je Erlösstelle,

- nach dem Erlösträger in Erlöse je Produkt,
- nach der Erlösbewertung in pagatorische und wertmäßige Erlöse.

Bei der Systematisierung der *Erlösquellen* werden die Erlöse nach Absatzmarktgesichtspunkten differenziert. Man gliedert die Erlöse hiernach z.b.

- nach Kundengruppen,
- nach regionalen Teilmärkten,
- nach Vertriebswegen (Vertreter, Reisende, Großhandel, Einzelhandel usw.).

Wir werden dies in der nächsten Lerneinheit detaillierter behandeln.

Nach der *Art des Outputs* kann man untergliedern in Erlöse

- für einzelne Produkte,
- für ganze Produktgruppen,
- für Dienstleistungen (z.b. Kundendienst),
- für Hauptprodukte,
- für Nebenprodukte usw.

Nach der *Bezugsgröße des Erlöses* unterscheidet man zwischen *Stückerlösen und Periodenerlösen*. In Verbindung mit der Kostenträgerstückrechnung bzw. der Kostenträgerzeitrechnung lassen sich damit Stückergebnisse je Produkt sowie Periodenergebnisse je Produkt bzw. je Produktgruppe ermitteln. Während bei der Stückrechnung nur Einzelerlöse mit ihren positiven (z.b. Preis) und negativen (z.b. Skonti) Komponenten berücksichtigt werden, sind bei der Periodenrechnung auch die Gemeinerlöse mit ihren positiven Bestandteilen (z.b. Verbundpreise) und ihren negativen Bestandteilen (z.b. Kundenboni, Gesamtumsatzbezogene Periodenrabatte) zu berücksichtigen.

Nach der *Erlösbewertung* unterscheidet man zwischen *pagatorischen und wertmäßigen Erlösen*. Pagatorische Erlöse lassen sich unmittelbar oder mittelbar auf Einzahlungen bzw. Einnahmen zurückführen. Der wertmäßige Erlösbegriff ist jedoch weiter definiert. Er umfasst neben den einzahlungsorientierten pagatorischen Bestandteilen (auch Grunderlöse genannt) noch die kalkulatorischen Erlöse. Diese sind noch weiter zu untergliedern in Anderserlöse (wertmäßige Abweichung von den pagatorischen Erlösen) und Zusatzerlöse (artmäßige Abweichungen von den pagatorischen Erlösen). Diese Zusammenhänge sind nochmals anschaulich in Abb. 67 dargestellt. Vergleichen Sie hierzu auch die völlige Analogie zum Kostenbegriff (vgl. Abb. 4 in LE 2).

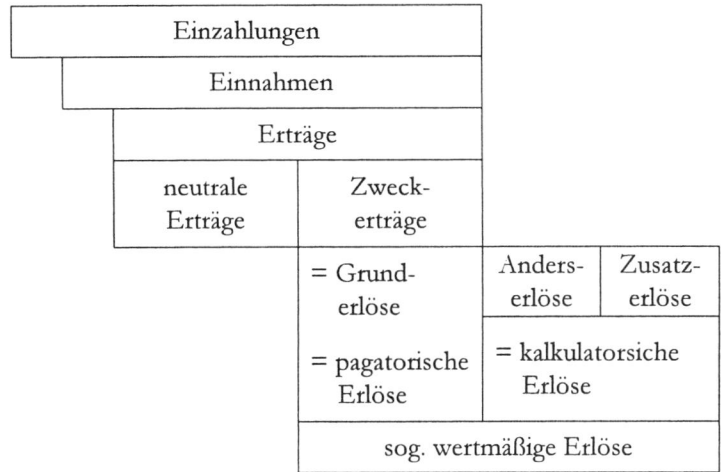

Abb. 67: Pagatorische und wertmäßige Erlöse

Die pagatorischen Erlöse (Grunderlöse) stellen die wichtigste und betragsmäßig größte Gruppe dar. Hierzu zählen vor allem die realisierten Einnahmen aus bereits verkauften Produkten (Umsatzerlöse). Dazu gehören aber auch die handelsrechtlichen Wertansätze für die noch nicht verkauften Wirtschaftsgüter (z.B. auf Lager befindliche unfertige und fertige Erzeugnisse, selbstgenutzte, d.h. noch nicht zum Verkauf bestimmte Anlagen). Dies entspricht den handelsrechtlichen Erträgen aus der Bewertung von Lagerbeständen und aktivierten Eigenleistungen, bewertet mit den (pagatorischen) handelsrechtlichen Herstellungskosten). Vgl. hierzu auch Heinhold, M., Buchführung in Fallbeispielen, 10. Aufl., Stuttgart 2006, LE 10 und LE 14, vgl. auch Heinhold, M., Der Jahresabschluss, 1996, S. 221 ff.

Anderserlöse liegen vor, wenn - z.B. für betriebswirtschaftliche Planungs- und Entscheidungsrechnungen - Lagerbestände, selbstgenutzte Anlagen usw. nicht mit den pagatorischen Herstellungskosten, sondern mit anderen Preisen bewertet werden sollen.

Zusatzerlöse haben überhaupt kein pagatorisches Pendant. Sie entstehen vor allem dann, wenn selbsterstellte immaterielle Wirtschaftsgüter, die im pagatorischen, handelsrechtlichen Rechnungswesen nicht aktiviert werden dürfen, in der betriebswirtschaftlichen Kosten- und Erlösrechnung berücksichtigt werden sollen (insbesondere selbsterstellte und selbstgenutzte Patente, Gebrauchsmuster, Warenzeichenrechte u.dgl.). Während der pagatorische Erlösbegriff an der Erzielung von gegenwärtigen oder künftigen Einzahlungen orientiert ist, ist beim wertmäßigen Erlösbegriff die Bewertung nicht auf marktorientierte Einzahlungen /Einnahmen beschränkt. So sind hier z.B. auch Opportunitätskosten oder Kosteneinsparungen als Wertmaßstab möglich.

Differenzierung nach dem Kriterium der Zurechenbarkeit

Diese Untergliederung orientiert sich an der Zurechenbarkeit des Erlöses auf die Erlösträger. Hiernach unterscheidet man Einzelerlöse und Gemeinerlöse. *Einzelerlöse* liegen vor, wenn der Erlös direkt einem Erlösträger (z.B. einem Produkt) zugerechnet werden kann. Das ist immer dann der Fall, wenn die Produkte einzeln und nicht im Verbund mit anderen Produkten verkauft werden. *Gemeinerlöse* fallen für mehrere Produktarten gemeinsam an, ohne dass man sie verursachungsgerecht den einzelnen Produktarten zurechnen könnte. Dies kommt insbesondere bei Produkten vor, die im Verbund verkauft werden. Beispiele sind vor allem Paketangebote, bei denen der Kunde einzelne Leistungen nicht isoliert kaufen kann (z.B. Geschenkkörbe, Pauschalreisen, Verbundangebote aus Sach- und Dienstleistungen u.dgl.). Wie bei den Gemeinkosten können Gemeinerlöse nicht den einzelnen Produktarten bzw. Produkteinheiten zugerechnet werden, ohne das Verursachungsprinzip zu verletzen. Von Gemeinerlösen spricht man auch, wenn die verursachungsgerechte Zuordnung zu einer Produktart zwar gegeben ist, aber die Zurechnung auf die Produkteinheit nicht möglich ist. Mindestpreise, Festpreise, Mindestabnahmeverpflichtungen gehören ebenso hierzu, wie mengenabhängige Preisdifferenzierungen (Mengenrabatte) und andere, nicht auftragsbezogene Erlösschmälerungen (z.B. Boni). In diesen Fällen lässt sich ein verursachungsgerechter Erlös je Produkteinheit nicht feststellen.

Differenzierung nach der Beschäftigungsabhängigkeit

Diese Untergliederung des Erlöses führt zu den Begriffen des variablen bzw. des fixen Erlöses. Von *fixen Erlösen* spricht man, wenn der Erlös unabhängig von der Absatzmenge ist. Beispiele sind insbesondere Festpreise, Grundgebühren (z.B. Telefon) und Mindesterlöse bei kleinen Verkaufsmengen. Wenn der Erlös von der Absatzmenge abhängig ist, dann liegen *variable Erlöse* vor.

Bei der Unterscheidung nach den *Erlöskomponenten* steht die Frage im Vordergrund, aus welchen Einzelbestandteilen sich der Erlös zusammensetzt. Der Nettoerlös ergibt sich aus dem Bruttoerlös i.d.R. nach folgendem *Rechenschema* (siehe nächste Seite):

Die Nettoerlöse I und II können als Stückerlöse oder als Periodenerlöse ermittelt werden. Der Nettoerlös III ist nur als Periodenerlös zu berechnen. Eine ausführliche Darstellung der verschiedenen Einzelbestandteile und der einzelnen Rechenschritte, die vom Bruttoerlös über die Nettoerlöse I und II zum Nettoerlös III führen, ist in Abb. 68 wiedergegeben.

Basiserlös

+ Preiszuschläge

= Bruttoerlös

− Erlösminderungen, die bereits bei der Rechnungsstellung in Abzug gebracht werden

= **Nettoerlös I der Absatzleistungen**

− Erlösminderungen, die im Zeitraum zwischen
Rechnungsstellung und Zahlungseingang entstehen

= **Nettoerlös II der Absatzleistungen**

− Mindererlöse, die nicht einzelauftragsbezogen,
sondern periodenweise erfasst werden

= **Nettoerlös III = effektiver Periodennettoerlös**

Möglichkeiten der Erlöserfassung

Grundsätzlich kann man Erlöse entweder *nach den verschiedenen Mengen- und Preiskomponenten getrennt* erfassen, oder man führt eine *undifferenzierte Erlöserfassung* durch.

Im einfachsten, undifferenzierten Fall, werden die Zahlen der Buchhaltung in die Erlösrechnung übernommen, ohne dass die verschiedenen Mengen- und Preiskomponenten des Erlöses einzeln Berücksichtigung finden. Diese undifferenzierte Erlösrechnung bietet sich vor allem bei der *Markterlösrechnung* für bereits verkaufte Leistungen an, da die hierfür erforderlichen Umsatzzahlen ohnehin in der Finanzbuchhaltung in den Warenverkaufskonten in entsprechender aggregierter Form und i.d.R. ohne Bezugnahme auf Mengenkomponenten enthalten sind. Diese Methode bietet sich auch für die Erlöserfassung in der *Bestandsrechnung* an. Auf den Bestandsänderungskonten der Finanzbuchhaltung für fertige und unfertige Erzeugnisse sind die als Ertrag gebuchten Lagerzugänge ebenso ersichtlich wie die Erträge aus der Aktivierung von selbsterstellten Anlagegütern aus dem FIBU-Konto „aktivierte Eigenleistungen". Näheres vgl. Heinhold, Buchführung in Fallbeispielen, 10. Aufl. Stuttgart 2006, LE 14.

Diese undifferenzierte Erlöserfassung anhand der Finanzbuchhaltungskonten stößt jedoch bei der Bestandsrechnung an *organisatorische Grenzen*. Wird die Gewinn- und Verlustrechnung (GUV) in der handelsrechtlichen Finanzbuchhaltung (FIBU) nach dem Umsatzkostenverfahren ermittelt, dann sind Bestandsänderungen nicht ohne weiteres aus der laufenden Buchführung ersichtlich. Bei Verwendung des Gesamtkostenverfahrens werden die Bestände und damit auch die Bestandsänderungen nur einmal im Jahr, bei der jährlichen Inventur ermittelt (zum Umsatzkostenverfahren und zum Gesamtkostenverfahren in der Finanzbuchhaltung, vgl. Heinhold, Buchführung in Fallbeispielen 2003, LE 14).

Basiserlös (z.B. Listenpreis)
+ Preiszuschläge z.B. für
  • Sonder- und Zusatzleistungen
  • Mindermengen
  • Verpackung, Versand, Fracht
  • sonstige Zuschläge
= Bruttoerlös

./. direkte Erlösminderungen (zum Zeitpunkt der Rechnungsstellung in Abzug gebracht), z.B.
  • Mengenrabatte
  • Funktionsrabatte
  • Selbstabholerrabatte
  • Saisonrabatte
  • sonstige Sofortrabatte
./. indirekte Erlösminderungen, die bereits bei Rechnungsstellung in Abzug gebracht werden, z.B. Naturalrabatte
= Nettoerlös I (der einzelnen Absatzleistungen)

+ ./. Mehr-/Mindererlöse, die zwischen Rechnungsstellung und Zahlungseingang eintreten, z.B.
  • aufgrund von Wechselkursänderungen
  • Kundenskonti
  • Gutschriften für Rücksendungen
  • Forderungsausfälle
  • außerplanmäßige Erlösminderungen,
    z.B.Stornierungen, Preisnachlässe und Kostenerstattungen aufgrund von Mangelrügen,Schadensersatzzahlungen und Konventionalstrafen aufgrund von mangelhaften oder verspäteten Lieferungen oder anderen Vertragsverletzungen
= Nettoerlös II (der einzelnen Absatzleistungen)

./. Mindererlöse, die i.d.R. periodenweise und nicht Einzelauftragsbezogen erfaßt werden, z.B.
  • Kundenboni
  • sonstige gesamtumsatzbezogene Periodennachlässe
  • Korrektur von Berechnungs- und Buchungsfehlern
= Nettoerlös III = effektiver Periodennettoerlös

Abb. 68: Vom Bruttoerlös zum Nettoerlös (Erlösbestandteile)

Für die Erfolgsrechnung, die für wesentlich kürzere Abrechnungsperioden durchgeführt wird, stehen die erforderlichen Lagerzugangswerte deshalb nicht zur Verfügung. Für *unterjährige Bestandsrechnungen* müssen die Erlöse deshalb ohne Rückgriff auf die Finanzbuchhaltung ermittelt werden. Dies kann nur über eine differenzierte Erfassung der mengenmäßigen Lagerbewegungen, verbunden mit den jeweiligen Bewertungen erfolgen. Für die Bewertung solcher Bestandsveränderungen kommen insbesondere die sog. Rückrechnungsmethode (retrograde Methode) und die Skontrationsmethode (Fortschreibungsmethode) in analoger Anwendung in Betracht, so, wie sie für die Materialverbrauchsrechnung in LE 7 bereits besprochen worden sind. Die Zahlen der Finanzbuchhaltung sind für die Bestandsrechnung nicht nur aus organisatorischen Gründen, sondern auch aus systematischen Gründen wenig brauchbar. Die *Bewertung von Bestandsänderungen* (z.b. nach dem Gesamtkostenverfahren) und von aktivierten Eigenleistungen orientiert sich in der Finanzbuchhaltung an den handelsrechtlichen pagatorischen Herstellungskosten. Kalkulatorische Kostenbestandteile (Anders- und Zusatzkosten, vgl. LE 2) dürfen dort den Erfolg nicht beeinflussen - anders als in der betriebswirtschaftlichen Erlösrechnung. Hier sind die rein pagatorischen Zahlen der Finanzbuchhaltung i.d.R. unbrauchbar. Lediglich bei den Verkaufserlösen (Umsatzerlösen) kann die Erlösrechnung auf die Zahlen der Finanzbuchhaltung problemlos zurückgreifen.

Fallbeispiel zu Lerneinheit 29

Aufgabe:

Ein Unternehmen produziert und vertreibt die drei Produkte A, B und C. In Tab. 29.1 sind die Produktions- und Absatzmengen sowie die zugehörigen Bewertungsgrundlagen der Abrechnungsperiode zusammengefasst.

Produkt	A	B	C
Produzierte Menge (Stück)	15.400	8.300	41.000
Abgesetzte Menge (Stück)	15.100	7.000	40.750
Lagerbestand zu Periodenbeginn	200	0	0
Lagerbestand am Periodenende	500	1.300	250
Listenpreis (Bruttoverkaufspreis je Stück)	50,--	75,--	40,--
Herstellkosten je Stück	35,--	60,--	20,--
Selbstkosten je Stück	43,--	68,--	32,--

Tab. 29.1: Produktions- und Absatzdaten

Aus der Finanzbuchhaltung liegt folgender Auszug aus der Saldenliste vor:

Saldenliste	Soll	Haben
Verkaufserlöse Produkt A		755.000,--
Verkaufserlöse Produkt B		525.000,--
Verkaufserlöse Produkt C		1.630.000,--
Mengenrabatt Produkt A	15.200,--	
Mengenrabatt Produkt B	6.350,--	
Mengenrabatt Produkt C	53.400,--	
Selbstabholerrabatt Produkt A	0,--	
Selbstabholerrabatt Produkt B	4.700,--	
Selbstabholerrabatt Produkt C	11.200,--	
Kundenskonti	23.700,--	
Kundenboni	30.000,--	
Gutschriften wegen Mängelrügen	13.400,--	
Warenrücksendungen Produkt A	4.600,--	
Warenrücksendungen Produkt B	2.100,--	
Warenrücksendungen Produkt C	23.400,--	

Ermitteln Sie anhand eines geeigneten Berechnungsschemas den Gesamterlös des Unternehmens sowie die Einzel- und Gemeinerlöse.

Lösung:

Bestandserlösrechnung:	Produkt A	Produkt B	Produkt C
Bestandsveränderung	+ 300	+ 1.300	+ 250
Herstellkosten je Stück	35,--	60,--	20,--
Erlös aus Bestandsmehrung	10.500,--	78.000,--	5.000,--
Bestandserlös gesamt	**93.500,--**		

Markterlösrechnung:	Produkt A	Produkt B	Produkt C
Bruttoerlöse (Umsatzerlöse):	755.000,--	525.000,--	1.630.000,--
- Mengenrabatte	- 15.200,--	- 6.350,--	- 53.400,--
- Selbstabholerrabatte	0,--	- 4.700,--	- 11.200,--
- Rücksendungen	- 4.600,--	- 2.100,--	- 23.400,--
= Einzelerlöse	735.200,--	511.850,--	1.542.000,--
Einzelerlöse, gesamt	2.789.050,--		
Gemeinerlöse:			
- Kundenboni	-23.700,--		
- Kundenskonti	- 30.000,--		
- Mängelgutschriften	- 13.400,--		
Gemeinerlöse, gesamt	- 67.100,--		
Markterlös	**2.721.950,--**		

Gesamterlös: (Markterlös + Bestandserlös)	2.815.450,--

Tab. 29.2: Durchführung der Erlösartenrechnung

Lerneinheit 30: Die Erlösstellen- und die Erlösträgerrechnung

Lernziele:

- Der Begriff der Erlösstelle
- Der Begriff des Erlösträgers
- Von der Erlösarten- über die Erlösträger- zur Erlösstellenrechnung
- Arten von Erlösträgern
- Aufgabe und Problematik der Erlösträgerrechnung
- Verfahren zur Zurechnung von Gemeinerlösen bei der Erlösträgerrechnung
- Aufgaben und Problematik der Erlösstellenrechnung
- Prinzipien der Erlösstellenrechnung
- Durchführung der Erlösstellenrechnung

Einführung

Der Begriff der Erlösstelle

In der Kostenstellenrechnung wird der Betrieb in Kostenstellen untergliedert. Kostenstellen sind die Orte bzw. Unternehmensbereiche, in denen Kosten entstehen (vgl. LE 13). Völlig analog ist der Begriff der Erlösstelle definiert. Erlösstellen sind die Orte bzw. Unternehmensbereiche, in denen die Erlöse entstehen. Allerdings *besteht keine Identität von Kostenstelle und Erlösstelle.* Kosten entstehen in allen Phasen des Betriebsprozesses. Die Kostenstellengliederung umfasst damit den gesamten Betrieb, sowohl in vertikaler Richtung (von der Materialbeschaffung über die verschiedenen Fertigungsstufen bis in den Verwaltungs- und Vertriebsbereich), als auch in horizontaler Richtung (mehrere Materialkostenstellen, mehrere Fertigungskostenstellen auf derselben Fertigungsstufe usw.). Markterlöse (Umsatzerlöse) fallen i.d.R. nur im Vertriebsbereich der Unternehmung an. Eine vertikale Aufteilung der Markterlöse auf vorgelagerte Betriebsbereiche (z.B. Materialstellen und Fertigungsstellen) kann nicht vorgenommen werden. Es ergibt keinen Sinn, Stellen, in denen keine Erlöse erzielt werden, in die Erlösstellengliederung einzubeziehen. Grundsätzlich könnte man danach neben den direkt mit dem Vertrieb befassten Stellen auch noch diejenigen Kostenstellen als Erlösstellen behandeln, in denen entweder Anlagevermögen selbst erstellt wird (aktivierte Eigenleistungen), oder in denen durch Veräußerung von Anlagevermögen dieser Stelle Verkaufserlöse erzielt werden. Diese differenzierte Betrachtung erfolgt i.d.R. jedoch nicht. Erlösstellen sind ausschließlich diejenigen Unternehmensbereiche, in denen Markterlöse durch Verkauf der Unternehmensprodukte entstehen (fertige Erzeugnisse, Handelswaren, Dienstleistungen).

Der Begriff des Erlösträgers

Genaugenommen ist die Definition des Erlösträgers identisch mit der des Kostenträgers. Kosten- bzw. Erlösträger sind (vgl. LE 23):

- Absatzleistungen (z.B. Kundenaufträge),

- Lagerleistungen (z.B. Produkte, die ohne Kundenauftrag hergestellt und zunächst auf Lager genommen werden) und

- aktivierbare innerbetriebliche Leistungen (sog. Wiedereinsatzgüter, z.B. selbsterstellte Maschinen, Gebäude u.dgl.).

Die für die Erlöskontrolle und Erlösplanung wichtigste Gruppe sind die Absatzleistungen, also die in der betrachteten Absatzperiode am Markt abgesetzten Erlösträger (auch Markterlösträger).

Von der Erlösarten- über die Erlösträger- zur Erlösstellenrechnung

Die Erlösrechnung beschränkt sich in der Praxis fast ausschließlich auf den Teilbereich der Markterlösrechnung. Da die Markterlöse unmittelbar durch den Verkauf der Markterlösträger erzielt werden, können die unterschiedlichen Erlösarten den Erlösträgern i.d.R. direkt zugerechnet werden. Das Zurechnungsproblem ist bei den Erlösen also wesentlich einfacher zu lösen, als bei der Kostenrechnung. Von einfach strukturierten Produktionsprozessen einmal abgesehen (für die die Verfahren der einstufigen Divisions- oder Äquivalenzziffernkalkulation ausreichen), bildet die Kostenstellenrechnung ein unverzichtbares Bindeglied zwischen der Kostenarten- und der Kostenträgerrechnung. Die Kostenarten können nur über den Umweg der Kostenstellenrechnung auf die Kostenträger verteilt werden (siehe hierzu insbesondere die obigen Lerneinheiten 3, 13 und 14).

Bei der Erlösrechnung ist dies anders. Eine Erlösstellenrechnung ist nicht erforderlich, um die Erlösarten den Erlösträgern zurechnen zu können.

Arten von Erlösträgern

Wir haben oben festgestellt, dass als Erlösträger vor allem die Markterlösträger von Interesse sind. Aus Marketinggründen ist es sinnvoll, diese Erlösträger nach Marktgesichtspunkten weiter zu untergliedern.

Als Unterscheidungskriterien kommen insbesondere in Betracht:

• Produktarten,
• Kunden bzw. Kundengruppen,
• Vertriebswege.

Nach diesen Kriterien lassen sich Erlösträgerhierarchien bilden (vgl. Abb. 69).

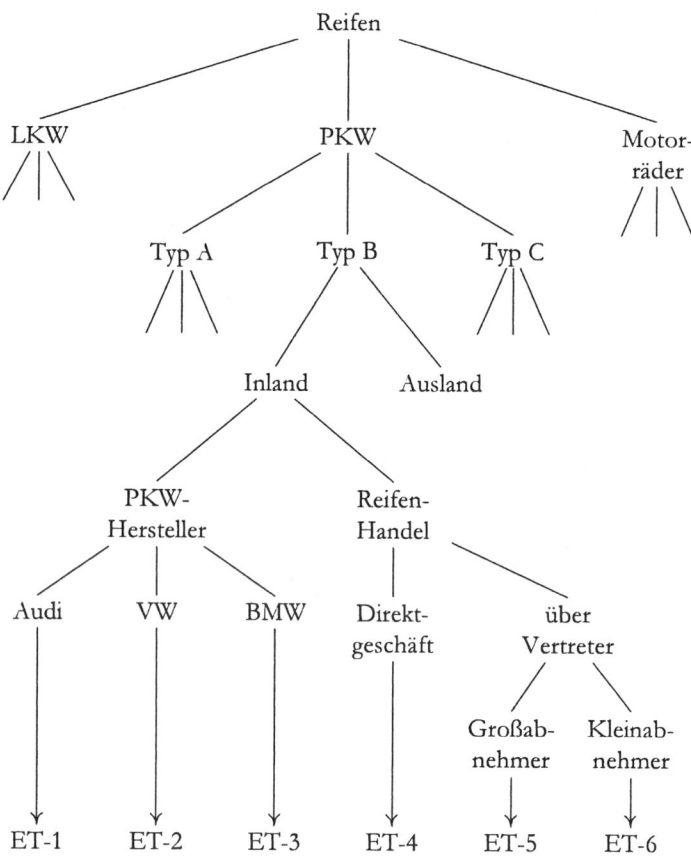

Abb. 69: Beispiel für eine Erlösträgerhierarchie

Bei entsprechend differenzierter Untergliederung der Erlösträger lässt sich in der Erlösträgerzeitrechnung oder in der Erlösträgerstückrechnung angeben, welche Erlöse der Pkw-Reifen des Typs B bei Lieferung an Inlands-Großhändler im Vertrieb mittels eigenem LKW erzielt.

Aufgabe und Problematik der Erlösträgerrechnung

Die zentrale Frage der Erlösträgerrechnung lautet:

"Wofür sind welche Erlöse in welcher Höhe angefallen?"

Die Erlösträgerrechnung kann als Stückrechnung oder als Zeitrechnung durchgeführt werden.

Aufgabe der Erlösträgerstückrechnung ist es, die Stückerlöse je Erlösträger zu ermitteln. Unproblematisch ist die Erlösträgerstückrechnung bei Einzelerlösarten (vgl. LE 29). Erlösträgereinzelerlöse sind der Erlösträgereinheit verursachungsgerecht und direkt zurechenbar. Dies ergibt sich aus der Definition des Einzelerlöses. Schwierig wird die Zurechnung bei Vorliegen von Gemeinerlösen (z.B. bei Erlösverbünden, bei nicht auftragsbezogenen Preisnachlässen wie z.b. Treueboni, bei mengenunabhängigen Festpreisen oder bei Mindestpreisen). Hier wird das Verursachungsprinzip zwangsläufig durchbrochen.

Aufgabe der Erlösträgerzeitrechnung ist es, die Periodenerlöse je Erlösträger zu ermitteln. Dies erfolgt bei der Ermittlung von Planerlösen durch Multiplikation der Stückerlöse mit den geplanten Absatzzahlen. Für die Ermittlung von Isterlösen können die Zahlen direkt aus der Finanzbuchhaltung entnommen werden. Die grundsätzliche Problematik der Zurechnung von Gemeinerlösen besteht auch hier.

Verfahren zur Zurechnung von Gemeinerlösen bei der Erlösträgerrechnung

Hier kommen entweder das Durchschnitts- oder das Tragfähigkeitsprinzip zur Anwendung (vgl. LE 4). Gemeinerlöse einer Produktart z.B. Boni, mengenunabhängige Preise, werden i.d.R. nach dem Durchschnittsprinzip mittels Divisionskalkulation auf die Erlösträger verteilt (zur Divisionskalkulation vgl. LE 24). Gemeinerlöse aufgrund von Verbundpreisen (vgl. LE 29, z.B. Paketangebote aus Sach- und Dienstleistungen) können mittels Äquivalenzziffernrechnung aufgeteilt werden (zur Äquivalenzziffernrechnung vgl. LE 25). In vielen Fällen kann es auch zweckmäßig sein, Paketangebote als eigenständige Erlösträger zu definieren (z.B. Geschenkkörbe). In diesem Fall ist der Verbunderlös ein Einzelerlös. Setzen sich die Erlöse aus Einzel- und Gemeinerlösbestandteilen zusammen, dann ist eine Zurechnung der Gemeinerlöse analog zum Verfahren der Zuschlagskalkulation möglich. Es kommt ein prozentualer Zuschlag auf die Einzelerlöse zur Anwendung (zur Zuschlagskalkulation vgl. LE 26).

Aufgaben und Problematik der Erlösstellenrechnung

Die zentrale Fragestellung, die die Erlösstellenrechnung zu beantworten hat, lautet:

„Wo im Unternehmen sind welche Erlöse in welcher Höhe entstanden?"

Sie dient damit ausschließlich dem Ziel, die Erlösarten richtig auf die erlösverursachenden Unternehmensbereiche zu verteilen. Die Verteilung von Einzelerlösen auf Erlösstellen ist definitionsgemäß problemlos. Die Verteilung der Gemeinerlöse auf die Stellen sollte soweit wie möglich dem Verursachungsprinzip gerecht werden. Bei Verbunderlösen ist dies oft nicht möglich. Die Zurechnung erfolgt dann nach dem Durchschnitts- oder Tragfähigkeitsprinzip.

Die Erlösstellenrechnung dient der Planung und Kontrolle der Erlöse. Wie oben bereits erläutert wurde, beschränkt sich die Erlösstellenrechnung in der Praxis nahezu ausschließlich auf Markterlöse.

Anders als in der Kostenstellenrechnung kommt der Erlösstellenrechnung nicht die zusätzliche Aufgabe zu, rechentechnisches Bindeglied zwischen der Artenund der Trägerrechnung zu sein.

Die Erlösstellenrechnung kann im Allgemeinen nicht unmittelbar für eine *stellenbezogene Betriebsergebnisermittlung* Verwendung finden. I.d.R. lässt sich ein stellenbezogenes Betriebsergebnis nicht ermitteln. Den Erlösstellen können zwar die Erlöse und die Vertriebskosten verursachungsgerecht zugeordnet werden. Die meisten Kosten jedoch fallen nicht im Erlös- = Vertriebsbereich an. Bei Unternehmen, deren Organisation in klassischer Art nach funktionalen Kriterien aufgebaut ist (sog. *verrichtungsorientierte Organisationsstruktur*), kann die Kostenstellengliederung i.d.R. nicht bzw. nicht durchgängig nach Produktarten (=Kostenträgern =Erlösträgern) erfolgen. Ein Beispiel für eine solche funktionale Organisationsstruktur gibt Abb.70.

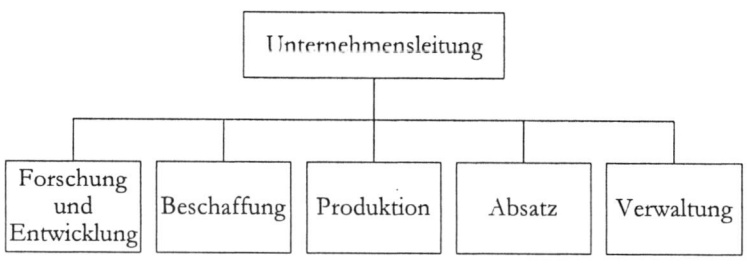

Abb. Funktionale (verrichtungsorientierte) Organisationsstruktur

Die Ermittlung von Betriebsergebnissen ist bei derart strukturiertem Organisationsaufbau nicht bzw. nur sehr schwer möglich. Bei *objektorientierter Organisationsstruktur* lassen sich Bereichsergebnisse dann ermitteln, wenn als Objekte die verschiedenen Produktarten verwendet werden (Divisionalisierte Organisationsform, Spartenorganisationsform, Profit-Center-Organisationsform). Der zugehörige Organisationsaufbau ist in Abb. 71 dargestellt

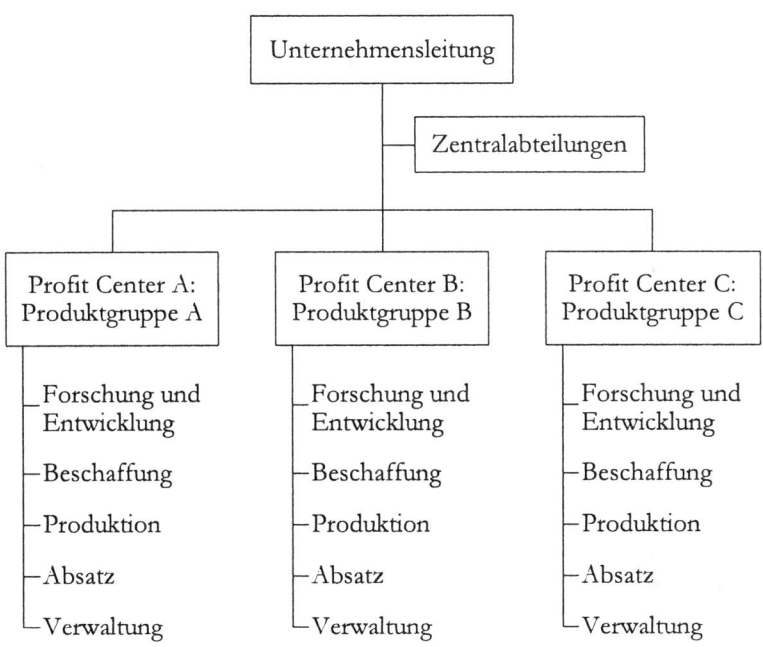

Abb. 71: Profit – Center - Organisation

Bis auf wenige zentrale Verwaltungsaufgaben sind die betrieblichen Funktionen (Forschung und Entwicklung, Beschaffung, Produktion, Absatz, Verwaltung) den einzelnen Produktgruppen zugeordnet. Kosten und Erlöse werden hier nach Produktgruppen (= Erlösträgern) erfasst. Entsprechend einfach lassen sich Bereichsergebnisse auf Ist- und Planbasis für jedes Profit-Center (Unternehmensbereich, Sparte, Division) ermitteln und Abweichungsanalysen durchführen.

Prinzipien der Erlösstellenbildung

Welche und wie viele Erlösstellen gebildet werden sollen, hängt grundsätzlich vom konkreten Einzelfall ab. Es sind jedoch ausschließlich Marktgesichtspunkte für die Erlösstellenbildung maßgeblich. Vorrangig werden Erlösstellen nach Produkten und Produktgruppen untergliedert. Es kann aber sinnvoll sein, andere und/oder zusätzliche Gliederungskriterien zu beachten. Analog zur Kostenstellengliederung ist z.b. auf *Überschneidungsfreiheit der Verantwortungsbereiche* in der Vertriebsorganisation zu achten. Wenn etwa für verschiedene regionale Märkte eigene Verkaufsabteilungen vorgesehen sind, dann sollten die Erlösstellen dem Rechnung tragen. Gelten für verschiedene Kundengruppen unterschiedliche Verkaufskonditionen (z.B. für Großkunden, Kleinkunden, gewerbliche Kunden, Privatkunden), dann ist auch dieser Aspekt zu berücksichtigen. Es lässt sich keine allgemeingültige Hierarchie der Kriterien angeben, die für die Erlösstellengliederung zu verwenden ist.

Je nach konkretem Fall können die folgenden *Kriterien für die Erlösstellengliederung* von Bedeutung sein:

• Produktarten bzw. Produktgruppen,

• Teilmärkte (z.b. Inland-Ausland, regionale Märkte, Bundesländer, Europa, Amerika, Asien, Afrika, Australien),

• Kunden und Kundengruppen (z.b. Großkunden, Kleinkunden, gewerbliche Kunden, Privatkunden),

• Vertriebswege (Direktlieferung, Großhändler, Einzelhändler, Vertreter),

• Verantwortungsbereiche und sonstige organisatorische Aspekte.

Diese und weitere Kriterien lassen sich in eine Hierarchiestruktur bringen, aus der sich dann die Art und die Anzahl der Erlösstellen ergibt. Es kann durchaus sinnvoll sein, der Erlösträgerrechnung und der Erlösstellenrechnung dieselbe Bezugsgrößenhierarchie zugrunde zu legen. In diesem Fall sind Erlösträgerzeitrechnung und Erlösstellenrechnung zumindest formal identisch. In unserem Reifenbeispiel (vgl. Abb. 69) entspricht jedem der dort definierten Erlösträger genau eine Erlösstelle.

Ein weiteres - einfaches - Beispiel einer Erlösstellengliederung für einen Betrieb, der 3 Produkte A,B,C über 3 verschiedenen Vertriebswege (Großhändler, Einzelhändler, Direktverkauf) absetzt, gibt Abb. 72.

	Erlösstellen								
Vertriebsart	Großhändler			Einzelhändler			Direktverkauf		
Produktart	A	B	C	A	B	C	A	B	C
zu verteilende Erlösarten und Erlössummen									

Abb. 72: Beispiel für eine einfache Erlösstellenrechnung

Die Durchführung der Erlösstellenrechnung

Aufgabe der Erlösstellenrechnung ist die Verteilung der Einzel- und Gemeinerlöse auf die Erlösstellen. Üblicherweise geht man von der *Mengenkomponente* der Erlöse aus. Man multipliziert die Absatzmengen je Erlösstelle mit den zugehörigen *Einzelpreisen* (Grundpreisen, Listenpreisen). Nach Abzug etwaiger *negativer Einzelerlöse* (z.B. Mengenrabatte) erhält man die Einzelerlöse je Erlösstelle. Im Falle von Paket- oder Verbundpreisen muss eine mehr oder weniger willkürliche, d.h. nicht dem Verursachungsprinzip entsprechende Zuordnung vorgenommen werden - es sei denn, man behandelt das Absatzpaket als eigenständigen Erlösträger.

Negative Gemeinerlöse (z.B. bestimmte Rabatte, Skonti, Boni, vgl. LE 29) werden anhand von Schlüsseln auf die Erlösstellen umgelegt. Die Wahl des Umlageschlüssels muss plausibel sein und möglichst verursachungsgetreu erfolgen. Händlerspezifische Rabatte sind den Erlösstellen direkt zuzurechnen, wenn die Erlösstellen nach einzelnen Händlern untergliedert sind. Andernfalls sind sie den einzelnen Erlösstellen im Verhältnis des einzelnen Händlerumsatzes je Erlösstelle zum Gesamtumsatz des Händlers zuzurechnen. Skonti können anhand der Zahlungsgewohnheiten und der Umsätze der verschiedenen Kundengruppen umgelegt werden (wenn z.B. der Großhandel überwiegend das volle Zahlungsziel ausnutzt, hingegen beim Direktverkauf der Skontoabzug vorgenommen wird).

Die Erlösstellenrechnung erfolgt in Tabellenform. Ihre Grundstruktur wird in Abb. 73 dargestellt.

lfd. Nr.	Erlösarten	Erlössumme	Schlüssel	Erlösstellen					
				Großhändler		Einzelhändler		Direktverkauf	
				Produkt A	Produkt B	Produkt A	Produkt B	Produkt A	Produkt B
1.	Absatzmenge	...... Stück							
2.	x Grundpreis	...... €							
3.	= Einzelerlös	...... €		+	+	+	+	+	+
4.	– Artikelrabatt	...... €	direkt	–	–	–	–	–	–
5.	– Auftragsrabatt	...... €	nach Umsatz	–	–	–	–	–	–
6.	– Treuerabatt	...... €	nach Dauer der Geschäftsbeziehung	–	–	–	–	–	–
7.	– Skonti	...... €	nach durchschnittl. Zahlungsziel	–	–	–	–	–	–
8.	– Boni	...... €	nach Umsatz	–	–	–	–	–	–
9.	Summe der Gemeinerlöse (5) bis (8)	...... €		–	–	–	–	–	–
10.	Nettoerlöse	...... €		=	=	=	=	=	=

Abb. 73: Schematische Darstellung der Erlösstellenrechnung

Fallbeispiel zu Lerneinheit 30

Aufgabe:

Ein Unternehmen produziert die Produkte A und B. Der Verkauf erfolgt über verschiedene Vertriebswege (Großhandel, Einzelhandel, Direktverkauf) auf zwei verschiedenen regionalen Märkten (Inland, Europäisches Ausland). Die Absatzdaten sind in Tab. 30.1 zusammengefasst.

Die Verteilung der negativen Gemeinerlöse ist nach den folgenden Maßgaben durchzuführen:

Skonti: Sie kommen praktisch nur beim Großhandel vor. Einzelhändler und Direktabnehmer nutzen ihr jeweiliges Zahlungsziel voll aus (von wenigen zu vernachlässigenden Ausnahmen abgesehen). Die Verteilung auf die Erlösstellen erfolgt nach Maßgabe der Umsatzerlöse.

Umsatzboni: Die Verteilung erfolgt nach Umsatzerlösen.

Treueboni: Die Verteilung erfolgt nach der Dauer der jeweiligen Geschäftsbeziehung. Laut Angaben der Statistikabteilung ist hier folgender Verteilungsschlüssel anzuwenden:

Großhandel : Einzelhandel : Direktverkauf = 3 : 2 : 1.

Welche Erlösstellen und Erlösträger sind für diesen Betrieb sinnvollerweise zu definieren?

Führen Sie die Erlösstellenrechnung (= Erlösträgerzeitrechnung) und die Erlösträgerstückrechnung durch!

	Produkt A						Produkt B					
	Großhandel		Einzelhandel		Direktverkauf		Großhandel		Einzelhandel		Direktverkauf	
	Inland	Ausland	Inland	Ausland	Inland	Ausland	Inland	Ausland	Inland	Ausland	Inland	Ausland
Absatzmenge A 7.000 Stück	700	0	4.000	0	200	2.100	—	—	—	—	—	—
Absatzmenge B 10.000 Stück	—	—	—	—	—	—	2.000	0	1.400	5.700	900	0
Verkaufspreise (€ je Stück)	70	—	75	—	55	65	35	—	40	50	40	—
Retouren (€) 69.000,--	7.500	—	35.000	—	0	8.000	0	—	2.000	15.000	1.500	—
Mengenrabatte (€) 65.000,--	1.500	—	26.000	—	500	12.000	3.000	—	2.000	20.000	0	—
Skonti (€) 30.000,--												
Umsatzboni (€) 20.000,--												
Treueboni (€) 15.000,--												

Tab. 30.1: Absatzdaten

Lösung:

Es ist zweckmäßig, die Erlösstellen und die Erlösträger unter Berücksichtigung des Produktionsprogramms, der Vertriebswege und der Absatzmärkte zu definieren. Wenn wir diejenigen Vertriebswege und Märkte weglassen, die in Tab. 30.1 die Absatzmenge 0 aufweisen, dann ergeben sich die folgenden Erlösstellen = Erlösträger (siehe Tab. 30.2)

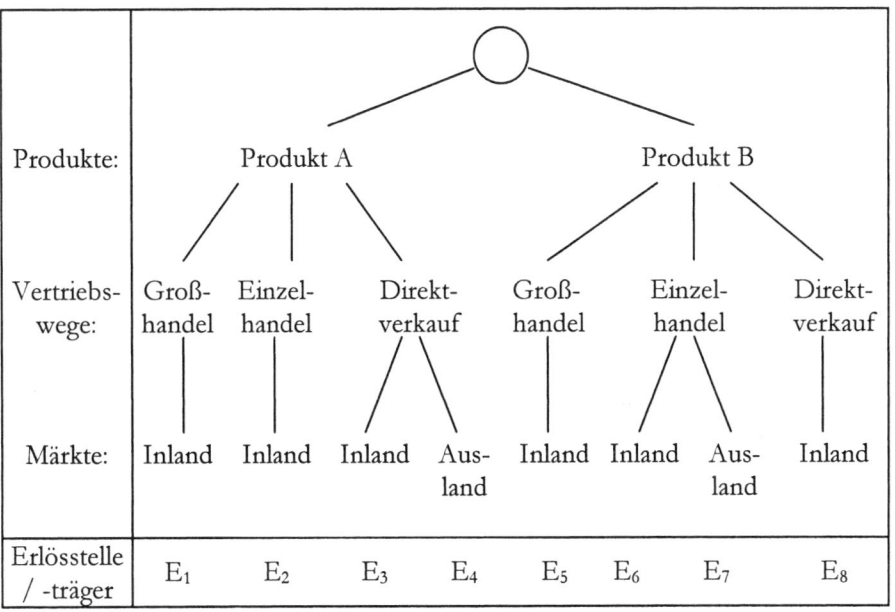

Tab. 30.2: Erlösstellen- und Erlösträgerdefinition

		Produkt A				Produkt B			
		Großhandel	Einzelhandel	Direktverkauf	Direktverkauf	Großhandel	Einzelhandel	Einzelhandel	Direktverkauf
		Inland	Inland	Inland	Ausland	Inland	Inland	Ausland	Inland
		E_1	E_2	E_3	E_4	E_5	E_6	E_7	E_8
(1)	Absatzmenge (Stück)	17.000	700	4.000	200	2.100	2.000	1.400	5.700	900
(2)	Verkaufspreis (€)		70,--	75,--	55,--	65,--	35,--	40,--	50,--	40,--
(3)	Umsatzerlös (= Bruttoerlös)	943.500,--	49.000,--	300.000,--	11.000,--	136.500,--	70.000,--	56.000,--	285.000,--	36.000,--
(4)	- Retouren (€)	-69.000,--	-7.500,--	-35.000,--	0,--	-8.000,--	0,--	-2.000,--	-15.000,--	-1.500,--
(5)	- Mengenrabatt (€)	-65.000,--	-1.500,--	-26.000,--	-500,--	-12.000,--	-3.000,--	-2.000,--	-20.000,--	0,--
(6)	= Einzelerlöse (€)	809.500,--	40.000,--	239.000,--	10.500,--	116.500,--	67.000,--	52.000,--	250.000,--	34.500,--
(7)	- Skonti (€)[1]	-30.000,--	-12.353,--	--	--	--	-17.647,--	--	--	--
(8)	- Umsatzboni (€)[2]	-20.000,--	-1.039,--	-6.359,--	-233,--	-2.894,--	-1.484,--	-1.187,--	-6.041,--	-763,--
(9)	- Treueboni (€)[3]	-15.000,--	-3.750,--	-2.500,--	-625,--	-625,--	-3.750,--	-1.250,--	-1.250,--	-1.250,--
(10)	Summe Gemeinerlöse (€)	-65.000,--	-17.142,--	-8.859,--	-858,--	-3.519,--	-22.881,--	-2.437,--	-7.291,--	-2.013,--
(11)	= Nettoerlöse (€)	744.500,--	22.858,--	230.141,--	9.642,--	112.981,--	44.119,--	49.563,--	242.709,--	32.487,--
(12)	Stückerlöse (11) : (1)		32,65	57,54	48,21	53,80	22,06	35,40	42,58	36,10

Tab. 30.3: Durchführung der Erlösstellen- und Erlösträgerrechnung

1) Verteilung der Skonti: Großhandelsumsatz: 49.000,-- + 70.000,-- = 119.000,--;
Zurechnung zu E_1 = $30.000 \cdot \frac{49}{119}$ = 12.353,--; Zurechnung zu E_5 = $30.000 \cdot \frac{70}{119}$ = 17.647,--.

2) Verteilung der Umsatzboni: $\frac{49.000}{943.500} : \frac{300.000}{943.500} : \frac{11.000}{943.500} : \frac{136.500}{943.500} : \frac{70.000}{943.500} : \frac{56.000}{943.500} : \frac{285.000}{943.500} : \frac{36.000}{943.500}$.

3) Verteilung der Treueboni: 15.000/6 = 2.500, d.h. Großhandel 7.500,--; Einzelhandel 5.000,--; Direktverkauf 2.500,--.
Die weitere Zurechnung auf die Produkte A und B erfolgt zur Vereinfachung gleichmäßig.

Abschnitt 6: Die kalkulatorische Erfolgsrechnung

Lerneinheit 31: Grundlagen der Erfolgsrechnung

Lernziele:

- Der kalkulatorische Erfolg (das Betriebsergebnis),
- Der Begriff Erfolgsrechnung,
- Die Aufgaben der kalkulatorischen Erfolgsrechnung,
- Die Stellung der kalkulatorischen Erfolgsrechnung im Rechnungswesen,
- Gewinn- und Verlustrechnung versus Betriebsergebnisrechnung
- Unterschiede zwischen der pagatorischen und der kalkulatorischer Erfolgsrechnung:
- Gesamtkostenverfahren versus Umsatzkostenverfahren,
- Vollkostenrechnung versus Teilkostenrechnung,
- Einstufige versus mehrstufige Fixkostenbetrachtung,
- Verfahrensüberblick

Einführung

Der kalkulatorische Erfolg (das Betriebsergebnis)
Der kalkulatorische Erfolg ist als Differenz zwischen Erlös und Kosten definiert:

Kalkulatorischer Erfolg = Erlös − Kosten

Für den in der kalkulatorischen Erfolgsrechnung verwendeten Erfolgsbegriff werden mehrere Bezeichnungen verwendet:

- kalkulatorischer Erfolg,
- kurzfristiger Erfolg,
- Betriebserfolg,
- Betriebsergebnis.

Die Bezeichnung „kalkulatorischer Erfolg" verdeutlicht, das nicht nur pagatorische, sondern auch kalkulatorische Größen berücksichtigt werden (kalkulatorische Erlöse, vgl. LE 29, vor allem aber kalkulatorische Kosten, vgl. LE 4 und LE 6). Der kalkulatorische Erfolg unterscheidet sich vom Erfolg in der Finanzbuchhaltung (Gewinn oder Verlust laut handelsrechtlicher GuV) auch noch dadurch, dass nicht betriebstypische Aufwendungen und Erträge (sog. neutrale Aufwendungen und Erträge, vgl. LE 2) unberücksichtigt bleiben. Er gibt somit das Ergebnis der eigentlichen betrieblichen Tätigkeit wieder, wobei die Erlöse und Kosten nach betriebswirtschaftlichen, kalkulatorischen Grundsätzen bewertet werden. Der kalkulatorische Erfolg ist eine relativ kurzfristige Größe. Seine Fristigkeit richtet sich nach den Abrechnungsperioden in der Kostenrechnung (meist Woche, Monat oder Quartal, seltener Halbjahr).

Der Begriff Erfolgsrechnung

Ebenso wie für den kalkulatorischen Erfolg gibt es auch für die kalkulatorische Erfolgsrechnung eine Reihe von synonymen Begriffen:

- Kalkulatorische Erfolgsrechnung,
- Kurzfristige Erfolgsrechnung,
- Betriebsergebnisrechnung,
- Betriebserfolgsrechnung.

Vereinzelt werden auch die Bezeichnungen „Kostenträgerzeitrechnung" und „Deckungsbeitragsrechnung" fälschlicherweise synonym verwendet. Die Kostenträgerzeitrechnung ist keine Erfolgsrechnung, weil sie die Erlösseite nicht berücksichtigt, sondern sich nur auf die Ermittlung der Periodensummen von Herstell- bzw. Selbstkosten der einzelnen Kostenträger beschränkt. Die Deckungsbeitragsrechnung ist zwar eine Erfolgsrechnung. Da Deckungsbeitragsrechnungen ausschließlich im System der Teilkostenrechnung möglich sind, stellen die Verfahren der Deckungsbeitragsrechnung nur eine Teilmenge der Erfolgsrechnungsverfahren dar.

Die Aufgaben der kalkulatorischen Erfolgsrechnung

Die zentrale Aufgabe der kalkulatorischen Erfolgsrechnung ist die Ermittlung des kalkulatorischen Erfolgs (Betriebsergebnisses).

Als *Periodenrechnung* kommt ihr zum einen die Aufgabe zu, das Betriebsergebnis insgesamt zu ermitteln. Im Gegensatz zur pagatorischen Erfolgsrechnung in der Finanzbuchhaltung soll hier nur das Ergebnis der betriebstypischen Tätigkeit dargestellt werden, und nicht das von außerordentlichen und betriebsfremden Vorgängen beeinflusste Unternehmensgesamtergebnis. Darüber hinaus hat die periodenbezogene Betriebsergebnisrechnung die Aufgabe, das Betriebsergebnis nach Produktarten und Produktgruppen zu differenzieren und damit darzulegen, in welchem Ausmaß die verschiedenen Produkttypen zum Gesamtergebnis der Periode beigetragen haben.

Als *Stückrechnung* hat sie die Aufgabe, das Betriebsergebnis je Produkteinheit (z.B. je Stück) zu ermitteln. Da Fixkosten nur unter Durchbrechung des Verursachungsprinzip der einzelnen Leistungseinheit (= Kostenträgereinheit = Erlösträgereinheit) zugerechnet werden können, ist die Stückerfolgsrechnung *im System der Vollkostenrechnung* wenig aussagefähig. Stückerfolge, die durch Proportionalisierung von Fixkosten ermittelt werden, stellen keine brauchbare Information für Entscheidungen dar. Ihre Verwendung führt zu Fehlentscheidungen, z.B. bei der Produktionsprogrammplanung („Welche Produkte sollen in welcher Menge hergestellt werden, welche sollen aus dem Angebot herausgenommen werden?"), bei der Produktionsprozessplanung („Auf welchen Maschinen sollen welche Produkte in welcher Menge hergestellt werden?") und bei der Sortimentsplanung im Handel („Welche Waren sollen in welchen Mengen in das Sortiment aufgenommen werden?").

Die Ergebnisse einer Vollkosten-Stückerfolgsrechnung sind für betriebliche Zwecke ohne Wert. Im Gegenteil, sie stellen eine Gefahr für das Unternehmen dar.

Wenn als Entscheidungskriterium der Stückerfolg auf Vollkostenbasis verwendet wird, dann führt das zwangsläufig zu nicht optimalen Entscheidungen (vgl. hierzu auch LE 4). Aus diesem Grunde werden wir - in Übereinstimmung mit der herrschenden betriebswirtschaftlichen Lehre - die Stückerfolgsrechnung als Vollkostenrechnung in diesem Buch nicht behandeln.

Im System der Teilkostenrechnung werden Fixkosten nicht auf die Stückzahlen (Erzeugniseinheiten) aufgeteilt. Der Stückerfolg in der Teilkostenrechnung ist folglich die Differenz zwischen Verkaufspreisen (je Mengeneinheit) und variablen Kosten (je Mengeneinheit). Diese Größe nennt man Deckungsbeitrag. In Form der *Deckungsbeitragsrechnung* kommt der Stückerfolgsrechnung allerdings größte betriebswirtschaftliche Bedeutung zu (Näheres vgl. LE 34).

Konkret hat die kalkulatorische Erfolgsrechnung folgende Informationen zur Verfügung zu stellen:

*   Periodenerfolge sowohl undifferenziert für den gesamten Betrieb, als auch differenziert für einzelne Produktarten,
*   Stückerfolge als Deckungsbeiträge je Erzeugniseinheit.

Je nach Zeitbezug und verwendetem Rechnungssystem (Ist-, Normal-, Standard- oder Plangrößen) hat die kalkulatorische Erfolgsrechnung *verschiedene Aufgaben* zu erfüllen. Als vergangenheitsbezogene Rechnung dient sie internen *Dokumentationszwecken* (Verwendung von Istgrößen) und *Kontrollzwecken* (Vergleich von Ist- und Normal- bzw. Plangrößen). Als zukunftsbezogene (prospektive) Rechnung dient sie *dispositiven Zwecken* (Verwendung von Normal- oder Plangrößen). Hier findet sie insbesondere in der Form der Deckungsbeitragsrechnung Anwendung.

Die Stellung der Erfolgsrechnung im Rechnungswesen

Im kalkulatorischen Rechnungswesen (Betriebsbuchhaltung, Kosten-, Erlös- und Erfolgsrechnung) stellt die kalkulatorische Erfolgsrechnung das Bindeglied zwischen der Erlösrechnung und der Kostenrechnung dar (vgl. Abb. 74).

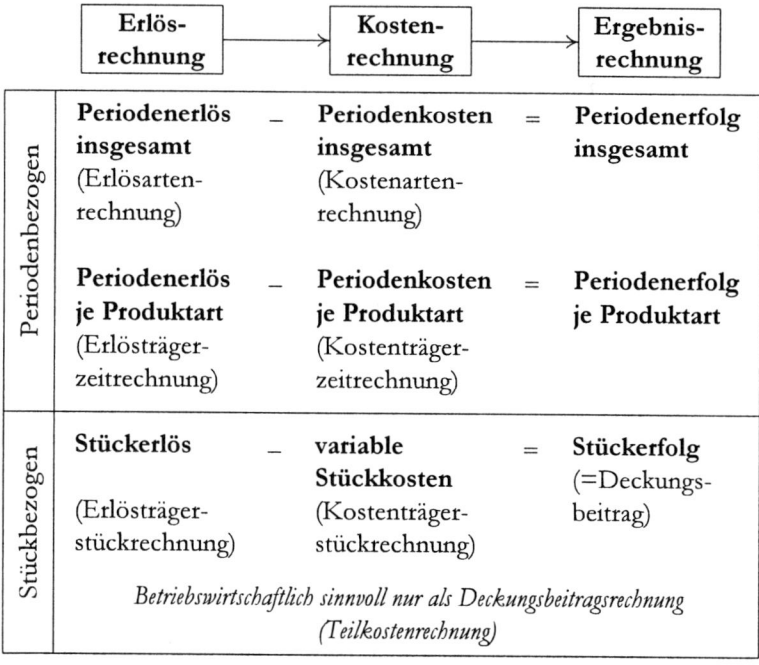

Abb. 74: Die kalkulatorische Erfolgsrechnung als Verknüpfung
von Erlösrechnung und Kostenrechnung

Im *Gesamtrahmen des Rechnungswesens* steht die kalkulatorische Erfolgsrechnung neben den beiden anderen Erfolgsrechnungen, der pagatorischen und der finanzwirtschaftlichen Erfolgsrechnung (vgl. Abb. 75).

Die *pagatorische Erfolgsrechnung* ist organisatorisch der Abteilung Finanzbuchhaltung zugeordnet. Hier findet die nach Handels- und Steuerrecht erforderliche Erfolgsermittlung statt. Rechenergebnis ist der handels- bzw. der steuerrechtliche Gewinn oder Verlust, im Handelsrecht auch Jahresüberschuss oder Jahresfehlbetrag genannt. Instrument dieser Erfolgsrechnung ist die Gewinn- und Verlustrechnung (GuV). Näheres vgl. z.B. Heinhold, Jahresabschluss, 1996 S. 321-364.

Die *finanzwirtschaftliche Erfolgsrechnung* ermittelt den Cash Flow, zu deutsch: den finanzwirtschaftlichen Überschuss bzw. Fehlbetrag. Er berücksichtigt ausschließlich solche Aufwendungen und Erträge, die zahlungswirksam (liquiditätswirksam) sind. Organisatorisch ist die finanzwirtschaftliche Erfolgsrechnung meist in die Finanzbuchhaltung eingegliedert.

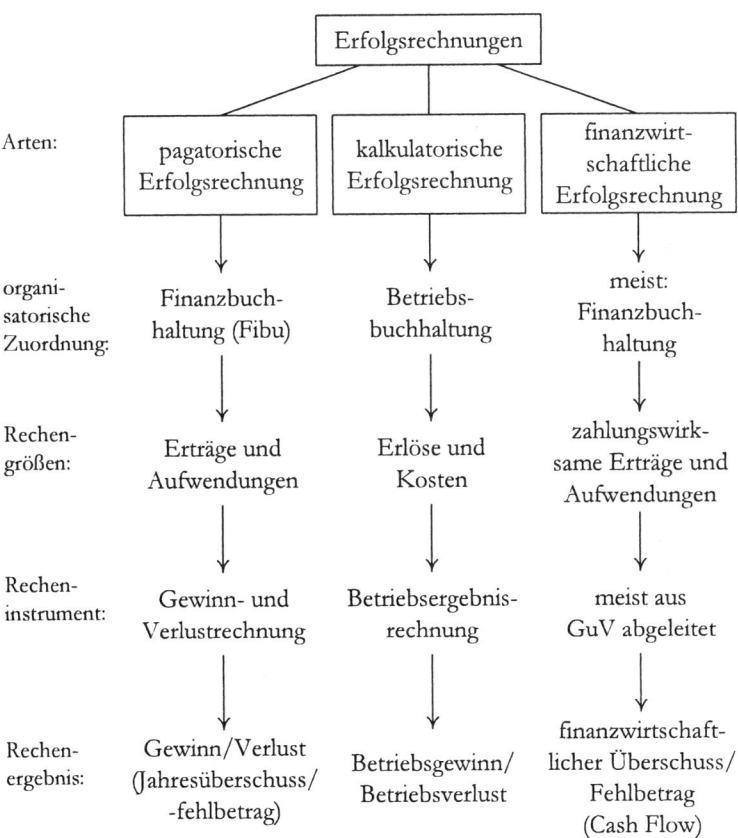

Abb. 75: Die drei Arten der Erfolgsrechnung

Gewinn- und Verlustrechnung (Guv-Rechnung) versus Betriebsergebnisrechnung

Die Tatsache, dass aufgrund gesetzlicher Vorschriften regelmäßig eine jährliche Erfolgsermittlung in der Finanzbuchhaltung durchgeführt werden muss, macht die kalkulatorische Erfolgsermittlung in keiner Weise überflüssig. Natürlich wäre es höchst praktisch, wenn der in der GuV-Rechnung der Finanzbuchhaltung ermittelte Erfolg auch für die kalkulatorische Erfolgsrechnung verwendet werden könnte. Dies ist aber aus mehreren Gründen nicht möglich:

Die beiden Erfolgsrechnungen unterscheiden sich bereits in der grundlegenden *Zielrichtung*. Während die kalkulatorische Erfolgsrechnung ausschließlich interne Zwecke erfüllt (vor allem Kontroll- und Lenkungszwecke), zählt die pagatorische Erfolgsrechnung zum sog. externen Rechnungswesen. Sie dient der Dokumentation und Rechenschaftslegung für Unternehmensexterne. Als Folge dieser grundsätzlich unterschiedlichen Aufgabenstellung ist der pagatorische Erfolg für die kalkulatorische Erfolgsrechnung völlig unbrauchbar, wie die nachfolgende Auflistung verdeutlicht.

Unterschiede zwischen der pagatorischen und der kalkulatorischer Erfolgsrechnung:

1. Die handelsrechtliche GuV-Rechnung ist i.d.R. eine Jahresrechnung, während die kalkulatorische Erfolgsrechnung eine kurzfristige Rechnung (Wochen-, Monats-, allenfalls Quartalsrechnung) ist.

2. Die kalkulatorische Erfolgsrechnung arbeitet aus diesem Grund mit zeitnahen Werten, während die Zahlen der GuV-Rechnung veraltet sind. Meist sind sie erst Monate nach dem Bilanzstichtag verfügbar.

3. Die Zahlen der GuV-Rechnung sind grundsätzlich vergangenheitsbezogen, während die kalkulatorische Erfolgsrechnung nicht nur mit vergangenheitsorientierten Ist- und Normalgrößen arbeitet, sondern auch mit zukunftsbezogenen Standard- und Plangrößen arbeitet.

4. Die pagatorische Erfolgsrechnung ist an die Formvorschriften des HGB gebunden (System der doppelten kaufmännischen Buchführung). Die kalkulatorische Erfolgsrechnung kann frei von gesetzlichen Formzwängen durchgeführt werden (in der Praxis meist in tabellarischer Form).

5. Die kalkulatorische Erfolgsrechnung darf nicht von den speziellen Bewertungsvorschriften des Handels- und Steuerrechts beeinflusst werden, z.B. Nominalwertprinzip, Vorsichtsprinzip, Realisationsprinzip, Niederstwertprinzip, Maßgeblichkeitsprinzip.

6. Die GuV-Rechnung verwendet nur pagatorische Größen, hier jedoch alle Erträge und Aufwendungen (auch neutrale Erfolgsbestandteile, außerordentliche, betriebsfremde und periodenfremde Aufwendungen und Erträge). Demgegenüber finden in der kalkulatorischen Erfolgsrechnung ausschließlich kalkulatorische Größen Verwendung, die sowohl art-, als auch wertverschieden von den pagatorischen Rechengrößen sein können (vgl. LE 2).

7. Die Aufgliederung des Erfolgs nach Produkten und Produktgruppen ist in der handelsrechtlichen Gewinn- und Verlustrechnung grundsätzlich nicht vorgesehen.

Überblick über die Verfahren der kalkulatorischen Erfolgsrechnung

Die verschiedenen Verfahren der kalkulatorischen Erfolgsrechnung unterscheiden sich weniger auf der Erlösseite, als vielmehr auf der Kostenseite. Je nachdem, in welchem Umfang die Kosten in der Erfolgsrechnung berücksichtigt werden, gelangt man zu unterschiedlichen Verfahren der Erfolgsermittlung. Hier ergeben sich drei Problembereiche

Problembereich 1:
Gesamte Kosten der Periode versus Umsatzkosten

Will man das aus dem Verkauf der Produkte erzielte Betriebsergebnis einer Periode ermitteln, dann muss man von den Verkaufserlösen die Herstellkosten der verkauften Produkte (die sog. Umsatzkosten) subtrahieren. Die Herstellkosten der verkauften Produkte entsprechen aber im Allgemeinen nicht den gesamten Herstellkosten der Periode.

Wurden in der laufenden Periode Umsätze aus dem Verkauf von Erzeugnissen erzielt, die in früheren Perioden produziert und zwischenzeitlich auf Lager genommen worden sind, dann geben die Kosten der betrachteten Periode nicht die Herstellkosten der verkauften Produkte wieder. Die gesamten Herstellkosten der Periode sind in Höhe der Herstellkosten der Lagerverkäufe zu gering. Konnte in der betrachteten Periode weniger verkauft werden, als in derselben Periode hergestellt wurde (Produktion auf Lager), dann sind die Herstellkosten der Periode zu groß. Die Herstellkosten der verkauften Produkte sind kleiner. Die für die kalkulatorische Periodenerfolgsrechnung erforderliche Synchronisation von Erlösen und Kosten kann auf zwei Arten herbeigeführt werden:

Gesamtkostenverfahren

Man subtrahiert die gesamten Kosten der Periode von den Verkaufserlösen, ohne Rücksicht darauf, ob diese Kosten für die Produktion von verkauften Erzeugnissen oder für die Produktion von auf Lager genommenen Erzeugnissen angefallen sind. Die Synchronisation von Kosten und Erlösen erfolgt über die Modifikation der Umsatzerlöse. Lagerbestandserhöhungen werden wie zusätzliche Umsätze (in Höhe der Herstellkosten der auf Lager genommenen Produkte) behandelt. Verkäufe vom Lager (Lagerbestandsminderungen) werden als Umsatzminderungen behandelt (ebenfalls bewertet in Höhe der Herstellkosten der Lagerverkäufe).

Umsatzkostenverfahren

Man subtrahiert von den Umsatzerlösen nur die Herstellkosten der tatsächlich verkauften Produkte (die sog. Umsatzkosten).

Beide Verfahren führen zum selben Betriebsergebnis, wie man sich anhand der folgenden Formel leicht verdeutlichen kann.

Es seien:

x_a = abgesetzte Produktmenge (z.B. Stückzahl

x_l = auf Lager genommene Produktmenge ($x_l > 0$) bzw.
vom Lager verkaufte Produktmenge   ($x_l < 0$)

p = Verkaufspreis je Stück

k = Herstellkosten je Stück

K_r = restliche Periodenkosten (z.B. Verwaltungs- und Vertriebskosten, falls Teilkostenrechnung: auch fixe Material- und Fertigungskosten)

BE= Betriebsergebnis

Nach dem Gesamtkostenverfahren ist das Betriebsergebnis wie folgt definiert:

$$BE = p \cdot x_a + \underbrace{k \cdot x_l}_{\text{Lagerbestands-}\atop\text{änderung}} - \underbrace{(x_a + x_l) \cdot k}_{\text{gesamte Herstell-}\atop\text{kosten der Periode}} - K_r$$

Wie man unmittelbar sieht, entfällt nach Ausmultiplizieren des Klammerausdrucks der Term $k \cdot x_l$, so dass die Formel für das Umsatzkostenverfahren übrig bleibt:

$$BE = p \cdot x_a - \underbrace{x_a \cdot k}_{\text{Umsatzkosten}} - K_r$$

Problembereich 2:
Vollkosten versus Teilkosten

Unabhängig vom Problembereich „Umsatzkosten - Gesamtkosten" können die Herstellkosten auf Vollkosten- oder auf Teilkostenbasis berechnet werden. In der Vollkostenrechnung werden die fixen Herstellkosten der Periode (Material- und Fertigungsfixkosten) auf die produzierten Stückzahlen verteilt. Bei Anwendung der Teilkostenrechnung werden nur die variablen Kosten den Stückzahlen zugerechnet. Die fixen Kosten der Periode werden stets in voller Höhe abgezogen. Wenn die Produktionsmenge von der Absatzmenge abweicht, werden die Fixkosten in verschiedenen Perioden erfolgswirksam, je nachdem, ob mit Vollkosten oder mit Teilkosten gearbeitet wird. Die Betriebsergebnisse bei Vollkostenrechnung und bei Teilkostenrechnung sind deshalb verschieden groß. Lediglich in einem einzigen Fall, nämlich wenn Produktionsmenge = Absatzmenge, führen die Vollkostenrechnung und die Teilkostenrechnung zum selben Betriebsergebnis - was in der industriellen Praxis allerdings relativ selten vorkommt.

Wie später noch ausführlicher besprochen werden wird, finden in der Praxis meist die folgenden kalkulatorischen Erfolgsrechnungen Anwendung:

- Gesamtkostenverfahren auf Vollkostenbasis,

- Umsatzkostenverfahren auf Vollkosten- oder Teilkostenbasis.

Das Gesamtkostenverfahren auf Teilkostenbasis ist wenig sinnvoll (vgl. LE 32) und in der Praxis deshalb unüblich. Da in der deutschen vor allem mittelständischen Wirtschaft das Vollkostendenken noch sehr stark verbreitet ist, wird auch das Umsatzkostenverfahren häufig auf Vollkostenbasis angewandt. Das Umsatzkostenverfahren auf Teilkostenbasis wird auch als einstufige Deckungsbeitragsrechnung bezeichnet.

Problembereich 3:
Einstufige versus mehrstufige Fixkostenbetrachtung

Insbesondere in Mehrproduktunternehmen können Fixkosten auf unterschiedlichen Stufen der Unternehmens- und Betriebsorganisation entstehen (z.B. Fixkosten, die eindeutig einem Produktionsbereich zugeordnet werden, z.B. Abschreibungen für Maschinen, auf denen nur eine bestimmte Produktart hergestellt wird) und Unternehmensfixkosten (etwa das Geschäftsführergehalt). In solchen Fällen entstehen Fixkostenhierarchien. Dem muss in der kalkulatorischen Erfolgsrechnung Rechnung getragen werden. Es kommt das Verfahren der stufenweisen Fixkostendeckung zur Anwendung. Hierbei handelt es sich um ein modifiziertes Umsatzkostenverfahren auf Teilkostenbasis.

Überblick über die Verfahren der kalkulatorischen Erfolgsrechnung

Die verschiedenen Verfahren der kalkulatorischen Erfolgsrechnung sind in der folgenden Abb. 76 nochmals übersichtlich zusammengefasst.

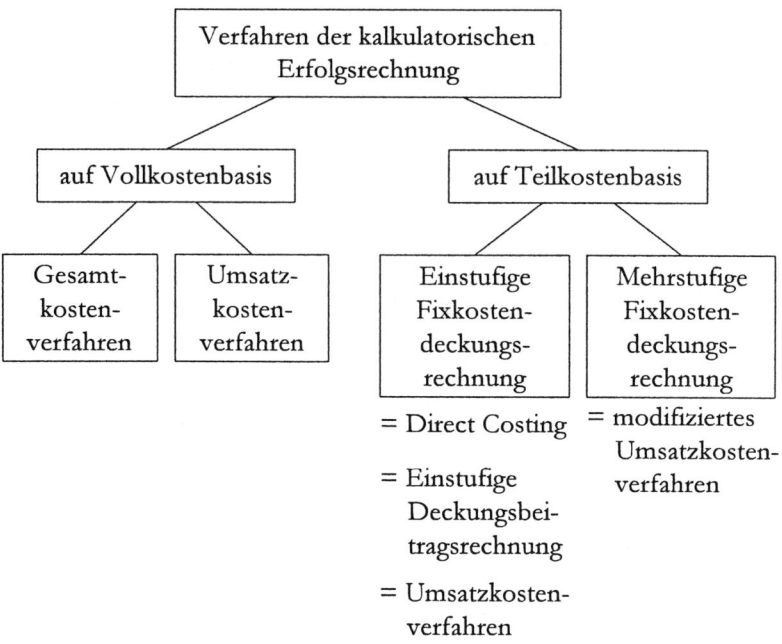

Abb. 76: Verfahren der kalkulatorischen Erfolgsrechnung im Überblick

Fallbeispiel zu Lerneinheit 31

Aufgabe:

Aus der Finanzbuchhaltung eines kleineren Industriebetriebs liegt die folgende Saldenliste (vgl. Tab. 31.1) per 30.06. 20.... vor:

Saldenliste	Soll	Haben
Grundstücke	3.000.000,--	
Gebäude	4.500.000,--	
Maschinen	4.000.000,--	
Betriebs- und Geschäftsausstattung	1.900.000,--	
unfertige Erzeugnisse	1.000.000,--	
fertige Erzeugnisse	3.500.000,--	
Rohstoffe	1.500.000,--	
Hilfsstoffe	600.000,--	
Betriebsstoffe	250.000,--	

Saldenliste: Fortsetzung:

Forderungen	4.200.000,--	
Bank	2.700.000,--	
Kasse	120.000,--	
Eigenkapital		9.480.000,--
Rückstellungen		5.400.000,--
Bankdarlehen		8.500.000,--
Kurzfristige Verbindlichkeiten		3.100.000,--
Umsatzerlöse		18.000.000,--
Erlösschmälerungen	2.100.000,--	
Bestandserhöhung fertige Erzeugnisse		820.000,--
Bestandsminderungen unfertige Erzeugnisse	1.100.000,--	
Rohstoffverbrauch	2.300.000,--	
Betriebsstoffverbrauch	180.000,--	
Hilfsstoffverbrauch	320.000,--	
bilanzielle Abschreibungen	500.000,--	
kalkulatorische Abschreibungen	750.000,--	
kalkulatorische Eigenkapitalzinsen	150.000,--	
kalkulatorische Fremdkapitalzinsen	500.000,--	
Zinsaufwand	400.000,--	
kalkulatorischer Unternehmerlohn	500.000,--	
kalkulatorisches Forderungswagnis	200.000,--	
bilanzielle Abschreibungen auf Forderungen	430.000,--	
Zuführung zu langfristigen Rückstellungen	1.000.000,--	
Löhne	3.300.000,--	
Gehälter	2.400.000,--	
Sozialaufwand	1.200.000,--	
Büromaterialverbrauch	200.000,--	
Werbung	700.000,--	
Mieten	1.100.000,--	
sonstige Verwaltungskosten	800.000,--	
verrechnete kalkulatorische Kosten		2.100.000,--
	47.400.000,--	47.400.000,--

Tab. 31.1: Saldenliste

Ermitteln Sie folgende Erfolgsgrößen:

1. den Handelsbilanzgewinn (pagatorischer Erfolg),
2. den Betriebserfolg (kalkulatorischer Erfolg),
3. den Finanzerfolg (Cash-Flow).

Gehen Sie davon aus, dass sämtliche Materialverbräuche der obigen Saldenliste in der Verbrauchsperiode gekauft und bezahlt worden sind. Soweit keine gesonderten Angaben erfolgt sind, ist davon auszugehen, dass die pagatorischen und die kalkulatorischen Erfolgsgrößen identisch sind.

Außer den oben ausdrücklich als kalkulatorisch ausgewiesenen Kostenbuchungen sind kalkulatorische Kosten auch bei den Bestandsänderungen zu berücksichtigen (vgl. Tab. 31.2):

	Bestandsmehrung	Bestandsminderung
pagatorische Herstellkosten der Bestandsveränderungen laut Saldenliste	+820.000,--	-1.100.000,--
kalkulatorische Herstellkosten der Bestandsveränderungen	+940.000,--	-1.260.000,--

Tab. 31.2: Kalkulatorische und pagatorische Bewertung der Bestandsveränderungen

Es ist davon auszugehen, dass alle Kosten (pagatorische und Zusatz- bzw. Anderskosten) über die Verkaufspreise in der Abrechnungsperiode wieder verdient worden sind. Steuern sind zu vernachlässigen.

Lösung:

	Pagatorischer Erfolg	Finanzerfolg	Kalkulatorischer Erfolg
Umsatzerlöse	18.000.000,--	18.000.000,--	18.000.000,--
– Erlösschmälerungen	– 2.100.000,--	– 2.100.000,--	– 2.100.000,--
+ Bestandserhöhung fertige Erzeugnisse	+ 820.000,--	0,--	+ 940.000,--
– Bestandsminderungen unfertige Erzeugnisse	– 1.100.000,--	0.--	– 1.260.000,--

– Rohstoffverbrauch	– 2.300.000,--	– 2.300.000,--	– 2.300.000,--
– Betriebsstoffverbrauch	– 180.000,--	– 180.000,--	– 180.000,--
– Hilfsstoffverbrauch	– 320.000,--	– 320.000,--	– 320.000,--
– Abschreibungen	– 500.000,--	0,--	– 750.000,--
– Eigenkapitalzinsen	0,--	0,--	– 150.000,--
– Fremdkapitalzinsen	– 400.000,--	– 400.000,--	– 500.000,--
– Unternehmerlohn	0,--	0,--	– 500.000,--
– Abschreibungen auf Forderungen	– 430.000,--	0,--	– 200.000,--
– Zuführung zu langfristigen Rückstellungen	– 1.000.000,--	0,--	– 1.000.000,--
– Löhne	– 3.300.000,--	– 3.300.000,--	– 3.300.000,--
– Gehälter	– 2.400.000,--	– 2.400.000,--	– 2.400.000,--
– Sozialaufwand	– 1.200.000,--	– 1.200.000,--	– 1.200.000,--
– Büromaterialverbrauch	– 200.000,--	– 200.000,--	– 200.000,--
– Werbung	– 700.000,--	– 700.000,--	– 700.000,--
– Mieten	– 1.100.000,--	– 1.100.000,--	– 1.100.000,--
– sonstige Verwaltungskosten	– 800.000,--	– 800.000,--	– 800.000,--
= **Erfolg**	**+ 790.000,--**	**+ 3.000.000,--**	**– 20.000,--**

Tab. 31.3 Die Ermittlung der drei Erfolgsgrößen

Kontrollrechnung:

Der Zusammenhang zwischen pagatorischem und kalkulatorischem Ergebnis ist durch folgende Gleichung gegeben:

	Betriebsergebnis (kalkulatorisches Ergebnis)		- 20.000,--
+	verrechnete kalkulatorische Kosten		+ 2.100.000,--
-	zugehörige bilanzielle Aufwendungen		
	Abschreibungen	- 500.000,--	
	Fremdkapitalzinsen	- 400.000,--	
	Abschr. auf Forderungen	- 430.000,--	- 1.330.000,--
-	kalkulatorische Bestandserhöhungen		- 940.000,--
+	pagatorische Bestandserhöhungen		+ 820.000,--
+	kalkulatorische Bestandsminderungen		+ 1.260.000,--
-	pagatorische Bestandsminderungen		- 1.100.000,--
=	pagatorisches Ergebnis		+ 790.000,--

Lerneinheit 32: Das Gesamtkostenverfahren (GKV)

Lernziele:

- Das Betriebsergebnis nach dem Gesamtkostenverfahren (GKV)
- Betriebsergebniskonto oder tabellarische Betriebsergebnisrechnung
- Das GKV im System der Vollkostenrechnung
- Das GKV im System der Teilkostenrechnung
- Der Betriebsabrechnungsbogen bei Teilkostenrechnung
- Beurteilung des Gesamtkostenverfahrens

Einführung

Das Betriebsergebnis nach dem Gesamtkostenverfahren (GKV)

Wie in der grundlegenden Einführung in LE 31 bereits deutlich gemacht wurde, werden beim Gesamtkostenverfahren die gesamten Periodenkosten von den Erlösen abgezogen. Für die periodenrichtige Zuordnung von Erlösen und Kosten sind drei Fälle zu unterscheiden:

Fall 1:Produktion > Absatz:
Wenn mittels dieser Gesamtkosten hergestellte Produkte am Ende der Abrechnungsperiode noch auf Lager liegen, dann beziehen sich Umsatzerlöse und Herstellkosten nicht auf dieselben Produktmengen. Deshalb werden zu den Umsatzerlösen die Herstellkosten der Bestandserhöhungen hinzuaddiert.

Fall 2: Produktion < Absatz:
Auch hier beziehen sich Umsatzerlöse und Herstellkosten der Periode auf unterschiedliche Produktmengen. Die Herstellkosten der Lagerverkäufe müssen deshalb die Umsatzerlöse mindern.

Fall 3: Produktion = Absatz:
Umsatzerlöse und Herstellkosten der Periode beziehen sich auf dieselbe Produktmenge. Es ist keine Korrektur erforderlich.

Das Betriebsergebnis einer Periode berechnet sich nach dem Gesamtkostenverfahren deshalb folgendermaßen:

+   Umsatzerlöse der Periode

−   gesamte Herstellkosten der Periode

−   Verwaltungs- und Vertriebskosten der Periode

+   Bestandserhöhungen bei fertigen und unfertigen
    Erzeugnissen, bewertet zu Herstellkosten

−   Bestandsminderungen bei fertigen und unfertigen
    Erzeugnissen, bewertet zu Herstellkosten

=   Betriebsergebnis

Um das *Betriebsergebnis als mathematische Formel* angeben zu können, verwenden wir die folgenden Symbole:

p_i = Verkaufspreis je Mengeneinheit des Produkts i

$x_{a,i}$ = abgesetzte Menge des Produktes i

$x_{h,i}$ = hergestellte Menge des Produktes i

k_i = Herstellkosten je Mengeneinheit des Produkts i

$y_{h,j}$ = hergestellte Menge des unfertigen Erzeugnisses j

$y_{v,j}$ = verbrauchte Menge des unfertigen Erzeugnisses j

k_j = Herstellkosten je Mengeneinheit des unfertigen Erzeugnisses j

K_H = gesamte Herstellkosten der Periode

K_{VwVt} = Verwaltungs- und Vertriebskosten der Periode

Damit berechnet sich das Betriebsergebnis wie folgt:

$$BE = \sum_i p_i \cdot x_{a,i} + \sum_i (x_{h,i} - x_{a,i}) \cdot k_i + \sum_j (y_{h,j} - y_{v,j}) \cdot k_j - K_H - K_{VwVt}$$

Betriebsergebniskonto oder tabellarische Betriebsergebnisrechnung

In etlichen Unternehmen wird die Betriebsergebnisrechnung nach dem *Gesamtkostenverfahren* in das System der doppelten kaufmännischen Buchführung integriert. In diesem Fall wird ein *Betriebsergebniskonto* benötigt, welches als Vorkonto des GuV-Kontos geführt wird. Die Umsatzerlöse werden von den Verkaufskonten in das Betriebsergebniskonto umgebucht (Buchungssatz: Verkaufskonten an Betriebsergebniskonto). Die *Herstellkosten* der Periode und die *Verwaltungs- und Vertriebskosten* der Periode werden von den entsprechenden Aufwandskonten in das Betriebsergebniskonto umgebucht. Dabei müssen kalkulatorische Kostenbestandteile zusätzlich berücksichtigt werden (Buchungssatz: Betriebsergebniskonto an Aufwandskonten und an kalkulatorische Verrechnungskonten). Zur Buchungstechnik bei kalkulatorischen Kosten vgl. Heinhold, Buchführung in Fallbeispielen, 9. Aufl., Stuttgart 2003, LE 15. Die *Bestandsänderungen* werden aus den jeweiligen Bestandsänderungskonten der Finanzbuchhaltung entnommen mit den folgenden Buchungssätzen:

Bei Bestandsmehrungen: Konto Bestandsänderungen an Betriebsergebniskonto
Bei Bestandsminderungen: Betriebsergebniskonto an Konto Bestandsänderungen

Zur weiteren Buchungstechnik (vom Inventurergebnis über die Bestandskonten, die Bestandsänderungskonten, das Betriebsergebniskonto und das Schlussbilanzkonto vgl. Heinhold, Buchführung in Fallbeispielen, LE 14). Der Saldo des Betriebsergebniskontos stellt dann das Betriebsergebnis dar.

Soll	**Betriebsergebniskonto**	Haben

Umsatzerlöse
$$\left[\sum_i p_i \cdot x_{a,i}\right]$$

Bestandsminderungen bei fertigen Erzeugnissen
$$\left[\sum_i (x_{h,i} - x_{a,i})^- \cdot k_i\right]$$

Bestandserhöhungen bei fertigen Erzeugnissen
$$\left[\sum_i (x_{h,i} - x_{a,i})^+ \cdot k_i\right]$$

Bestandsminderungen bei unfertigen Erzeugnissen
$$\left[\sum_j (y_{h,j} - y_{v,j})^- \cdot k_j\right]$$

Bestandserhöhungen bei unfertigen Erzeugnissen
$$\left[\sum_j (y_{h,j} - y_{v,j})^+ \cdot k_j\right]$$

Gesamte Herstellkosten der Periode
$$[K_H]$$

Gesamte Verwaltungs- und Vertriebskosten der Periode
$$[K_{VwVt}]$$

Saldo = kalkulatorischer Gewinn

Saldo = kalkulatorischer Verlust

Abb. 77: Das Betriebsergebniskonto nach dem GKV

Die Einbeziehung der kalkulatorischen Erfolgsrechnung in das System der Doppik setzt voraus, dass auch die Kosten- und die Erlösrechnung in dieses System integriert sind. Das hat den Vorteil, dass das gesamte betriebliche Rechnungswesen (Finanzbuchhaltung und Betriebsbuchhaltung) im System der kaufmännischen Buchhaltung enthalten ist (sog. Einkreissystem). Dies ist allerdings nur dann sinnvoll, wenn Abweichungen zwischen den kalkulatorischen und den pagatorischen Kosten nicht besonders häufig vorkommen, da ansonsten die ohnehin schon komplexe Finanzbuchhaltung durch Abgrenzungsbuchungen unnötig aufgebläht und kompliziert wird. Dies dürfte auch der Grund sein, weshalb die Unternehmenspraxis die tabellarische Darstellung der kalkulatorischen Kosten-, Erlös- und Erfolgsrechnung bevorzugt.

Das Gesamtkostenverfahren im System der Vollkostenrechnung

In der Vollkostenrechnung werden die fixen Kosten den Erzeugniseinheiten zugerechnet. Bei der Bewertung der Bestandsänderungen werden folglich anteilige Fixkosten berücksichtigt.

Das Betriebsergebnis berechnet sich folgendermaßen:

+ Umsatzerlöse

+ Bestandserhöhungen, bewertet mit Vollkosten, d.h. mit variablen Kosten und anteiligen Fixkosten

- Bestandsminderungen, bewertet mit Vollkosten, d.h. mit variablen Kosten und anteiligen Fixkosten

- gesamte Herstellkosten der Periode

- Verwaltungs- und Vertriebskosten der Periode

= Betriebsergebnis

Die *Bewertung der Bestandsveränderungen* erfolgt mit den aus der Kostenträgerrechnung bekannten Verfahren (Zuschlags-, Divisions- oder Äquivalenzziffernkalkulation, vgl. LE 23-26).

Das Gesamtkostenverfahren auf Vollkostenbasis hat zur Folge, dass Teile der fixen Herstellkosten einer Periode auch in anderen Perioden erfolgswirksam sind. Im Falle von Bestandsminderungen werden über die Bewertung der Lagerverkäufe die Fixkosten der Vorperioden anteilig in der Abrechnungsperiode ergebniswirksam. Im Falle von Bestandserhöhungen werden Fixkosten der Abrechnungsperiode durch ihre Behandlung als Erlös neutralisiert. Sie werden erst in späteren Perioden ergebniswirksam, wenn die Lagerbestände verkauft werden.

In der Formeldarstellung

$$BE = \sum_i p_i \cdot x_{a,i} + \sum_i (x_{h,i} - x_{a,i}) \cdot k_i + \sum_j (y_{h,i} - y_{v,i}) \cdot k_j - K_H - K_{VwVt}$$

sind die Stückkostensätze k_i (für die fertigen Erzeugnisse i) und k_j (für die unfertigen Erzeugnisse j) jeweils definiert als variable Einzelkosten + anteilige Fixkosten. Wird für die Kostenträgerstückrechnung z.B. das Verfahren der einstufigen differenzierenden Zuschlagskalkulation verwendet (vgl. LE 26), dann gilt:

$$k_i = FM_i \cdot (1 + Z_{FM}) + FL_i \cdot (1 + Z_{FL})$$

Analog ist k_j für unfertige Erzeugnisse definiert.

Umsatzerlöse		$\sum\limits_i p_i \cdot x_{a,i}$
+/– Bestandsänderungen bei fertigen Erzeugnissen	bewertet mit Vollkosten, d.h. mit variablen und anteiligen Fixkosten	$+\sum\limits_i \left(x_{h,i} - x_{a,i} \right) \cdot k_{h,i}$
+/– Bestandsänderungen bei unfertigen Erzeugnissen		$+\sum\limits_j \left(y_{h,j} - y_{v,j} \right) \cdot k_{h,j}$
– Gesamte Herstellkosten der Periode		$-K_H$
– Verwaltungs- und Vertriebskosten der Periode		$-K_{VwVt}$
= Betriebsergebnis		$= BE$

Abb. 78: Bestandteile des Betriebsergebnisses beim GKV auf Vollkostenbasis

Das Gesamtkostenverfahren im System der Teilkostenrechnung

Hier werden die Bestandsänderungen nur mit variablen Kosten bewertet und nicht - wie in der Vollkostenrechnung - zusätzlich mit anteiligen Fixkosten.

Das Betriebsergebnis berechnet sich folgendermaßen:

+ Umsatzerlöse

+ Bestandserhöhungen, bewertet mit variablen Kosten

− Bestandsminderungen, bewertet mit variablen Kosten

− gesamte Herstellkosten der Periode (variable und fixe)

− Verwaltungs- und Vertriebskosten der Periode

= Betriebsergebnis

Die Fixkosten werden in diesem Fall nur in der Abrechnungsperiode erfolgswirksam, in der sie entstanden sind. Sie werden nicht - wie bei der Vollkostenrechnung - über die Bewertung der Bestandsveränderungen in andere Perioden hinübergezogen. Dies ist der Grund, weshalb sich die beiden Verfahrensvarianten nicht nur in der Struktur der Rechnung, sondern auch im Zahlenergebnis unterscheiden. Bei Vorliegen von *Bestandserhöhungen* ist das Betriebsergebnis bei Vollkostenrechnung größer (besser) als bei Teilkostenrechnung. Die beiden Betriebsergebnisse unterscheiden sich genau um den Betrag der anteiligen Fixkosten, der beim Vollkostenergebnis in der Lagerbestandserhöhung enthalten ist. Bei *Bestandsminderungen* ist das Vollkostenbetriebsergebnis kleiner als das Teilkostenbetriebsergebnis, und zwar wiederum in Höhe der anteiligen Fixkosten, die in der Bestandsminderung stecken. Nur für den Spezialfall, dass *keine Bestandsveränderungen* vorliegen, führen die Vollkostenrechnung und die Teilkostenrechnung zum selben Betriebsergebnis.

Theoretisch ist es zwar denkbar, dass bei sämtlichen fertigen und unfertigen Erzeugnissen in einer Abrechnungsperiode keine Bestandsveränderungen auftreten. Dies ist allerdings in der Praxis höchst unwahrscheinlich, insbesondere bei mehrstufigen Produktionsprozessen (Zwischenlager) im Mehr-Produktbetrieb. Praktisch kommt dieser Fall (Bestandsveränderungen = 0) nur vor, wenn Produkte erzeugt werden, die nicht lagerfähig sind (z.B. Elektrizität).

Die bei der *Bewertung der Bestandsveränderungen* anzuwendenden Stückkostensätze k_i setzen sich aus den variablen Einzelkosten und den variablen Gemeinkosten zusammen. Bei einfach strukturierten Produktionsprozessen können die variablen Kosten je Kostenart direkt mit Hilfe der Kostenauflösung ermittelt werden (vgl. LE 5). Man erhält dann z.B. als Ergebnis der Kostenauflösung die variablen Materialkosten ($k_{Mat,var}$) und die variablen Fertigungskosten ($k_{Fert,var}$), letztere ggf. noch untergliedert nach variablen Fertigungslöhnen ($k_{FL,var}$), variablen Abschreibungen ($k_{Abschr,var}$) usw.

Bei komplexeren Produktionsstrukturen, z.B. wenn mehrere verschiedenartige Produkte und Zwischenprodukte erzeugt werden, erfolgt die Ermittlung der variablen Gemeinkosten und ihre Zurechnung auf die verschiedenen Produkte in zwei Schritten:

1. Zunächst werden für jede Kostenart die variablen und die fixen Gemeinkosten der Periode mit Hilfe der Verfahren der Kostenauflösung getrennt. Als Ergebnis erhält man für jede Gemeinkostenart die variablen und die fixen Gemeinkosten (GK_{var} und GK_{fix}).

2. Die Zurechnung der variablen Gemeinkosten zu den einzelnen Produkten erfolgt über spezielle Zuschlagssätze für variable Gemeinkosten.

Exkurs: Der BAB in der Teilkostenrechnung

In jeder Kostenstelle des BAB werden hierzu zwei Spalten benötigt, eine für die variablen Gemeinkosten, die andere für die fixen Gemeinkosten. Ein einfaches Beispiel eines BAB mit einer Vorkostenstelle und zwei Endkostenstellen soll dies verdeutlichen (zum BAB vgl. auch LE 14).

	Vorkostenstelle		Endkostenstelle			
			Materialstelle		Fertigungsstelle	
	var. GK	fixe GK	var. GK	fixe GK	var. GK	fixe GK
Gemein-kostenarten						
Summen						
innerbe-triebliche Leistungs-verrechnung						
Gemeinkostensummen			MGK_{var}	MGK_{fix}	FGK_{var}	FGK_{fix}
Einzelkosten			FM		FL_{var}	FL_{fix}
Zuschlagssätze für variable GK			$\dfrac{MGK_{var}}{FM}$		$\dfrac{FGK_{var}}{FL_{var}}$	

Abb. 79.: Die Ermittlung der variablen Gemeinkostenzuschlagssätze im BAB

Die Zuschlagssätze für die variablen Gemeinkosten je Kostenstelle erhält man, indem man die variablen Gemeinkosten auf die variablen Einzelkosten der Kostenstelle bezieht:

$$Z_{MGK,var} = \frac{MGK_{var}}{FM} = \frac{var\, iable\; Materia\, lg\, emeinkosten\; der\; Periode}{Fertigungsmaterialverbrauch\; der\; Periode}$$

$$Z_{FGK,var} = \frac{FGK_{var}}{FL_{var}} = \frac{var\, iable\; Fertigungsgemeinkosten\; der\; Periode}{var\, iabler\; Teil\; der\; Fertigungslöhne\; der\; Periode}$$

Die variablen Herstellkosten je Stück des Produktes i erhält man durch Anwendung dieser Zuschlagssätze auf die variablen Einzelkosten je Stück:

$$k_{var,i} = FM_i \cdot (1 + Z_{MGK,var}) + FL_{var,i} \cdot (1 + Z_{FGK,var})$$

Die variablen Herstellkosten der Bestandsänderungen berechnen sich analog zu den entsprechenden Teilen in der obigen Formel (vgl. auch die Abb. 77 und 78):

$$(x_{h,i} - x_{a,i}) \cdot k_{var,i}$$

Beurteilung des Gesamtkostenverfahrens

Das Gesamtkostenverfahren weist *zwei wesentliche Schwachstellen* auf:

1. Inventur als Voraussetzung:
Das Verfahren kann nur angewandt werden, wenn die Bestandsänderungen der fertigen und unfertigen Erzeugnisse bekannt sind. Voraussetzung hierfür ist eine *Inventur.* Aufgrund gesetzlicher Vorschriften muss die Inventur nur einmal je Jahr durchgeführt werden. Da die Abrechnungsperioden der Kosten-, Erlös- und Erfolgsrechnung wesentlich kürzer sind, müsste entsprechend öfter Inventur gemacht werden. Dies führt zu einem erheblichen Mehraufwand. Auf diese Inventuren könnte nur verzichtet werden, wenn die Bestände laufend fortgeschrieben würden (vgl. LE 7, Skontrationsmethode), da dann die Bestandsänderungen jederzeit aus der Materialbuchhaltung ersehen werden können. I.d.R. verwenden Unternehmen, die ein so gut organisiertes Rechnungswesen haben, jedoch nicht das Gesamtkostenverfahren, sondern das Umsatzkostenverfahren, da dieses wesentlich detailliertere Erfolgsanalysen zulässt.

2. Produkterfolgsanalyse ist nicht möglich:
Die Herstellkosten einer Periode werden nach Kostenarten ermittelt und in einer Summe von den um die Bestandsänderungen modifizierten Umsatzerlösen abgezogen. Während also die Umsatzerlöse und die Bestandsänderungen problemlos nach einzelnen Produkten oder Produktgruppen in der Erfolgsrechnung ausge-

wiesen werden können, ist dies bei den Gesamtkosten nicht möglich. *Die Herstellkosten der Periode können nicht nach Produkten aufgegliedert werden.* Damit ist eine Produkterfolgsanalyse beim Gesamtkostenverfahren grundsätzlich nicht möglich. Die Betriebsleitung erhält keine Information darüber, in welchem Ausmaß die einzelnen Produkte und Produktgruppen zum Erfolg beigetragen haben. Das Gesamtkostenverfahren ist deshalb nur im Einproduktunternehmen uneingeschränkt brauchbar.

Als Vorteil des Gesamtkostenverfahrens wird meist angeführt, dass es rechnerisch sehr einfach zu handhaben ist und keine großen Anforderungen an die Organisation des Rechnungswesens stellt. Wegen der erforderlichen Bewertung der Bestandsänderungen ist eine Kostenstellen- und eine Kostenträgerrechnung aber auch für das Gesamtkostenverfahren Voraussetzung.

Fallbeispiele zu Lerneinheit 32

Beispiel 1:

Es gelten die folgenden Kosten- und Erlösdaten:

Mengendaten:	
produzierte Menge (x_h)	100.000 Stück
verkaufte Menge (x_a)	80.000 Stück
Bestandserhöhung ($x_h - x_a$)	20.000 Stück
Verkaufspreis (p)	50,-- € / Stück
Einzelkosten (= variable Kosten):	
Fertigungsmaterialverbrauch der Periode	200.000,-- €
das sind FM je Stück	2,-- € / Stück
Fertigungslöhne der Periode	400.000,-- €
das sind FL je Stück	4,-- € / Stück
Periodengemeinkosten (= fixe Kosten):	
Materialgemeinkosten der Periode (MGK)	20.000,-- €
MGK-Zuschlagssatz	10% auf FM
Fertigungsgemeinkosten der Periode (FGK)	2.000.000,-- €
FGK-Zuschlagssatz	500% auf FL
Verwaltungs- und Vertriebskosten d. Periode K_{VwVt})	1.000.000,-- €

Tab. 32.1: Beispieldaten

Ermitteln Sie das Betriebsergebnis nach dem Gesamtkostenverfahren auf Vollkostenbasis!

Lösung zu Beispiel 1:

Umsatzerlöse	80.000 · 50 =		4.000.000
HK der Bestandserhöhung:			
FM:	2 · 20.000 =	40.000	
MGK:	10% von FM =	4.000	
FL:	4 · 20.000 =	80.000	
FGK:	500% von FL =	400.000	+ 524.000
- gesamte HK der Periode:			
FM:		200.000	
MGK:		20.000	
FL:		400.000	
FGK:		2.000.000	- 2.620.000
- Verwaltungs- und Vertriebsgemeinkosten			- 1.000.000
= Betriebsergebnis (GKV bei Vollkosten)			= 904.000

Tab. 32.2: Gesamtkostenverfahren bei Vollkostenrechnung

Unter Berücksichtigung der variablen und fixen Kostenteile lässt sich das Betriebsergebnis auch folgendermaßen darstellen (vgl. Tab. 32.3).

$p \cdot x_a$	Umsatzerlöse	50 · 80.000		+4.000.000
$- k_{var} \cdot x_h$	variable Herstellkosten der Periode	(2+4) · 100.000		- 600.000
$- K_{fix} =$ $- MGK - FGK$	fixe Herstellkosten der Periode	MGK FGK	20.000 2.000.000	- 2.020.000
$+ (x_h - x_a) \cdot k_{var}$	variable Herstellkosten der Bestandserhöhung	20.000 · (2+4)		+ 120.000
$+ (MGK + FGK) \cdot$ $\dfrac{(x_h - x_a)}{x_h}$	anteilige Fixkosten der Bestandserhöhung	$\dfrac{2.020.000 \cdot 20.000}{100.000}$		+ 404.000
$- K_{VwVt}$	Verwaltungs- und Vertriebskosten der Periode			- 1.000.000
= Betriebsergebnis (GKV bei Vollkosten)				= 904.000

Tab. 32.3: Gesamtkostenverfahren bei Vollkostenrechnung

In Tab. 32.3 wird der Anteil der Fixkosten am Wert der Bestandserhöhung besonders deutlich. Um diesen Betrag (404.000,-- €) muss das Betriebsergebnis bei Verwendung der Teilkostenrechnung kleiner sein (vgl. Beispiel 2).

Beispiel 2:

Ermitteln Sie mit den Mengen-, Erlös- und Kostendaten von Beispiel 1 (vgl. Tab.32.1) das Betriebsergebnis nach dem Gesamtkostenverfahren auf Teilkostenbasis.

Lösung zu Beispiel 2:

$p \cdot x_a$	Umsatzerlöse	+ 4.000.000
$-k_{var} \cdot x_h$	gesamte variable Herstellkosten der Periode	- 600.000
$-K_{fix} = -MGK - FGK$	gesamte fixe Herstellkosten der Periode	- 2.020.000
$+(x_h - x_a) \cdot k_{var}$	variable Herstellkosten der Bestandserhöhung	+ 120.000
$-K_{VwVt}$	Verwaltungs- und Vertriebskosten der Periode	- 1.000.000
= Betriebsergebnis (GKV bei Teilkosten)		= 500.000

Tab. 32.3: Gesamtkostenverfahren bei Teilkostenrechnung

Erwartungsgemäß ist das Betriebsergebnis um 404.000,-- € (= anteilige Fixkosten der Bestandserhöhung) kleiner als bei Vollkostenrechnung.

Lerneinheit 33: Das Umsatzkostenverfahren (UKV)

Lernziele:

- Das Betriebsergebnis beim Umsatzkostenverfahren
- Das Umsatzkostenverfahren im System der Vollkostenrechnung
- Kritik am Umsatzkostenverfahren auf Vollkostenbasis
- Das Umsatzkostenverfahren im System der Teilkostenrechnung
- Vergleich der Betriebsergebnisse bei Vollkosten- und bei Teilkostenrechnung
- Beurteilung des Umsatzkostenverfahrens

Einführung

Das Betriebsergebnis beim Umsatzkostenverfahren

Wie in LE 31 bereits herausgearbeitet wurde, werden beim Umsatzkostenverfahren von den Erlösen nicht die gesamten Kosten der Periode abgezogen, sondern nur der Teil der Kosten, der durch die abgesetzten Produkte verursacht wurde (sog. Umsatzkosten). Hierdurch wird es möglich, Erfolgsgrößen für jedes Produkt zu errechnen, weil man jetzt auch die Herstellkosten den Produktarten zurechnen kann.

+	Umsatzerlöse (untergliedert nach Produktarten)
–	Umsatzkosten (untergliedert nach Produktarten)
=	Betriebsergebnis.

Nicht ganz eindeutig ist die Frage im Schrifttum geklärt, wie die Verwaltungs- und Vertriebskosten in die Umsatzkosten eingehen sollen. Nach wohl überwiegender Ansicht sind von den Umsatzerlösen die Herstellkosten der abgesetzten Produkte und sodann die gesamten Verwaltungs- und Vertriebskosten der Periode abzuziehen.

+	Umsatzerlöse
–	Herstellkosten der abgesetzten Produkte (untergliedert nach Produktarten)
=	Bruttoergebnis vom Umsatz (untergliedert nach Produktarten)
–	Verwaltungs- und Vertriebskosten der Periode
=	Betriebsergebnis der Periode

In *Formelschreibweise* lautet das Betriebsergebnis für diesen Fall:

$$BE = \sum_i (x_{a,i} \cdot p_i - x_{a,i} \cdot k_{h,i}) - K_{VwVt} \cdot (-K_{H,fix})$$

Hierbei bedeuten:

BE $\quad$ = $\quad$ Betriebsergebnis

$x_{a,i}$ $\quad$ = $\quad$ abgesetzte Menge (z.B. Stückzahl) des Produkts i

p_i $\quad$ = $\quad$ Verkaufspreis je Stück

$k_{h,i}$ $\quad$ = $\quad$ Herstellkosten je Stück des Produkts i

K_{VwVt} = $\quad$ Verwaltungs- und Vertriebskosten der Periode

$K_{H,fix}$ = $\quad$ Fixe Herstellkosten der Periode

Der Stückkostensatz $k_{h,i}$ enthält bei Verwendung der Vollkostenrechnung die Herstellkosten je Stück einschließlich der proportionalisierten Fixkosten. Bei Teilkostenrechnung enthält er nur die variablen Herstellkosten. In diesem Fall müssen die gesamten fixen Herstellkosten ($K_{H,fix}$) als Block abgezogen werden.

Durch die gesonderte Behandlung der Verwaltungs- und Vertriebskosten wird der Tatsache Rechnung getragen, dass vor allem die Verwaltungskosten einzelnen Produktgruppen nur unter völliger Missachtung des Verursachungsprinzips zugerechnet werden können. Es gibt i.d.R. keine Verwaltungseinzelkosten. Analoges gilt für die Vertriebsgemeinkosten.

Teilweise werden die Umsatzkosten im Schrifttum aber auch definiert als Selbstkosten der abgesetzten Leistung. Das Betriebsergebnis errechnet sich in diesem Fall

+ $\quad$ Umsatzerlöse

− $\quad$ Selbstkosten der abgesetzten Leistung

= $\quad$ Betriebsergebnis

In Formelschreibweise:

$$BE = \sum_i (x_{a,i} \cdot p_i - x_{a,i} \cdot k_{s,i})$$

Der Stückkostensatz $k_{s,i}$ gibt die Selbstkosten je Stück an (einschließlich Verwaltungs- und Vertriebskosten). Im System der Teilkostenrechnung ist diese Definition des Betriebsergebnisses unzweckmäßig, da die Verwaltungskosten, aber auch der überwiegende Teil der Vertriebskosten Fixkosten sind.

Das Umsatzkostenverfahren im System der Vollkostenrechnung

Grundsätzlich kann das Umsatzkostenverfahren genauso wie das Gesamtkostenverfahren rechnerisch in das System der Vollkostenrechnung integriert werden. Dies ist allerdings unzweckmäßig, wie wir später begründen werden.

Beim Umsatzkostenverfahren auf Vollkostenbasis berechnet sich das Betriebsergebnis wie in Abb. 80 dargestellt.

Umsatzerlöse	$\sum\limits_i x_{a,i} \cdot p_i$
– Herstellkosten der abgesetzten Produkte (bewertet zu Vollkosten)	$-\sum\limits_i x_{a,i} \cdot k_{h,i}$
– Verwaltungs- und Vertriebskosten der Periode	$-K_{VwVt}$
= Betriebsergebnis	= BE

Abb. 80: **Bestandteile des Betriebsergebnisses beim UKV auf Vollkostenbasis**

Die Umsatzerlöse und die Verwaltungs- und Vertriebskosten können problemlos aus der Erlösrechnung und aus der Kostenartenrechnung entnommen werden. Die Herstellkosten der abgesetzten Produkte sind mit Hilfe der Kostenträgerrechnung zu ermitteln. Am Beispiel der differenzierenden einstufigen Zuschlagskalkulation (vgl. LE 26) soll dies näher erläutert werden. Der Stückkostensatz $k_{h,i}$ für die Herstellkosten lautet hier:

$$k_{h,i} = FM_i \cdot (1 + Z_{FM}) + FL_i \cdot (1 + Z_{FL})$$

Bei den Zuschlagssätzen Z_{FM} und Z_{FL} werden die gesamten Gemeinkosten (inklusive fixer Gemeinkosten) auf die Einzelkosten bezogen:

$$Z_{FM} = \frac{MGK}{FM}$$

$$Z_{FL} = \frac{FGK}{FL}$$

Hierbei sind:

FM = Fertigungsmaterialverbrauch der Periode,

MGK = Materialgemeinkosten der Periode,

FL = Fertigungslöhne der Periode,

FGK = Fertigungsgemeinkosten der Periode.

Analoges gilt bei Verwendung anderer Kalkulationsverfahren (vgl. LE 24-26).

Kritik am Umsatzkostenverfahren auf Vollkostenbasis

Ein wesentliches Anliegen des Umsatzkostenverfahrens ist es, den Betriebserfolg nach Produktgruppen zu differenzieren. Fixkosten entstehen nun aber unabhängig von den Absatzmengen der einzelnen Produkte und Produktgruppen. Durch die in der Vollkostenrechnung erfolgende Proportionalisierung der Fixkosten werden diese den einzelnen Produktmengen willkürlich zugerechnet. Entsprechend wertlos und ohne Aussagekraft sind die ermittelten Produkterfolge - sie entsprechen nicht dem Verursachungsprinzip.

Das Umsatzkostenverfahren im System der Teilkostenrechnung

Im System der Teilkostenrechnung werden die Herstellkosten der abgesetzten Produkte (die Umsatzkosten) nur mit den variablen Kosten bewertet. Die fixen Herstellkosten der Periode werden - genauso wie die Verwaltungs- und Vertriebskosten en bloc vom Bruttoergebnis abgezogen. Das Betriebsergebnis berechnet sich beim Umsatzkostenverfahren auf Teilkostenbasis wie in Abb. 81 dargestellt.

Umsatzerlöse	$\sum\limits_{i} x_{a,i} \cdot p_i$
− Herstellkosten der abgesetzten Produkte (bewertet nur mit variablen Kosten)	$-\sum\limits_{i} x_{a,i} \cdot k_{h,var,i}$
− Fixe Herstellkosten der Periode	$-K_{H,fix}$
− Verwaltungs- und Vertriebskosten der Periode	$-K_{VwVt}$
= Betriebsergebnis	$= BE$

Abb. 81: Bestandteile des Betriebsergebnisses beim UKV auf Teilkostenbasis

Wie die variablen Herstellkosten je Stück ($k_{h,var,i}$) ermittelt werden, wurde bereits in LE 32 behandelt.

Anders als im System der Vollkostenrechnung werden beim Umsatzkostenverfahren auf Teilkostenbasis nur diejenigen Kosten den abgesetzten Produktmengen zugerechnet, die diese auch tatsächlich verursacht haben. Der produktspezifische Erfolgsbeitrag eines Produktes i lässt sich jetzt eindeutig und verursachungsgetreu angeben. Jedes Produkt i trägt in Höhe von $(p_i - k_{h,var,i}) \cdot x_i$ zur Deckung der Fixkosten des Unternehmens bei. Man nennt diese produktspezifische Erfolgsgröße auch den Deckungsbeitrag.

Vergleich der Betriebsergebnisse bei Vollkosten- und bei Teilkostenrechnung

Im Allgemeinen weicht auch bei Umsatzkostenverfahren das Vollkostenbetriebsergebnis vom Teilkostenbetriebsergebnis ab.

Produktion > Absatz:
Wird in einer Periode mehr hergestellt als verkauft, dann wird in der *Vollkostenrechnung* nur der Teil der fixen Herstellkosten der Periode ergebniswirksam als Umsatzkosten verrechnet, der anteilig auf die abgesetzten Produkte entfällt. Die Zuschlagssätze für die Material- und Fertigungsgemeinkosten werden ja nicht anhand der abgesetzten, sondern anhand der hergestellten Produktmenge berechnet. Die Bezugsbasis für den Fertigungslohnzuschlag ist nicht die Fertigungslohnsumme, die für die abgesetzten Produkte, sondern die Fertigungslohnsumme, die für die hergestellten Produkte aufgewendet wurde. Der auf die Bestandserhöhung entfallende Teil der fixen Material- und Fertigungsgemeinkosten mindert somit das Betriebsergebnis nicht.

In der *Teilkostenrechnung* werden neben den variablen Herstellkosten der Absatzmenge auch noch die vollen fixen Herstellkosten der Periode ergebnismindernd wirksam. Das Betriebsergebnis bei Teilkostenrechnung ist deshalb kleiner als bei Vollkostenrechnung.

Produktion < Absatz:
In diesem Fall ist das Betriebsergebnis bei Teilkostenrechnung größer als bei Vollkostenrechnung, da in der Vollkostenrechnung anteilige Fixkosten früherer Perioden in die Herstellkosten der abgesetzten Produkte eingerechnet werden. Lediglich im Fall *Produktion = Absatz* sind die Betriebsergebnisse bei Anwendung der Teilkostenrechnung und der Vollkostenrechnung im Umsatzkostenverfahren gleich groß.

Beurteilung des Umsatzkostenverfahrens

Im Vergleich mit dem Gesamtkostenverfahren weist das Umsatzkostenverfahren eine Reihe von *Vorteilen* auf:

1. Produktspezifische Erfolgsbeiträge bzw. Deckungsbeiträge
Da nicht nur die Erlösseite, sondern auch die Kostenseite nach Produktarten untergliedert werden kann, lassen sich beim Umsatzkostenverfahren die Erfolgsbei-

träge der einzelnen Produktarten feststellen. Im System der Vollkostenrechnung lassen sich rechnerisch zwar sowohl ein Stückgewinn je Produkteinheit als auch ein Gesamtgewinn je Produkteinheit angeben. Allerdings sind diese Erlösbeiträge wegen der verursachungswidrigen Proportionalisierung von Fixkosten ohne Aussagekraft und damit betriebswirtschaftlich unbrauchbar. Im System der Teilkostenrechnung hingegen geben sie an, in welchem Ausmaß das einzelne Produkt zur Deckung der gesamten Fixkosten beiträgt (Deckungsbeitragsrechnung).

2. Verkaufsmengenerfassung als Voraussetzung

Das Umsatzkostenverfahren stellt höhere Anforderungen an die Organisation des Rechnungswesens. Um die Menge der verkauften Produkte je Abrechnungsperiode zu ermitteln, muss der mengenmäßige Absatz laufend erfasst werden. Üblicherweise werden hierzu in der Praxis die Lagerbestände laufend erfasst und fortgeschrieben. Dies erfolgt in der Lagerbuchhaltung mittels der sog. Skontrationsmethode (Fortschreibungsmethode, vgl. LE 7). Die Verkaufsmengen der einzelnen Produkte lassen sich hieraus direkt entnehmen. Allerdings ist das Vorhandensein einer Lagerbuchhaltung und die Verwendung der Skontrationsmethode für das Umsatzkostenverfahren keine unabdingbare Voraussetzung. Es genügt, wenn die Verkaufsmengen laufend aufgezeichnet werden. Hierzu reicht es z.B. aus, wenn für jede Produktart ein gesondertes Verkaufskonto in der Finanzbuchhaltung geführt wird und hierin nicht nur die Umsatzerlöse, sondern auch die zugrundeliegenden Verkaufsmengen (z.B. Stückzahlen) in einer Vorspalte erfasst werden.

3. Kostenarten-, Kostenstellen- und Kostenträgerrechnung als Voraussetzung

Da die verkauften Produkte mit ihren (variablen) Herstellkosten bewertet werden müssen, ist eine Kostenartenrechnung Voraussetzung für die Anwendung des Umsatzkostenverfahrens. In ihr müssen die verschiedenen Kostenarten nicht nur nach Produktionsfaktoren erfasst werden (z.B. Materialkosten, Personalkosten, Abschreibung usw., vgl. LE 6), sondern auch nach variablen und fixen Kostenbestandteilen getrennt werden können (vgl. LE 5). Um die Herstellkosten je Produkteinheit ermitteln zu können, ist eine Kostenträgerrechnung erforderlich. Da die Kostenträgerrechnung - zumindest bei komplexeren Produktionsprozessen - auf den Ergebnissen der Kostenstellenrechnung aufbaut (vgl. LE 24-26), ist auch das Vorhandensein einer Kostenstellenrechnung erforderlich.

4. Schnellere Erfolgsermittlung, da Inventur nicht erforderlich

Da Bestandsveränderungen nicht ermittelt und bewertet werden müssen, ist eine Inventur nicht Voraussetzung für die Anwendung des Umsatzkostenverfahrens. Das Betriebsergebnis kann deshalb jederzeit, auch in kürzesten Zeitabständen und problemlos anhand der Daten aus der Betriebsbuchhaltung (Kostenarten-, Kostenstellen- und Kostenträgerrechnung) sowie Erlösrechnung berechnet werden.

Fallbeispiele zu Lerneinheit 33

Beispiel 1:

Zugrunde liegen die folgenden Kosten- Erlös- und Mengendaten (wie in LE 32):

Mengendaten:	
produzierte Menge (X_h)	100.000 Stück
verkaufte Menge (x_a)	80.000 Stück
Bestandserhöhung ($x_h - x_a$)	20.000 Stück
Verkaufspreis (p)	50,-- € / Stück
Einzelkosten (= variable Kosten):	
Fertigungsmaterialverbrauch der Periode	200.000,-- €
das sind FM je Stück	2,-- € / Stück
Fertigungslöhne der Periode	400.000,-- €
das sind FL je Stück	4,-- € / Stück
Periodengemeinkosten (= fixe Kosten):	
Materialgemeinkosten der Periode (MGK)	20.000,-- €
MGK-Zuschlagssatz	10% auf FM
Fertigungsgemeinkosten der Periode (FGK)	2.000.000,-- €
FGK-Zuschlagssatz	500% auf FL
Verwaltungs- und Vertriebskosten der Periode (K_{VwVt})	1.000.000,-- €

Tab. 32.1: Beispieldaten

Ermitteln Sie das Betriebsergebnis nach dem Umsatzkostenverfahren auf Basis von Vollkosten!

Lösung zu Beispiel 1:

$p \cdot x_a$	Umsatzerlöse	$50 \cdot 80.000$	$4.000.000$
$-\dfrac{(k_{var} \cdot x_h + K_{fix}) \cdot x_a}{x_h}$	Umsatzkosten zu Vollkosten (= HK je Stück mal abgesetzte Menge)	$(\dfrac{6 \cdot 100.000 + 2.020.000}{100.000} \times 80.000)$	$-2.096.000$
$-K_{VwVt}$	Verwaltungs- und Vertriebskosten der Periode		$-1.000.000$
= Betriebsergebnis (UKV bei Vollkosten)			**$= 904.000$**

Tab. 33.1: Umsatzkostenverfahren bei Vollkostenrechnung

Beispiel 2:

Ermitteln Sie mit den Mengen-, Erlös- und Kostendaten aus Tab.32.1 das Betriebsergebnis nach dem Umsatzkostenverfahren auf Basis von Teilkosten.

Lösung zu Beispiel 2:

$p \cdot x_a$	Umsatzerlöse	$50 \cdot 80.000$		$+4.000.000$
$-k_{var} \cdot x_a$	variable Herstellkosten der abgesetzten Menge (= Umsatzkosten zu Teilkosten)	$6 \cdot 80.000$		-480.000
$-K_{fix} =$ $= -MGK - FGK$	gesamte fixe Herstellkosten der Periode	MGK: FGK:	20.000 2.000.000	$-2.020.000$
$-K_{VwVt}$	Verwaltungs- und Vertriebskosten der Periode			$-1.000.000$
= Betriebsergebnis (UKV bei Teilkosten)				**$= 500.000$**

Tab. 33.2: Umsatzkostenverfahren bei Teilkostenrechnung

Beispiel 3:

Ein Betrieb stellt zwei Produkte A und B her. Es liegen dieselben Beträge wie in Tab. 32.1 zugrunde. Sie sind jedoch - soweit dies sinnvoll ist - den Produkten A bzw. B zugerechnet (Tab. 33.3).

Mengendaten:	Produkt A	Produkt B	Gesamt
produzierte Menge ($x_{h,i}$)	60.000	40.000	100.000
verkaufte Menge ($x_{a,i}$)	30.000	50.000	80.000
Bestandsänderung ($x_{h,i} - x_{a,i}$)	+30.000	-10.000	+20.000
Verkaufspreis (p_i)	60,--	44,--	—
Einzelkosten (= variable Kosten):			
Fertigungsmaterial der Periode	150.000,--	50.000,--	200.000,--
Fertigungsmaterial je Stück	2,50	1,25	—
Fertigungslohn der Periode	300.000,--	100.000,--	400.000,--
Fertigungslohn je Stück	5,--	2,50	—
variable Herstellkosten je Stück ($k_{var,i}$)	7,50	3,75	—
Gemeinkosten (= fixe Kosten):			
Materialgemeinkosten der Periode			20.000,--
Materialgemeinkosten-Zuschlagssatz			10% auf FM
Fertigungsgemeinkosten der Periode			2.000.000,--
Fertigungsgemeinkostenzuschlagssatz			500% auf FL
Verwaltungs- und Vertriebsgemein-kosten (VwVtGK)der Periode			1.000.000,--

Tab. 33.3: Daten zum Beispiel 3

Ermitteln Sie das Betriebsergebnis je Produktart auf der Basis von Teilkosten!

Lösung zu Beispiel 3:

		Produkt A	Produkt B	Gesamt
$x_{a,i} \cdot p_i$	Umsatzerlöse	1.800.000	2.200.000	4.000.000
- $k_{var,i} \cdot x_{a,i}$	Umsatzkosten zu Teilkosten	- 225.000	- 187.500	- 412.500
= Artikelerfolg (= Deckungsbeitrag)		1.575.000	2.012.500	3.587.500
- K_{fix}	fixe Herstellkosten der Periode			- 2.020.000
- K_{VwVt}	Verwaltungs- und Vertriebskosten			- 1.000.000
= Betriebsergebnis				+ 567.500

Tab. 33.4: Artikelerfolgsrechnung auf Teilkostenbasis

Beispiel 4:

Berechnen Sie mit den Daten von Tab. 33.3 den Artikelerfolg je Periode und je Stück auf der Basis von Vollkosten. Wie brauchbar sind die hierbei erzielten Ergebnisse?

Lösung zu Beispiel 4:

Bei Anwendung der Vollkostenrechnung müssen alle Fixkosten proportionalisiert, d.h. den Produkten zugerechnet werden. Dies erfolgt im Beispiel mittels Zuschlagskalkulation. Es gelten folgende Zuschlagsätze:

$$Z_{FM} = \frac{MGK}{FM} \cdot 100 = \frac{20.000}{200.000} \cdot 100 = 10\% \text{ auf FM}$$

$$Z_{FL} = \frac{FGK}{FL} \cdot 100 = \frac{2.000.000}{400.000} \cdot 100 = 500\% \text{ auf FL}$$

$$Z_{VwVt} = \frac{K_{VwVt}}{HK} \cdot 100 = \frac{1.000.000}{2.620.000} \cdot 100 = 38,17\% \text{ auf HK}.$$

Die fixen Gemeinkosten je Artikelgruppe sind nun noch aufzuteilen in die Kosten der abgesetzten Produkte (= anteilige fixe Umsatzkosten) und die anteiligen fixen Kosten der Lagerbestandsveränderungen.

Hiernach ergibt sich:

$$MGK_i = FM_i \cdot Z_{FM} \cdot \frac{x_{a,i}}{x_{h,i}}$$

$$FGK_i = FL_i \cdot Z_{FL} \cdot \frac{x_{a,i}}{x_{h,i}} \; .$$

Für die beiden Produkte A und B ergeben sich:

Produkt A:

MGK_A = 150.000,-- · 10% · 30.000 / 60.000	=	7.500,--
FGK_A = 300.000,-- · 500% · 30.000 / 60.000	=	750.000,--
anteilige fixe Umsatzkosten	=	757.500,--

Produkt B:

MGK_B = 50.000,-- · 10% · 50.000 / 40.000	=	6.250,--
FGK_B = 100.000,-- · 500% · 50.000 / 40.000	=	625.000,--
anteilige fixe Umsatzkosten	=	631.250,--

Damit ergeben sich die Herstellkosten der abgesetzten Produkte (Vollkosten-Umsatzkosten) zu:

	Produkt A	Produkt B	Gesamt
variable Umsatzkosten	225.000,--	187.500,--	412.500,--
anteilige fixe Umsatzkosten	757.500,-.	631.250,--	1.388.750,--
= Umsatzkosten zu Vollkosten (Herstellkosten der abgesetzten Produkte)	982.500,--	818.750,--	1.801.250,--

Tab. 33.5: Umsatzkosten zu Vollkosten

Die fixen Verwaltungs- und Vertriebskosten könnte man nun z.B. im Verhältnis der Umsatzkosten zu Vollkosten den beiden Produkten zuschlüsseln:

$$VwVtGK_A \quad = 1.000.000,-- \cdot \frac{982.500}{1..801.250} \quad = 545.455,--$$

$$VwVtGK_B \quad = 1.000.000,-- \cdot \frac{818.750}{1..801.250} \quad = 454.545,--$$

	Produkt A	Produkt B	Gesamt
Umsatzerlöse	+ 1.800.000,--	+ 2.200.000,--	+ 4.000.000,--
− variable Umsatzkosten (= var. HK der abgesetzten Produkte = $k_{var,i} \cdot x_{a,i}$)			
Produkt A: 7,5 · 30.000,-	− 225.000,--		
Produkt B: 3,75 ·50.000,-		− 187.500,--	− 412.500,--
− anteilige fixe Umsatzkosten	− 757.500,--	− 631.250,--	− 1.388.750,--
− anteilige Verwaltungs- und Vertriebskosten	− 545.455,--	− 454.545,--	− 1.000.000,--
= Betriebsergebnis	+ 272.045,--	+ 926.705,--	+ 1.198.750,--
Betriebsergebnis je Stück	+ 9,07 €	+ 18,53 €	+ 14,98 €

Tab. 33.6: Artikelerfolgsrechnung nach dem Umsatzkostenverfahren auf Vollkostenbasis

Vorsicht:
Das obige Ergebnis (Tab. 33.5 und Tab. 33.6) steht im krassen Widerspruch zum Verursachungsprinzip, da es proportionalisierte Fixkosten enthält! Es ist damit für betriebswirtschaftliche Planungs- und Entscheidungsprobleme unbrauchbar.

Lerneinheit 34: Die einstufige und die mehrstufige Deckungsbeitragsrechnung

Lernziele:

- Das Grundanliegen der Deckungsbeitragsrechnung
- Die Kostenarten-, Kostenstellen- und Kostenträgerrechnung im System der Teilkostenrechnung
- Einstufig Deckungsbeitragsrechnung und Umsatzkostenverfahren auf Teilkostenbasis
- Beurteilung des Direkt - Costing
- Grenzen des Direct - Costing
- Fixkostenhierarchien
- Die mehrstufige Deckungsbeitragsrechnung

Einführung

Das Grundanliegen der Deckungsbeitragsrechnung

Im System der Vollkostenrechnung werden alle Kosten auf die Kostenträgereinheit umgelegt. Die Kosten je Einheit (z.B. Stückkosten) enthalten damit sowohl variable als auch fixe Kostenbestandteile. So sinnvoll es in der Nachkalkulation sein mag, zu wissen, wie hoch die Stückherstellkosten oder die Stückselbstkosten eines Produkts in einer vergangenen Periode tatsächlich gewesen sind, für betriebswirtschaftliche Planungszwecke sind die Stückkosten auf Vollkostenbasis (volle Kosten je Kostenträgereinheit) unbrauchbar, weil sie im Widerspruch zum Verursachungsprinzip stehen. Fixkosten bleiben von sich ändernden Produktionsmengen unbeeinflusst. Die Proportionalisierung von Fixkosten ist die zentrale Schwachstelle der Vollkostenrechnung. Wir haben dies bereits mehrfach in diesem Buch hervorgehoben (vgl. z.B. LE 4, LE 23, LE 28, LE 31-33).

Vollkosteninformationen eignen sich bestenfalls zur rückblickenden Nachschau im Sinne einer Istkosten-, Isterlös- und Istergebnisrechnung. Für zukunftsgerichtete Vorschaurechnungen sind sie grundsätzlich unbrauchbar. Bei Planungs- und Entscheidungsrechnungen muss eine konsequente Trennung von fixen und variablen Kostenbestandteilen beachtet werden. Den Leistungseinheiten dürfen nur die variablen Kosten zugerechnet werden. Fixkosten dürfen nicht proportionalisiert werden, sie müssen in der Periode ihres Entstehens in voller Höhe als Fixkostenblock behandelt werden.

In der Deckungsbeitragsrechnung kommt diese Überlegung konsequent zur Anwendung. Synonym zum Begriff Deckungsbeitragsrechnung werden auch die Begriffe Teilkostenrechnung, Fixkostendeckungsrechnung und Direkt - Costing verwendet.

Die Kostenarten-, Kostenstellen- und Kostenträgerrechnung im System der Teilkostenrechnung

Voraussetzung des Direkt - Costing ist die Zerlegung der Kosten in variable, d.h. beschäftigungsabhängige, und fixe, d.h. beschäftigungsunabhängige Bestandteile. In einfacher gelagerten Fällen kann man die einzelnen Kostenarten bereits in der *Kostenartenrechnung* mit den bekannten *Methoden der Kostenauflösung* (vgl. LE 5) in variable und fixe Bestandteile zerlegen. Bei komplexeren Produktionsstrukturen kann die Auflösung der Kosten bereits in der Kostenartenrechnung unzweckmäßig sein. Immer dann, wenn eine Kostenart in verschiedenen Kostenstellen in unterschiedlichem Ausmaß fix oder variabel ist, lässt sich die Kostenauflösung der Kostenartenrechnung nicht auf die Kostenstellenrechnung übertragen.

Beispiel:
Wird in Kostenstelle I überwiegend zeitanteilig (z.B. linear) abgeschrieben, dann stellt die Abschreibung für diese Kostenstelle Fixkosten dar. Wird in Kostenstelle II leistungsabhängig abgeschrieben (vgl. LE 10), dann ist die Abschreibung dort eine variable Kostenart. In diesem Falle ist es unerlässlich, die Abschreibungskosten zunächst auf die Kostenstellen verursachungsgerecht zu verteilen und die Verfahren der Kostenauflösung für diese Kostenart in jeder Kostenstelle gesondert durchzuführen. Was hier für die Abschreibung beispielhaft dargestellt wurde, gilt gleichermaßen für viele andere Kostenarten.

Wenn in einer Kostenstelle oder an einem Kostenplatz verschiedene Produkte bei unterschiedlicher Kapazitätsbelastung erstellt werden, dann empfiehlt es sich bei der Kostenauflösung, die variablen Kosten nicht in Abhängigkeit von der gefertigten Stückzahl, sondern in Abhängigkeit von der Maschinenlaufzeit zu berechnen. Die variablen Kosten je Stück lassen sich sodann problemlos durch Multiplikation mit der Produktionszeit je Stück ermitteln.

In der *Kostenstellenrechnung* müssen in jeder Kostenstelle drei Spalten vorgesehen werden, eine für die variablen Stellenkosten, eine für die fixen Stellenkosten sowie eine für die gesamten (fixen und variablen) Stellenkosten (vgl. auch Abb. 79). Die primären Stellengemeinkosten werden entweder sofort - getrennt nach fixen und variablen Kosten - den Kostenstellen zugeschlüsselt (vgl. hierzu LE 15). In komplexeren Fällen werden die primären Kostenarten zunächst den Kostenstellen verursachungsgetreu zugeschlüsselt und sodann je Kostenstelle in fixe

und variable Bestandteile zerlegt (vgl. oben). Anschließend werden die sekundären Stellengemeinkosten mittels der Verfahren der innerbetrieblichen Leistungsverrechnung von den Vorkostenstellen auf die Endkostenstellen umgelegt (vgl.
LE 16 - 21). Auch hierbei sind variable und fixe Kosten getrennt zu behandeln.
Das grundsätzliche Vorgehen wurde in Abb. 79 (LE 32) bereits behandelt.

Einstufige Deckungsbeitragsrechnung und Umsatzkostenverfahren auf Teilkostenbasis

In der einstufigen Deckungsbeitragsrechnung (dem sog. Direkt - Costing) werden die Fixkosten als einheitlicher Block betrachtet. Sie werden ohne weitere
Differenzierung vom Deckungsbeitrag abgezogen.

Das Betriebsergebnis errechnet sich beim Direkt - Costing folgendermaßen:

$$BE = D - K_{fix}$$

Der Gesamtdeckungsbeitrag D setzt sich additiv aus den einzelnen Deckungsbeiträgen d_i je Produktart i zusammen:

$$D = \sum_i d_i \cdot x_{ai}$$

Hierbei gelten die bekannten Symbole:

D	=	Gesamtdeckungsbeitrag des Unternehmens einer Periode
d_i	=	Deckungsbeitrag je Mengeneinheit (Stück) der Produktart i
$x_{a,i}$	=	abgesetzte Menge des Produkts i
k_{fix}	=	Fixkosten der Periode, unabhängig von Produktart und Produktmenge.

Der Deckungsbeitrag d_i je Mengeneinheit ist definitionsgemäß die Differenz zwischen dem Verkaufspreis p_i und den variablen Kosten je Mengeneinheit $k_{var,i}$.
Das Betriebsergebnis beim Direkt - Costing lautet demnach (siehe auch Abb.81):

$$BE = \sum_i (p_i - k_{var,i}) \cdot x_{ai} - k_{fix}$$

Der Vergleich mit dem Umsatzkostenverfahren auf Teilkostenbasis (vgl. LE 33)
zeigt, dass beide Formeln identisch sind. Bei den Bezeichnungen Umsatzkostenverfahren auf Teilkostenbasis, Direkt - Costing und einstufige Deckungsbeitragsrechnung handelt es sich um verschiedene Begriffe für ein und dieselbe Rechnung.

Ein einfaches Beispiel für die einstufige Deckungsbeitragsrechnung ist in Abb.
82 wiedergegeben.

| | Produkte | | | |
	1	2	3	Summe
Verkaufspreis (p_j)	10	15	20	—
variable Kosten ($k_{var,j}$)	8	10	15	—
Deckungsbeitrag je Stück (d_j)	2	5	5	—
Absatzmenge ($x_{a,j}$)	10.000	80.000	40.000	—
Deckungsbeitrag	20.000	400.000	200.000	620.000
Fixkosten	—	—	—	–500.000
Betriebsergebnis				120.000

Abb. 82: Beispiel für das Direct – Costing (die einstufige Deckungsbeitragsrechnung)

Beurteilung des Direkt – Costing

Das Direkt - Costing vermeidet den Grundfehler der Vollkostenrechnung, nämlich die Proportionalisierung von Fixkosten. Damit kann eine Reihe derjenigen Probleme gelöst werden, zu deren Lösung die Vollkostenrechnung nicht in der Lage ist.

Hierzu zählen vor allem:

1. *Produktions- und Absatzplanung und -analyse*
   Das Produkt, das den höchsten positiven Deckungsbeitrag je Stück erwirtschaftet, ist in größtmöglicher (aus produktionstechnischer Sicht oder aus Absatzsicht) Menge herzustellen. Mit zweithöchster Priorität ist das Produkt mit dem zweithöchstem positiven Deckungsbeitrag je Stück herzustellen. Konkurrieren die Produkte um die Produktionskapazitäten (z.B. wenn mehrere Produkte auf einer Maschine mit begrenzter Produktionskapazität gefertigt werden), dann ist vorrangig das Produkt herzustellen, welches den höchsten positiven Stückdeckungsbeitrag je Maschinenminute erbringt (sog. relativer Deckungsbeitrag).

2. *Sortimentsplanung und -analyse im Handel*
   Es sind unter Beachtung von technischen und Absatzrestrektionen vordringlich diejenigen Artikel in das Sortiment aufzunehmen, die den jeweils höchsten Stückdeckungsbeitrag erbringen. Konkurrieren die Artikel z.B. um begrenzte Lagerflächen, dann ist die Sortimentsentscheidung anhand des Kriteriums Stückdeckungsbeitrag bezogen auf die jeweils benötigte Lagerfläche zu

treffen. Sowohl in der Produktions- als auch in der Sortimentsplanung führt die Vollkostenrechnung zu Fehlentscheidungen. Ein Beispiel wurde bereits in LE 4 besprochen.

3. *Gewinnschwellenanalyse*
Bei dieser Problematik wird eine Antwort auf die Frage gesucht, welche Absatzmenge mindestens erzielt werden muss, damit die Gewinnzone erreicht wird. Dieser sog. *break-even-point* (die Gewinnschwelle) ist bei der Absatzmenge erreicht, bei der die Fixkosten gerade vom Deckungsbeitrag des Produkts gedeckt werden.

$$(p - k_{var}) \cdot x_a \geq k_{fix}$$

$$\Rightarrow x_a \geq \frac{k_{fix}}{p - k_{var}}$$

Die Vollkostenrechnung kann diese Frage grundsätzlich nicht beantworten.

Grenzen des Direkt – Costing

An seine Grenzen stößt das Direkt - Costing, wenn durch eine Entscheidung nicht nur die variablen Kosten, sondern auch Teile der Fixkosten beeinflusst werden.

Hierzu ein *Standardbeispiel:*
Bei der Frage, ob zusätzlich zu den bisher gefertigten Produkten (A und B) noch ein neuer Produktbereich mit den beiden Produkten C und D in das Programm aufgenommen werden soll, tritt häufig der Fall auf, dass durch die Produktion von C und D nicht nur zusätzliche variable Kosten anfallen, sondern dass auch zusätzliche Fixkosten entstehen, die zwar von der produzierten Stückzahl der beiden neuen Produkte unabhängig sind, aber durch die Entscheidung, diesen Produktbereich neu zu erschließen, als Produkt- bzw. Bereichsfixkosten ausschließlich von C und D verursacht werden. Produktfixkosten sind z.B. Abschreibungen und Zinsen jeweils für die Maschine, auf der das Produkt C bzw. D gefertigt werden. Bereichsfixkosten können z.B. Abschreibungen oder Mieten für die gemeinsame, aber zusätzlich benötigte Werkshalle sein, in der beide Produkte hergestellt werden sollen.

Im hier beschriebenen Beispielsfall genügt es für die Programmerweiterung nicht, dass die neuen Produkte C und D jeweils positive Stückdeckungsbeiträge und damit auch positive Erzeugnisdeckungsbeiträge

$$(p_C - k_{var,C}) \cdot x_C + (p_D - k_{var,D}) \cdot x_D$$

aufweisen. Die Erzeugnisdeckungsbeiträge tragen ja nicht voll zur Deckung der Unternehmensfixkosten bei. Sie müssen auch zur Deckung der neu entstehenden

Produkt- und Bereichsfixkosten einen Beitrag leisten. Im Direkt - Costing kann man solche Kostenstrukturen nicht berücksichtigen.

Fixkostenhierarchien

Aus dem obigen Beispiel wird unmittelbar deutlich, dass man nach dem Verursachungsprinzip mehrere Arten von Fixkosten unterscheiden muss. Allen Fixkostenarten gemeinsam ist dabei, dass sie beschäftigungsunabhängig sind, d.h. dass ihre Höhe von der Zahl der hergestellten Produkteinheiten nicht beeinflusst wird. Je nach der Bezugsgröße, die als Verursacher für die Fixkosten anzusehen ist, kann man mehrere Fixkostenhierarchiestufen unterscheiden.

1) Erzeugnisfixkosten
Es handelt sich um Fixkosten, deren Entstehen direkt von der Existenz einer Produktart abhängt. Sie entstehen unabhängig von der Produktionsmenge. Lediglich wenn das Produkt nicht mehr hergestellt werden sollte, würden die Erzeugnisfixkosten entfallen.
Beispiele:
Lizenzgebühren, Patentkosten, Kosten für Spezialmaschinen, Produktentwicklungskosten, produktspezifische Werbekosten.

2) Erzeugnisgruppenfixkosten
Sie werden nicht von einer einzigen Produktart verursacht, sondern von einer Gruppe meist verwandter Produkte.
Beispiele:
Abschreibungen und Zinsen für Universalmaschinen, auf denen alle Produkte der Produktgruppe hergestellt werden, Abschreibungen oder Mieten für Werkhallen, wenn diese nur für die Herstellung der Produkte einer Erzeugnisgruppe Verwendung finden.

3) Kostenstellenfixkosten
Manche Fixkosten sind weder von einer einzelnen Produktart, noch von einer Produktgruppe, sondern durch die Existenz einer Kostenstelle verursacht.
Beispiele:
Meisterkosten, Raumkosten und Reinigungskosten. Die gesonderte Behandlung als Stellenfixkosten ist allerdings nur dann erforderlich und sinnvoll, wenn mehrere Erzeugnisgruppen in der Kostenstelle bearbeitet werden. Andernfalls gehören diese Fixkosten zu den Erzeugnisgruppenfixkosten.

4) Bereichsfixkosten
Unter Bereich wird hier die Zusammenfassung mehrerer Kostenstellen verstanden. Diese Zusammenfassung kann objektorientiert sein (z.B. in die Bereiche Nutzfahrzeuge, PKW und Busse, z.B. in die Bereiche Wintersportarti-

kel und Sommersportartikel). Sie kann auch funktional orientiert sein (z.B. in die Bereiche Materialbeschaffung, Produktion, Vertrieb).

5) *Unternehmensfixkosten*
Fixkosten, die für alle oder mehrere Bereiche gemeinsam anfallen und sich deshalb den obigen Untergruppen nicht verursachungsgerecht zuordnen lassen, werden als Unternehmensfixkosten bezeichnet.
Beispiele:
Kosten der zentralen Verwaltung, Gehälter der Geschäftsführer, Beiträge, Gebühren und Steuern, Kosten der Zentralabteilungen.

Ein Beispiel für die Struktur einer Fixkostenhierarchie ist in Abb. 83 wiedergegeben.

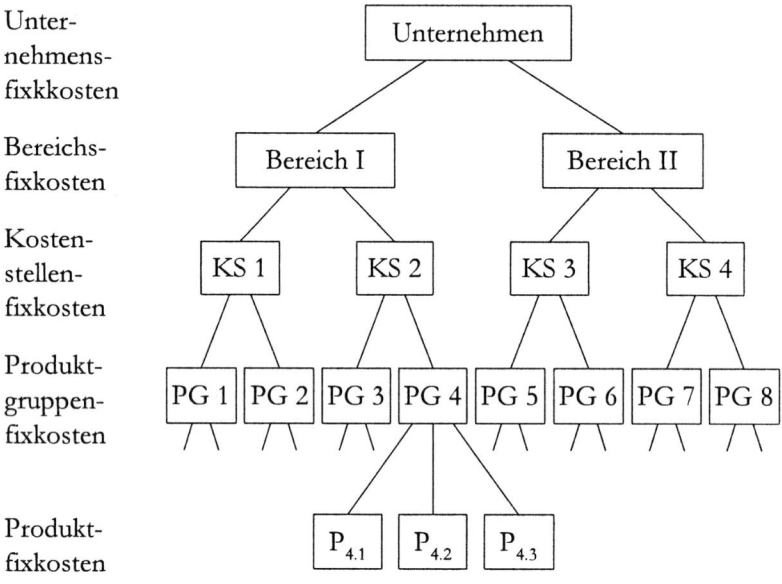

Abb. 83: Beispiel für eine Fixkostenhierarchie

Die mehrstufige Deckungsbeitragsrechnung

Bei der mehrstufigen Deckungsbeitragsrechnung wird das Betriebsergebnis entsprechend den Stufen der Fixkostenhierarchie schrittweise berechnet. Man geht retrograd vor. Ausgehend von den Verkaufserlösen und von den variablen Stückkosten subtrahiert man sukzessiv die verschiedenen Fixkostenblöcke und gelangt dabei zu unterschiedlichen Stufen von Deckungsbeiträgen.

Umsatzerlöse einer Produktart
− variable Kosten der abgesetzten Produkte dieser Produktart
= Deckungsbeitrag I (je Produktart)
− Produktfixkosten der Produktart
= Deckungsbeitrag II (je Produktart)
− Produktgruppenfixkosten
= Deckungsbeitrag III (der Produktgruppe)
− Kostenstellenfixkosten
= Deckungsbeitrag IV (je Kostenstelle)
− Bereichsfixkosten
= Deckungsbeitrag V (je Unternehmensbereich)
− Unternehmensfixkosten
= Betriebsergebnis

Bei der obigen Stufenrechnung handelt es sich um eine stark vereinfachte Darstellung, da auf den einzelnen Stufen mehrere Produkte, Produktgruppen usw. nebeneinander berücksichtigt werden müssen. Das Berechnungsschema nimmt eine baumförmige Struktur an. Beginnend bei den Blättern (= Produktarten) rechnet man unter ständiger Verdichtung der Ergebnisse über Zweige, Äste usw. herunter, bis zum Stamm des Baumes. In Abb. 84 ist dieses baumförmige Rechenschema anschaulich dargestellt. Aus Raumgründen wurde dort die Stufe der Kostenstellenfixkosten weggelassen.

Die konkrete Berechnung des Betriebsergebnisses erfolgt am besten in Tabellenform. Der Aufbau der zur Produktionsstruktur der Abb. 84 gehörenden Berechnungstabelle ist in Abb. 85 wiedergegeben.

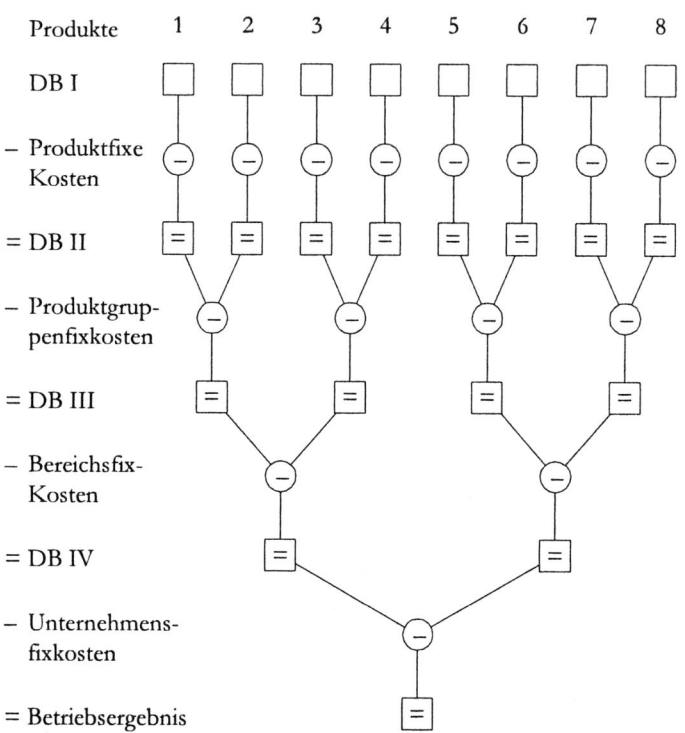

Abb. 84: Baumstruktur der mehrstufigen Deckungsbeitragsrechnung

Bereiche	Bereich A				Bereich B			
Produktgruppen	Produktgruppe I		Produktgruppe II		Produktgruppe III		Produktgruppe IV	
Produkte	1	2	3	4	5	6	7	8
Absatzmenge x_i	x_1	x_2	x_3	x_4	x_5	x_6	x_7	x_8
Verkaufspreis p_i	p_1	p_2	p_3	p_4	p_5	p_6	p_7	p_8
variable Kosten k_i	k_1	k_2	k_3	k_4	k_5	k_6	k_7	k_8
Stückdeckungsbeitrag	p_1-k_1	p_2-k_2	p_3-k_3	p_4-k_4	p_5-k_5	p_6-k_6	p_7-k_7	p_8-k_8
DB I	$(p_1-k_1)\cdot x_1$	$(p_2-k_2)\cdot x_2$	$(p_3-k_3)\cdot x_3$	$(p_4-k_4)\cdot x_4$	$(p_5-k_5)\cdot x_5$	$(p_6-k_6)\cdot x_6$	$(p_7-k_7)\cdot x_7$	$(p_8-k_8)\cdot x_8$
− Produktfixe Kosten	$-K_1$	$-K_2$	$-K_3$	$-K_4$	$-K_5$	$-K_6$	$-K_7$	$-K_8$
= DB II	=	=	=	=	=	=	=	= ....
− Produktgruppenfixkosten	$-K_I$		$-K_{II}$		$-K_{III}$		$-K_{IV}$	
= DB III	=		=		=		=	
− Bereichsfixkosten	$-K_A$				$-K_B$			
= DB IV	=				=			
− Unternehmensfixkosten	$-K_U$							
= Betriebsergebnis	=							

Abb. 85: Die tabellarische Berechnung des Betriebsergebnisses bei der mehrstufigen Deckungsbeitragsrechnung

Fallbeispiele zu Lerneinheit 34

Beispiel 1:

In einem Betrieb werden 5 verschiedene Typen von Plastikbehältern auf der selben maschinellen Anlage hergestellt. Die Produktions-, Erlös- und Kostendaten sind in Tab. 34.1 zusammengestellt.

	Produkte				
	A	B	C	D	E
Verkaufspreis (€)	8,--	10,--	5,--	4,--	12,--
variable Kosten (€)	6,--	7,--	2,--	2,--	8,--
Maschinenbelegung je Stück (Min)	2	3	2	1	3
Absatzmenge (Stück)	12.000	9.000	22.000	25.000	10.000

Tab. 34.1: Produktions- Erlös- und Kostendaten

An Fixkosten sind in der Periode insgesamt 150.000,- € entstanden.

Berechnen Sie das Betriebsergebnis!

Lösung zu Beispiel 1:

	Produkte				
	A	B	C	D	E
Verkaufspreis (€)	8	10	5	4	12
-variable Kosten (€)	6	7	2	2	8
= Stückdeckungs beitrag (€)	2	3	3	2	4
Absatzmenge (Stück)	12.000	9.000	22.000	25.000	10.000
Deckungsbeitrag (€)	24.000	27.000	66.000	50.000	40.000
Deckungsbeitrag gesamt (€)	207.000				
Fixkosten (€)	150.000				
Betriebsergebnis (€)	57.000				

Tab. 34.2: Einstufige Deckungsbeitragrechnung

Beispiel 2:

Im Betrieb aus Beispiel 1 soll die Produktion vorübergehend ausgeweitet werden, da nach allen Produkten kurzfristig eine größere Nachfrage besteht. Bei jedem Produkt sollen jedoch mindestens die bisherigen Produktionsmengen weiter hergestellt und verkauft werden. Die Produktionskapazität der Fertigungsanlage ist begrenzt und beträgt 180.000 Minuten je Periode. Eine Kapazitätserweiterungsinvestition ist nicht geplant., d.h. es entstehen keine neuen Fixkosten.

Welche Produkte sollen in welcher Menge hergestellt werden, wenn der Markt die folgenden Maximalmengen aufnehmen kann (vgl. Tab. 34.3)?

Produkt	Istabsatz (Stück)	Maximalabsatz (Stück)
A	12.000	15.000
B	9.000	15.000
C	22.000	30.000
D	25.000	35.000
E	10.000	20.000

Tab. 34.3: Absatzhöchstmengen

Lösung zu Beispiel 2:

Zur Beantwortung der Frage, welche Produkte in welcher Stückzahl zusätzlich hergestellt werden sollen, müssen die Stückdeckungsbeiträge je Maschinenminute berechnet werden und die Produkte hiernach in eine Rangfolge gebracht werden. Das Produkt mit dem höchsten Deckungsbeitrag je Minute erhält die höchste Priorität und wird im größtmöglichen Ausmaß hergestellt. Restriktionen sind die Periodenkapazität der Maschine und die Aufnahmefähigkeit des Marktes (Absatzrestriktion).

Das Berechnungstableau mit der Ermittlung des optimalen Produktionsprogramms ist in Tab. 34.4 dargestellt.

	A	B	C	D	E	Summe
Stückdeckungs-beitrag (€)	2,--	3,--	3,--	2,--	4,--	—
Maschinenbelegung je Stück (Min)	2	3	2	1	3	—
Deckungsbeitrag je Minute (€)	1,--	1,--	1,50	2,00	1,33	—
Priorität	4a	4b	2.	1.	3.	—
Verbrauchte Kapazität (Produktion laut Beispiel 1) in Stück	12.000	9.000	22.000	25.000	10.000	—
in Minuten	24.000	27.000	44.000	25.000	30.000	150.000
freie Kapazität in Minuten						30.000
Zusatzproduktion in Minuten	—	—	16.000	10.000	4.000	30.000
in Stück	—	—	8.000	10.000	1.333	—
Gesamtproduktion in Stück	12.000	9.000	30.000	35.000	11.333	—
Deckungsbeitrag (€)	24.000	27.000	90.000	70.000	45.332	256.332
– Fixkosten (€)						-150.000
= Betriebsergebnis(€)						106.332

Tab. 34.4: Optimales Produktionsprogramm

Jede andere Zusammensetzung des Produktionsprogramms erbringt schlechtere Betriebsergebnisse.

hr

Literaturauswahl zur Kosten-, Erlös- und Erfolgsrechnung

Baum, F., Kosten- und Leistungsrechnung, Berlin 2003, 176 S.

Baum, F., Klausurtraining Kosten- und Leistungsrechnung, Berlin 2003, 87 S.

Coenenberg, A.G. et al., Kostenrechnung und Kostenanalyse, 5. Aufl., Stuttgart 2003, 659 S.

Coenenberg, A.G. et al., Kostenrechnung und Kostenanalyse, Aufgaben und Lösungen, 3. Aufl., Stuttgart 2003, 288 S.

Däumler, K.D., Grabe, J., Kostenrechnung I - Grundlagen, 9. Aufl., Herne und Berlin 2003, 523 S.

Däumler, K.D., Grabe, J., Kostenrechnung II - Deckungsbeitragsrechnung, 8. Aufl., Herne und Berlin 2006, 320 S.

Djanani, C., Grundlagen der Kosten- und Erlösrechnung, Stuttgart 1997, 490 S.

Ebert, G., Kosten- und Leistungsrechnung. Mit einem ausführlichen Fallbeispiel, 10. Aufl., Wiesbaden 2004, 296 S.

Eisele, W., Technik des betrieblichen Rechnungswesens, 7. Aufl., München 2002, 1.225 S.

Fandel, G., Fey, A., Heuft, B., Kostenrechnung, 2. Aufl. Berlin 2004, 554 S.

Freidank, C.C., Winkler, H., Kostenrechnung, 7. Aufl., München und Wien 2007, 432 S.

Freidank, C.C., Fischbach, S., Übungen zur Kostenrechnung, 5. Aufl., München und Wien 2005, 300 S.

Haberstock, L., Breithecker, V., Kostenrechnung I - Einführung mit Fragen, Aufgaben, einer Fallstudie und Lösungen, 12. Aufl. Berlin 2004, 382 S.

Hummel, S., Männel, W., Kostenrechnung 1 - Grundlagen, Aufbau und Anwendung, 4. Aufl., Wiesbaden 1990, 420 S.

Hummel, S., Männel, W., Kostenrechnung 2 - Moderne Verfahren und Systeme, 3.Aufl., Wiesbaden 1991, 198 S.

Jandt, J., Trainingsfälle Kostenrechnung. Übungen mit Lösungen, 2. Aufl. Herne und Berlin 2005, 317 S.

Jorasz, W., Kosten- und Leistungsrechnung, Einführung mit Aufgaben und Lösungen, 3. Aufl., Stuttgart 2003, 397 S.

Josse, G., Basiswissen Kostenrechnung, 4. Aufl., München 2005, 254 S.

Kalenberg, F., Grundlagen der Kostenrechnung. Eine anwendungsorientierte Einführung, München und Wien 2004, 322 S.

Keilus, M., Maltry, H., Managementorientierte Kosten- und Leistungsrechnung. mit begleitender Großfallstudie und Klausuraufgaben, 2. Aufl. Tübingen 2006, 298 S.

Kilger, W., Einführung in die Kostenrechnung, 3. Aufl., Wiesbaden 1992, 496 S.

Küpper, H.U., u.a., Übungsbuch zur Kosten- und Erlösrechnung, 4. Aufl., München 2003, 357 S.

Lignau, V., Schmitz, H., Kosten- und Erlösrechnung. Das Arbeitsbuch, 4. Aufl., Berlin 2005, 273 S.

Macha, R., Grundlagen der Kosten- und Leistungsrechnung, 4. Aufl., München 2006, 263 S.

Riebel, P., Einzelkosten- und Deckungsbeitragsrechnung, 7. Aufl., Wiesbaden 1994, 814 S.

Scherrer, G., Kostenrechnung, 3. Aufl., Stuttgart 1999, 556 S.

Schmalenbach, E., Kostenrechnung und Preispolitik, 8. Aufl., Köln, Opladen 1963, 530 S.

Schmidt, A., Kostenrechnung, 4. Aufl., Stuttgart 2005, 432 S.

Schmolke, S., Deitermann, M., Rückwart, W-D., Industriebuchführung mit Kosten- und Leistungsrechnung, 27. Aufl., Darmstadt 2007, 336 S.

Schmolke, S., Deitermann, M., Rückwart, W-D., Industriebuchführung mit Kosten- und Leistungsrechnung - Arbeitsheft, Darmstadt 2007, 72 S.

Schweitzer, M., Küpper, H.U., Systeme der Kosten- und Erlösrechnung, 8. Aufl., München 2003, 871 S.

Sorg, P., Kosten- und Leistungsrechnung. 63 praktische Fälle mit ausführlichen Lösungen, 5. Aufl. Achim 2006, 360 S.

Zimmermann, G., Grundzüge der Kostenrechnung - Arbeitsbuch, 7. Aufl., München und Wien 1999, 193 S.

Zimmermann, G., Grundzüge der Kostenrechnung, 8. Aufl., München und Wien 2001, 239 S.

Abkürzungs- und Symbolverzeichnis

a	Abschreibungsbetrag je Jahr
A	Abschreibungssumme, Abschreibungsbasis
a.o.	außerordentlich
AB	Anfangsbestand
Abb.	Abbildung
Abs.	Absatz
AfA	Absetzung für Abnutzung
AG	Aktiengesellschaft
AG-Anteil	Arbeitgeberanteil
AHK	Anschaffungs- bzw. Herstellungskosten
a_i	Äquivalenzziffer für Produkt i
AK	Anschaffungskosten
allg.	allgemein
AN-Anteil	Arbeitnehmeranteil
Aufl.	Auflage
ÄZ	Äquivalenzziffer
BAB	Betriebsabrechnungsbogen
BE	Betriebsergebnis
$B_{i,j}$	Bezugsgröße j der Kostenstelle i
bzw.	beziehungsweise
d	Deckungsbeitrag je Stück bzw. Degressionssatz
D	Degressionsbetrag bzw. Deckungsumlage bzw. Wert der Determinate
d.h.	das heißt
Darst.	Darstellung
DATEV	Datenverarbeitungsorganisation der Steuer beratenden Berufe
DB	Deckungsbeitrag bzw. Durchschnittsbestand
d_i	Deckungsbeitrag je Mengeneinheit des Produkts i
d_{rel}	relativer Deckungsbeitrag (je Engpasseinheit)
EB	Endbestand
EDV	elektronische Datenverarbeitung
E_i	Endkostenstelle i bzw. Erlösstelle i
EK	Einzelkosten
ESt	Einkommensteuer
EUR	Euro

Fert.I	Fertigungskostenstelle I
FGK	Fertigungsgemeinkosten
FIBU	Finanzbuchhaltung
FL	Fertigungslohn
FM	Fertigungsmaterial
G	Gesamtgewinn
g	Stückgewinn
GewSt	Gewerbesteuer
ggf.	gegebenenfalls
GK	Gemeinkosten
GKR	Gemeinschaftskontenrahmen der Industrie
GKV	Gesamtkostenverfahren
GmbH	Gesellschaft mit beschränkter Haftung
GuG	Grundstücks- und Gebäudeverwaltung
GuV	Gewinn- und Verlustrechnung
h	Stunde
HGB	Handelsgesetzbuch
HK	Herstellungskosten bzw. Herstellkosten
i	Laufindex
i.d.R.	in der Regel
i.e.S.	im engeren Sinn
i.w.S.	im weiteren Sinn
IKR	Industriekontenrahmen
Ist-EK	Ist-Einzelkosten
Ist-GK	Ist-Gemeinkosten
j	Laufindex
$K(x)$	Kostenfunktion in Anhängigkeit von x
$K'(x)$	Grenzkosten (1. Ableitung von $K(x)$)
kalk.	kalkulatorisch
K_{fix}	Fixkosten
KFZ	Kraftfahrzeug
kg	Kilogramm
KG	Kommanditgesellschaft
K_H	gesamte Herstellkosten einer Periode
k_H	Herstellkosten je Leistungseinheit
K_{KP}	gesamte Produktionskosten des Kuppelproduktionsprozesses
$k_\emptyset$	Durchschnittskosten je Stück

KS	Kostenstelle
k_s	Selbstkosten je Leistungseinheit
KSt	Körperschaftsteuer bzw. Kostenstelle
$k_{Stück}$	Stückkosten
kurzfr:	kurzfristig
k_{var}	variable Kosten (je Stück)
K_{Vt}	gesamte Vertriebskosten einer Periode
K_{Vw}	gesamte Verwaltungskosten einer Periode
k_{VwVt}	Verwaltungs- und Vertriebskosten je Leistungseinheit
KW	Kilowatt
KWh	Kilowattstunde
L	Liquidationserlös (=Verkaufserlös)
langfr.	langfristig
LE	Lerneinheit
LKW	Lastkraftwagen
M	Leistungsmenge
m^2	Quadratmeter
m^3	Kubikmeter
Ma.Std.	Maschinenstunde
Mat.	Material
MGK	Materialgemeinkosten
Min	Minute
ms	Maschinenstunden
MS	Maschinenstundensatz
MwSt	Mehrwertsteuer (=Umsatzsteuer)
n	Nutzungsdauer (in Jahren)
Nr.	Nummer
OHG	offene Handelsgesellschaft
p	Preis
PC	personal Computer
Pers.	Personen
PG	Produktgruppe
PK	primäre Kosten
PKW	Personenkraftwagen
R	Restbuchwert

Rep.	Reparaturabteilung
RHB-Stoffe	Roh-, Hilfs- und Betriebsstoffe
S.	Seite
s.o.	siehe oben
s.u.	siehe unten
SEKF	Sondereinzelkosten der Fertigung
SEKV	Sondereinzelkosten des Vertriebs
SK	Selbstkosten
SKR03	DATEV - Spezialkontenrahmen 03
sog.	so genannt
Std.	Stunde
t	Zeitindex bzw. Tonne
Tab.	Tabelle
TKR	Teilkostenrechnung
u.a.	unter anderem
u.dgl.	und dergleichen
u.v.m.	und viele mehr
UKV	Umsatzkostenverfahren
USt	Umsatzsteuer (=Mehrwertsteuer)
usw.	und so weiter
v	Kosteneinflussgröße
var.	variable
verr.	verrechnet
vgl.	vergleiche
V_i	Vorkostenstelle Nr. i
VKR	Vollkostenrechnung
Vt.	Vertrieb
VtGK	Vertriebsgemeinkosten
Vw.	Verwaltung
VwGK	Verwaltungsgemeinkosten
WBK	Wiederbeschaffungskosten
x	Produktions- bzw. Absatzmenge
x_a	abgesetzte Leistungsmenge einer Periode
$x_{i,j}$	von Kostenstelle i nach Kostenstelle j gelieferte/geleistete Mengeneinheiten

x_p	produzierte Leistungsmenge einer Periode
Z	Zuschlagssatz
z.B.	zum Beispiel
Z_{FL}	Fertigungsgemeinkostenzuschlagssatz (auf FL)
Z_{FM}	Materialgemeinkostenzuschlagssatz (auf FM)
Z_{Vt}	Vertriebsgemeinkostenzuschlagssatz (auf HK)
Z_{Vt}	Vertriebsgemeinkostenzuschlagssatz (auf HK)

STICHWORTVERZEICHNIS

Grundwissen der Ökonomik BWL
Hrsg. von Franz X. Bea, Birgit Friedl und Marcell Schweitzer

Bea/Friedl/Schweitzer
Allgemeine BWL
Band 1: Grundfragen
9. A. 2004. € 19,90
(UTB 1081)

Bea/Friedl/Schweitzer
Allgemeine BWL
Band 2: Führung
9. A. 2005. € 23,90
(UTB 1082)

Bea/Friedl/Schweitzer
Allgemeine BWL
Band 3: Leistungsprozeß
9. A. 2006. € 22,90
(UTB 1083)

Bea/Göbel
Organisation
3. A. 2006. € 28,90
(UTB 2077)

Bea/Haas
Strategisches Management
4. A. 2005. € 25,90
(UTB 1458)

Bea/Scheurer
Projektmanagement
2007. ca. € 19,90
(UTB 2388)

Böcker/Helm
Marketing
7. A. 2003. € 25,90
(UTB 919)

Brockhoff
Produktpolitik
4. A. 1999. € 7,90
(UTB 1079)

Büschgen/Börner
Bankbetriebslehre
4. A. 2003. € 24,90
(UTB 917)

Coello Arias
Espanol para economistas
2002. m. 2 Audio-CD. € 9,90
(UTB 2352)

Drukarczyk
Finanzierung
9. A. 2003. € 29,90
(UTB 1229)

Friedl
Controlling
2002. € 28,90
(UTB 2117)

Friedl
Kostenmanagement
2007. ca. € 24,90
(UTB 2706)

Göbel
Neue Institutionenökonomik
2002. € 21,90
(UTB 2235)

Hansen/Neumann
Arbeitsbuch Wirtschaftsinformatik
7. A. 2007. € 23,90
(UTB 1281)

Hansen/Neumann
Wirtschaftsinformatik 1
Grundlagen und Anwendungen
9. A. 2005. € 19,90
(UTB 2669)

 *Stuttgart*

Grundwissen der Ökonomik BWL

Hrsg. von Franz X. Bea, Birgit Friedl und Marcell Schweitzer

Hansen/Neumann
Wirtschaftsinformatik 2
Informationstechnik
9. A. 2005. € 21,90
(UTB 2670)

Helm/Gierl
Marketing Arbeitsbuch
4. A. 2005. € 15,90
(UTB 1801)

Heyd
Internationale Rechnungslegung
2003. € 39,90
(UTB 2451)

Klimecki/Gmür
Personalmanagement
3. A. 2005. € 24,90
(UTB 2025)

Kuhnle
Bilanzen
2004. € 22,90
(UTB 2119)

Kuß/Tomczak
Käuferverhalten
3. A. 2004. € 19,90
(UTB 1604)

Pechtl
Preispolitik
2005. € 24,90
(UTB 2643)

Perlitz
Internationales Management
5. A. 2004. € 29,90
(UTB 1560)

Schünemann
Wirtschaftsprivatrecht

5. A. 2006. € 29,90
(UTB 1584)

Schwarz/Gebicke
Wörterbuch Wirtschaft
für Studium und Praxis
Deutsch-Russisch/Russisch-Deutsch
2004. € 24,90
(UTB 2624)

Schweiger/Schrattenecker
Werbung
6. A. 2005. € 19,90
(UTB 1370)

Spremann/Gantenbein
Kapitalmärkte
2005. € 18,90
(UTB 2517)

Troßmann
Investition
1998. € 25,90
(UTB 2013)

Troßmann/Werkmeister
Arbeitsbuch Investition
2001. € 16,90
(UTB 2205)

Wagner
Betriebswirtschaftliche
Umweltökonomie
1997. € 8,90
(UTB 8131)

Zahn/Schmid
Produktionswirtschaft I
Grundlagen und operatives
Produktionsmanagement
1996. € 31,90
(UTB 8126)

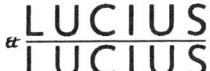 *Stuttgart*

 **in der UTB-Reihe**

Lehrbücher für den Wirtschaftsstudenten

Betriebswirtschaft

Koppelmann
Marketing
Einführung in die
Entscheidungsprobleme
des Absatzes
und der Beschaffung
8. Aufl. 2006
212 S., kt. 19,90 €
ISBN 978-3-8252-8320-9

Sieben/Schildbach
**Betriebswirtschaftliche
Entscheidungstheorie**
4. Aufl. 1994
248 S., kt. 19,90 €
ISBN 978-3-8282-4656-7

v. Wysocki/Wohlgemuth
**Konzernrechnungs-
legung**
5. Aufl. 2007
in Vorbereitung

Grob
**Fallstudien zur
Betriebswirtschaftslehre**
1993
384 S., kt. 28,- €
ISBN 978-3-8282-4651-6

Kloock/Kuhner
**Bilanz- und
Erfolgsrechnung**
4. Aufl. 2007
in Vorbereitung

Kloock/Sieben/
Schildbach/Homburg
**Kosten- und
Leistungsrechnung**
9. Aufl. 2005
340 S., kt. 32,90 €
ISBN 978-3-8252-8312-4

Nicolai
Personalmanagement
2006
325 S., kt. 25,90 €
ISBN 978-3-8252-8323-0

Volkswirtschaft

Görgens/Ruckriegel/Seitz
Europäische Geldpolitik
4. Aufl. 2004
559 S., Ln. 36,90 €
ISBN 978-3-8252-8285-1

Hoyer/Rettig/Rothe
**Grundlagen der mikro-
ökonomischen Theorie**
3. Aufl. 1993
348 S., kt. 21,- €
ISBN 978-3-8282-4655-9

Kirsch
**Neue Politische
Ökonomie**
5. Aufl. 2004
446 S., kt. 32,90 €
ISBN 978-3-8252-8272-1

Rettig/Funk/
Voggenreiter
**Grundlagen der
Makroökonomik**
8. Aufl. 2007
in Vorbereitung

Koch/Czogalla
**Grundlagen der
Wirtschaftspolitik**
2. Aufl. 2004
447 S., kt. 26,90 €
ISBN 978-3-8252-8265-3

Streit
**Theorie der
Wirtschaftspolitik**
6. Aufl. 2005
457 S., kt. 34,90 €
ISBN 978-3-8252-8298-1

Wagner/Jahn
**Neue Arbeitsmarkt-
theorien**
2. Aufl. 2004
432 S., kt. 29,90 €
ISBN 978-3-8252-8258-5

Zerche/Gründger
Sozialpolitik
Einführung in
die ökonomische Theorie
der Sozialpolitik
2. Aufl. 1996
172 S., kt. 21,- €
ISBN 978-3-8282-4661-3

Rechtswissenschaft

Weimar/Schimikowski
Bürgerliches Recht (I-III)
5. Aufl. 2007
in Vorbereitung

Diederichsen/Tietze
**Grundkurs im BGB
in Fällen und Fragen**
5. Aufl. 2007
130 S., kt. 15,90 €
ISBN 978-3-8252-8322-3

 *Stuttgart*

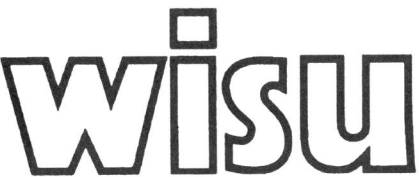

Josef Kloock / Günter Sieben / Thomas Schildbach / Carsten Homburg

Kosten- und Leistungsrechnung

9., aktualisierte und erweiterte Auflage
(Lehrbuchreihe wisu-texte)

2005. XVI/X/340 S., kt. € 32,90. UTB 8312 (ISBN 978-3-8252-8312-4)

Dieses erfolgreiche Lehrbuch bietet einen umfangreichen Überblick zur Kosten- und Leistungsrechnung und eignet sich sowohl für Studenten und Wissenschaftler als auch für Praktiker. Kontrollfragen mit Lösungen zu den einzelnen Teilgebieten ermöglichen die Vertiefung des Stoffes und eine gezielte Prüfungsvorbereitung. Zahlreiche Abbildungen und Beispiele helfen dem Leser dabei, sich die abstrakten Zusammenhänge einzuprägen.

Inhaltsübersicht:

LUCIUS & LUCIUS *Stuttgart*